白領犯罪

·修訂第三版·

孟維德

著

五南圖書出版公司 印行

修訂版序

　　在犯罪研究領域裡，暴力、竊盜及毒品等街頭犯罪，長期以來一直是國內學者的關注焦點，相形之下，白領犯罪顯得較受忽略。但在現實社會，白領犯罪的損害與負面影響卻不低於、甚至超過街頭犯罪。而且，白領犯罪的損害經常擴及直接被害人以外之人，有時是全民共同承擔損害。儘管白領犯罪已對我們的社會秩序造成嚴重威脅，但是有關白領犯罪的性質、類型與範圍等基本問題，至今仍有許多迷惑，防治政策的制定、執行與評估，尚缺乏周延的科學研究及佐證。近年來，國內白領犯罪案件日益複雜，犯罪者不乏政經菁英及專業人士，損害逐漸從經濟層面蔓延至人身安全及人倫價值觀，突顯有效防治白領犯罪的急迫性。基於這樣的觀察，筆者開始著手進行白領犯罪的相關研究。

　　為蒐集所需資料，筆者接觸了白領犯罪者、被害者、刑事司法及管制機關人員，過程雖耗時，卻是有意義的學習經驗。蒐集資料的途徑包括問卷調查、深度訪談、判決書及其他官方資料分析、媒體資料分析等，質化和量化資料兼具。分析資料後，驚然發現白領犯罪的被害者數量龐大，許多人受害已久卻不自知，當發覺被害，後果早已不堪想像。面對犯罪者的權勢，他們經常難以舉證，無力維護自身權益。顯然，欲有效防治白領犯罪，喚起社會大眾的覺醒，無疑是重要開端。本書目的，就是希望透過對白領犯罪的清楚論述，讓更多人了解白領犯罪，讓更多人關切及防治白領犯罪。

　　本書是筆者的學習心得，也是對白領犯罪認知的體現。不論學習或認知，歷程總是漸進的，從了解基本概念開始，進而洞察現象、歸納類型，以至分析成因、建構解釋論，最終提出防治政策。本書共計12章，前三章屬基本概念，第四章至第八章討論類型與現象，第九章為解釋論，最後三章則是防治政策的探討。

　　本書能順利出版，需要感謝許多人的協助與鼓勵。首先，感謝中

央警察大學提供的優良教學與研究環境,研究動機和靈感大多來自警大賦予的能量。此外,若無行政院科技部提供的研究補助(包括赴美研究一年),筆者將無法執行較大規模的研究,學習與認知所得必不足以成書,在此表達誠摯謝意。翠紋與我從大學時代同行,是我最重要的幫手和精神支柱,她的辛苦付出造就了一切,感恩我的賢內助。另需感謝五南圖書出版公司的支持與協助,讓研究能成書,擴大了研究目的和意義。

　　白領犯罪問題複雜且牽涉廣泛,本書雖盡可能呈現其內容,惟筆者才疏學淺,文中難免有錯誤、疏漏與不足之處,尚祈先進不吝賜正。

孟維德 謹識
2021年暑於誠園

目錄

白領犯罪

第一章
緒　論

　　很多人以為，都市黑暗角落所發生的竊盜、殺人、強制性交及販毒等案件是犯罪問題的核心。事實上，與那些身著白領、於大公司服務、居受人尊敬地位的犯罪者比較起來，這些街頭犯罪者（street criminal）所造成的損害顯得微不足道。以力霸集團掏空案為例，犯罪標的金額就超過全國警察機關一整年所處理的財產性街頭犯罪損失總合。而白領犯罪（white collar crime）所造成的傷亡程度，也不見得會低於暴力性街頭犯罪所造成的傷害。美國石綿業界刻意隱瞞產品危險性的重要訊息，導致產品造成的死亡人數幾近於十年間殺人案件所造成的死亡總數（Friedrichs, 2004）。

　　在正式進入白領犯罪這個主題之前，先讓我們看看底下這些行為：

一、某跨國性電器生產公司長期違法傾倒有毒廢棄物，嚴重污染環境，並使員工及廠區附近居民的健康遭受侵害。

二、某信用合作社總經理利用掌握營運大權之便，長期挪用公款以供自己炒作股票之用，後經發現，造成當地各信用合作社發生嚴重擠兌。

三、某票券公司辦事員偽刻印鑑，盜開公司本票，向銀行詐領百億元炒作股票。

四、某著名汽車公司因故意隱瞞其所生產汽車的瑕疵事實，結果引發多件意外而遭控訴。

五、某大型跨國公司因內部管理政策之故，導致所屬油輪不慎將船上數百萬加侖的原油流入阿拉斯加威廉王子海灣（Alaska's Prince William Sound）而遭刑事控訴。

六、某石綿製造商因讓員工長期暴露在石綿環境中，致使員工健康受到嚴重傷害而遭控訴，後來因為無法付出鉅額賠償而宣布倒閉。

七、某醫院被發現假造收款證明，向健保機構詐騙了數百萬元。

八、某醫師為其私人利益，對病患實施不必要的手術。

九、一群年輕電腦駭客（hackers）利用他們的電腦專長偷取機密轉賣給他人。

十、某軟片沖印公司因讓員工長期暴露在充滿有毒化學物質的環境下工作，導致多名員工罹患疾病及死亡，最後該公司高層主管受到殺人罪的控訴。

十一、某國防契約承包商願意支付數億元的賠償來化解其所面臨的詐欺控訴。

十二、某大飯店的老闆因逃漏稅而遭到司法機關的追訴。

十三、某知名電視遊樂器製造商承認過去採用價格鎖定（price fixing）的方法來增加營利。

十四、某律師從其委託人的委託契約中侵占了一大筆金錢。

十五、某財團透過立法委員向政府官員行賄，繼而取得政府委託契約的承攬權。

上述這些活動，都是在國內、外所發生過的真實行為。它們看起來似乎並沒有太多的共同處，譬如：有些行為所涉及的是大型組織，有些則是單獨的個人；有些行為涉及大筆金額，有些只是小款項；有些行為造成立即性的重大傷亡或損害，有些則造成慢性或抽象的危害等等。儘管如此，若經仔細分析，從這些行為當中仍可發現一些共通處：第一，它們與一般人所認知的犯罪型態（如殺人、強制性交、傷害、竊盜等）不太相同。第二，與街頭犯罪者比較起來，上述這些行為者或組織大部分具有受人尊敬或令人信任的身分。第三，它們並不是傳統法律及司法體系所主要關注的焦點，而且有關機關對這些行為的回應，包含有許多不同的方式。第四，它們被認為屬於白領犯罪的範圍。雖然，許多人對於白領犯罪這個名詞可能並不陌生，但對其真正內涵恐怕仍充滿許多迷惑。事實上，白領犯罪這個名詞，的確存在著許多待澄清的問題。

第一節　為何研究白領犯罪？

基於下列理由，筆者認為白領犯罪是一個重要的犯罪研究課題：

一、白領犯罪是重要的治安問題

從公司犯罪、政商勾結共謀違法、金融犯罪到高科技犯罪等，均是當今影響治安的重要問題。白領犯罪的損害，嚴重性遠超過街頭犯罪，實有必要加以探討。然而，實務界與學界對此議題至今仍缺乏系統性的了解。

二、白領犯罪是學術研究上被忽略的領域

與街頭犯罪相較，長久以來，白領犯罪一直是刑事司法、犯罪學研究與教學領域中被忽略的領域。國內專精於此方面的研究者不僅屈指可數，大學開設以白領犯罪為名的有關課程，更是少之又少。與街頭犯罪相較，有如天壤之別。

三、白領犯罪的概念具有甚多混淆及爭論

「白領犯罪」究指為何？自該名詞締造者E. H. Sutherland以降至今，仍是爭論不休，難取得共識。基於建構系統化犯罪研究的考量，應對白領犯罪加以深入探討。

四、國內尚缺乏適當的白領犯罪防治對策

由於白領犯罪問題極為複雜，在未透徹了解白領犯罪現象及原因的情況下，我們很難有效控制目前的問題，更遑論預測未來的變化。顯然，適當的防治對策必須植基於洞悉問題的知識上，這需要靠研究。

除此之外，範圍超越傳統犯罪的白領犯罪研究，將會觸及「人性」、「責任」等基本問題的探討。在這些問題的探討過程中，我們或許會發現，「犯罪」與「秩序」之間的區別，可能並不如我們想像中的明顯，而

社會中的某些權勢者，也極有可能會對社會秩序造成傷害。換言之，透過對白領犯罪的研究，我們將可以更清楚地了解複雜的政治、經濟和社會系統是如何運作的。而這項知識對於犯罪問題的研究人員來說，是非常重要的，就算是對於一般民眾、事業經營者、員工及專業人士等，其實也是非常重要的，因為我們遭受白領犯罪侵害的可能性，遠高於傳統犯罪的侵害可能。因此，社會大眾若能多一分認識白領犯罪，就可以多減少一些被害的可能。總之，筆者相信，如果我們能夠對白領犯罪問題做出清晰的陳述，那麼將可使更多的人了解此一問題的本質，進而讓更多的人關切甚至共同來防治此類犯罪。當然，這也是本書所希望達到的目的之一。接下來，筆者便以白領犯罪被揭示的簡史，作為探究這個複雜名詞與現象的開端。

第二節　揭開白領犯罪的面紗

雖然，白領犯罪一詞是由美國著名犯罪學家E. H. Sutherland（1883-1950，多有學者譯為蘇哲蘭）於1939年導入學界（Sutherland, 1940），但該類型的犯罪早在Sutherland提出前就已經被確認存在吾人社會之中。事實上，歐洲人多年以前就已發現權勢者犯罪的證據（譬如在馬克思與恩格斯的文章中便可明顯發現），當時只是將這些行為概略地看做是資本主義制度下的結果。到了二十世紀初，有愈來愈多缺乏職業道德之大企業家的違法行為被揭露，權勢者的犯罪行為逐漸受到學界重視。

根據Geis與Goff的考證（1987），Sutherland深受E. A. Ross所著《罪惡與社會》（*Sin and Society*）一書的影響。Ross是二十世紀初著名的社會學家，他曾提出「犯罪因子」（criminaloid）的觀念，他發現：「商人為追求極大化利益而從事冒險行為，經常將追逐利益的慾望隱藏在其受人尊敬及令人信任的外表身分之後」（Ross, 1907: 17）。Ross將該犯罪因子視為道德觀念上的麻痺（moral insensibility），並認為這些行為者應該要為消費者（顧客）及員工不必要的死亡或傷害負直接責任。Ross在其著作的開

場白，就很具體的表示：

> 「那些以索取回扣方式來竊取他人口袋錢的人、那些在食
> 物中攙雜不純物質害人性命的謀殺者、那些不靠鐵橇而用分贓
> 方式來竊取他人財物的竊賊、那些不用撲克牌而以公司計畫書
> 來詐騙他人錢財的騙徒，以及那些不在自己船下鑿孔而在城
> 鎮下鑿孔、腐蝕城鎮的人，從不覺得自己是壞人（Ross, 1907:
> 7）。」

Ross認為，資本主義社會中的公平正義，受到了這些具有犯罪因子之人的嚴重威脅。雖然他的書在當時獲得許多喝采，但卻沒有說服當時的社會學家去多加注意犯罪因子和所謂的白領犯罪。

Sutherland，普遍被認為是犯罪研究領域中最重要的貢獻者之一。除了對於白領犯罪所做的開創性貢獻外，他更撰寫了一本影響深遠的犯罪學教科書，建構一個非常重要的犯罪學理論（差別接觸理論，differential association theory），並發表了許多有關職業犯罪以及性變態相關法律的論文。但是當Sutherland於1920及1930年代陸續發表其研究成果時，美國社會學界主要的關切焦點乃在於尋求如何提升其地位成為一門正式的社會科學（當時犯罪問題的研究，包含在社會學的範疇），因而漸漸遠離Ross時代所強調的道德訴求（Geis & Meier, 1977）。儘管Sutherland聲稱他是基於科學及理論的目的來研究白領犯罪，但他對於大公司違法行為的憎惡，似乎才是他研究白領犯罪的真正動機。對於亞當‧史密斯（Adam Smith）當初所洞見資本主義之開放、競爭企業型態的優點，Sutherland並無批評，但他對那些大企業腐蝕及威脅經濟體系的非法或非倫理行為深感痛惡（Sutherland, 1949）。

Sutherland對於白領犯罪的研究興趣可以追溯到1920年代，大約是在他完成其著名犯罪學教科書第一版的時候。他對於白領犯罪的研究興趣，部分是基於他了解到當時的傳統犯罪學理論幾乎僅著重於解釋低下階層的

犯罪，這些理論並無法對中、上層人士的犯罪行爲提供任何指引。他深信他所主張的「差別接觸理論」不僅可用以解釋低階層者的犯罪，更可以解釋中、上階層者的犯罪。之後到了1929年，美國由於股票市場崩盤，社會陷入了一段漫長的經濟蕭條期。許多百姓僅能餬口，有錢者的犯罪行爲在眾人不知不覺中逐漸浮現。1930年代他不斷蒐集有關受人尊敬者的犯罪資料，尤其是盜用公款方面，並與他所任教的印第安那大學（Indiana University）研究生不斷討論及修正有關白領犯罪的概念（Friedrichs, 2004）。而他獲選擔任美國社會學會會長，正好提供他一個可以介紹並宣傳白領犯罪概念的好機會。

　　1939年12月，Sutherland於費城（Philadelphia）以美國社會學會會長的身分發表一場名爲「白領犯罪者」的演講。隔年，該演講的內容刊登於《美國社會學學報》（*American Sociological Review*），在這篇描述白領犯罪的早期文獻中，Sutherland將白領犯罪意有所指爲「發生在受人尊敬者或至少是被尊敬之企業或專業人士所構成之上層階級或白領階層中的犯罪」（Sutherland, 1940: 1）。而「授與或隱含信用的違背」（violation of delegated or implied trust），可說是此種犯罪的一項主要特徵（Sutherland, 1940: 3）。商業上的白領犯罪實例，包括有許多不同形式的不實廣告、違法操縱、侵占及賄賂等。Sutherland認爲，白領犯罪在人類社會中已存在一段很長的時間，而他的研究可說是對白領犯罪的普遍性、巨大損害、以及極易使人成爲被害者等特性提出了確切的證據。他強調，儘管刑事法庭不見得一定會對此類行爲者加以定罪，但該等行爲的的確確屬於犯罪。他更指出，白領階級不論是在刑法的制定過程中或是在如何規避自己成爲犯罪人的方法上，都具有相當大的影響力。

　　在1949年，Sutherland完成了有關白領犯罪的重要研究，並以「白領犯罪」之名出版成書，成爲他去世前（於1950年去世）最重要的貢獻之一。在這本書中，Sutherland的研究焦點集中在美國規模最大的70家製造業、礦業及商業公司的違法行爲。在他所研究的70家公司中，他發現每家公司至少都有一次違反刑事法、行政法或民法的行爲，而平均違法紀錄則

為14次（但只有不到16%的行為是屬於違反刑事法的行為）。這些違法行為包括違反公平交易、侵害專利權、違反勞工法令、不實廣告，以及索取非法回扣等行為。根據他所蒐集的資料，Sutherland下了如此的結論，在其所研究的70家公司中，有97%的公司是再犯（Sutherland, 1949）。

Sutherland所撰寫的《白領犯罪》一書，其內容乃是以系統性的分析方法來探索一些大型公司所犯下的白領犯罪行為。文中Sutherland以滿懷憎惡的筆法來描述大公司牟取暴利、詐欺以及在戰爭期間的逃漏稅行為（尤其是在第二次世界大戰期間），他甚至將白領犯罪描述成一種組織犯罪（organized crime）的型態。他發現，公司所從事的犯罪行為經常是理性的、手法高明的、持續且廣泛的。被害者常無力反擊、難以舉證，而大多數的公司對於外界對他們的批評或控告早有準備。被舉發的違法商人，並不擔憂會喪失自己在同業間的地位；事實上，他們大多數對法律均抱持輕蔑的態度。在他們的觀念裡，如果是基於專業技術而違反了某些法律，那麼並不是因為他們是犯罪者，而是法律本身不好。

雖然Sutherland對於白領犯罪研究的貢獻非常大，但有關該現象的研究在發展上卻頗為緩慢。白領犯罪概念的模糊不清固是原因之一，而Sutherland過於強調個人因素較忽略社會結構因素亦是一重要原因（例如資本主義、獲利率及企業環境等）。此外，他沒有對白領犯罪做明確的分類，更沒有深入洞察公司機構對於立法及管制過程所造成的影響。儘管如此，吾人很難想像討論白領犯罪問題而不提Sutherland的貢獻，英國著名犯罪學家H. Mannheim對Sutherland推崇備至，他認為：「如果要頒發犯罪學領域的諾貝爾獎，那麼Sutherland絕對會因為他在白領犯罪研究上的貢獻而獲得該獎」（Mannheim, 1965: 470）。

第三節 白領犯罪的定義

從Sutherland正式介紹白領犯罪概念以來，已經過去了半個多世紀，他將白領犯罪定義為：「受人尊敬及社會高階層之人，在其職業活動過

程中所從事的犯罪行為。」（Sutherland, 1949: 9）儘管已過去了這麼多時間，但是有關白領犯罪的意涵以及觀念的運用，至今仍充滿許多困惑。Geis與Meier（1977）甚至認為，界定白領犯罪是一個「知識的夢魘」；而Hirschi與Gottfredson（1989）則認為，那是一個「沒有歸途的獅穴」。根據Meier（1986）的觀察，自Sutherland以降，研究白領犯罪的學者並沒有提出一個可以被廣為接受的定義。Wheeler（1983）也寫道：「有關白領犯罪的觀念非常雜亂」。Geis（1974）更不客氣的說，白領犯罪的觀念是「一團亂」（a mess）。為何會如此？

　　首先，被引用來描述白領犯罪或與其相關行為的名詞過於繁多。譬如經濟犯罪、商業犯罪、企業犯罪、市場犯罪（marketplace crime）、消費者犯罪、上層人士的犯罪、套房犯罪（suite crime）、菁英犯罪、政治犯罪、政府犯罪、公司犯罪、職業上的犯罪、科技犯罪、員工犯罪、業餘犯罪、電腦犯罪、民俗犯罪（folk crime）等。在有些情形下，不同名詞代表了相同行為，但在有些情形下，卻代表著不同的行為。很明顯的，如此眾多的名詞混淆了白領犯罪的概念。事實上，每一個名詞都有屬於它自己的特殊意涵，往往只能強調白領犯罪中某一特殊面向，而無法完全涵蓋。

　　其次，「犯罪」這個名詞本身具有多重意義，學者Friedrichs（2004）認為犯罪至少包含底下三種意涵：一是法律上的犯罪（legalistic crime），即刑事法所禁止的行為；另一是人道與道德的犯罪（humanistic and moralistic crime），即對他人造成實際損害、或與更高層次的永恆法則（如聯合國所訂的世界人權宣言）相牴觸的行為；第三就是政治犯罪（political crime），如侵犯權勢者利益的行為。而白領犯罪，可能包括上述三種犯罪的意涵。

　　有些研究白領犯罪的學者較喜愛使用「偏差行為」（deviance）這個名詞，實際上「偏差行為」其意涵也有類似的情形。偏差行為有從絕對主義（absolutist）角度來定義的（即違反永恆法則或標準的行為），也有從規範角度（normative，即違反現有規範的行為），以及反應模式來定義的（reactive，即被標籤化的）。偏差行為最常與心理病患、同性戀者、藥

物成癮者、妨害風化犯等行為人聯想在一起，社會學家長久以來就一直批評保守主義過於強調病理與個體層面，而忽視上層人士偏差行為的觀點（Simon & Hagan, 1999; Thio, 1973）。有些學者曾針對一般人們所普遍認為的白領犯罪行為進行研究後，認為使用菁英偏差行為、公司偏差行為（corporate deviance）以及官員偏差行為（official deviance）等名詞較為適當（Simon, 2002）。使用偏差行為一詞最主要的原因，乃在於它包含了許多實際上造成損害但不一定被歸類為犯罪的行為。

　　本書所討論的行為包括了犯罪及偏差行為，但較強調犯罪，原因是犯罪與偏差行為比較起來，犯罪較與造成他人損害有關。其次，許多白領犯罪並不一定偏離行為的典型模式（譬如在市場上，欺騙是很典型的行為）。第三，許多白領犯罪者會避免烙印（stigma）過程的發生，就偏差行為的觀念而言，烙印是非常重要的。根據研究指出，大多數的白領犯罪者並不會產生偏差行為的自我認定或生活型態（Benson, 1984）。

　　然而，定義的清晰化可說是建構白領犯罪解釋理論的先決條件。最早有關白領犯罪觀念的爭議係由P. Tappan所點燃，它批評Sutherland應該將白領犯罪定義在刑事法以及刑事程序處理的範圍下（Green, 1997），類似的爭議到今日依然持續著。此外還有一些新的爭議出現：譬如所謂白領犯罪是否僅指高層人士或機構所從事的違法行為，或是指那些發生在合法職業脈絡中的違法行為，而不考慮當事人的社經地位；所謂白領犯罪是否是僅指涉及經濟或金融活動的行為，還是應包括造成肉體傷害的行為；以及是否僅指人的行為，或組織的行為，或是兩者都包括等爭議。

　　從近來學者對於白領犯罪的定義中，可以發現一些特徵是經常被強調的，譬如是在合法職業脈絡中所從事的行為、行為者具有受人尊重的社會地位、理性行為、較無直接的暴力、行為者不具犯罪者的自我形象，以及有限的刑事司法體系回應等（Rosoff, Pontell & Tillman, 2004）。但在犯罪研究的領域裡，白領犯罪始終是一個充滿爭議的主題，除了上述所提及的爭議外，尚包括——吾人是否應該對白領犯罪予以狹義化和操作化的定義，或是予以廣義化的定義；吾人是否應將白領犯罪侷限在國家所定義的

犯罪範圍內，或是基於損害的標準來建構獨立的定義；吾人的定義應該著重在犯罪者的本質還是行為的本質。

基於白領犯罪定義之爭議所造成的困擾，美國「白領犯罪國家研究中心」（National White Collar Crime Center）於1996年6月召集了全美對白領犯罪問題有研究的學者和專家，舉辦了一場有關白領犯罪定義的研討會，並在會中擬定了共識性的白領犯罪定義：

> 「由個人或組織所從事之有計畫的詐騙性違法或非倫理行為，通常是社會上層或受人尊敬之人為了個人或組織利益，在合法的職業活動過程中違反受託人責任或公共信用的行為[1]。」

此定義在兩個重要的層面上，比Sutherland的定義來得寬廣。第一，白領犯罪不再限定為高層人士的行為。不過，此定義仍舊強調犯罪者居於受人尊敬地位的要件；吾人應可預見，居高層及有權地位之人所從事的犯罪，仍是白領犯罪問題的核心。第二，雖然與職業相關的犯罪仍是該定義的核心，其他相關的犯罪，諸如逃漏稅（如發生在職業脈絡之外的逃漏稅），現在也包含在此定義中。此定義也許不及Sutherland原始定義般的簡潔與直接，不過，由於此定義所具有的彈性以及寬容度較大，使其為多數犯罪學者所接受，而且近來國外有關研究多已使用該定義，因此本書亦採取此定義。

---

[1] 原文為"*Planned illegal or unethical acts of deception committed by an individual or organization, usually during the course of legitimate occupational activity by persons of high or respectable social status for personal or organizational gain that violates fiduciary responsibility or public trust.*"

參閱Helmkamp, J., Ball, R. & Townsend, K. (eds.) (1996). *Proceedings of the Academic Workshop, Definitional Dilemma*, "*Can and Should There Be a Universal Definition of White Collar Crime?*" Morgantown, WV: National White Collar Crime Center, p. iii.

第四節　白領犯罪的本質

自從Sutherland於1939年以美國社會學會會長身分向會員發表有關白領犯罪的演說之後，白領犯罪便成爲一個充滿爭議的焦點。Sutherland被認爲是開創美國犯罪學的主要學者之一，他將企業及政府等上層人士的犯罪帶進過去以貧窮及弱勢者爲焦點的犯罪研究領域，使得傳統的犯罪研究範圍因爲他的貢獻而得以擴展。在當時的時代背景下，如此巨大的改變自然遭受了一些反對，尤其是刺激了傳統政治人士的感受以及權勢者的既得利益。同時在「哪些行爲是白領犯罪？」以及「它們眞的是犯罪嗎？」等問題上，引發了許多爭議。

這些問題所引發的爭議，有一部分是Sutherland自己造成的。雖然他對白領犯罪定義得很明確：「受人尊敬及社會高階層之人，在其職業活動過程中所從事的犯罪行爲（Sutherland, 1949: 9）。」但是在這麼具有包容性的定義下（從企業人員挪用公款、商業間諜、一直到政府官員的貪污行爲等，都包括在內），Sutherland的實際研究卻幾乎僅集中在企業的犯罪行爲，尤其是違反經濟管制規範的企業行爲。Sutherland未對暴力性的白領犯罪給予相對等的著墨，可能是日後引發「白領犯罪是否是眞正的犯罪？」之爭議的關鍵。因爲諸如價格鎖定及不實廣告等Sutherland所研究的行爲，大部分是經由行政程序來處理的，違法者很少面對刑事控告，所以批評Sutherland的人認爲白領犯罪根本不是犯罪，至少白領犯罪者不是眞正的犯罪者。

「那些擁有強大政治力量足以不讓政府對其進行追訴的人，就不是犯罪者」，這樣子的論點以今日標準來說是非常奇怪的，但在Sutherland的時代，該論點卻說服了許多人。由於禁止價格鎖定等行爲的法律均是較新的立法，同時這些行爲的被害者往往對自己已受的侵害並不易察覺，所以和竊盜、傷害等犯罪行爲比較起來，要批評Sutherland所研究的行爲不是眞正的犯罪，顯然也就容易多了。如果Sutherland當初研究的焦點是在不

白領犯罪

良食品嚴重危害人體健康以及工業污染造成多人死亡等行爲上，有關的爭議就可能不會如此的強烈。

　　然而，當時Sutherland或許並沒有完全體察到這種問題，以致遭遇了許多反對的聲浪。當他在1939年發表其著名演說時，大多數的學者認爲犯罪主要是發生在那些受到都市社會病態影響之新移民以及貧窮者的身上。主張諸如洛克斐勒（Rockefeller）等大企業家可能是犯罪者的觀念，是一個很少聽到而且不受歡迎的觀念，即使是在1930年代的經濟大蕭條期（經濟大蕭條被認爲有部分原因，是企業人士所造成的），依然是如此。Sutherland呼籲對白領犯罪問題使用較強硬的方式來處理，在當時備受質疑與挑戰。他主張將違法的公司高層主管視如一般犯罪者來處理的提議，並沒有受到社會上層人士的贊同；由於上層人士對於媒體、研究經費的分配以及其他財務支援具有相當大的影響力，使得Sutherland所提出的新觀念遭遇了巨大阻礙。

　　儘管遭遇了這些阻礙，Sutherland在這一場爭議中還是贏得了第一回合，現今認爲白領犯罪不是眞正犯罪的犯罪學家已不多見。但就在原先的爭議逐漸消失，Sutherland克服了那些對他批評的同時，另一個新的爭議又冒起。新的思潮雖然接受了白領犯罪觀念的價值，但卻以許多不同的方式來定義白領犯罪。有關白領犯罪定義的爭議，大致上可自美國前司法部檢察官H. Edelhertz於1970年所發表的觀念開始。他認爲，白領犯罪的定義不應僅侷限在與職業有關的犯罪上，而且白領犯罪者也不應該只包括社會上層人士。Edelhertz（1970）將白領犯罪定義爲「爲了避免財物的損失或支出、或爲了獲得企業或個人的利益，透過非肢體力量（nonphysical means）及隱匿或欺騙手段所實施的違法行爲。」根據此定義，任何透過詐騙手段所實施的財物性犯罪，都可以被認爲是白領犯罪。

　　該定義（不再要求白領犯罪者必須具備白領階級的身分）在美國聯邦機構的涉入下，產生了很大的影響力。美國聯邦調查局局長W. H. Webster（1980）在他發表於1980年《美國刑事法學論叢》（*American Criminal Law Review*）上的一篇論文中，便採用此項定義。此外，Edelhertz的定義

也爲司法統計局（Bureau of Justice Statistics）所採用。許多根據官方資料所進行的研究，包括由美國耶魯大學（Yale University）研究人員所主持的著名大型研究案（以進入聯邦法院審判程序的白領犯罪案件爲研究對象），也都採取了同樣的定義途徑（Wheeler, Weisburd & Bode, 1982）。但是因爲Edelhertz明確的將暴力損害排除在外，以致無法涵蓋許多環境犯罪以及有關商品安全的犯罪，使該定義的包容性顯現出有些偏態。

Edelhertz等人之所以將白領階級身分的條件排除在白領犯罪的定義之外，大致是因爲底下兩個原因。一是因爲違法行爲的核心是行爲，而不是違法者的條件或地位，犯罪學的分類也應同如此。但此理由卻不能令人信服，因爲其所強調的基本前提並不正確；事實上，幾乎所有犯罪的法律定義都包含某些犯罪者的特徵（譬如行爲人心智健全、行爲時具有犯意、需超過某一年齡等）。另一個原因是，將社會階層變項納入白領犯罪的定義中是錯誤的，因爲一旦如此吾人便無法將社會階層當作一個解釋變項。就如同G. S. Green（1997: 14）所言：「社經地位無法成爲白領犯罪中的解釋變項，因爲根據定義，只有高層人士才能從事此種犯罪。」但是，這個理由一樣有不正確的地方。雖然Sutherland的定義將低層人士排除在外，但並沒有理由將社經地位視爲一種二分變項（dichotomous variable）。在Sutherland的定義下，白領犯罪者中仍舊包含很大範圍的社經地位變異。因此，社經地位仍舊可以用來作爲白領犯罪中的解釋變項。

Edelhertz的定義受到歡迎的眞正原因，應該是它具有較高的實用價值。因爲它的範圍要比Sutherland原先所強調者爲廣泛，可使政府官員較容易呈現出打擊白領犯罪的績效。同時，它也給犯罪學研究人員帶來很大的好處，因爲使用官方資料做分析，是較爲方便和容易的。的確，許多採用Edelhertz定義所完成的研究，大概都無法在Sutherland的定義下來進行。在Sutherland定義中的許多犯罪行爲，事實上並沒有進入官方紀錄的資料系統中，當然也就無法容易的對其進行統計分析。

既然Edelhertz的定義有助於（或許應該說是方便）吾人對白領犯罪的研究，那爲什麼不繼續採用它呢？答案很簡單，當犯罪學家使用此定義

進行研究時，雖然感覺方便和有幫助，但是他們的研究對象卻往往不是眞正的白領犯罪。畢竟，所謂的白領階級或白領工作者，並不是指藍領工作者或貧窮的無業者，而是代表社會階層較高的人。如果某流浪漢向另一流浪漢騙取一瓶酒也算是白領犯罪的話（根據Edelhertz的定義，就應算是），那麼白領犯罪這個名詞還有什麼意義呢？Edelhertz的定義嚴重抹煞了Sutherland等犯罪研究先賢引導世人重視富有者及權勢者犯罪行爲的努力，同時也會很容易的帶領犯罪學者回頭，把焦點集中在非暴力性的街頭犯罪上。

在其他新的定義途徑中，D. O. Friedrichs（2004）及S. P. Shapiro（1990）算是較著名的兩位學者，他們將「信用的違背」（the violation of trust）作爲白領犯罪定義中的核心要件。不過此處需注意的是，如果違法者的社會地位包括在此定義之中，那麼此定義途徑對於白領犯罪的原始定義就不會有太大的抵觸。事實上，Sutherland自己也曾表示，白領犯罪涉及了「授與或隱含信用的違背」。但是，如果吾人的定義未強調白領犯罪者具高社會地位的要件，那麼整個定義的核心便將淪喪。

除了對白領犯罪觀念重新定義的途徑之外，還有一些學者試圖以新名詞來取代白領犯罪。M. B. Clinard與R. Quinney（1973）可說是其中的先驅，他們提出了兩個名詞：公司犯罪（corporate crime）及職業上的犯罪（occupational crime）。雖然這是一個很有用的二分法，但這兩種犯罪應該被視爲白領犯罪的種類（varieties），事實上，連Clinard後來也都這麼認爲。L. S. Schrager與J. Short（1978）則提出「機構犯罪」（organizational crime）的觀念，以作爲白領犯罪的另一代表，但將該名詞視爲白領犯罪的一種「亞型」（subtype）應該更爲恰當，因爲許多Sutherland原始定義所涵蓋的違法行爲，並沒有包含在該名詞的範圍中。

在另外一方面，Green（1997）採用了一個比Clinard與Quinney所主張更寬廣之「職業上的犯罪」定義，然後用它來代表整個白領犯罪的觀念。因此，他將職業上的犯罪定義爲「透過合法職業活動過程形成的機會，所從事之法律得以處罰的行爲」。Green所採用這個名詞的涵義，似乎比

Clinard與Quinney原先所提出者要來得優越，因為顯然沒有理由將某些發生在職業活動過程中的犯罪（因為是受到雇主鼓勵或是為了機構的利益）不歸在職業上的犯罪類別中。但是，Clinard與Quinney的定義已被沿用多年，具有很大的影響力，欲對此定義進行根本改變的任何企圖，只會徒然引發一些不必要的混淆。

此外，D. R. Simon（2002）則提出「菁英偏差行為」（elite deviance）一名詞來代表白領犯罪，該名詞不僅包括了大多數的白領犯罪，而且還包括了不一定違反法律規定的菁英團體偏差活動。菁英偏差行為的觀念以及公司偏差行為的有關觀念當然也很有用處，但同樣的，它們仍舊無法有效取代白領犯罪的觀念。此種途徑的主要問題之一，就是偏差行為的認定問題（確認何者是偏差行為、何者不是偏差行為，並不容易）。此外，該名詞並無法有效表達出社會大眾有關「有錢有勢之犯罪者往往能逃避應有懲罰」的根深蒂固觀念。

但這並不意味我們應該忽視那些沒有違反法律規定的非倫理行為，而是因為白領犯罪實在是一個極為有用的觀念性工具，以致無法將其任意丟棄。因為它明確指出一個為世人所關切的特定問題，「白領犯罪」已經成為犯罪學、社會學等社會科學研究中最普遍被接受的一個名詞。白領犯罪不僅被社會科學界所廣為使用，同時更已成為許多國家日常語言中的一部分。以其他不當觀念來取代它的任何企圖與努力，都將是嚴重的錯誤。

然而，就算是我們接受了原先Sutherland的途徑，為了澄清其定義，仍舊有許多問題待解決。譬如，違法的意涵為何？在早期有關白領犯罪定義的爭議中，有一個焦點就是白領犯罪除是違反刑事法的行為，是否還包括違反民事法的行為？隨著西方學者對白領犯罪的研究逐漸成熟，已有愈來愈多的犯罪學家接受Sutherland的論點，也就是應該包括兩者。誠如S. Blum-West與T. Carter（1983）所指，介於侵權行為（違反民法的行為）與犯罪行為（違反刑法的行為）之間的差異，並不在於行為本身，而是政府對於它們的回應（administrative response）。大多數的白領犯罪者違反了兩種型態的法律（民法與刑法），對白領犯罪案件採取民事或刑事處理程

序的決定，並非是純法律的考量（extralegal）。

隨著現代經濟體系的國際化趨勢，引發了另一個較新的議題。個人或機構的偏差行為可能受到若干不同國家的法律管轄，或是剛好落在若干不同國家的管轄空隙之間，當有這種情況時，我們應該如何歸類這些行為呢？違反當地國家法律的行為，顯然是違法，即使行為者是外國人或外國公司（跨國性的公司）亦是如此；在某些案件中，跨國公司在外國的行為可能還會受到本國治外法權（extraterritorial jurisdiction）的約束。儘管這些標準都是很好的起點，但它們仍不足以處理跨國公司在貧窮第三世界國家所從事的行為。Michalowski與Kramer（1987）就曾指出，跨國性公司往往擁有較充沛的資源以及強大的力量，經常根據自己的需要而對第三世界國家的立法與執法進行干涉。因此，在決定何者是犯罪、何者不是犯罪時，有必要將國際所認同的人權原則以及國家主權原則包括在考量的範圍內。雖然這些國際法並不如各個國家的法律那麼的明確以及被各個國家所接受，但規範國家行為及跨國公司行為的基本原則已建立在其中。這些原則也已被轉化為許多聯合國的文件，譬如世界人權宣言、消費者保護綱領（Guidelines for Consumer Protection）及跨國公司行為規範草案（Draft Codes of Conduct for Transnational Corporations）等。違反這些文件所定標準的行為，也應包含在犯罪行為的定義中。

總之，Sutherland有關白領犯罪的原始定義雖然受到多方批評，但其觀念的重要價值並非僅是科學的實用性而已，事實上更深具警世的作用，一方面擴大了犯罪學家的視野和研究領域，另一方面更喚醒吾人對於白領犯罪現象的注意和關切。D. Weisburd與K. Schlegel（1992: 352-353）兩人對於Sutherland所引發的爭議，下了令人印象深刻的註腳：

> 「的確，白領犯罪本身的觀念引發了許多批評。這些批評大多屬於省思的性質，批評者的目的企圖對白領犯罪的研究範疇尋覓更明確的界定。譬如，是否應將吾人的關切焦點侷限在高社經地位者的犯罪，還是泛指職業活動過程中所涉及的犯

罪？吾人注意的焦點應該是違法者？還是違法行為？還是應將白領犯罪視為違法者與違法行為之間某種特殊互動的結果？雖然這些問題的提出，有助於釐清自Sutherland以來有關白領犯罪定義上的困惑，但是無論爭議的方向為何，對白領犯罪研究者以外的人士而言，這些爭議反而給他們帶來更多的迷惘。」

第五節　白領犯罪的類型

有學者懷疑犯罪學的分類是否與眞實現象相符，他們認為分類的對象或許只是犯罪行為中較具戲劇性的一面，由於違法行為的種類實在太多，分類可能無法澄清事實，更可能扭曲事實。上述這些批評固然重要，但若無分類的情況又是如何呢？學者Friedrichs（2004）就明白指出，對犯罪以及犯罪者不加分類的這種概括性途徑，反而比一些最基本的分類途徑（只要把握一些基本犯罪學分類上的限制）更會造成嚴重的事實扭曲。

Quinney是第一位確認「職業上犯罪」（occupational crime）觀念的學者，他和同僚Clinard將職業上的犯罪定義為：「發生在合法職業活動過程中的違法行為」（Clinard & Quinney, 1973: 131）。他們認為Sutherland的白領犯罪觀念僅侷限在上層人士的範圍，因此他們覺得上述的定義比Sutherland的觀念要來得更理想。Clinard與Quinney認為，畜牧業者會因為在牛奶生產過程中故意加水欺騙消費者而犯了罪，修理工人（如汽車修理工人）因為施予不必要的修理、向消費者超額索費而犯了罪，以及許許多多其他非白領工作者在他們的職業脈絡中的犯罪行為。他們將職業上的犯罪區分為一般個人與個人之間的犯罪（如醫師對病人）、員工對雇主的犯罪（如侵占）、商人對消費者的犯罪（如詐欺消費者）等。通常來說，職業上的犯罪大多涉及獲取經濟利益或避免經濟利益損失等方面的行為。

Clinard與Quinney在其所著《犯罪行為的體系》（*Criminal Behavior System*）一書中，指出了白領犯罪的另一類型——公司犯罪（corporate crime）。他們將公司犯罪定義為：「公司人員為其公司所從事的犯罪，

以及公司本身的犯罪行為」（Clinard & Quinney, 1973: 188）。事實上，這也是Sutherland在其《白領犯罪》一書中所研究的犯罪類型。Clinard與Quinney的分類可以說是白領犯罪研究上最具影響性的分類，在犯罪學領域裡受到廣泛的運用。自Clinard與Quinney的分類後，學界對公司犯罪定義加入一些他們所欲強調的特性，更加精緻化了公司犯罪的定義。學界普遍認為，公司犯罪的特徵和所造成的後果，與職業上的犯罪不甚相同。

　　與Clinard等人同時，出現了另一類似但不完全相同的分類，就是將白領犯罪分為組織性的與個人性的（orginizational and individualistic）行為。不過有學者提出質疑，認為在所謂組織性白領犯罪中，行為者動機與目標的複雜交錯性，恐怕無法以這種二分法就可以傳達其意涵（Reichman, 1986）。在Clinard等人之後，的確出現了許多有關白領犯罪的分類，在這些分類過程中，學者融入了犯罪者與被害者的關係、犯罪的屬性、犯罪的脈絡、犯罪的形式與目的、損害的本質以及這些變項的組合等（Friedrichs, 2004）。

　　我們可以看出有許多不同的途徑被運用在白領犯罪的分類上，儘管任何一種分類均有其限制，但分類對於白領犯罪的探究的確提供了一個非常重要的出發點。本書對白領犯罪所做的分類，基本上是基於下列幾個標準：

一、違法行為發生的脈絡，包括發生的背景（例如是公司、政府機構、專業機構等）以及背景的層級等。

二、違法者的身分（例如是富有者或中產階級，管理者或員工等）。

三、主要的被害者（例如是一般大眾還是特定的個人）。

四、損害的主要形式（例如是經濟損失或肉體傷害）。

五、法律上的分類（例如違反公平交易、詐欺等）。

基於上述標準，本書將白領犯罪區分為底下五種類型：

一、公司犯罪

公司管理者或員工為增進公司（及個人）利益所從事的非法或損害

行為。其形式包括：公司暴力（corporate violence）、公司竊取（corporate theft）、公司違法操縱金融、公司違法干涉或腐化政治等。

二、職業上的犯罪

為了獲取經濟利益，在合法、受人尊敬的職業脈絡中所從事的非法或損害行為。其形式包括：零售業的犯罪（retail crime）、服務業的犯罪（service crime）、專業人士的犯罪以及員工犯罪等。

三、政府犯罪

是一種同源形式的（cognate form）白領犯罪，政府機關或政府人員所實施的非法或損害行為。其形式包括犯罪的國家機關、政府性的組織犯罪（state-organized crime）以及政治性的白領犯罪等。

四、混合型白領犯罪

是政府犯罪與公司犯罪的綜合體，以及公司犯罪與職業上之犯罪的綜合體，主要形式包括：政府性的公司犯罪（state-corporate crime）、金融犯罪以及科技犯罪。所謂金融犯罪，特別是指發生在金融領域（從銀行業到證券市場等）的犯罪活動。科技犯罪則是指涉及電腦和其他高科技的白領犯罪。

五、殘餘型白領犯罪

屬於較為邊緣的白領犯罪類型，包括組織—白領結合型犯罪、常業—白領結合型犯罪，以及業餘型白領犯罪。所謂組織—白領結合型犯罪，是指涉及組織犯罪及合法商業活動的合作性企業（cooperative enterprise）活動。所謂常業—白領結合型犯罪，則是假借合法商業活動之外貌所從事的詐騙活動。業餘型白領犯罪，則是指白領工作者在其機構或職業脈絡之外所從事的違法行為，如逃避所得稅、保險詐欺、貸款與信用詐欺、逃漏關稅及購買贓物等。

第六節　本書的研究方法

　　犯罪研究者經常遭遇一些其他領域研究人員所沒有遭遇過的問題，犯罪造成之肉體、經濟以及情緒的傷害，使得吾人有時無法以冷靜的態度處理犯罪問題。由於犯罪行為本身帶有非法的和令人感到羞恥的特性（當事人常不願公開犯罪事實），而且刑事司法機構並無法記錄所有的犯罪事件，無形中增加了犯罪研究者在蒐集正確資料上的困難度。這些問題，在白領犯罪的研究中，尤其明顯。

　　從底下研究中，可以清楚看出白領犯罪研究者在研究上所遭遇的困難。在其「控制非法的組織行為」（Controlling Unlawful Organizational Behavior）研究中，D. Vaughan（1983）對於Revco醫療保險詐欺案件做了極為深入的探究，該案涉及美國俄亥俄州（Ohio）一家大型連鎖藥局利用電腦來雙重收費，該連鎖藥局造成了政府約50萬美元健保醫藥經費的損失。但該藥局認為政府醫藥保險的補償措施缺乏效率且不公平，上至老闆下至基層員工均深感不平，並且堅信他們有資格獲取這些款項。當Vaughan決定對該案件進行研究後，先採取「滾雪球」（snowballing）的方式來蒐集資料並建立檔案。但是在這過程中，以社會學為學術背景的Vaughan遭遇了許多術語理解上的障礙，諸如美國福利部（Welfare Department，主管健保醫藥費用）專業電腦語言、專業醫療術語以及Revco公司的財務名詞等。最後，Vaughan還必須把自己常用的社會學用語轉換成可以和這些不同機構人員自然溝通的言語。遭遇的第二個困難是，Revco公司認為吐露這些祕密將會有利於市場上的競爭者，同時更可能會影響公司內部員工的士氣，並形成一些公司所不願意見到的民意。因此，Revco公司最初拒絕了Vaughan研究的請求（Revco的代表口口聲聲表示他們公司才是整個事件的被害者）。此外，Vaughan在與該案有關的調查單位與訴訟機構接洽請求協助時，也同樣遭遇一些難題，這些機構與該案有關的人員幾乎都有一種類似的認知，那就是與Vaughan合作可能要擔負一

些額外的責任，所以他們並不願意提供幫忙。上述的困難也就跟著導引出他所遇到的第三種挑戰。在這單一案件中，至少涉及了八個龐大且複雜的組織，這使得他必須要採取極為困難的策略以及面對倫理等方面的抉擇：如何在不洩露祕密、不具干擾性及避免支持任何一方的情況下，獲得涉案各方的信賴與祕密。當所蒐集的資料是一大筆相互對立的資料，在對其進行分析時，研究人員必須要掌握所有發生偏誤的可能，同時更要避免這些偏誤的發生。雖然遭遇了這多的障礙，Vaughan最後還是完成一部內容相當豐富的公司犯罪研究。

　　過去，由於學者對於白領犯罪的定義與核心觀念缺乏共識，使得建立可驗證假設（testable hypotheses）的困難度增高。同時，要對過去在不同地點與不同時間所作的研究進行比較，當中的問題顯得更多。從1970年代開始，白領犯罪研究的分析單位（the unit of analysis）逐漸由個人轉移到組織上，白領犯罪的內涵愈顯複雜，不僅涉及個人，更包含組織內部社會結構及其運作的問題。針對這些複雜性，除犯罪學之外，研究者往往需要了解白領犯罪相關領域的知識，譬如管理學、經濟學、組織理論、法律、社會學以及心理學等。比較起來，傳統街頭犯罪的研究（如殺人、竊盜等）就較為直接和單純。在另一方面，白領犯罪的回應機構也比街頭犯罪者為多，除了刑事司法機關外，還包括相關的管制機關（regulatory agencies），如公平交易委員會、環保署、衛生署、勞動部等。回應機關的多元化，使得研究人員在資料的蒐集上愈顯麻煩，完整與客觀資料的取得更為困難。

　　此外，一般街頭犯罪者較易尋得和接觸（譬如前往矯正機構便可尋得），也比較可能會向外人陳述自己的犯罪行為。白領犯罪者則不然，大多數的白領犯罪者很少涉及回應機構的正式處理程序，他們也比較重視自己的名譽，以及較傾向否認自己的犯罪行為。因此，要讓有權勢的人或機構來配合白領犯罪的研究，往往也是較為困難的。

　　白領犯罪的統計資料並不像街頭犯罪具有統一的統計資料報告（如中華民國刑案統計、犯罪狀況及其分析等），而是散落在許多政府機關的統

計報告（如公平交易委員會、環保署、衛生署、勞動部等）、報紙及雜誌等媒體當中。在警方的犯罪統計報告中，經常是將白領犯罪與傳統街頭犯罪混合在一起；而某些管制機關（如公平交易委員會）的統計年報中幾乎都是行政處分案件的統計數據，而無刑事案件的統計（有而未統計）。總之，在刑事司法及管制機關中，並沒有完整的白領犯罪統計資料。

為了符合研究目的，本書乃以前述五大類型白領犯罪為基準，蒐集各種文獻資料，包括近年來報導於國內及美國主要媒體之白領犯罪案件（國內案例主要蒐集自《中國時報》、《聯合報》及《自由時報》，美國案例主要來自《紐約時報》（New York Times），並將其分類整理。筆者之所以選擇美國的資料，乃是因為有關白領犯罪問題的研究，在美國已開花結果，成果豐碩，文獻及案例之多，可說汗牛充棟。是以，本書乃以美國案例與文獻作為比較研究的對象，冀望如此方法能有助於對白領犯罪問題作更深入的探究，獲致有用的研究結論。另一方面，為期獲得更精細詳實的資料，筆者亦進行田野觀察、訪談及問卷調查等實證性研究。所獲得的資料，筆者將在討論相關白領犯罪類型及解釋論時加以引用。

使用媒體及官方公開資料進行研究，在犯罪學研究裡屢見不鮮。Sutherland的《白領犯罪》一書以及Clinard（1952）的〈黑市：白領犯罪之研究〉（The Black Market: A Study of White Collar Crime）等，均是其中的典範。Dibble（1963）指出，這些資料有如是一種「社會性的會計」（Social Bookkeeping），由於是組織、團體或社會系統機制的產物，而非個人產物，故經過客觀的歸納整理與分析後，將有助於事實的呈現。

至於內容上，因為白領犯罪現象極為複雜，為求研究體系的分明與完整，並對白領犯罪的成因及其防治對策有深入探索，本書共計有12章。前三章為基本概念，第四章至第八章為類型論，第九章為現象解釋，最後三章則是有關防治對策的論述。

本章參考文獻

Benson, M. L. (1984). "The Fall from Grace: Loss of Occupational Status as a Consequence of Conviction for a White Collar Crime." *Criminology* 22: 573-595.

Blum-West, S. & Carter, T. J. (1983). "Bringing White-Collar Crime Back In: An Examination of Crimes and Torts." *Social Problems* 30: 545-554.

Clinard, M. B. (1952). *The Black Market: A Study of White Collar Crime*. New York: Holt, Rinehart & Winston.

Clinard, M. B. & Quinney, R. (1973). *Criminal Behavior Systems: A Typology*. New York: Holt, Rinehart & Winston.

Edelhertz, H. (1970). *The Nature, Impact and Prosecution of White Collar Crime*. Washington, DC: National Institute for Law Enforcement and Criminal Justice.

Friedrichs, D. O. (2004). *Trusted Criminal: White Collar Crime in Contemporary Society*. New York: Wadsworth Publishing Company.

Geis, G. (1974). "Avocational Crime." pp. 275-287 in D. Glaser (ed.), *Handbook of Criminology*. New York: Rand McNally.

Geis, G. & Goff, C. (1987). "Edwin H. Sutherland's White-Collar Crime in America: An Essay in Historical Criminology." pp. 1-31 in L. Knafla (ed.), *Criminal Justice History*. Volume 7. Wesport, CT: Meckler.

Geis, G. & Meier, R. F. (1977). *White-Collar Crime*. New York: Free Press.

Green, G. S. (1997). *Occupational Crime*. Chicago, IL: Nelson-Hall Publishers.

Helmkamp, J., Ball, R. & Townsend, K. (eds.) (1996). *Proceedings of the Academic*

Workshop, Definitional Dilemma, "Can and Should There Be a Universal Definition of White Collar Crime?" Morgantown, WV: National White Collar Crime Center.

Hirschi, T. & Gottfredson, M. (1989). "The Significance of White-Collar Crime for a General Theory of Crime." *Criminology* 27: 359-371.

Mannheim, H. (1965). *Comparative Criminology*. London: Routledge & Kegan Paul.

Meier, R. F. (1986). Review Essay: White Collar Books. *Criminology* 24: 407-426.

Michalowski, R. J. & Kramer, R. (1987). "The Space between the Laws: The Problem of Corporate Crime in a Transnational Context." *Social Problem* 34: 34-53.

Reichman, N. (1986). Reviews of James W. Coleman, The Criminal Elite. *Contemporary Sociology* 15: 369-387.

Rosoff, S. M., Pontell, H. N. & Tillman, R. (2004). *Profit Without Honor: White-Collar Crime and the Looting of America*. Englewood Cliffs NJ: Prentice-Hall.

Ross. E. A. (1907). Sin and Society: *An Analysis of Latter Day Iniquity*. New York: Harper & Row.

Schrager, L. S. & Short, J. F. (1978). "Toward a Sociology of Organizational Crime." *Social Problems* 25: 407-419.

Simon, D. R. (2002). *Elite Deviance*. Boston, MA: Allyn & Bacon.

Simon, D. R. & Hagan, F. E. (1999). *White-Collar Deviance*. Boston, MA: Allyn & Bacon.

Sutherland, E. H. (1940). "White-Collar Criminality." *American Sociological Review* 5: 1-12.

Sutherland, E. H. (1949). *White Collar Crime*. New York: Holt, Rinehart & Winston.

Thio, A. (1973). "Class Bias in the Sociology of Deviance." *The American Sociologist* 8: 1-12.

Vaughan, D. (1983). *Controlling Unlawful Corporate Behavior*. Chicago, IL:

University of Chicago Press.

Webster, W. H. (1980). "An Examination of FBI Theory and Methodology Regarding White-Collar Crime Investigation and Prevention." *American Criminal Law Review* (Winter): 275-286.

Weisburd, D. & Schlegel, K. (1992). "Returning to the Mainstream, Reflections on Past and Future White-Collar Crime Study." pp. 352-365 in K. Schlegel & D. Weisburd (eds.), *White-Collar Crime Reconsidered*. Boston, MA: Northeastern University Press.

Wheeler, S. (1983). "White Collar Crime: History of an Idea." pp. 1647-1654 in S. Kadish (ed.), *Encyclopedia of Crime and Justice*. New York: MaCmillan & Free Press.

Wheeler, S., Weisburd, D. & Bode, N. (1982). "Sentencing the White-Collar Offender: Rhetoric and Reality." *American Sociological Review* 47: 641-659.

第二章
對白領犯罪的基本認識

　　儘管是在治安日益惡化的現代社會，白領犯罪仍舊是一個曝光度不高的問題。媒體的焦點還是集中在殺人、擄人勒贖、強制性交、搶劫及其他戲劇性較濃厚的犯罪上。警察人員不僅缺乏發現及偵辦白領犯罪的能力，被害者更是往往不知自己已遭侵害（就算知道自己被害，也不知該向誰報案、請求援助）。難怪研究白領犯罪著名學者J. W. Coleman（2002）會表示：「諸如像Sutherland等研究白領犯罪問題的先驅，他們所投入的生命就有如是在原野中所發出的一絲聲音，充其量只喚醒了學術同儕對於白領犯罪問題的關注」。換言之，其他有能力喚起社會大眾對白領犯罪問題注意的人士，似乎還是認為權勢者基本上是不會犯罪的。當然，也有可能是他們並不願意去激怒那些提供他們資源的權勢者。

　　我國近年來白領犯罪事件逐漸增多，諸如企業經營者涉及掏空公司資產的力霸集團事件、地下金融活動的鴻源事件、公司職員違法侵占鉅款的國票事件、銀行職員因侵占鉅款導致銀行發生擠兌、官商勾結（如林肯大郡的建商「林肯建設公司」與地方政府官員之間的腐化關係）以及企業污染環境（如位於桃園的RCA公司長期在其廠區內傾倒有毒廢棄物）等事件，由於類似案件不斷出現，不僅嚴重影響社會大眾對於政府及社會制度的信心，更使有些人思考到，我們的社會除了街頭犯罪之外，還有其他更嚴重的犯罪行為正在侵蝕我們的社會秩序。但是，儘管是今日經常抱怨政府貪瀆或企業缺乏社會責任的人士，也不見得通盤了解整個問題，或是看清問題根源的背景脈絡及結構因素。從本章開始，我們便要探究這些問題。

白領犯罪

第一節　機會與白領犯罪

　　犯罪學家花費許多時間和精力研究犯罪人，犯罪學家提出許多有關犯罪人的問題，諸如：哪種人比較可能成爲犯罪人？什麼原因使得他們成爲犯罪人？他們從幾歲開始犯罪？到幾歲終止？期間犯了多少犯罪？犯下哪種類型的犯罪？出自怎樣的家庭？住處在哪？環境如何？交友狀況爲何？前述這些問題還可以繼續擴延。當然，它們都是重要的問題。藉由回答這些問題，最終是希望能夠揭示犯罪人與非犯罪人之間的差異。基於許多理由，吾人需要竭盡所能的去了解是什麼因素影響人涉及犯罪。然而很重要的是，了解犯罪人是一回事，了解犯罪又是另一回事，兩者不盡相同。人們經常把解釋犯罪和解釋犯罪人混淆在一起，事實上，兩者應該分開解釋。犯罪是一事件，指發生的某事。而犯罪人，則是指其作爲不被社會接受之人。對於人們爲何如此作爲或不作爲的解釋，並不等同於某事件爲何發生在某一時間和地點的解釋。

　　如欲了解某一件犯罪爲何發生在哪個時間和哪個地點，就不僅需要注意從事該犯罪的人，還需要注意該人所處的情境。當然，了解犯罪者的動機或當事人從事犯罪的理由是很重要的。假設某犯罪者具有強烈的動機去搶錢，但對於錢財的慾望並無法解釋當事人爲何搶劫一家便利商店，而不選擇搶劫隔壁的銀行。兩個地方都有當事人想要的錢財，爲什麼只搶便利商店而不搶銀行呢？顯然，一定有一些因素影響當事人選擇便利商店行搶。例如，銀行有配帶警械的警衛、架設多臺錄影監視器，就算是在銀行營業結束後，侵入行竊的機會仍是很小。現今的銀行金庫非常堅固，難以侵入。反觀便利商店開放營業時間遠比銀行要長，而且可能只有一名店員，錄影監控較弱，甚至現金就放在櫃檯收銀機裡。因此，如果我們站在犯罪人的觀點，會發現便利商店比銀行呈現出更好的機會，尤其是當犯罪人是在獨自和緊急的情況下犯案。

　　對所有犯罪而言，機會，現今已被認定爲一項重要的原因。若缺乏機會，犯罪無法發生。近三十年來，有關犯罪的研究愈來愈聚焦在製造或促

發街頭犯罪機會的情境和環境因素上（Benson & Simpson, 2018）。機會，同樣也是白領犯罪的重要因素。然而，許多白領犯罪的機會結構卻與一般街頭犯罪的機會結構有很大的不同。雖然這些差異給防治措施帶來許多難題，但也提供了新的思考空間。

犯罪機會，到底是什麼？根據日常活動理論（routine activity theory），犯罪機會包含兩個要素：合適標的和缺乏監控（Felson & Boba, 2010）。標的，可能是人或財物。某一個人或財物如何成為犯罪的合適標的呢？這受制於許多因素的影響。姑且不論所有因素，我們可以選擇一些主要因素來討論。從犯罪人的角度來看，某人是否具有足夠的吸引力成為合適標的，取決於當事人受到犯罪人所感知的弱點狀態，在某些案件中，則是當事人受到犯罪人所感知的外表或情感上的價值。如果所有條件都相同，暴力犯比較可能選擇反擊能力差的對象下手（即選擇弱者下手），即俗話所言「大欺小，強凌弱」的意思。此外，暴力犯選擇侵犯的對象也可能是與自己結怨之人，而不是任意的第三者。換言之，攻擊自己憤怒的對象要比攻擊和自己沒什麼情感互動的對象來得有意義和功能。因此，影響某人是否成為合適標的的主要因素，就是弱點和情感上的意義。

此外，也有一些因素讓某件財物比其他財物更具合適性。方便移動、有價值、可變換性，通常是某財物吸引犯罪者的條件。對於財物性的犯罪者而言，價值的重要性很明顯，無需贅言。財物是否方便移動，也是另一重要因素。竊賊竊取財物時，代表竊賊準備要移動該財物。舉例而言，iPhone要比冰箱容易移動，較方便竊取。最後是可變換性，所謂可變換性，就是指該物可以變換成其他東西。錢，就具有很高的變換性，可以使用錢變換成許多東西。財產性的犯罪者喜於竊取容易變換的財物，通常他們不是為了使用目的而竊取財物，而是變賣換錢。所以，選擇容易變賣的財物下手，是有道理的。假設某人需要金錢而侵入他人住宅竊取財物，在屋內他可以選擇竊取值錢的掛畫，也可以選擇珠寶首飾、新iPhone，到底是哪些物品比較容易脫手變賣呢？綜合前述，如果其他條件相等，竊賊尋求的是高價值、容易帶走、容易變賣換錢或變換成其他東西（如毒品或

酒）的財物。

犯罪機會的另一個要件是缺乏有能力的監控。提到有能力的監控，通常讓人想找彪形大漢來防衛人身安全或財物安全，但有能力的監控只是一種方便說法，意思其實是非常廣泛的。所謂有能力的監控，是指任何能夠防止侵犯者接近標的，或是讓侵犯者感覺獲取該標的有很高風險的人、事、物。監控，通常有兩種：阻礙接近和監視。

在有形上，阻礙侵犯者接近標的的監控技術，諸如建圍牆、裝鎖、裝鐵窗及其他可以有效防止侵犯者接近標的之人、事、物。根據這個觀念，就不難理解暴力侵犯者攻擊的對象通常是他容易接觸的人，如出現在開放空間或靠近侵犯者的人，而不是躲在上鎖門後的人。同樣的道理，財產性犯罪者可能因為圍牆或鐵窗阻礙其接近所欲侵犯的標的，而防止其實行犯罪意圖。當然，侵犯者總想突破讓其不便接近標的的阻礙，但基本的通則是：阻礙接近標的，讓侵犯者感受到實行犯罪意圖是很困難的事，繼而使犯罪機會對侵犯者的吸引力大幅降低。

除了阻礙接近標的，侵犯者也可能因為感受到風險過高而暫緩或停止侵犯標的。此處所指的風險，乃是侵犯者從事犯罪時或之後被發現或被逮捕的風險。因此，如果標的（可能是人或財物）受到警察、鄰居、錄影監視器、警報系統或其他任何人或物的監視，侵犯者必然會考慮監視所造成的影響。監視提高了侵犯者行動被發現的可能，侵犯者因而面臨較高的被捕風險。所以，監視可以降低犯罪機會的吸引力，這也是為什麼廣設錄影監視器的原因了。

第二節　白領犯罪的特性與技巧

犯罪者通常會透過一些特殊技巧以善用犯罪機會，換言之，犯罪者如果會使用特殊技巧，就可使犯罪機會大大的發揮功能。的確，某一情境能否形成犯罪機會，端視是否有適當技巧配合。例如，懂得如何使點火裝置短路來發動汽車的竊賊，會比不懂該技巧的竊賊有更多竊車機會。不懂該

技巧的竊賊就得花時間去尋找鑰匙留在車上的車子，而懂該技巧的竊賊只要發現未受監控的車子就可下手竊車。因此，為了解犯罪機會，就需先了解犯罪者從事特定類型犯罪所使用的技巧，此概念也適用於白領犯罪。從事白領犯罪所需要的技巧，很明顯的與從事其他類型犯罪的技巧不同。因此，接下來本節就要針對「技巧」進行探討。

首先，什麼是技巧？有關技巧在字典上的定義，較符合本節性質的定義為：「為達成某期望目的之方法」。也就是說，技巧是完成某事的方法。顯然的，要完成什麼事，就需有完成該事的技巧。例如，竊賊侵入家宅竊取財物的技巧可能包括在門上謹慎鑽孔、用線鋸把孔弄大、從內側把門鎖打開、侵入屋內竊取財物。有些竊賊也可能不這麼做，用更簡單的方法：用力把門踢開、衝進屋內拿走有價值及能夠帶走的財物。問題是，這麼做很容易被人發現，風險太大了。

在這個例子中，有幾個要點值得注意：第一，不論竊賊使用哪種技巧，都透過肢體（鑽孔或踢門）來達成目的；第二，該竊賊所為明顯違法；第三，竊賊直接接觸被害者或所侵犯的標的，即屋主財物；第四，可以明確辨識出被害者是誰，即屋主；第五，違法行為（鑽孔、踢門、竊取財物、逃離現場）的發生時間和地點很具體，我們可以很清楚的辨識出在什麼地點和時間發生竊案，例如在臺北市忠孝東路三段1059號，2014年9月10日凌晨2點30分。許多傳統性的街頭犯罪就是這樣子，涉及肢體動作、侵犯者接觸被害者或侵犯標的、明顯的違法行為、發生在特定地點和時間。

然而，白領犯罪通常不是這樣。白領犯罪大多沒有像街頭犯罪的肢體動作，反而是一般簡單、平凡的動作，諸如書寫、講電話、使用電腦等。與闖空門的竊賊不同，白領犯罪者的行為是不一樣的。他們通常有權或合理的出現在某場合，甚至是犯罪的發生地點。此外，白領犯罪者不一定會與被害者或侵犯標的直接接觸，犯行發生時也不一定有明顯的違法性。簡言之，白領犯罪表現出三種特性：一、犯罪者出現在犯罪地點具有正當性；二、犯罪者與被害者在空間上是分隔的；三、犯罪者的行為在表面上

是合法的。

我們可以以醫生詐領健保金的案例來說明白領犯罪這三項特性。此種白領犯罪的發生通常從醫生自己的辦公室開始（當事人有權進出自己的辦公室），犯罪者（醫生）與被害者（政府）沒有直接的接觸，犯罪者透過電腦填寫申請健保給付的不實報表（空間上是分隔的），事實上醫生並沒有侵入健保局辦公室偷錢，而只是發出一份填寫不實的電子報表，然後等待政府支付費用。如果醫生很靈巧的將報表填寫得像真的一樣，就很可能沒人（包括健保局職員）知道發生了違法事情（表面上是合法的）。

當然，並不是所有的白領犯罪都有這些特性。有些白領犯罪，犯罪者與被害者就有直接的接觸。白領犯罪的類型雖然眾多，但對於大多數白領犯罪的主要特性加以辨識仍然是很重要的，理由是這些特性不僅影響白領犯罪發生的脈絡，同時也影響預防策略的建構途徑。

因此，我們接著要問，白領犯罪者是如何進行犯罪的？他們通常使用三項技巧來進行犯罪，依重要性排序，這三項技巧分別是：一、欺騙；二、信用的濫用；三、隱瞞與密謀。本節是基於分析目的才將這三項技巧分別列出，但在現實社會中，任何白領犯罪都至少包括一項以上的上述技巧。

白領犯罪者的主要技巧是欺騙，欺騙是白領犯罪者的主要犯罪手法（modus operandi）。其他兩項技巧——信用濫用以及隱瞞和密謀，其實就是有助於遂行欺騙的途徑或易於欺騙的情境。欺騙是常見字詞，本無需贅言，但欺騙是一個如此令人熟悉的字詞，所以可以在其上加註一些解釋，易於更清楚了解其真意。基於研究白領犯罪的目的，仔細思考欺騙的真正意涵以及如何完成欺騙，是很重要的。當某人把事物操縱成與事實不符繼而誤導他人，欺騙就發生了。說得更清楚一點，當某人或某組織促使他人或另一組織經歷某事物，而該事物的表象與事實不符，欺騙就發生了（Rue, 1994）。若從欺騙者的立場來看，欺騙是感知事實的有利扭曲；但從被騙者的立場來看，很明確的，欺騙卻是感知事實的不利扭曲（Bowyer, 1982）。

　　欺騙是一種關係現象，也就是描述兩個實體（騙者與被騙者）互動性質的特徵（Rue, 1994）。欺騙所呈現的關係性質，讓我們對欺騙的分析變得複雜。為確認欺騙是否發生，我們必須了解某人或組織的欺騙意圖，此外，我們也應該了解被騙者的感受。欺騙只有在兩個條件相遇時才會發生，一是就某事實本質意圖誤導他人，二是使他人對該事實本質產生錯誤認知。欺騙所呈現的關係性質，使得運用此種技巧的不法行為難以防止。

　　欺騙的要件就是某人故意誤導他人做某事，被誤導者一旦獲知所有事實（即如果未被欺騙），是不會做該事的。此處是基於論述上的方便，指出某人誤導他人是欺騙的要件，但顯然的，也可能由一群人組織起來然後利用他人或其他組織進行欺騙行為。我們以前例繼續說明，假如有一位企業主想要向銀行借貸，在申請借貸過程中，該企業主故意誇大其資產及少報負債，目的是讓自己的財務表象優於事實，希望銀行行員能夠核准貸款申請。顯然的，他在借貸申請中做了虛假不實的陳述，他欺騙了銀行行員。

　　透過虛假不實或引人錯誤的陳述來進行欺騙，在白領犯罪中是常見的技巧，幾乎所有的消費者詐欺都出於此途徑。製造商為使消費者相信其產品比競爭者優，而使用虛假不實或引人錯誤的廣告，諸如此類的欺騙不勝枚舉。

　　要精準認定欺騙，有時還蠻複雜的。因為欺騙是一種很主觀的行為。一件事可以愚弄甲，但不一定可以愚弄乙。欺騙，可以很複雜，也可以很簡單。欺騙，可以透過一家大公司精心設計的廣告活動來進行，也可能是一位向銀行貸款或向政府申請福利補助的民眾經由不實陳述而完成的。欺騙，可能是個人對大機構或大機構對個人，也可能是個人對個人或大機構對大機構。了解欺騙者（個人或組織）與被欺騙者（個人或組織）之間關係的多樣性，對於白領犯罪的預防而言，是非常重要的。此處所欲強調的是，欺騙乃白領犯罪者標準技巧之一。

　　欺騙與下一技巧——信用的濫用，關係密切。信用的濫用，經常發生在代理人與委託人之間的關係當中。某人或組織被授權為他人或另一組織

行事或主張權益，代理關係便形成。為他人或組織行事，或代理他人或組織主張權益，此人或組織稱為代理人（agent）；在此關係中的另一方，稱為委託人（principal）。通常，代理人基於其具備的專業知識，提供委託人特定服務。委託人因能力、專業、時間不足或缺乏意願，而請代理人為其服務。就委託人而言，他將信賴託付給代理人，希望代理人能基於其權益行事。但是代理人有時藉由某種形式的欺騙，濫用委託人所授予的信賴。例如，如果某甲想投資股市，但對自己選擇投資哪種股票缺乏信心，因此與股票經紀人聯絡，向其請教及請求協助購買股票。該股票經紀人同意提供服務，某甲繼而將錢交付該經紀人，並認為該經紀人會將交付的錢投資股市，代理關係便於某甲與該經紀人之間形成。某甲希望經紀人（即其代理人）善加保管和投資所交付的資金，而經紀人的職責就是運用專業進行投資，協助某甲達成財務目標。但是經理人可能不這麼做，反而拿著某甲的錢隨意投資。他可能愚蠢的把錢賭在高風險股票，最後輸光；也可能建議某甲購買某公司股票，因為該經紀人收取了這家公司提供的回扣。總之，該經紀人可能做出違反信用的事情。

代理關係具有許多型態，例如有一種代理關係是委託人對代理人使用許多控制，以減少代理人不當利用委託人的機會。另一種代理關係是委託人與代理人的一對一關係，如同前述某甲與其經紀人之間的關係。此外，也有由一位代理人代理一群多數委託人權益的代理關係。例如某公司設有員工退休方案，負責管理退休年金的人員就是所有參與該年金方案員工的代理人。不同結構的代理關係，都會影響代理人詐欺及濫用信用的機會。

關係不平衡，是代理關係的主要問題。代理人要比委託人方便接觸較多的資訊，因此代理人的行動可能是植基在委託人所不知道的一些因素上。以前述股票經紀人為例，經紀人明顯比某甲更能獲知股市訊息，這也是某甲為何找股票經紀人的原因之一。由於某甲平日無法觀察到經紀人的工作情形，所以經紀人到底為某甲做了什麼事，某甲可能無法完全知曉。某甲以為經紀人拿著他的錢去為他投資，但他並沒有親自坐在經紀人的辦公室提醒經紀人謹慎投資。代理人接著可以操控某甲的資金，但不一定是

為某甲的利益，反而是基於自己的利益。最後，代理關係中就形成了一種潛在矛盾。這種矛盾使得委託人和代理人之間的利益關係出現了潛在衝突。那些擔任代理人的股票經理人、會計師、理財專家、醫生或退休基金管理者，也需要賺錢謀生。因此，他們除了為委託人著想外，也要為自己著想。換言之，他們自己也要設法營生，有時對他們有利的事情不見得對委託人有利，反之亦然。如S. Shapiro（1990）所指，代理人關係在現今社會雖是問題重重，但又不可或缺。因此，我們都可能是濫用信用下的潛在受害者。

　　代理人關係不平衡的程度、代理人隱瞞委託人而私自作為的程度，是可以改變的。例如，大型私人企業通常是由專業經理人經營，其實這些專業經理人就是企業所有人（owner）的代理人。有些所有人對於自己公司的每天運作很關切、很投入，所以比較了解專業經理人的所作所為，在這種情況下，扮演代理人角色的專業經理人就不一定比委託人（即所有人）具有資訊上的優勢。主動和積極參與的所有人，會讓經理人較難隱瞞其作為。此種代理關係的不平衡現象相對的就會較小。

　　最後，就像信用濫用，隱瞞和密謀是欺騙能否成功的重要方法，也是白領犯罪者經常使用的重要技巧。傳統性的街頭犯罪者也會使用隱瞞和密謀，但目的與白領犯罪者不同。就街頭犯罪者而言，所要隱瞞的通常是自己（犯罪者）身分，但對白領犯罪者而言，隱瞞的卻是犯罪。例如，兩名歹徒合作搶一家便利商店，其中一名歹徒在商店外遊蕩、觀察交通情形，另一歹徒進入店內檢視動線，諸如收銀機位置、店員人數、有無錄影監視器、有無警報器等。然後兩名歹徒見面討論，決定在店內人少、收銀機錢多的時候下手，以及戴面具好隱藏身分，行動要快速有效、快進快出，確保過程中不會有人認出他們。在前述案例中，這兩個搶匪正在密謀他們的犯罪活動，直到搶劫發生那一刻，不讓被害人和警方發覺他們的身分。然而，一旦開始搶劫行動，馬上就會引人注目，而且目擊者一看就知道搶劫行動正在進行。很容易可想像，其他類型犯罪的犯罪者在犯案前，也會做出類似的密謀行動。

白領犯罪者也會密謀隱藏他們的犯罪意圖和活動，但使用的是不同於傳統犯罪者的方法。在許多白領犯罪的案例中，犯罪者的密謀行動是設計用來隱藏整個犯罪。密謀行動的目的是隱藏犯行和協調事物，好讓犯行不被揭露，以及將不法利益分配給成員，價格鎖定（price fixing）就是個好例子。G. Geis（1977）曾針對大型電機設備業界的價格鎖定行為做過一項著名研究，在其研究中，Geis描述了大型電機設備主要製造商的高層主管如何秘密開會協商訂出產品售價。這些製造商高層主管並非獨自訂出售價相互競爭，反而是先從他們當中選定由誰獲取採購契約，被選定的公司就會在採購契約上提出「較低」價格，其他公司則提出較高價格或不具競爭力的價格。

　　雖然該案最終被揭露，參與人員遭起訴定罪，但在價格鎖定密謀行動未被發現前，該違法行為進行了數年之久。換言之，在調查之後，違法事實與案情才得以明朗。密謀之所以會被揭露，主要是因為這些公司在回覆採購者（田納西河谷管理局，Tennessee Valley Authority）的採購投標書中提出了相同報價。田納西河谷管理局人員認為，他們所欲購買的是高科技電機設備，投標廠商不太可能提出相同價格，促使他們向聯邦政府檢舉，繼而成立陪審團進行調查，最終揭露了這些違反公平交易的行為。假設這些共謀者當初能更謹慎的提交類似而非相同的價格，那麼很難判斷該違法行為何時會被揭露。

　　股票操縱是另一個使用隱瞞和密謀進行的白領犯罪實例。典型的股票操縱，涉及一組人暗地合作協調買進和賣出某特定股票以哄抬其股價，其間並散播誤導視聽的流言和不實訊息，製造該股票很熱門以及股價將持續上揚的假象。到某個時機點，股價已上升到高點，密謀者就會拋售先前在股價低點時所買進的大量股票，賺取差價利潤。

　　在上述案件及其他經由隱瞞和密謀的案件中，違法者企圖透過酷似合法的活動，利用經濟體系的運作來牟利。在資本主義的自由市場經濟中，商品和服務的價格，通常假設是經由製造者間的競爭以及供需法則所決定的；某股票的價格，通常假設是誠實買方與賣方針對該股票客觀評估後的

價值。但白領犯罪者卻透過隱瞞和密謀的技巧推翻了以上假設，繼而使自己或他們的組織非法獲利。

第三節　白領犯罪的重要面向

根據白領犯罪的本質與意涵，其中有三個重要面向值得探討，這三個面向分別是信用、尊敬及風險。

一、信用與白領犯罪

信用（trust），是當代社會之所以能持續存在的一個重要觀念，但直到最近才較受到學者的重視。在人類的傳統社會裡，人們生活圈的規模不大，大部分是集中在家庭的範圍，彼此較具有長遠及互賴的關係。然而，現代社會的一大特徵，就是人們花費非常多的時間與許多人和組織進行互動以及建立關係，與傳統社會比較起來，現代人的人際關係較為淺薄且傾向工具化。這樣的現象普遍存在於僱用我們的公司、我們存錢的銀行、協助我們投資理財的股票經紀人、我們購買商品的零售商，以及提供我們醫療服務的醫師等等。信用，可說是在交易或互動關係中，預期對方會誠信以行的一種信賴。信用問題，已經成為現代社會一個愈來愈重要的問題。

儘管在吾人社會中已建立有許多監控信用關係與交易的機制，但這種非人稱性的信用（或工具性的信用）持續擴散至各種人際關係與交易行為中，無形中創造了許多腐化、不誠實以行及詐欺的機會。信用關係的擴張，已是現代社會無法避免及必需的。Sutherland的傑出弟子——D. R. Cressey（1980）就曾表示，我們必須要面對一種根本性的矛盾，如果我們為了要降低白領犯罪的機會，而去抑制商業關係中的信用擴張，那麼我們將會嚴重損及合法的商業關係以及許多其他人際間的交易行為。

信用及其違背，是白領犯罪中的關鍵要素。第一章曾提過，Sutherland把白領犯罪描述成「授與或隱含信用的違背」。S. P. Shapiro（1990）更強力主張白領犯罪的核心特徵就是信用違背，而以虛假陳述

（如不實廣告、誇大損失以詐領保險金等）、偷竊、侵占、貪瀆等不同方式表現出來。而要成功起訴發生在「套房」門後的信用違背事件是極為困難的，因為涉案人員經常藉由操縱組織結構的方式來隱瞞他們的違法行為。D. O. Friedrichs（2004）更將白領犯罪者稱為「被信任的犯罪者」（trusted criminals）。不過Friedrichs也強調，雖然接受使用受信用之犯罪者一詞，以及承認信用在白領犯罪中居於核心地位，但這並不代表白領犯罪與其他犯罪不同處就在於信用的違背。事實上，信用違背也是某些犯罪的要素，家庭暴力即是一例。但由於白領人士在人際關係及交易行為中實際獲得的信用程度，往往與其應有的受信程度不一致，無形中擴大了犯罪的可能性及嚴重性。

信用違背，除了造成被害者有形或立即的損害外，更可能引發一些嚴重後果，譬如不信任氣氛的蔓延，尤其是出自政府或公司機構高層人士所為的信用違背行為，這種後果通常愈加明顯、嚴重。事實上，當人際間失去信任時，合作與生產關係建立的可能性便會縮小。信用違背的長期後果，以及當信用違背事件發生後，重建信用關係時所可能遭遇的困難，至今尚未有系統性的研究。不過有一項事實是可以確定的，即信用違背所造成的損害，不論是在質或量的方面，都在持續擴大中。

二、尊敬與白領犯罪

長久以來，「尊敬」（respectability）的觀念便與白領犯罪緊密相連。早在半個多世紀前，Sutherland（1940: 1）就把白領犯罪描述成：「發生在受人尊敬者或至少是被尊敬之企業或專業人士所構成之上層階級或白領階層中的犯罪」。不過以尊敬這個變項來辨識某違法行為是否為白領犯罪，曾受到一些學者的質疑。譬如Shapiro（1990）就認為「尊敬」不易界定，可以假造，同時並不必然與行為的合法或非法性有關，尊敬一詞，可以被運用在許多方面，因此無可避免的將會產生混淆。

然而，在犯罪學的研究上，三種有關「尊敬」的意義是需要加以釐清的。第一，是規範性的意義，或是一種有關道德廉潔的評價；第二是有關

身分的意義，即合法的職位或職業；第三是一種象徵的意義，即可令人接受或上層者的外觀。顯然，這三種意義並不一定具有一致性的方向，譬如社會中有不誠實的股票經紀人（道德上的可尊敬性低，但在身分及象徵意義上，卻可能具有高的可尊敬性）；另外也有很誠實的工人（身分及象徵意義上的可尊敬性可能不高，但道德上的可尊敬性卻很高）。基本上，具有可尊敬的外觀以及可尊敬的身分地位，但內在缺乏道德廉潔，可以說是白領犯罪的核心特徵之一。

　　吾人大多希望自己是受他人尊敬的，並期望自己能夠獲得並且保持令人尊敬的身分地位（即好的社會地位），顯然受人尊敬的身分地位在社會上是一種很有用的力量。事實上，可尊敬的身分及外表已成為一種不可或缺的商品，甚至和生與死都息息相關。有學者曾對急診室的醫療情形做過研究，這些研究發現，急診室病人所接受醫療行為的質與量，與病人的身分具有顯著的關係（Ball, 1970）。另一研究也發現，計程車司機通常會注意乘客的外表（可尊敬程度或地位），以作為自己避免遭搶劫或其他被害的判斷（Henslin, 1968）。有關可尊敬外表的例子，吾人日常生活中還有許多例子可舉，譬如，專業人員通常會藉由穿著某些特別服裝來傳達他們受尊敬的社會地位。

　　尊敬與情境、生活脈絡息息相關，從一些個人或個人以外的特性，往往便可以辨識出該人被尊敬的程度。許多擁有受人尊敬地位的人可能也有一些不受人尊敬的屬性，關鍵是他所具有的正、負面屬性在相比較後的結果，將可決定其被尊敬的程度。那些明顯具有令人尊敬地位的人可享有許多好處：所開出的支票不會被懷疑、上高級餐廳不會遭排拒、找工作也較不會遭歧視等等。一個人愈受他人尊重，則其被信任的可能就愈高；一個人愈他受人尊重，則其被懷疑犯重罪的可能就愈低。同樣的，某一機構（如某公司）如果被認為是合法且具受人尊敬的地位，那麼這樣子的認定將有助於該機構競爭力的提升。當然上述命題中會有例外，但概括來說，應是頗具效度的。

　　社會中有一些儀式或典禮，可使某人被公認具有受人尊敬的身分。俱

樂部的加入儀式、學位授與儀式、頒獎典禮、及宗教的受浸儀式等都是
其中一部分。另外，社會中還有一些典禮或儀式，是用來剝奪當事人受
人尊敬的身分，Garfinkel（1956）稱其為「身分貶低儀式」（degradation
ceremonies），刑事審判可能是其中最明顯的一個例子。雖然大多數進入
審判程序的人並不一定具有受人尊敬的地位，但是導致定罪及判刑等結果
的刑事審判，可以正式地將原本為自由公民的人轉變為罪犯。羈押程序、
正式的除籍程序（如開除黨籍、取消會員資格等），以及其他類似的儀
式，都會或多或少剝奪當事人某些受人尊敬的身分。有關受人尊敬之人在
刑事司法處理程序中獲得優遇的證據，將會在本書後文中討論。

三、風險與白領犯罪

「風險」（risk）一詞，具有許多涵義。風險的原始涵義，與賭注和
事件的發生機率有關；新的涵義指巨大的危險（great danger）及負面的結
果（Douglas, 1990）。在白領犯罪的脈絡中，風險的原始及現代涵義均包
含在內。

從風險的原始涵義來看，白領犯罪可以說是一種計算性的賭博（a
caculated gamble）；當與犯罪所獲得的利益相比較，如果被逮捕和懲罰的
機會較低時，白領犯罪發生的可能性就會較高。雖然這種計算在所有犯罪
的發生過程中都有可能出現，但在白領犯罪中卻是一項非常重要的特徵。
許多研究的發現均顯示，大部分的白領犯罪之所以會發生，乃因被查獲、
起訴和懲罰的可能性實在是太低了。換言之，風險的內容，有助於當事人
判斷是否從事違法行為。

風險的新涵義也與白領犯罪有關，也就是評估公司或個人決策產生危
險後果的可能性。許多白領犯罪具有一項特徵，就是缺乏造成特定傷害的
特定意圖；也就是說，白領犯罪所造成的損害，往往是主其事者將追求利
潤及經濟效率置於其他目標之上所產生的結果。說得更確切一點，如果公
司機構與專業人士認為他們的行為可以擴大利潤或降低損失，那麼他們便
有可能將其員工、顧客及社會大眾置於受侵害的高風險中。

在一篇極富創意且與犯罪以及風險有關的文章中，Meier與Short（1985）認為某些白領犯罪非常類似自然災害（natural disasters），而比較不像一般的犯罪，可以說是影響人類安全的一種自然危害。社會大眾對於危害的觀感，受到媒體的影響很大，而媒體通常傾向將某些與白領犯罪有關的危害描述成自然形成的，而非人為的。1972年，西維吉尼亞州Buffalo Creek災變，在美國是一件家喻戶曉的災難事件，一家礦業公司所屬的擋水壩倒塌，導致附近社區遭受淹沒，並造成許多居民的喪生。該事件發生後引起了許多爭議，爭議焦點主要在於該事件是屬於犯罪還是科技失敗所造成的，還是包含犯罪及科技失敗兩者因素。像該事件所引發的爭論問題，同樣也發生在其他許多事件上，譬如1984年印度Bhopal聯合碳化場所發生的毒氣外洩事件，以及1986年美國挑戰者號太空梭的爆炸事件等。當然，對於這些事件都有許多分析報導，但沒有一件具可信度的分析指出，該等事件的發生是機構決策人員（如太空梭發射計畫的負責人員，Bhopal工廠的高層管理者）故意造成的，即人員的傷亡是決策者的決策所造成的。相對的，反而傾向認為決策者的決策乃是在為達成機構目標的情況下所制定的，充其量也只是低估了危害人員性命與安全的風險，再怎麼嚴重也還不至於到需要擔負刑事責任的程度。

C. Perrow（1984）創造了「正常意外」（normal accident）一詞，他用這個名詞來代表那些所謂「現代複雜科技系統所無法避免發生的意外」。Perrow強調，在高風險系統下所做的抉擇，往往都是為了達成機構的目標，但對於此類抉擇所造成的代價，不應草率的只認為是科技本身所引發的意外或是人員錯誤所造成的。事實上，建構在這些複雜系統中之風險抉擇的本質，才是需要仔細探究的。

近年來，有關風險分析（risk analysis）的研究日益興盛，在風險分析的主題下，又包含了風險評估（risk assessment）及風險管理（risk management）。雖然現今人類所生活的環境已不像從前具有許多風險，但我們仍舊面臨了一些新的，甚至頗具戲劇性的風險。如稍早所提及的，現代科技製造了某些可怕的風險；核子戰爭發生的可能性，可以說是危害人

類生命最極端的風險。Perrow指出，由於沒有一種科技可以完全免除風險的存在（此種觀點已獲得普遍的認同），因此，所謂「安全的」高風險科技恐怕是一種迷思。但令人感到矛盾的是，現代科技都有其特定的價值與貢獻，如果因為某項科技所帶有的風險而要廢止該科技，那麼此種決策所造成的損失往往會超過決策的利益。Short（1989）因而強調，風險規避（risk avoidance）與科技的利益具有相同重要的價值。但是，風險規避是否與科技的開發及運用受到相等的重視（尤其是在企業界），其中可能充滿問號。

　　社會大眾對於風險的感受，往往受到文化的影響；某些文化較傾向接受風險的存在，某些文化則較排斥風險。另外，社會大眾對於風險的感受，也受到媒體的強烈影響，當媒體對於某些風險給予大幅報導，而對另外某些風險給予冷淡回應，這都會影響該社會大眾對於風險的感受。而特殊利益團體也會透過利用民眾的恐懼心理以及誇大微小風險的方式，來影響社會大眾對於風險的感受。我們所最恐懼的傷害，實際的發生率通常並不高；而最不恐懼的傷害，發生率卻往往不低（Lewis, 1990）。例如，大多數的人較傾向高估核能電廠發生意外的可能性，而較低估使用鋤草機的危險。Meier與Short（1985）從他們的研究中發現，民眾認為遭受白領犯罪侵害的風險有愈來愈高的趨勢，平均來看，民眾感覺成為白領犯罪被害者的風險要高於街頭犯罪以及自然災害的侵害風險。

　　現代科技無法免除風險存在的這種觀點，引發了下列諸問題。第一，科學到底可對風險（如風險可能具有的所有潛在危險）做到什麼程度的可靠計算？第二，什麼是「可接受的」風險程度，以及誰應該做此決定？第三，風險性科技之有關決策所導致的損害後果（包括人員性命的喪失），應由誰負責？以及在這些案件中，對於應負責者的法律追訴該如何處理？誠如Short（1989）所觀察者，他認為科學與法律之間的互動應該要更密切，尤其是在前述等問題方面，科技與法律更是需要彼此互賴。以美國為例，在社會風險的重要來源上加諸法律控制的重大努力和措施，只不過是從1960年代中期才開始的，諸如環保署（Environmental Protection Agency,

EPA）及職業安全與衛生署（Occupational Safety and Health Administration,
OSHA）等管制機關也才隨之設立。以風險合理性爲焦點的「產品責任[1]」
（product liability），也只是在近年來才大幅擴張的，現今已成爲民法中
的重要課題。不過，相對的，有關風險評價（risk assessment）之公、私法
的大幅增加、以及對於事件譴責的分攤（即對同一案件，民法介入，行政
法也介入，甚至刑法也要介入），被許多人士批評爲損害經濟效率以及違
背基本的公平正義。

　　雖然風險分析在運用上日益普遍，但風險分析的方法卻經常受到批
評。從方法論的觀點來看，風險分析被批評爲：過於量化、技術性，未
考量風險的質性面向（譬如，風險是如何被經歷的）、風險的社會建構方
式（譬如，賦予風險意義的社會過程爲何）、以及與風險有關的決策制
定過程（譬如，組織本身的運作過程以及組織與組織之間的互動過程對
於風險決策的影響）。Perrow（1984）更直率的表示，風險分析與評估只
不過是一種藉說服大眾接受「正常意外」進而合理化現況的「假科學」
（pseudoscience）。

　　此外，在風險分析中占有重要分量的「成本—利益分析」（cost-
benefit analysis）也被視爲是不道德的，尤其是當該分析途徑企圖用金錢來
與生命做等價計算，並認爲損失某一數量生命是經濟發展所必要的時候，
不道德的程度最爲顯著。像「員工可以憑自己的理性抉擇，來決定是否從
事高風險的職業」，以及「在資本主義制度中，政府應盡量避免干預」等
論點也頗受批評，因爲員工往往缺乏足夠的知識和能力去做其他的選擇或
改善危險的工作環境。當給予那些工作於危險環境之員工充分自我表達的
機會時，他們幾乎都會對自己所處的情況表現出強烈的焦慮與憤怒。

---

[1] 所謂「產品責任」，乃指製造商或銷售商因為商品瑕疵所造成的損害或傷害，
而對購買者、使用者、甚至旁觀者所需擔負的法律責任。參閱Black, H. C. &
Publisher's Editorial Staff (1990). *Black's Law Dictionary*. St. Paul. MN: West Group, p.
1209.

有證據顯示，只要企業有理由相信他們能夠逃避處罰，企業便有可能會採取某些具風險的活動（Friedrichs, 2004）。譬如，在短期經濟利益的考量下，企業較可能會去降低有關員工「安全」方面的風險（通常涉及一些短期性的因素），而影響員工「健康」方面的風險（通常涉及一些長期性的因素），企業通常不會太重視。而員工以及政府主管機關的檢查人員，一般對於造成損害的立即性風險較會注意與反應，對於長期或潛在性損害的不確定風險，則較不會太關注。需要經歷數月甚至數年的嘗試與學習，往往是降低此種不確定風險的不二法門，但因為與企業強調短期利益的主張相違背，而很少受到企業的重視。此外，企業通常會讓自己的員工承擔高於社會大眾所承擔的風險，因為涉及社會大眾的意外事件較可能引起媒體的注意，而使企業擔負額外的風險。

　　當然，有關風險的決策並非僅限於企業的領域。譬如，醫師也有可能為了控制某種情況或謀取經濟利益，而在病人身上加諸不必要的風險。其他專業人士（如證券商），也有可能為了獲得較多的經濟利益（如服務費），而將他們的委託人置於過度的風險環境中。上述這些情況引發了另一重要議題，就是病人或委託人是否應該被充分告知所涉及的風險，並且在獲得他們的同意下始可進行涉及風險的活動。此議題至今尚未有完整的答案。在實務上，由於此種案件不易證明犯意，所以很少觸及刑事追訴。

　　某種程度風險的存在，或許是現代社會一種無法避免的特徵。沒有一個理性的人會認為，所有危害的風險都能夠從現代企業及專業活動中排除；同時，過度排除風險也可能會造成更大且不必要的代價。但是，實際的證據也顯示，企業及專業人士在弱勢者身上加諸過度風險是極為頻繁的，經常使當事人所付出的代價超越任何可能的利益。此外，在政治領域所牽涉的風險決策，往往也與社會的不安以及環境的損害有著密關係。今日，企業及專業人士所製造的風險，在許多方面都曾造成過嚴重損害。顯然，涉及風險的決策有可能踰越法律界線而成為一種犯罪行為，也就是「白領犯罪」。

第四節　抵制白領犯罪的社會運動

　　雖然在Sutherland之後，學者對於白領犯罪的關注沉寂了一段時間，但到了1970年代早期，情況開始有了改變。社會學家J. Katz（1980）認為，在這段期間所出現的反白領犯罪社會運動，可以說是自Sutherland以降最具攻擊性的一次運動。當代抵制白領犯罪的運動，基本上是植基於正在發展之中的「正當性危機」（legitimation crisis）以及「信心危機」（crisis of confidence）兩者之上。所謂信心危機，指的是民眾對於一些重要機構及其領導（包括政府、企業及專門職業等）喪失信心與信賴；而所謂正當性危機，則是指對於體系（制度）本身缺乏信心。任何權力體系均需仰賴有效率的運作，以及對其領導及體系核心價值的信賴。在今日複雜的民主社會中，由於政府所涉及的活動範圍非常廣泛，再加上媒體觸角伸展迅速，無形中提高了社會大眾的期望。因此，想要讓社會大眾對機構、其領導以及正當性產生高度的信心，也就更加困難。學者Friedrichs（2004）根據其研究發現，二十世紀後半期，許多國家均曾出現這兩種危機，其中信心危機的問題經常又比正當性危機的問題來得嚴重。信心危機的表徵，可以從政府、企業、專門職業中有愈來愈多的個人或組織從事違法行為看出端倪。Simon（2002）就曾明白指出，越戰的覺醒以及其後所爆發的水門事件，均有助於美國白領犯罪抵制運動的興起。在這一段期間裡，公司機構的核心角色逐漸被外界確認，多件公司犯罪案件也於此時爆發，並受到廣泛的報導。

　　隨著弱勢族群、消費者以及環境保護等運動的興起，促使社會大眾關注到社會不平等與不公正等問題，也使得白領犯罪的問題日益受到重視。在社會科學中，衝突論者較關注政府犯罪與高社經地位者的犯罪，以及權勢者在法律制定過程中所扮演的角色。Katz（1980）曾指出，某些「道德企業家」（moral enterpreneurs）——包括新聞記者、抨擊醜聞案的議員，以及檢察官等人——對白領犯罪問題極為關切，並且讓白領犯罪成為社會大眾關切的問題。但事實上，政治人士與檢察官關注白領犯罪的動機不僅

是因為道德上的憤怒而已，由於白領犯罪問題日漸成為社會大眾注意的焦點，所以政治人士與檢察官對此問題的關注與回應，實際上也是有助於他們自己前途發展的。而在另外一方面，強化民眾對於社會重要機構及其領導的信心，以及強化體系本身之正當性這兩種需求，很明顯的也促使政府必須對白領犯罪予以回應。

　　有關抵制白領犯罪的社會運動，至今尚缺乏一致性。對於白領犯罪的回應方式，大致可分為兩派人士的意見，一派主張採取強制性與機構化的措施，一派則主張高度選擇性與有限干預的方式。以美國為例，1980年代保守勢力高漲，聯邦偵查資源與管制機關預算遭到大幅刪減，導致白領犯罪的定罪數也隨之降低[2]。其間發生了許多重大白領犯罪案件，如金融犯罪案件，吸引了許多民眾的注意。長久以來，經濟發展的重要性通常優先於對於白領犯罪的控制，在這種情況下，明確指出白領犯罪是影響經濟發展的重要因素（譬如醫療保險的詐欺），往往是欲對白領犯罪採取嚴屬措施的重要前提。下一節我們將討論社會大眾是如何認知白領犯罪的。

第五節　民眾對白領犯罪的意向——媒體角色

　　吾人對於犯罪的認知並非是天生的，但此種認知卻在生命早期就已形成。很明顯的，此種認知的形成與觀看電視、電影、玩電視遊樂器、閱讀漫畫，以及與其他兒童文化事物的接觸有著密切關係。有證據顯示，此種早期對於犯罪所建立的認知，經常趨向於某些刻板印象，它們常與事實不符或過於簡化。而且此種早期對於犯罪所建立的認知，大多數都是與傳統類型的犯罪（即街頭犯罪）有關，只要一提及犯罪，在吾人的認知中，總是與殺人、強制性交、搶劫、竊盜等傳統犯罪行為有關。

---

[2] 美國1980年代保守勢力高漲，當時政府傾向對白領犯罪採取高度選擇性及有限度的回應模式。參閱Poveda, T. G. (1990). *Lawlessness and Reform: The FBI in Transition*. Pacific Grove, CA: Brooks/Cole.

一、新聞性媒體的陳述

　　媒體，是現代生活中極為普遍的一種資訊傳播媒介。其中，電視便扮演了非常重要的資訊傳播角色，兒童受其影響尤為顯著，現代人每天大概也都會花上一些時間來觀看電視。由於大多數的人並沒有親身經歷犯罪事件，因此媒體往往便成為許多人了解犯罪最主要的媒介。而犯罪有關的訊息，在媒體的內容中占據了相當大的比例，Altheide（2002）就指出，犯罪、體育及政府有關的新聞，是報紙上的三大新聞，犯罪有關的新聞起碼占據了報紙10%～30%的版面，在廣播媒體中也占有相當大的比例。許多研究指出，媒體對於犯罪事件採用一種近乎戲劇性與煽動性的處理方式，無形中轉移了社會大眾對於犯罪在政治及結構背景上的注意（Friedrichs, 2004）。

　　在新聞媒體上，總是會出現一些有關權勢者犯罪的新聞，尤其是有關醜聞性的案件。根據美國一項研究指出，在所有犯罪有關的新聞中，白領犯罪大約占20%～33%的比例，其中以企業相關的案件以及政治貪瀆案件為最多（Friedrichs, 2004）。Gans（1979）的研究發現，在水門事件之後，有關白領犯罪的新聞報導有增多的趨勢。而在有關犯罪的經常性報導中，消費者詐欺與貪瀆所占的比例，分別是第三與第六順位。不過研究人員也發現，雖然白領犯罪的報導是增加了，但多是蜻蜓點水的方式。有一項研究比較發生於1976及1961年兩件重大的商品價格鎖定案件，結果發現主要報紙對於之前案件的報導頻率與分量遠超過之後的案件。對於1976年的案件，媒體報導的焦點主要在於被告個人及其判刑，並未提及涉案公司的可責性（Evans & Lundman, 1983）。另外在1991年，北卡羅蘭納州有一家雞肉處理工廠發生大火，共有25名員工燒死，雖然該火災是起因於工廠老闆忽視安全管制規範而導致，但媒體並沒有將該事件描述成犯罪案件，僅說是一件違反安全規範的悲劇（Wright, Cullen & Blankenship, 1995）。電視新聞對於公司犯罪的報導型態與平面媒體相似，譬如有研究指出，在水門事件之後報導的內容增多，到了1978年報導內容減少，到1983年又增

加了一些（Randall, 1987）。

有一項研究檢視了1974～1984年間電視頻道所報導的公司犯罪案件，在該研究所調查的1,093件公司犯罪中，34%與製造事業有關、30%與金融業有關、14%與環境保護有關、12%與勞工安全有關、9%與行政有關、9%與違反公平交易有關，93%的案件都是由合法企業所從事的。有關公司犯罪的新聞，大多數是出現在電視新聞的後半部，而且通常是在事件發生時（剛被揭發時）以及結束時（法律解決）播報一下（Randall, 1987）。根據後來的研究顯示，媒體並沒有對白領犯罪呈現出一致性的興趣，而傳統犯罪與掃毒行動則較受到普遍一致的重視與播報（Randall, Lee-Sammons & Hagner, 1988）。總之，愈具戲劇性的犯罪故事就愈會受重視與播報。此外，媒體雖然向社會大眾播報了白領犯罪的消息，但大眾仍舊非常關切傳統犯罪以及人際間的暴力犯罪。與傳統犯罪比要起來，媒體對於白領犯罪的播報似乎給社會大眾帶來較小的影響。

媒體未對白領犯罪做太多報導的原因，可能有底下幾種解釋：被害者較少受到直接傷害，社會大眾並不十分願意將企業視為犯罪者，大型媒體機構常與許多企業建立有直接或間接的關係，媒體機構並不希望那些與自己有關係的企業是犯罪者等等。在現實面上，媒體機構有可能會受到那些違法企業的恐嚇，而使自己的廣告業績受損或遭受毀謗罪名的控訴。此外，有關公司犯罪的新聞播報並不一定會提高收視率，甚至有時會讓觀眾覺得無聊乏味。有關白領犯罪的訴訟特別漫長，媒體通常不會以現場轉播的方式來處理這類新聞，再加上有些白領犯罪相當複雜，需要特殊的專業知識始能了解和介入，並不是一般記者能夠輕易採訪的。這些都是導致白領犯罪較少被媒體播報的一些重要因素。

二、娛樂性媒體的陳述

媒體並非只是新聞的來源，同時也是娛樂的一種主要來源。以電視而言，娛樂節目所占的分量就遠超過新聞節目。媒體這種傳播新聞與提供娛樂的角色，深深影響了吾人對於犯罪的認知，媒體甚至還被指謫有助長犯

罪之嫌（Surette, 1992）。

電視娛樂節目對於犯罪的描述，大多數都是集中在傳統犯罪或暴力的犯罪者，當上層人士被描述成犯罪者時，經常是因為所從事的行為是暴力犯罪而非一般白領犯罪。不過有研究發現，商人已逐漸成為電視描述惡棍所喜愛的對象（Rosoff, Pontell & Tillman, 2004）。另一有趣的研究更指出，好商人與壞商人的比率僅有2：1，而這種好壞的比率在警察中是12：1，在醫師中則是16：1（Friedrichs, 2004）。另一相類似的研究也發現，商人被認為具有貪慾的比例高於其他職業者有5倍之多（Surette, 1992）。

在電視娛樂節目中，不肖商人經常被描述成既是殺人犯，又從事偷竊與詐欺的行為，其具刻板印象的程度並不低於傳統犯罪者。近來，電視節目常把商人描述為從事賄賂、任意處理有毒廢棄物、欺騙大眾、枉顧員工職業安全及竊取他人創作發明等。電視這般的描述，無形中提升了民眾對於商人的懷疑態度。而一般人對於商人的觀感經常是矛盾的，既尊敬又痛恨，這種情緒也經常出現在電視節目中。電視節目常描述商人從事不法行為，但也描述他們如何享用他們的「掠奪品」：譬如豪華的汽車、服飾、洋房、娛樂活動等。換言之，電視傳播了矛盾的訊息：一方面是藉由詐欺可以換得物質享受，另一方面則是詐欺的商人最後還是受到法律的處罰。

根據研究指出，如果社會狀況經常成為電視節目的題材，那麼電視就愈具有社會變遷代理人的角色（agent of social change），這將愈助長社會大眾對於商人與其他上層人士的懷疑態度（Rosoff, Pontell & Tillman, 2004）。不過電視節目難免會誇大或扭曲白領犯罪的內容，以及刑事司法體系的處理過程，觀眾雖可從節目中觀看到不肖商人受到追訴與懲罰而獲得了娛樂上的滿足，但白領犯罪節目對觀眾所造成的恐懼和威脅是否與傳統暴力節目類似，到目前為止並未有確定的答案。總之，白領犯罪節目對社會大眾在白領犯罪上之認知所造成的確切影響，至今尚未有完整的調查研究。

第六節　揭發白領犯罪的途徑

　　一般而言，白領犯罪的可見性比傳統犯罪為低。雖然，傳統犯罪並不一定都是發生在公眾場所，但因為被害者或目擊者的報案，使得傳統犯罪至少是較常受到警察注意的。相對的，白領犯罪就不這麼容易被發覺，一方面是因為白領犯罪不像傳統犯罪較常發生在街頭上，另外就是被害者通常並不知道自己受害，而白領犯罪的「目擊者」通常也不了解自己是不是看見了犯罪，更搞不清楚該怎麼處理和回應，傳統的執法機關（如警察機關）一般也沒有設置專門處理白領犯罪的單位。在這種情況下，其他組織或人士對於白領犯罪的揭發，就扮演了非常重要的代理角色。

一、線民

　　一般人想到犯罪偵查，經常會想到警察逮捕罪犯的情景，刑警手拿放大鏡或牽著警犬，經常是一般民眾對於警察實施犯罪偵查的刻板印象，大多數的著名偵探小說（如福爾摩斯偵探小說）也是如此描述的。儘管近年來科學辦案逐漸受重視，譬如從指紋比對到DNA分析等等，但就破案的決定因素而言，除了被害者的陳述外，恐怕就是線民的協助屬最重要了（Reinertsen & Bronson, 1990）。

　　線民可提供刑事司法體系人員極為重要的線索，這些重要線索往往攸關違法者的偵查、逮捕、起訴與定罪。有趣的是，那些擁有犯罪特定線索的線民，經常是自己也涉及了或多或少的違法活動。有關運用線民破案的例子可以追溯至數百年之前，J. Wild（1682-1725）是英國一位傳奇性的竊賊、贓物犯，也是一位將100多位竊賊送上絞首臺的線民，最後他自己也死於絞首臺（Marx, 1988）。至少是從Wild開始，就有文獻記載線民經常以提供犯罪線索來換取一些財物或是減免自己犯罪的處罰。因為白領犯罪較不易被發覺且複雜性較高，因此在案情的揭發上，線民扮演了非常重要的角色。在一些重大白領犯罪案件的揭發中，線民常是關鍵人物，譬如國內桃園地區RCA污染事件、彰化第四信用合作社違法經營事件、美國水

門事件、80年代美國華爾街一連串內線交易事件以及多起政府官員收賄等事件的揭發，線民均扮演不可或缺的角色。

通常，舉發犯罪事件的線民自己也涉及了某些違法活動，而且受到刑事司法機關注意，最後以提供線索的方式來換取自己的減刑或免責。不論是在白領犯罪或是傳統街頭犯罪的偵查中，線民的使用引起了某些複雜的倫理問題。犯有重罪的線民因提供線索而得以減免刑責，是否恰當？線民是否可能利用減責（甚至免責）的身分而從事更多犯罪？這些恐怕都是使用線民時不應忽視的問題。

二、記者

有關白領犯罪的揭發，記者也扮演了極為重要的角色。研究白領犯罪的學者常以「偵探記者」及「醜聞揭發者」等名詞，來代表這些揭發白領犯罪的記者（Rosoff, Pontell & Tillman, 2004）。過去曾有一些記者，在媒體中以小說的方式赤裸裸地揭發礦業大老闆不顧員工職場安全、肉品包裝業不顧消費者健康、公司賄賂議員以及其他有關濫權的事件。這些「醜聞揭發者」對於一些重要法案的研擬與立法具有相當大的貢獻，譬如「美國聯邦食品、藥物及化妝品法案」（US Federal Food, Drug, and Cosmetic Act of 1906）便是一例，該法案將許多公司不當的行為予以犯罪化。

不過，調查性報導的製作過程，並不如社會大眾所想像的簡單與吸引人。相反的，調查性的新聞工作經常是孤寂的、挫折的、枯燥的、昂貴的、費時的，有時還具有危險性，甚至引發爭議；當然它也能給人強烈的滿足感，有時還可讓工作者獲得榮耀。兩名《費城探索報》（The Philadelphia Inquirer）的記者曾花費數月時間檢視了大量的稅務資料，結果他們發現了一種專被特權及關係良好者所經常使用的逃稅途徑，估計財政單位每年因此短收了大約上百億美元的稅款（Simon, 2002）。這兩名記者的發現促使有關稅法的修訂，並為國庫增加了許多稅收，後來他們在1989年榮獲著名的普利茲獎。

許多新聞性的電視節目，也為白領犯罪的揭發提供了某種程度的貢

獻。譬如美國電視網中的著名節目「六十分鐘」（60 Minutes），便是一個典型例子。該節目揭發了許多有關企業污染、危險商品的販售、醫療詐欺、企業剝削非法外籍勞工、企業違法傾倒有毒廢棄物、政府人員的貪瀆、專業人員（如醫師、律師等）的不當行為等案件。許多在該節目中所報導的案件，後來均引發了政府有關單位的注意並進而採取執法行動。

三、消費者運動與公益團體

本章前面曾經提到，國外研究發現，白領犯罪的問題在過去並沒有受到社會大眾過多的關切，但現今已逐漸被認為是一種頗為嚴重的問題。民眾的態度也逐漸從被動轉為主動，許多白領犯罪案件便是由公益團體所揭發的。詐欺消費者的行為被揭發，並非是最近才出現的事，譬如早在1880年，有一位在郵局工作的人，名為A. Comstock，他因倡導抵制不道德行為的運動而得名，並曾出版一本名為《被揭發之詐欺》（*Frauds Exposed*）的書。另外，S. Chase與F. J. Schlink在1927年曾出版一本有關不實廣告的書，名為《你的錢的價值》（*Your Money's Worth*），由於該書引起廣泛讀者的迴響，最後還促成「消費者公報」（Consumer's Bulletin）的發行（Coleman, 2002）。美國的廣告業在1911年成立了所謂的「警戒委員會」（Vigilance Committees），以防止不實廣告、不實銷售員以及不實經營的情況發生。該委員會又促成「優良商業局」（Better Business Bureaus, BBBs）的設立，該局現今已有超過170個的分支機構。BBBs主要是站在消費者的立場主張消費者應有的權益，該組織並出版及發送有關商業詐欺的資料，同時也受理消費者的投訴，協助其爭取應有的權益。在1985年，就有超過900萬人次向BBBs請求協助（Friedrichs, 2004）。

有幾項因素導致了60與70年代公益維護運動的興起：第一，由於該時代是一個富庶的時代，使人們漸漸體察到企業現在應有能力多盡一份責任去製造較安全的產品、改善員工工作環境以及減少環境的破壞等；其次，由於通貨膨脹的影響，也激發了消費者的憂慮以及對企業的不信賴。而Vogel（1989）表示，愈來愈多的青年從大學畢業進入社會，可能也是影

響因素之一，因爲這些接受良好教育的年輕人大多數曾經歷反濫權及反不公平社會的校園活動，他們常對企業違法行爲抱持批評的態度。在該年代，民間環保組織逐漸在社會大眾環保意識的提升上扮演起重要角色，民眾漸漸體察到企業造成環境破壞的嚴重性，以及對此種犯罪回應的重要性。

「共同原因」（Common Cause），這是一個在1970年創立的公益團體，它主要是由中產階級人士所組成，關切的焦點在於抵制特殊利益團體的權力不當運用，該組織促成了美國聯邦選舉運動的改革，以及石油管理政策的修正等（McFarland, 1984）。此外，還有許多公益團體（包括由政府或民間支助的）與環境及消費者保護運動的推行有著密切關係。這些組織對於白領犯罪的抵制，均扮演著極爲重要的角色。

R. Nader被公認是現代消費者權力運動的關鍵人物，Nader於1934年出生在一個黎巴嫩裔的美國家庭，他的家人均對政治具有很高的敏感度。在青少年時期，他閱讀了許多醜聞揭發者的文章，大學時代的他經常以徒步或搭便車的方式旅行，其間Nader對自己所觀看到的車禍感到震驚不已。在普林斯頓大學求學時，他曾倡導抵制校園使用DDT的運動。自哈佛大學取得法學文憑後，他曾在軍中服役，退役後Nader曾在私人機構服務一段很短的時間，然後在1960年代成爲政府聘僱的律師。在擔任政府聘僱律師這一段期間，Nader進行了一項研究，並將其研究成果出版成書，該書名爲《任何速度均不安全》（*Unsafe at Any Speed*）。該書暴露了長期以來汽車製造業爲追求極大化利益而枉顧消費者安全的事實，尤其是汽車業者明知自己製造和販賣瑕疵車卻密而不宣的行爲。該書不僅促使國會舉辦聽證會，更對後來所通過的「交通與車輛安全法案」（Traffic and Motor Vehicle Safety Act of 1996）扮演著舉足輕重的催化角色。之後，汽車業者曾秘密調查Nader，希望發現有關他私生活的缺陷或弱點，以打擊和消弱其言論的公信力，但是汽車業者的這些舉動不僅沒有使Nader受挫，反而讓他成爲消費者運動史上的英雄（Whiteside, 1972）。

在他成名之後，Nader仍舊在許多公司違法及非倫理行爲的舉發中，

扮演著重要角色，此外，他更建立了許多保護消費者權益的組織。Nader
及其同僚的努力，更直接影響了美國環境保護署及職業安全與健康管理處
的成立。而美國這些管制機關的設立，也對許多其他國家的管制政策造成
很大的影響。總之，Nader對於全世界消費者權益的提升，貢獻卓著。

四、政治人物與政治機構的角色

　　政治機構不僅是貪瀆及其他違法活動發生的場所，同時也是揭發（及
控訴）這些活動的主要機構。一方面，政治人物和政府官員本身有可能是
白領犯罪者。另一方面，政治人物可能與涉及違法活動的企業或商人之間
有密切關係。他們往往基於某些理由，不得不舉發與其有關的企業或商
人，其中的關係經常是錯綜複雜的。

　　一些不知名或影響力較小的公司或商人，政治人物對於他們的違法行
為通常較易舉發；但對於一些大公司、具影響力的專業人士、甚至政府本
身的違法行為，處理上就不是這樣的單純。較單純的案件，一般只要基於
職權上的運作便可舉發；但某些案件可能涉及派系、政治角力等棘手問
題，處理上顯然就複雜多了。總之，經由政治途徑所舉發的案件，其動機
一般都較複雜。

　　對於政治人物而言，打擊街頭犯罪及大聲呼籲「法律與秩序」，要
比打擊從事違法行為之強而有力的企業來得具吸引力。打擊公司犯罪，
有時等於是反咬贊助自己的援手。國內在民國80年代曾爆發多起信用合作
社及農會信用部違法經營事件，其中就有不少政治人士（如民意代表）
涉案。美國在1980年代後期所爆發的儲貸銀行詐欺事件，也有許多民主及
共和兩黨的政治人士涉及其中（Calavita, Pontell & Tillman, 1999）。Vogel
（1989）研究發現，民眾對於企業經常存有愛與恨的情感，而且此種愛、
恨情感呈現週期性的變換。Vogel進一步表示，如果80年代是一個企業慶
賀的時代（民眾愛的情緒較高），那麼擺錘擺到90年代應該是朝向一個不
同的方向（民眾恨的情緒會較高）。

　　監察及立法機構在白領犯罪的揭發上也扮演著重要角色，這些機構經

常是透過其所屬的調查委員會獲得有關的訊息。以美國為例，第一個屬於此類的調查委員會出現在1792年，其主要目的在於調查Arthur St. Clair將軍與俄亥俄印第安人交戰的戰敗原因（Simon, 2002）。自其開始，類似的委員會陸續被設置，受命去調查許多問題，調查的結果經常成為立法的前奏。譬如1929年美國股票崩盤，調查委員會就曾針對華爾街金融操縱的情況進行深入調查，另有70年代的水門事件、80年代的石油公司操縱價格事件等例。這些委員會的調查工作，無形中提升了民眾對於白領犯罪的認知，並且促成了新法案的通過，而在白領犯罪的揭發上，更扮演了重要角色。

五、刑事司法實務人士與犯罪學家

除了上述與白領犯罪揭發有關的機構或人士之外，尚有一些其他人士。有些熱誠的檢察官常把白領犯罪案件擺在優先的工作順序上，使白領犯罪的揭發又增加了一個管道。而學者的研究對於白領犯罪的揭發，當然也具有相當的貢獻。不過，研究白領犯罪的學者未來應設法多與社會大眾溝通，將學術上的研究發現與大眾共享，如此才能喚起民眾對於白領犯罪的覺醒和認知，也才能較有效的控制白領犯罪。

第七節　結　語

蘇哲蘭（E. H. Sutherland）促使犯罪學家承認並開始研究權力人士的犯罪行為，僅此就足以受學界尊敬、銘記。姑且不論蘇哲蘭對於白領犯罪的態度是否為眾人所接受，毫無疑問的，如果早先沒有他開始對白領犯罪的洞察，犯罪學可能已變得毫無發展可言，社會也會因為這些權貴者的濫權變得比現在更加脆弱。因此，蘇哲蘭的基本觀點是非常重要的，那就是富有和有權者所犯下與職業相關的犯罪，會給社會造成很大傷害。

此外，蘇哲蘭的分析是可以繼續被延伸的，我們不僅可以繼續探究誰是白領犯罪者，亦可進一步探究白領犯罪者是如何從事違法活動的，也就

是探究白領犯罪者所使用的技巧爲何。學界愈關注白領犯罪的技巧，就愈能了解白領犯罪的原因和手法，發展阻絕犯罪機會的策略，爲白領犯罪防治對策的擬定提供正確指引。

　　儘管白領犯罪的技巧和機會結構應受學界多加關注，但學界亦不能忽略蘇哲蘭先前關注的「權力」變項。事實上，白領犯罪者所擁有的經濟和政治力量也是重要的影響因子，因爲權力提供他們得以接近機會的條件，有利於他們進行欺騙、隱瞞和濫用信用。白領犯罪者還可能利用他們的政經權力，塑造一個能夠讓他們進行白領犯罪的合法環境——無論是在犯罪層面或管理層面皆然。他們塑造此種合法環境的能力，直接影響白領犯罪的機會結構。因此，社會和經濟權力絕對是探究經濟犯罪的重要變項。

　　與一般街頭犯罪相比，白領犯罪的機會結構及所需要的技巧有其特殊性，與一般街頭犯罪不同。本章討論了白領犯罪三項特徵：特有的接近犯罪標的之機會、合法的表象、與被害者在空間上分隔。在這些特徵中，特有的接近犯罪標的之機會，應該是最重要的特徵。由於犯罪者能夠接近某特定職業或組織的人員，因此賦予了犯罪者接近犯罪標的之機會。特有的接近機會，讓犯罪者得以利用看似合法的表象來掩飾他們的非法行爲，進而讓犯罪者不需要直接與被害者接觸。

　　本章也論及欺騙是白領犯罪的基礎，欺騙就是爲牟利而扭曲事實。白領犯罪者的把戲就是將犯罪隱藏起來，讓非法看起來是合法的。若犯罪者與被害者之間存有信任關係，將更有利於犯罪者玩弄這種把戲，透過各種不同方式行騙。

　　承前章有關白領犯罪的發現由來、定義、本質和類型，本章進一步分析了白領犯罪的特性與技巧，以及重要面向：信用、尊敬及風險；並深入探討反白領犯罪社會運動的興起與發展、民眾對白領犯罪的意像，以及揭發白領犯罪的有關途徑。與抵制傳統犯罪的社會運動比較起來，抵制白領犯罪的社會運動不僅出現較爲緩慢，同時發展的動力也較爲薄弱。研究顯示，雖然近年來白領犯罪日漸受重視，但媒體對於傳統犯罪與白領犯罪的描述仍有差異。此外，白領犯罪案件的揭發途徑也與傳統犯罪案件不同，

而對這些途徑所做的系統分析，有助於吾人對白領犯罪現象的了解。在接續的章節裡，本書將揭示有些犯罪者把他們的非法活動摻雜在合法活動裡，有些犯罪者則是隱藏自己的所作所爲。

本章參考文獻

Altheide, D. L. (2002). *Creating Fear: News and the Construction of Crisis*. Hawthorne, NY: Aldine de Gruyter.

Ball, D. (1970). "The Problematics of Respectability." pp. 326-371 in J. D. Douglas (ed.), *Deviance and Respectability: The Social Construction of Moral Meanings*. New York: Basic Books.

Benson, M. L. & Simpson, S. S. (2018). *White-Collar Crime: An Opportunity Perspective*. New York, NY: Routledge.

Blum-West, S. & Carter, T. J. (1983). "Bringing White-Collar Crime Back In: An Examination of Crimes and Torts." *Social Problems* 30: 545-554.

Bowyer, J. B. (1982). *Cheating: Deception in War & Magic, Games & Sports, Sex & Religion, Business & Con Games, Politics & Espionage, Art & Science*. New York: St. Martin's Press.

Calavita, K., Pontell, H. N. & Tillman, R. H. (1999). *Big Money Crime: Fraud and Politics in the Savings and Loan Crisis*. Berkeley, CA: University of California Press.

Clinard, M. B. & Quinney, R. (1973). *Criminal Behavior Systems: A Typology*. New York: Holt, Rinehart & Winston.

Coleman, J. W. (2002). *The Criminal Elite*. New York: St. Martin's Press.

Cressey, D. R. (1980). "Management Fraud, Controls, and Criminological Theory." pp. 117-147 in R. K. Elliott & J. T. Willingham (eds.), *Management Fraud:*

Detection and Deterrence. New York: Petrocelli.

Dominick, J. (1978). "Crime and Law Enforcement in the Media." pp. 105-128 in C. Winick (ed.), *Deviance and the Mass Media*. Newbury Park: Sage.

Douglas, M. (1990). "Risk as a Forensic Resource." *Daedalus* 119: 1-16.

Evans, S. S. & Lundman, R. J. (1983). "Newspaper Coverage of Corporate Price-Fixing." *Criminology* 21: 529-541.

Edelhertz, H. (1970). *The Nature, Impact and Prosecution of White Collar Crime*. Washington, DC: National Institute for Law Enforcement and Criminal Justice.

Felson, M. & Boba, R. (2010). *Crime and Everyday Life*. Thousand Oaks, CA: Sage Publications.

Friedrichs, D. O. (2004). *Trusted Criminal: White Collar Crime in Contemporary Society*. New York: Wadsworth Publishing Company.

Gans, H. J. (1979). *Deciding What's News: A Study of CBS Evening News, NBC Nightly News, Newsweek and Time*. New York: Pantheon Books.

Garfinkel, H. (1956). "Conditions of Successful Degradation Ceremonies." *American Journal of Sociology* 61: 420-424.

Geis, G. (1977). "The Heavy Electrical Equipment Antitrust Cases of 1961." pp. 117-132 in G. Geis & R. F. Meier (eds.), *White-Collar Crime: Offenses in Business, Politics, and the Professions*. New York: The Free Press.

Green, G. S. (1997). *Occupational Crime*. Chicago, IL: Nelson-Hall Publishers.

Henslin, J. M. (1968). "Trust and the Cab Driver." pp. 138-158 in M. Truzzi (ed.), *Sociology and Everyday Life*. Englewood Cliffs, NJ: Prentice-Hall.

Katz, J. (1980). "The Social Movement Against White-Collar Crime." pp. 161-184 in E. Bittner & S. Messinger (eds.), *Criminology Review Yearbook*. Volume 2. Beverly Hills, CA: Sage.

Lewis, H. W. (1990). *Technological Risk*. New York: Norton.

Marx, G. (1988). *Undercover-Police Surveillance in America*. Berkeley, CA: University of California Press.

59

McFarland, A. S. (1984). *Common Cause: Lobbying in the Public Interest*. Chatham, NJ: Chatham House.

Meier, R. F. & Short, J. F., JR. (1985). "Crime as Hazard: Perceptions of Risk and Seriousness." *Criminology* 23: 389-99.

Michalowski, R. J. & Kramer, R. (1987). "The Space between the Laws: The Problem of Corporate Crime in a Transnational Context." *Social Problem* 34: 34-53.

Perrow, C. (1984). *Normal Accidents-Living with High-Risk Technologies*. New York: Basic Books.

Randall, D. M. (1987). "The Portrayal of Corporate Crime in Network Television Newscasts." *Journalism Quarterly* 64: 150-153.

Randall, D. M., Lee-Sammons, L. & Hagner, P. R. (1988). "Common Versus Elite Crime Coverage in Network News." *Social Science Quarterly* 69: 910-929.

Reinertsen, R. & Bronson, R. J. (1990). "Informant Is a Dirty Word." pp. 99-104 in J. Gilbert (ed.), *Criminal Investigation*. Columbus, OH: Merrill Publishing Co.

Rosoff, S. M., Pontell, H. N. & Tillman, R. (2004). *Profit Without Honor: White-Collar Crime and the Looting of America*. Englewood Cliffs NJ: Prentice-Hall.

Rue, L. (1994). *By the Grace of Guile: The Role of Deception in Natural History and Human Affairs*. New York: Oxford University Press.

Schrager, L. S. & Short, J. F. (1978). "Toward a Sociology of Organizational Crime." *Social Problems* 25: 407-419.

Shapiro, S. P. (1990). "Collaring the Crime, Not the Criminal: Reconsidering the Concept of White-Collar Crime." *American Sociological Review* 55: 346-365.

Short, J. F., JR. (1989). "Editor's Introduction: Toward a Sociolegal Paradigm of Risk." *Law & Policy* 11: 241-252.

Simon, D. R. (2002). *Elite Deviance*. Boston, MA: Allyn and Bacon.

Surette, R. (1992). *Media, Crime, and Criminal Justice: Images and Realities*. Pacific Grove, CA: Brooks/Cole.

Sutherland, E. H. (1940). "White-Collar Criminality." *American Sociological Review* 5: 1-12.

Sutherland, E. H. (1949). *White Collar Crime*. New York: Holt, Rinehart & Winston.

Vogel, D. (1989). *Fluctuating Fortunes*. New York: Basic Books.

Webster, W. H. (1980). "An Examination of FBI Theory and Methodology Regarding White-Collar Crime Investigation and Prevention." *American Criminal Law Review* (Winter): 275-286.

Weisburd, D. & Schlegel, K. (1992). "Returning to the Mainstream, Reflections on Past and Future White-Collar Crime Study." pp. 352-365 in K. Schlegel & D. Weisburd (eds.), *White-Collar Crime Reconsidered*. Boston, MA: Northeastern University Press.

Wheeler, S., Weisburd, D. & Bode, N. (1982). "Sentencing the White-Collar Offender: Rhetoric and Reality." *American Sociological Review* 47: 641-659.

Whiteside, T. (1972). *The Investigation of Ralph Nader: General Motors vs. One Determined Man*. New York: Pocket Books.

Wright, J. P., Cullen, F. T. & Blankenship, M. B. (1995). "The Social Construction of Corporate Violence: Media Coverage of the Imperial Food Products Fire." *Crime & Delinquency* 41: 20-36.

第三章
白領犯罪的研究方法與損害評估

　　自Sutherland首度喚起學術界注意白領犯罪問題的研究至今，已過了半個多世紀。在Sutherland提出該觀念的三十五年後，犯罪學家S. Wheeler（1976）在其就任「社會問題研究學會」（Society for the Study of Social Problems）會長發表演說時，才又對長期以來忽視公司違法行為、科技犯罪及政府犯罪的學術界，呼籲其重視這些問題的研究。

　　儘管是在犯罪學研究極為蓬勃的美國，在1970年代以前，犯罪學及刑事司法（criminal justice）等相關學術領域對白領犯罪的關切並不多，有系統的研究更可說是鳳毛麟角。在這些屈指可數的研究中，譬如有M. B. Clinard的「黑市」（The Black Market, 1952）、D. R. Cressey的「別人的錢」（Other People's Money, 1953）、F. Hartung有關肉品業違法行為的研究（1950）、R. A. Lane有關小型製造業違反勞工規範的研究（1953）、R. Quinney有關藥局違法行為的研究（1963）及G. Geis有關電器業鎖定價格的研究（1967）等。回顧美國1975年以前的犯罪學文獻，在經發表的約3,700件有關犯罪及刑事司法的文獻中（包括書及論文），只有45件是關於白領犯罪的文獻，所占的比例約為1.2%。而在1945～1972年「社會學摘錄」（Sociological Abstracts）期刊上所刊出的論文中，有關白領犯罪的文獻每年幾乎不到一篇（Friedrichs, 2004）。

　　前一章所提及的抵制白領犯罪社會運動，最主要是從70年代開始興起，該運動明顯提升了犯罪學界對白領犯罪的重視程度；到了80年代，白領犯罪（尤其是公司犯罪）受重視的程度更有顯著的增加。在70年代期間，學界研究主要的焦點在於白領犯罪之原因及類型方面的探討；從80年

代開始，有愈來愈多關於司法體系回應以及有關白領犯罪問題之處理的文獻出現，發展與研擬白領犯罪相關法律的重要文獻也在這個時期出現。這些文獻主要是來自於犯罪學者、法社會學者及法律學者的貢獻。

　　雖然犯罪學與刑事司法之間的界線已愈來愈模糊[1]，但從整體來看，犯罪學要比刑事司法領域更為注意白領犯罪問題的研究，譬如，犯罪學教科書就比刑事司法教科書使用較多篇幅來探討白領犯罪（Coleman, 2002）。

第一節　白領犯罪研究的基本假設

　　現今，當吾人欲對白領犯罪進行研究時，通常會面臨許多學者的論點、主張及描述。這些有關白領犯罪的論點、主張及描述所根據的基礎是什麼？吾人應採取何種途徑，始可正確了解白領犯罪眾多且複雜的面向呢？

　　學者Simon與Hagan（1999）指出，有關白領犯罪的研究幾乎都採用了事實本質、人性、道德基礎以及社會特性等觀念作為假設的基礎。雖然本章並不打算對Simon與Hagan所提出的這些哲學觀念深入探究，但基於研究白領犯罪的目的，筆者擬對這些觀念做一概要性的觀察。

　　第一，在「事實是人類產物」的範圍裡，吾人應不否認白領階級比社會低階層者擁有較多的影響力來定義事實；第二，社會對於白領犯罪的回應較傾向採納人類是理性且自利之動物的觀點，即較傾向認為人類有能力做自由選擇，並為自己選擇負責；第三，白領犯罪經常帶有道德偽善的情形，白領犯罪者經常以滿口仁義道德的方式來合理化他們的違法行為；第四，由於權勢者對於法律制定過程以及社會秩序維護過程所造成的影響，

---

[1] 這兩個學科的傳統範圍仍是有所差異的，一般而言，犯罪學家較關注理論及解釋，而刑事司法學者則較關注描述與運用。參閱Langworthy, R. & Lstessa, E. (1989). "Criminal Justice Education: A National Assessment." *The Justice Professional* 4: 172-187.

使得「法律及社會秩序是以民主一致觀爲基礎」的傳統觀點備受挑戰。這些假設分別會在後文中討論。

另外，此處也有必要對白領犯罪主要的兩種研究途徑——「實證途徑與人文主義途徑」（positivistic and humanistic approach）做一區分。所謂實證途徑，基本上就是假設白領犯罪可以被科學地研究，探實證途徑研究白領犯罪的學者，較傾向認爲此種犯罪是一種違反法律的行爲，並相信透過系統性的觀察與測量以及公正的計量分析，可以對白領犯罪做最佳的研究。而主張人文主義途徑的學者，則不認爲傳統的計量分析法可以作爲研究「人領域」（human realm）的適當方法，探人文主義途徑研究白領犯罪的學者傾向把焦點集中在白領犯罪的社會意義，他們相信透過解釋觀察（interpretive observation）及質化方法才能對此種犯罪做最佳的研究（Friedrichs, 2004）。

筆者認爲，白領犯罪是一個極爲複雜的現象，很難藉由單一學科而能讓吾人對其有深入且廣泛的了解。事實上，有許多不同的學科均可對白領犯罪的研究有所幫助，譬如哲學就可以幫助吾人在擬定假設與前提時做更清晰的思考，也可以幫助吾人更深入的了解白領犯罪所涉及的倫理難題。而歷史調查，則可以追蹤白領犯罪問題的特性演變，以及辨識促使新法律（回應白領犯罪的法律）通過的動力因素。經濟學也與白領犯罪的研究有關，經濟因素可能導致白領犯罪的發生，白領犯罪的後果可能會影響經濟體系。政治學則有助於吾人理解白領犯罪有關法律的制定過程，以及政府與企業之間的互動關係。心理學則有助於吾人洞察白領犯罪行爲中所出現的合理化過程，以及個體在組織脈絡中的決策過程。犯罪學（尤其是犯罪社會學）則是研究白領犯罪中最具代表性的一個學科，諸如犯罪副文化、社會控制、社會結構與衝突等觀念均是白領犯罪分析上的要素。此外，法學、管理學及大眾傳播等方面的專業知識，亦有助於吾人對白領犯罪的探究。總之，白領犯罪是非常複雜且多面向的，欲深入和廣泛了解白領犯罪現象，科際整合將是一不可或缺的重要研究途徑。換言之，如何兼容實證途徑和人文主義途徑的優點，將是探究白領犯罪過程中的重要研究策略。

第二節　白領犯罪的研究方法

　　雖然白領犯罪具有相當高的隱密性，不過社會大眾多少還是獲知了一些有關白領犯罪的訊息。在大眾傳播媒體極為興盛的今日，民眾從媒體得知了不少有關白領犯罪案件的資訊，尤其是透過電視、報紙、雜誌及收音機等媒體。這些媒體的報導，可以說是一種「新聞記者研究」的產品。但這些報導在品質與信度上卻存有很大的差異，媒體所報導的內容難免會有投大眾所好的傾向，對媒體界而言，如何弄得一個好的故事題材，可能要比對事實做公正完整的報導來得重要。儘管有些記者曾經受過資料蒐集與分析的嚴謹訓練，但在時間與空間的限制下，他們可能無法將整個事件的來龍去脈詳細地報導出來。

　　雖然新聞記者的報導存有若干瑕疵，但是在吾人對於白領犯罪的了解上，這些報導實際上提供了很大的助益。就吾人對各種類型犯罪的了解而言，媒體在吾人對白領犯罪問題之認識上所提供的幫助，遠超過對於其他類型的犯罪。媒體業所擁有的強大資源以及接近採訪對象的能力，通常都是欲對白領犯罪進行有效調查的重要條件，有些媒體記者所作的報導，其嚴謹性甚至可與學術研究相比擬。譬如美國Mother Jones雜誌記者M. Dowie於1977年曾在該雜誌上報導過福特廠牌Pinto型汽車的肇事事件（因設計不良而導致嚴重爆炸，造成多人傷亡），該報導就是一個極為傑出的報導實例，不僅曾經獲獎，更促發了許多針對福特汽車公司的回應行動（Cullen, Maakestad & Cavender, 1987）。在根據真實性與客觀性的審慎考量下，本書將適當引述一些較可靠的媒體報導，這些報導不僅可對白領犯罪提供生動的描述，它們甚至還可作為擬定假設的重要參考。

　　在針對白領犯罪的正式學術研究中，學者曾採用許多種研究方法。針對某白領犯罪事件所作的「個案研究」，可說是這個領域中較常見的方法。此外，調查法以及訪談法也是學者經常使用的方法。有不少研究（尤其是針對公司犯罪的研究）採用官方資料來分析違法行為有關的財務性以

及結構性因素（Yeager & Kram, 1990）。另外，還有一些少數的研究是採用田野研究法和觀察法；歷史文件、法律學說以及其他現存資料（譬如媒體報導）等，也都曾經是學者研究所引用的資料。

　　有些研究則同時採用幾種不同的方法來探究白領犯罪的某些面向、或檢定假設。有一些著名的個案研究就是採用此種途徑，譬如Geis（1967）針對大型電器製造商涉及托辣斯行為的研究，Vaughan（1983）針對Revco連鎖藥局涉及醫療保險費詐欺的研究，以及Cullen、Maakestad與Cavender三人（1987）針對福特Pinto汽車爆炸事件所作的研究等，均是採用多種研究法的例子。採用多種研究法的研究實例還包括Shapiro於1984年對白領犯罪之管制機關所作的研究，Mann於1985年對白領犯罪者之辯護律師所作的研究，以及Wheeler、Mann與Sarat三人於1988年對聯邦法官在白領犯罪案件中之角色所作的研究等例子。在這些研究中，研究者混合使用了調查法、訪談法、觀察法、檢視案件紀錄以及分析次級資料（secondary data，由官方或有關機構所發行或出版的資料）等。以下我們將對這些運用於白領犯罪的研究途徑予以說明和討論。

一、實驗法

　　實驗法，是一種實證或科學研究中的典型方法，但目前較少用至白領犯罪的研究上。雖然這種典型的實證法運用在白領犯罪研究上不多，但低使用頻率並沒有削弱其在方法學上的價值。

　　《讀者文摘》雜誌曾於1941年贊助一項非常有名的研究，研究人員事先準備一輛車況良好的汽車，然後把汽車的啟動線圈拔除使其無法發動，至於汽車其他部位則無任何問題。完成準備後，研究人員挑選美國48個州中的347個汽車修理廠，並將之前準備的汽車送進這些修理廠進行檢修，結果發現有63%的修理廠不是做了其他不必要的修理，要不然就是超額索價（Blumberg, 1989）。1987年時，該實驗曾被複製，所得的結果與原始實驗極為類似。

　　由P. Tracy與J. A. Fox（1989）所進行的汽車修理保險詐欺研究，也是

一個典型的實驗研究。該研究是以租來的汽車當作實驗品，研究人員在美國麻州（Massachusetts）隨機抽選了91個修車廠，租車者經常將有故障的汽車（租來的）送到這些修車廠估價（修理費），研究人員的主要目的在於探究修車廠的估價是否與租車者有無購買修車保險有關。研究人員並把一些變項予以控制（譬如租車者的性別、年齡等），經過比較分析有修車保險與無修車保險的估價後，研究人員發現購買修車保險之租車者的修理費估價高於沒有購買保險者的估價。研究人員認為，這是因為購買保險的租車者覺得修理費不是由自己擔負，所以不會前往其他幾家修車廠去比價，而使得修理費較高。

　　Simpson與Koper（1992）曾針對38個違反反托辣斯法的公司進行研究，該研究的設計也是採用實驗法。研究人員以行政制裁、民事制裁及刑事制裁當作實驗處置，探究制裁是否可以抑制違法公司再犯，以及何種制裁對於公司犯罪最具威嚇效果。Simpson與Koper發現，過去的有罪判決以及較嚴厲的懲罰可以抑制違法公司未來的犯罪行為。

二、調查法

　　調查法是第二種主要的研究法，此種研究法一般與意見、態度、信仰等方面的探究有關，此外，也經常被用來研究受訪者的經驗。在調查研究中，最主要的困難處就在於要獲取一個足以代表研究者所欲研究之母群的樣本是非常不容易的。在調查研究中待研究者克服的另一困難是，必須獲得足夠的調查回收率，否則調查結果難以避免偏誤的產生。調查法進行的方式可採研究者親自前往實施，也可採用電話或郵寄的方式，這些方式各有各的優缺點。研究者在採用調查法時可能遭遇的第三類困難是，編定的問題是否適當、調查的方式是否可降低偏誤發生、資料的解釋方式是否恰當等。另外有關結構性與開放性問題的運用，也需了解其優劣，並妥善應用。

　　調查法可以用來探究受訪者對於犯罪的恐懼程度、對於懲罰的態度、對於刑事司法體系公平性及有效性的認知、從事違法活動的個人型態，以

及犯罪被害經驗等。針對社會大眾對於白領犯罪的感受問題，調查法提供了許多澄析上的貢獻。譬如，美國近來有一些調查研究發現，有愈來愈多的民眾認為白領犯罪不再是一種輕微的犯罪，並且認為白領犯罪所造成的傷害比傳統的街頭犯罪更為嚴重。

白領犯罪著名研究學者J. Braithwaite（1993）曾針對護理之家（nursing home）的管制機關進行調查研究，以探究這些機關對於療養院違法行為所採用的管制策略。在研究過程中，他針對美國24個州療養院管制機關的檢查員、中層管理者、以及高層主管進行非結構性的訪談。他發現，大多數的管制方式是一種使違法者順從管制規範（compliance）而非威嚇違法者（deterrent）的策略型態。他發現大多數療養院對於管制機關的規定極為遵從，但問題並不在於療養院都很守法，而是接近R. K. Merton所稱的「儀式主義」（ritualism），也就是僅符合管制機關的目標或要求，而忽略他們自己本身的目標（如提供老人實質的健康照顧）。

Clinard（1983）曾針對64位退休的公司中層管理者進行深度的訪問調查，以探究公司犯罪的主要原因。這些受訪者均在所屬公司服務長達三十年以上，他們的公司都是屬於《財星500雜誌》（Fortune 500）所列的公司，主要是製造業與礦業。Clinard發現，公司內部因素是公司從事違法行為最主要的因素，而高層主管的角色以及中層主管所承受的各種壓力是當中最重要的影響因子。

三、觀察法

針對個人、團體或組織進行一段時間的觀察，也是社會科學中一種經常使用且有效的研究法。不過觀察法運用在白領犯罪的研究到目前為止還是相當有限的，主要的原因是研究人員要接近違法公司或管制機關並不容易。儘管研究不易，還是有一些研究採用觀察法成功地獲取寶貴的資料，譬如Blumberg（1989）曾對大約600名學生過去與零售業接觸所觀察到零售業詐欺行為的陳述資料進行分析。以及前面提及Vaughan運用觀察法來研究Revco醫療健保詐欺，都是一些典型的實例。

田野觀察法（observational fieldwork），或許是研究白領犯罪管制機關較常採用的方法之一。過去有關的研究包括：Hawkins（1984）及Yeager（1987）對於環保機關所作的研究，Braithwaite（1985）及Shover、Clelland與Lynwiler（1986）三人對於職場安全之管制機關所作的研究等。Shapiro（1984）曾運用觀察法對美國「證券交易委員會」（Securities Exchange Commission）進行研究，她在研究中發現，她必須要克服該機構對其高度懷疑與不信任的問題；Shapiro指出，要獲取證券交易委員會執法作為的資料，直接觀察法並非是一個有效的途徑。從過去有關的研究中可以得知，將觀察法運用在街頭犯罪回應機關（如刑事司法機關）的研究上，要比運用在白領犯罪管制機關的研究上來得容易且有效。

四、次級資料分析

有許多白領犯罪的研究是採用「次級資料分析法」（analysis of secondary data）。所謂次級資料，是指並非研究者直接蒐集或做成的資料，次級資料經常是指官方或有關機構所發行或出版的資料。Clinard與Yeager（1980）對於公司犯罪所做的研究，以及Wheeler、Mann與Sarat（1988）對於白領犯罪者之判刑類型所作的研究，就是以此等資料為最主要的研究資料。

Hagan與Palloni（1986）曾利用觀護單位的資料檢驗美國自水門事件（Watergate event）後公司犯罪者是否受到較嚴厲的判刑。研究人員運用從觀護單位所蒐集的資料，比較水門事件前後公司犯罪者與一般街頭犯罪者所受判刑的嚴厲程度；在該研究過程中，教育程度以及其他變項（如前科資料、種族、性別等）均納入考量範圍。該研究發現，水門事件後的公司犯罪者比水門事件前的公司犯罪者較可能受到監禁制裁，不過平均監禁時間則較短。此處值得注意的是，採用次級資料作為分析材料時，次級資料的品質與正確性將影響資料分析的有效性。同時，研究者也需注意應採用適當的統計法進行資料的分析，並對分析結果予以適當的解釋。

五、檔案資料分析

犯罪事件如果愈複雜，那麼就愈可能會遺留相關的文件資料。雖然公司犯罪或白領犯罪不易被直接觀察，但還是有許多紀錄資料可供研究。

D. W. Scott（1989）在其對公司違法合併的研究中，就是經由系統性地檢閱美國「司法部反托辣斯處」（Antitrust Division of Department of Justice）的調查檔案資料，而得以重建托辣斯案件的原貌。在Scott研究的案件中，大部分的證據均是來自檔案文件[2]。學者Barnett（1982）指出，公司犯罪者具有一種保留紀錄資料的官僚需求（bureaucratic need to maintain records），而這種需求是與他們急欲銷毀犯罪證據相衝突的。這種情形也經常出現在政府犯罪案件的研究上，譬如德國過去有關納粹黨的暴行，最主要就是經由對納粹官僚體制之文件的檢視而得以重現，這些文件大多數是納粹黨員自己所做成的；又如美國白宮錄影帶，則在尼克森總統的辭職與控告案（水門事件）上扮演極為重要的角色。

存於檔案資料分析中的主要限制，就是文件為何未遭銷毀而能留存下來的本質問題，以及現存文件紀錄的不完整性等問題。儘管如此，在許多白領犯罪發生的過程中，文件仍舊是一種可信度較高以及重要的資料來源。檔案資料分析，是研究白領犯罪非常重要的一種方法。

六、內容分析法

內容分析法（Content Analysis），是一種針對「某事件之媒體報導」

---

[2] 因「資訊自由法」（Freedom of Information Act）的規定，所以可調閱該等資料。美國資訊自由法規定聯邦機關應將不屬於特定機密性的資訊公開予社會大眾。實務上，大多數的聯邦機關都有訂定自己機關執行資訊自由法的規範，這些規範大都明定何種資訊可以公開，何種資訊必須以申請方式始可獲得，以及申請遭拒時如何申訴等。該法案主要的目的，在於要求聯邦機關公開某些資訊，讓公眾知曉機關的運作及工作成效，藉以防止聯邦機關濫用其裁量權。參閱Black, H. C. & Publisher's Editorial Staff (1990). *Black's Law Dictionary*. St. Paul. MN: West Group, p. 664.

進行系統分析的研究法，其目的在於從社會溝通（social communication）中發現某社會現象的基本型式和結構。由於媒體充斥現代社會各個角落，因此它們對公司或白領犯罪的處理情形，實具有相當高的分析價值。在一項有關白領犯罪的研究中，Evans與Lundman（1983）針對美國29種主要報紙分別在1976與1961年所報導的反托辣斯案件進行比較，以探究水門事件後報紙媒體是否有增加對公司犯罪的報導。在另一個研究中，Lynch（1989）及其同僚比較了印度及美國報導Bhopal災變（指印度聯合碳化物工廠——Union Carbide Plant——於1984年因有毒氣體外洩，而造成數以千計人員傷亡的事件）的雜誌，以探究這兩個不同國家的媒體，哪一個較會將該事件當作「犯罪」來處理？哪一個較會將該事件當作「意外」來處理？內容分析法，就初探性研究而言，是一種有效的途徑，它有助於提升研究者與研究對象之間的親和性。

第三節 社會大眾對白領犯罪嚴重性的感受

在第二章中，我們曾討論揭發白領犯罪的有關機構與人員，同時也對媒體所扮演的角色及功能做過探討。在本節中，我們將以社會大眾的感受（perception）為焦點，即社會大眾感覺白領犯罪的嚴重性如何？

一、相關研究的綜析

在一般大眾的傳統觀念裡，白領犯罪的嚴重性是低於街頭犯罪的。研究白領犯罪的先驅者Ross與Sutherland早先就已提出這種看法，此種觀念持續了一段很長的時間。根據美國「總統執法與司法行政委員會」（President's Commission on Law Enforcement and Administration of Justice）在1967年的觀察指出，社會大眾對於企業犯罪問題的感受較為冷淡，甚至對被逮捕的企業犯罪者感到同情。然而在當時，民眾的此種感受並沒有實證研究的基礎，該委員會的觀點之後受到了許多研究的強烈挑戰。

傳統的觀點激發了若干問題，諸如：過去如果社會大眾不認為白領犯

罪是一種嚴重犯罪，那麼民眾現在的感受是不是還是如此呢？何種白領犯罪被認為是最嚴重的？以被認為最嚴重的白領犯罪來與最嚴重的街頭犯罪做比較，社會大眾會認為哪一個較嚴重？為什麼有些型式的白領犯罪會被認為是輕微的？民眾對犯罪嚴重性的感受是如何測量的？其有效性如何？其中隱含何意義？

事實上，早在1950年代，一些實證研究在探究民眾對於犯罪的感受時，曾發現某些譴責白領犯罪的證據，這些證據證實了當時的民眾就已經對某些型式的白領犯罪行為（譬如不實廣告、資方忽視員工的職場安全等）表現出反對態度，並要求對這些不法行為予以較重的處罰。然而，商人的其他違法行為，當時並沒有遭受到明顯的責難。犯罪學家Sellin與Wolfgang（1964）所撰寫的《非行之測量》（*The Measure of Delinquency*）一書，普遍被認為是針對犯罪嚴重性最早的且具系統性的研究，不過該研究並沒有包括白領犯罪。

1950年代之後，出現若干探究犯罪嚴重性的研究，這些研究所發現的犯罪嚴重性評比結果，均具有相當高的一致性。不過在程度上，對於白領犯罪評比的一致性要低於街頭犯罪。有些研究指出，女性、年長者、社經地位較低者，認為白領犯罪的嚴重性較高（Simon, 2002）。另一研究發現，針對侵害消費者權益的白領犯罪，黑人認為其嚴重性要比白人所認為者為高，白人反而對於侵害企業的犯罪較關注（Coleman, 2002）。有些研究更發現，與一般民眾相比，企業主管、刑事司法體系的官員以及律師較認為白領犯罪是複雜且多變的，不宜以嚴厲的刑罰來處理白領犯罪（Rosoff, Pontell & Tillman, 2004）。另外有一研究發現，地方層級的警察人員與一般社會大眾對白領犯罪嚴重性的感受相似，而中央層級的執法人員則認為白領犯罪的嚴重性要比街頭犯罪的嚴重性來得高（Pontell, et al., 1985）。

在1960～1980年代之間有一些研究發現，民眾認為製造不安全產品（如醫療或汽車產品）及販售有害健康食品等白領犯罪甚至要比某些搶劫和縱火案更嚴重，多數民眾認為托辣斯行為以及侵占行為要比竊盜及

娼妓更應被判處監禁。而純粹造成財物損失的白領犯罪（如價格鎖定行為），一般認為嚴重性要低於造成肉體傷害的白領犯罪（Levi, 1987）。

如果犯罪損害是針對具體的個人（如殺人、擄人勒贖），其所挑起的憤怒較高。如果犯罪侵害的對象是不具體的被害者（一般白領犯罪的典型特性），那麼其所引起的憤怒通常低於前者。此外，有研究顯示，民眾認為侵害大企業機構的白領（及其他）犯罪其嚴重性要比侵害小企業的嚴重性為低，有些白領犯罪（如逃漏稅）的嚴重性被認為是非常低的（Levi, 1987）。有些研究顯示，在經過一些重大白領犯罪案件爆發後，民眾對於白領犯罪嚴重性的感受會出現上升的趨勢（Croall, 2001）。另有研究顯示，民眾對白領犯罪嚴重性的感受呈現上升趨勢，但是民眾對於未造成肉體傷害的白領犯罪則較抱持冷淡態度，而且這種情形非常明顯（Goff & Nason-Clarke, 1989）。

上述這些研究均呈現出一項證據：白領犯罪被感受到的嚴重性，最主要是受到違法者身分地位以及被害者屬性這兩項因素的影響。

二、美國「犯罪嚴重性之全國調查」

美國「犯罪嚴重性之全國調查」（The National Survey of Crime Severity, NSCS），是一項有關社會大眾對犯罪嚴重性之感受的大規模調查研究。該項調查於1977年執行，分別對約6萬名18歲以上的民眾進行訪談，由於每一位受訪者在該調查中所做的評比分數，是根據其在人口中的代表性經加權處理（weighted）再換算成嚴重性指數的，因此NSCS的調查發現應可反映美國全國成人的意見。該調查總共包括了204項犯罪行為，每一位受訪者需從其中挑選25項，然後以其所挑選的25項犯罪行為與分數預先由研究人員定為10的「偷竊腳踏車」行為做比較，受訪者所給的評比值可從0至無限大。表3-1所列資料是摘錄自NSCS的發現，其中包括了白領犯罪和部分與白領犯罪指數相近的街頭犯罪（Wolfgang, et al., 1985）。

從表3-1中，可以發現一些有趣的比較。雜貨店所從事的詐欺以及10美元的侵占行為，被認為與打色情電話是同樣嚴重的，嚴重性指數均為

1.9。房地產經紀人的侵權（civil rights）行為，被認為與恐嚇取財同樣嚴重，嚴重性指數均為5.4。逃漏1萬美元所得稅的行為與拉皮條行為的嚴重性相當，嚴重性指數均為6.1。因污染水源而使人受到傷害的行為，被認為與以拳頭來傷害人的行為一樣嚴重，嚴重性指數都是6.9。市府官員的收賄行為與持械搶劫1,000美元的行為同樣嚴重，嚴重指數均為9.0。污染水源導致一人死亡的行為，其嚴重程度（19.9）大約與暴力性的強制性交行為相當（20.1）。污染水源導致20人身體不適的行為，其嚴重性（19.7）約與駕車撞死人的行為（19.5）相當。從這些比較中我們可以發現，在民眾的感受裡，許多白領犯罪的嚴重性與暴力街頭犯罪相當。

表3-1　美國犯罪嚴重性之全國調查
（The National Survey of Crime Severity）

嚴重性指數	犯罪行為
1.9	某員工侵占雇主10美元。※
1.9	某商店老闆用標示「特大」雞蛋的盒子來裝「大」雞蛋出售（即標示與實際商品不符）。※
1.9	某人打色情電話。
3.1	某人侵入他人住宅並竊取100美元。
3.2	某雇主以員工若加入工會將遭開除的方式，違法威脅員工。※
3.6	某人故意使用空頭支票。
3.7	某工會人員違法威脅雇主，如果雇主僱用非工會的工人，工會將策動工人罷工。※
5.4	某不動產經紀人因某人的種族關係，而不賣房子給他。※
5.4	某人向被害人威脅，表示要傷害他，除非被害人付他錢。後來被害人付了10元美金，沒有受到傷害。
5.7	某電影院老闆向未成年人放映色情電影。※
6.1	某人不實填寫所得稅申報書，漏繳了1萬美元的稅款。※
6.1	某人從事拉皮條的行為。
6.2	某人揮拳打傷某被害人，該被害人需看醫師，但不需住院。
6.2	某員工侵占雇主1,000美元。※
6.4	某雇主因某人種族的關係而拒絕僱用他，該人頗具受僱資格。※

嚴重性指數	犯罪行為
6.5	某人使用海洛因。
6.9	某工廠任意傾倒廢棄物,污染都市水源,結果導致某人身體不適,但尚未需要醫療處置。※
6.9	某人揮拳打傷某被害人,該被害人需要住院治療。
8.0	某人偷取一部未上鎖的車,並把偷來的車賣掉。
8.2	某商店老闆明知一批食用油已變質,但仍決定販售該批油,結果僅出售了一瓶油,導致購買者身體不適,需看醫師,但不需住院。※
8.6	某人違法墮胎。
9.0	某市府官員收取某公司的賄賂,以協助該公司獲得市府工程契約的承攬權。※
9.0	某人持鉛管搶劫某被害人1,000美元。
9.2	若干家大型公司違法鎖定其商品的零售價格。※
9.4	某人持槍搶劫某被害人10美元,但沒有發生肉體傷害的情況。
9.4	某公務員侵占1,000美元的公款,留做私用。※
9.6	某警察人員故意實施非法逮捕。※
9.6	某人侵入他人住宅並竊取1,000美元。
10.0	某政府官員故意阻礙某犯罪的偵查工作。※
10.9	某人在某建築物外,竊取了價值1萬美元的財物。
11.2	某公司向某立法委員行賄,希望該立法委員對有利於該公司的法案投贊成票。※
11.8	某人揮拳打一位陌生人,該陌生人需住院治療。
12.0	某警察人員因收賄而沒有處理違法賭博活動。※
12.0	某人將銀行的平面圖提供給銀行強匪。
13.3	某人持鉛管搶劫某被害人10美元,該被害人受傷並需住院治療。
13.5	某醫師詐稱他已實施服務病患的聯邦健康保險方案,詐領了1萬美元。※
13.9	某立法委員收受某公司的賄賂,對有利該公司的法案投贊成票。※
14.6	某人使用武力搶劫某被害人10美元,該被害人受傷並需住院治療。
15.5	某人於夜間侵入銀行竊取10萬美元。
15.7	某郡級法官收受賄賂,對某刑案做較輕微的判決。※
16.6	某人使用武力搶劫某被害人1,000美元,該被害人受傷需看醫師,但不需住院。

嚴重性指數	犯罪行為
17.8	某商店老闆明知一批食用油已變質，但仍決定販售該批油，結果僅出售了一瓶油，導致購買者死亡。※
19.5	某人因魯莽駕車，撞死了一位路人。
19.7	某工廠任意傾倒廢棄物，污染都市水源，結果導致20人身體不適，但尚未需要醫療處置。※
19.9	某工廠任意傾倒廢棄物，污染都市水源，結果導致一人死亡。※
20.1	某男性以武力強制性交了一婦女，該婦女受傷需看醫師，但不需住院治療。
33.8	某人主導一個販毒集團。
39.1	某工廠任意傾倒廢棄物，污染都市水源，結果導致20人死亡。※
39.2	某人持刀刺殺其妻子，結果其妻因傷重不治死亡。
43.9	某人在一棟公共建築物內布置炸彈，該炸彈爆炸導致一人死亡。
72.1	某人在一棟公共建築物內布置炸彈，該炸彈爆炸導致20人死亡。

說明：標示※者，屬於白領犯罪。

資料來源：Wolfgang, M., Figlio, R. Tracy, P. & Singer, S. (1985). *The National Survey of Crime Severity*. Washington, DC: U.S. Government Printing Office, pp. vi-x.

三、小　結

　　民眾對白領犯罪的感受是相當複雜的，這不僅是因為白領犯罪該名詞本身所包括的範圍非常廣泛，事實上，有關研究所採用的測量方法（測量大眾對於白領犯罪嚴重性感受的方法）也相當的複雜。譬如有些研究是評量行為的不法性，有些研究則評量行為的損害性。有些研究的焦點在於個人，有些研究的焦點則在組織（如公司）。有些研究採用絕對量表作為嚴重性評比的指標，有些研究則採用相對性的指標。有些研究只是列舉犯罪的類型，有些研究則會以短文來描述情況的內容等。另有研究指出，民眾對於公司犯罪嚴重性的感受（民眾一般認為公司犯罪是較嚴重的白領犯罪）會隨問卷發出的時機而有所不同，通常當某一眾所注目的公司犯罪案件發生時，民眾會較認為公司犯罪是一種嚴重的犯罪。此外，在某些研究中，受訪者（即樣本）經常被要求在頗具差異性的名詞（如財物損失、肉

體傷害、心理創傷、信用受損等）間做比較，同時這些研究的發現也常因研究方法的影響而受扭曲，譬如非隨機性的樣本、不當的統計分析、過度強調某一類型的行為等。此處值得一提的是，由於白領犯罪具有多樣性，而有關研究的數量尚屬有限且研究發現仍有缺乏一致性的情形，因此有關白領犯罪嚴重性上升的發現，不宜做過多的推論。

　　儘管存有這些限制，過去有關犯罪嚴重性感受的研究依然是非常重要的，由於這些研究的發現，才使白領犯罪非屬嚴重犯罪的傳統觀念得以逐漸受到修正。雖然這些研究所獲得的發現尚有一些需加解釋的問題，但它們並不牴觸「傳統上人們最恐懼造成直接肉體傷害或死亡之個人暴力犯罪」的論點。但社會大眾認為某些白領犯罪是嚴重犯罪的這種感受，是否會轉化成對那些外表受人尊重、對自己行為表示極為後悔，以及出示行為適當理由之白領犯罪者加諸嚴厲刑罰的意願，目前尚未有明確的答案。此外，要在怎樣的條件下，才能夠轉化成積極對白領犯罪加諸嚴厲處罰的意願，目前也不明確。而在最終的分析中，到底民眾認為白領犯罪有多嚴重？恐怕不只是藉由民眾單純的感受來測量，更應是由民眾願意對白領犯罪採取什麼行動來測量。

第四節　白領犯罪的盛行率

　　到底有多少白領犯罪發生？這個問題並沒有簡單或確切的答案。要計算各種類型犯罪的數量是不容易的，其中要計算白領犯罪的數量，更是困難重重。從十九世紀初開始，犯罪統計的分析就已經是了解和解釋犯罪的重要基礎。雖然在傳統的觀點裡，官方機構所蒐集整理的犯罪統計數據，被認為是對犯罪的一種量化紀錄（quantitative measurement），但這種測量被批評是刑事司法體系製造出來的結果。在批判學派的觀點裡，犯罪統計是某些特定機構的產物，這些機構在製造犯罪統計時具有意識型態上的偏見、政策上的目的以及受資源限制等因素的影響（Selke & Pepinsky, 1984）。

　　換言之，了解犯罪統計被製造的過程要比知道統計數字本身來得重要。顯然，犯罪活動的統計不應與刑事司法體系對這些活動回應結果的統計相混淆在一起。此外，有相當的理由可以相信，官方機構的統計會較關注街頭犯罪，而較不關注白領犯罪（Eitzen & Timmer, 1989）。總之，有關犯罪的發生率與分布的統計數字，在使用上應非常謹慎。

　　事實上，犯罪並沒有被一致性的定義、報導及記錄，而且各刑事司法機構間的整合及其效率均不甚相同。這些問題在白領犯罪中更是特別的嚴重，一則是因為白領犯罪有關的法律定義並不明確，另一則是因為白領犯罪的被害者經常不知道自己是否被害，當發現自己被害時，往往是向一些民間或其他公共機構陳述，而不是向警察機關報案。譬如，有研究發現，在消費者詐欺案件中，被害者通常並不願意向警方報案（Titus et al., 1995）。被害者常覺得警察的回應是無效的，他們也不知道有些警察組織中已設置專門偵辦詐欺案件的單位。在詐欺案件中，許多組織性的被害者（如公司）尤其不願意報案，因為他們害怕產生負面的公眾反應，以及擔心公眾對其機構喪失信心（Levi, 1992）。因此，當白領犯罪被害者打算要報案時，他們通常選擇警察機關以外的機構報案。基於這樣的理由，有關白領犯罪被害的資料就被分散在許多不同的機構裡，而這些機構記錄和保存資料的方式往往各不相同。

　　美國聯邦調查局（FBI）所出版的《統一犯罪報告》（*Uniform Crime Report*, UCR）一直是最著名的犯罪統計資料之一（規模最大，內容最詳盡），因此以UCR作為討論標的應具有代表性[3]。UCR的主要焦點乃是所謂的「指標犯罪」（index crimes，諸如殺人、強制性交、竊盜等傳統性的犯罪），雖然某些類型的詐欺與侵占案件被導入指標犯罪的項目中，但這些案件大多數是屬於重要性較低、規模較小的白領犯罪，譬如社會福利詐

---

[3] 當然，除了UCR外還有其他著名的犯罪統計資料，譬如美國「國家司法研究所」（National Institute of Justice）近年來也出版的一些重要的犯罪資料，還有英國、德國等歐洲國家也出版了犯罪相關的統計資料，不過在規模及分析內容上，UCR應當還是較為龐大且詳盡的犯罪資料。

欺及使用空頭或偽造支票等案件。

除了犯罪在數量上並沒有完全進入警察受理報案的系統以外，UCR還有許多其他的限制，諸如不當的操作性定義、缺乏明確性及缺乏標準化的資料蒐集政策等（Schneider & Wiersema, 1990）。事實上，我國警政署及法務部所公布的犯罪統計（分別是中華民國刑案統計以及犯罪狀況及其分析），也都有UCR所面臨的一些問題，而且並沒有單獨的白領犯罪統計資料。

以警務統計及法務部調查局所公布的資料為例，近十年來在警察機關所處理的白領犯罪案件中，數量較多的案件主要集中於詐欺背信、侵占、違反商標及專利法、違反著作權法等。警察機關所處理的洗錢案件數雖然不是很多，但呈現增加趨勢（參閱表3-2）。另在調查局所公布的資料中，數量較多的案件主要集中於洗錢、貪瀆、詐欺、違反證券及期貨交易法等，各類型案件的增減較缺乏一致性，其中詐欺案件數似有遞減趨勢，而洗錢案件自2015年起件數顯著增加（參閱表3-3）。事實上，警察機關與調查局的工作執掌有所不同，另在人員的晉用、編制規模、養成教育等方面亦有所差異，警察機關較偏重處理傳統性的街頭犯罪，調查局則集中偵辦重大經濟犯罪、貪瀆等案件。由於組織定位不同，使得兩種機關處理的犯罪也有所不同，因此所呈現的犯罪統計自然也不盡相同。

值得注意的是，當我們繼續觀察警察機關及調查局所偵辦白領犯罪案件的涉案標的金額，可發現極為龐大。根據調查局2020年公布的《經濟犯罪防制工作年報》，以調查局所偵辦的經濟犯罪為例，該年的涉案標的金額就高達新臺幣3,078億7,000萬元，對經濟發展秩序的影響實不言可喻。然而，這些案件可能只是整體白領犯罪中的一小部分，假若包括侵害人身安全、污染環境、侵害消費者權益等白領犯罪，那麼損害的質與量必定是更驚人且難以估算的。

從1970年代初開始，美國每年出版一次的《刑事司法統計資料冊》（*Sourcebook of Criminal Justice Statistics*）蒐集來自聯邦調查局及其他聯邦機構的資料，也是犯罪統計的重要參考資料。該資料顯示，與其他類型的

表3-2　近年來警察機關所處理有關白領犯罪的案件

（單位：件）

案件＼年度	詐欺背信	侵占	重利	貪瀆	洗錢	偽造貨幣及有價證券	違反證券及期貨交易法	違反商標及專利法	違反著作權法	違反藥事及醫師法
2010	28,900	7,893	2,942	34	12	163	4	2,833	2,003	648
2011	24,076	8,434	2,604	40	10	141	50	3,306	2,185	503
2012	20,936	6,894	2,216	38	5	123	16	3,133	2,043	290
2013	19,534	6,540	2,038	45	9	99	48	3,352	2,201	306
2014	23,813	6,389	1,771	38	4	120	25	2,764	2,066	290
2015	21,825	5,671	1,909	93	26	128	42	2,755	2,128	348
2016	23,994	6,147	1,347	34	21	144	7	2,610	2,371	653
2017	23,623	6,439	857	24	24	143	6	2,089	2,616	767
2018	24,585	7,382	473	28	235	146	7	1,809	2,776	429
2019	24,642	7,801	669	39	236	140	7	2,032	2,134	382

資料來源：中華民國刑案統計。

表3-3　近年來法務部調查局所處理有關白領犯罪的案件

（單位：件）

案件＼年度	詐欺	侵占	重利	貪瀆	洗錢	偽造貨幣及有價證券	違反證券及期貨交易法	侵害智慧財產權	漏稅
2010	182	41	9	544	4,536	2	77	116	42
2011	193	58	16	574	7,514	5	76	56	32
2012	206	46	10	478	6,137	4	89	58	19
2013	199	55	12	553	6,266	2	117	53	25
2014	189	45	7	502	6,890	3	156	35	29
2015	157	56	6	138	9,656	5	144	46	20
2016	145	40	5	136	13,972	5	135	60	15
2017	152	46	4	152	23,651	3	136	39	13
2018	160	48	3	138	35,869	3	121	18	17
2019	140	41	4	180	26,481	0	102	15	24

說明：洗錢案件以金融機構申報可疑交易案件為統計標的。
資料來源：法務部調查局經濟犯罪防制工作年報、廉政工作年報、洗錢防制工作年報。

犯罪比較起來，詐欺案件逮捕率的增加幅度最大，自80年代初始，大約增加了90%（Coleman, 2002）。另一項分析指出，白領犯罪的起訴率及定罪率與財產性犯罪者相當甚至略高一點，但監禁率則稍低一些，而超過一年以上的監禁比率則更低（Manson, 1986）。

　　有關民事及違反行政法的白領犯罪統計資料，則落在管制機關（如環保署、勞動部、衛生署、公平交易委員會等）。那些主張應將白領犯罪定義為違反刑事法之行為的人士認為，如果包括違反民法與行政法的案件資料，那麼將導致超估白領犯罪的數量。但在另一方面，也有人堅稱，如果僅依賴刑事司法機關的資料，那也會大量低估白領犯罪的發生率及盛行率。事實上，管制機關所蒐集的資料也有若干問題，這些機關在定義及回應違法行為的過程中，往往擁有非常大的裁量空間。此外，這些不法行為（事實上，僅是管制機關所注意到的行為）如何被分類與記錄，也受到許多因素的影響。由於管制機關通常將它們的執法作為集中在違法的企業體，而非個人身上，因此管制機關的統計資料並不是個人犯罪資料的可靠來源。總之，管制機關所蒐集與公布的統計資料，在解讀及運用上均需非常留意。

一、被害調查

　　運用官方資料來測量白領犯罪，其中所存在的限制，早在60年代就已經是犯罪研究人員所皆知的事實。許多犯罪學家認為，從與犯罪事件關係較密切處所蒐集來的犯罪資料，其準確性會比官方機構的資料要來的高，被害調查就是其中方式之一。以美國為例，由司法統計局（Bureau of Justice Statistics）每年所進行的「全國犯罪調查」（National Crime Survey, NCS），就是針對大樣本的美國家庭及個人進行調查，以判斷這些樣本在過去一年是否曾經為犯罪所侵害（孟維德，2015）。並不令人感到驚訝的是，NCS的調查結果比統一犯罪報告（UCR）的資料顯現出較高的犯罪被害數據。但是在白領犯罪的案件中，被害調查的效能則受到某些限制。

　　我們在前面曾提及，白領犯罪的特徵之一，就是被害者通常不清楚

自己是否遭受被害。而有關法律的不明確，也使被害者經常搞不清楚自己是否已經被害。譬如以詐欺為例，受訪者很有可能將自己在消費過程中的種種的不滿，錯誤地轉化成犯罪被害，而使被害統計受到誇大的報導。在1992與1995年由私人所執行的兩項調查中，發現三分之一至四分之三的受訪者表示自己曾遭受電視郵購或其他購物方案的欺騙（Titus et al., 1995）。

二、自陳式研究

另一種替代官方統計的方式，就是自陳式調查（self-report survey）。同樣的，自陳式調查也比官方統計呈現出較多的違法活動。不過，大多數的自陳式調查是集中在青少年的違法或偏差行為上（諸如傷害、偷竊、破壞行為、藥物濫用等行為），而不是白領犯罪。對白領犯罪者採用自陳式調查經常會面臨一項很大的難題，即他們多半會合理化自己的行為，拒絕承認自己違反了法律，使得由他們自己所陳述的資料欠缺足夠的可信度。儘管如此，仍然有一些成功的自陳式研究（關於白領犯罪的研究）。譬如Clinard（1983）曾針對已從公司退休的中層管理者（Clinard認為退休者較可能誠實做答）採用自陳式調查，他採用此方法來探究公司違法行為的模式。事實上，因違法而遭取締的公司，也常被管制機關要求提出正式的自我報告。學者Zimring（1987）曾提出一項饒富意義與趣味的建議，他表示，吾人可以透過白領犯罪者的陳述來調查其競爭者的違法資料，此等資料可能比當事人自己陳述的資料用處更大。

理論上，吾人可以透過直接觀察法來測量白領犯罪。此種研究途徑雖然具有估計白領犯罪發生率與盛行率的功能，但在現實上，大多數的白領犯罪是不易觀察的。

三、小　結

可靠的白領犯罪統計資料，可以發揮許多有用的功能，它們不僅可以幫助吾人更加了解此問題之真正範疇，同時也有助於白領犯罪偵查及追訴

行動的進行。白領犯罪者若能被即時的確認、起訴及處罰，就應能產生較高的威嚇效應。為達此目的，有關白領犯罪可靠的統計資料實不可或缺。

此外，有關白領犯罪統計資料的品質，仍有待改善。學者Reiss與Biderman（1980）所著《白領違法資料來源》（*Data Source on White-Collar Law-Breaking*）被認為是至今對白領犯罪測量問題最深入的一個研究，Reiss與Biderman在該研究中提出極具意義的建言，他們希望白領犯罪應具有更標準化的定義與記錄方式，對白領犯罪者的特徵應有更可靠的描述，負責蒐集與處理統計資料之刑事、民事及行政機構應有更良好的協調性。總之，吾人不只是盡可能避免依賴官方資料而已，而是更要盡可能的去開發任何可以妥善測量白領犯罪的方法。

第五節　白領犯罪的損害

「犯罪損害」的觀念多半會與經濟代價（economic costs）聯想在一起，而經濟代價通常僅能被概略的估算。測量犯罪的經濟代價涉及許多困難問題，而對於白領犯罪之經濟代價的測量，又比傳統犯罪的測量更為困難。首先，以往有關白領犯罪定義的持續爭議，複雜化了其損害測量的過程。其次，與傳統犯罪比較起來，有較多的白領犯罪案件並沒有被報告出來或被正式的記錄，而這些未被記錄之犯罪的經濟代價是非常難以估計的。譬如企業遭受詐欺侵害往往不願意報案，因為這些訊息的公開通常會使企業的形象蒙羞或受損。第三，即使白領犯罪被舉發及記錄，但並沒有統一測量損害的方法。Levi（1987）指出，對於賄賂活動的經濟損害尤其難以估算，例如對建築物檢查員施與小賄賂，有時可能會造成建築物倒塌的巨大損害。

一、直接的經濟損害

白領犯罪所造成的某些經濟損害，明顯是屬於直接損害（direct costs）。圖謀詐領保險金所從事的縱火行為可能會導致巨額財物的毀損，

許多傳統犯罪以及大部分的白領犯罪涉及某一方財物被違法轉移至另一方的情形，譬如詐欺，某一方物質利益的增加經常是另一方物質利益的損失。在上述這些案件中，損害通常指的是被害者的損失。

在幾乎所有的犯罪行為中，特別是白領犯罪，都有贏的一方或得利的一方。譬如，股東可從有助於提升公司營利及股價的公司犯罪中獲利，公司也可能從員工的犯罪行為中獲利，而員工有時也可以從雇主的犯罪行為中獲利，即使是沒有違法的公司或專業人士有時也可以從白領犯罪中獲得某些利益。在這些得利者中包括了那些購買預防這些犯罪發生之保險的人、販售安全服務與設備的人、修護白領犯罪損害的人、提供法律專業服務的人等。

美國在1980年代曾發生極為嚴重的儲貸銀行詐欺案（本書第七章有詳細論述），當然，也有許多團體及個人從這些案件中獲益。當時就有許多有錢的投資者以非常低的價錢收購了宣布破產的金融機構（或其資產，如不動產）。的確，需為這些詐欺損失負責之人，起先從他們所製造的混亂中獲得了許多利益，但經過一段長時間後，損失者的損害遠超過獲利者的所得。雖然，這些金融機構存款人（大部分是一些擁有大筆存款的老人）的存款獲得了補償，但是在往後的幾十年中，納稅人（當中很多是沒有太多存款的年輕人）將要背起該案件所造成損失的承重負擔，保守估計至少是數十億美元的損失（Calavita et al., 1999）。

有一保守意識型態的論點指出，針對公司及政治人士（政府官員）的不當、損害或貪瀆行為所實施的執法活動，其造成的直接損失可能會超過所獲得的利益（Machan & Johnson, 1983）。譬如，如果我們自己國家的公司受到政府的禁制不得向外國官員進行賄賂，但其他國家的公司卻沒有受到他們政府的禁止，那麼我們國家的公司便可能會喪失競爭能力，結果將導致無法取得外國契約的承攬權，減少國人的就業機會，甚至還可能影響國家在國際上的影響力。

同樣的，還有一些保守論點宣稱，針對環境污染、勞工安全及消費者權益等問題所實施的管制作為，其所造成的直接損失經常超過所獲得的利

益。Levi（1987）指出，某些貪瀆行為其實可以為納稅人節省不少稅金，譬如，將某招標案的最低競標價透露給某賄賂廠商，使該廠商出低於其他競標價的價目取得契約承攬權，便是一例。此外，也有論點指出，針對競選籌款活動以及企業人員離職後不得進入相關管制機關任職等限制措施，事實上阻止了許多頗具資格的人參選或服公職。

　　但是，總結來說，整體白領犯罪所造成的直接經濟損失是非常驚人的，而傳統犯罪所造成者相形之下便顯得較輕微。譬如民國70年代臺北市第十信用合作社理事主席蔡辰洲利用國泰關係企業員工人頭向十信借款，並集中貸放予其所經營不善的國泰塑膠、國際海運等關係企業，總金額高達70億元。案發前，雖經金檢單位多次明文指出該社有不正常放款情事，但因蔡辰洲當時為現任立法委員，以及蔡氏企業在國內的影響力，延緩了政府有關單位處理該事件的時間，終致十信於74年2月間爆發嚴重擠兌，存款被提領數約79億元，合作金庫對其融資與墊付款合計約118億元。又根據內政部警政署刑事警察局所編印的中華民國74年《臺灣刑案統計》，該年度竊盜、強盜及搶奪案件的損失總值約為23億5,000萬元。但該案並沒有為金融機構掏空事件畫下句點，民國80及90年代均有多起類似案件再度發生，政府當時為快速控制損害的蔓延、安定金融秩序，往往採取概括承受方式，最後由全民共同承擔這些白領犯罪的龐大損害。

　　Conklin曾估計，白領犯罪（詐欺消費者、不法競爭及其他詐騙等活動）所造成的經濟損失，約為傳統財物性犯罪（竊盜）的10倍[4]。Conklin的統計數據，經常為白領犯罪研究學者所引用。近年來，有關白領犯罪損害的估計比之前Conklin的估計又高出了許多。Moran、Parella與Dakake（1988）等人的研究指出，以美國非常小的一州羅德島為例（Rhode

---

[4] Conklin估算，美國當時財產性犯罪（竊盜）每年所造成的損失不超過40億美元，而白領犯罪（詐欺消費者、不法競爭、及其他詐騙活動等）所造成的經濟損失至少高達400億美元。換言之，白領犯罪所造成的經濟損失至少是傳統財物性犯罪所造成者的10倍。參閱Conklin, J. E. (1977). *"Illegal but not Criminal."* in *Business Crime in America.* Englewood Cliffs, NJ: Prentice-Hall.

Island），白領犯罪每年所造成的損失就將近高達2億5,000萬美元（美國共有50州）。另外，Cullen、Maakestad與Cavender（1987）等人更指出：在從事操縱價格的許多企業中，往往單獨一家企業所造成的損失就高達數千萬美元；國防契約超額索價所造成的損失，約高達數億美元；80年代所發生的重大支票詐欺案，損失約為100億美元；因工作場所有毒物質導致員工疾病所需花費的醫療費用，已累積高達數百億美元；違反公平交易行為每年所造成的損失，約為2,500億美元等等。Levi（1987）的研究也顯示，美國有關信用卡詐欺行為所造成的損失，每年就高達數十億美元；另以平均值來分析，每件強盜重罪案件的損失約為數百美元，而平均每件白領犯罪重罪案件的損失則高達數十萬美元。Benekos與Hagan（1990）根據美國《統一犯罪報告》（UCR）的資料分析發現，1985年全美約6,000次銀行搶劫事件所涉及的金額約為4,600萬美元，而同時期一家金融機構（世紀儲貸銀行，Centennial Savings and Loan）因涉及詐欺而倒閉，其所損失的金額就高達1億6,500萬美元；他們更進一步指出，美國在80年代所發生的儲貸銀行重大詐欺事件，其損失超過街頭財物性犯罪二十年的損失總合。Levi（1987）曾對美國逃漏稅行為做過研究，他發現該行為所造成的損失約占美國國民總生產毛額（GNP）的4%～30%，總金額高達數千億美元之多。美國近年發生的「恩隆公司」（Enron Corporation）倒閉案，光是對員工及投資人造成的損失，就高達500億美元（Friedrichs, 2004）。有關白領犯罪損害的統計數據還有很多，其嚴重性普遍均比傳統犯罪來得嚴重。

二、間接的經濟損害

　　白領犯罪除了造成直接經濟損害外，還包括許多間接損害，雖然這些間接損害非常不易被準確的測量，但它們仍舊是非常重大的。諸如較高的稅率、商品與服務額外增加的成本，以及較高的保險費率等，都可算是白領犯罪所造成的間接損害。此外，投資在犯罪預防與加強保護措施上的資源，也應屬於其中的範圍。在傳統犯罪的案件中，這些花費包括裝設鎖、

門及防盜器等設備的費用；而在白領犯罪的案件中，例如員工侵占公司物品，公司可能要花錢從早先的應聘資料中設法找出高風險者，可能要購買科技產品或設置人手來監控員工，也可能要建立一些繁瑣和不便的程序以降低員工的犯罪。在另外一方面，由於一般員工、消費者及納稅人等所處的情境，並不一定有利於他們保護自己免於白領犯罪的侵害，所以他們也可能會花費一些資源以避免被害。

　　要維持管制機關及司法體系對白領犯罪的回應，也需要花費相當大的成本。雖然白領犯罪所造成的損害比傳統犯罪嚴重，但刑事司法體系卻花費較多的資源在傳統犯罪的處理上。由於白領犯罪較為複雜，同時違法者通常會動用較多的資源為自我辯護（尤其當違法者是組織時，如公司，這種情形更為明顯），因此平均對每件白領犯罪回應所需要的成本要高於對傳統犯罪回應所需要的成本。當然，要估算回應白領犯罪所支出的成本，除了要考量調查與處理它們的刑事司法機構外，更要包含諸如行政、民事及私人等機構。另外，在計算白領犯罪所造成的經濟損失時，應該要扣除違法者所繳交的金錢制裁，尤其是來自白領犯罪案件中被判決有罪的組織（如公司）。譬如，美國於80年代所發生的多件重大內線交易案件（請參閱第七章），就被判處空前鉅額的金錢制裁，不少違法者受到了數億美元的處罰。不過，這些處罰金額的數字可能會造成一些誤導，因為違法者在繳納罰款後便隨其沖銷部分納稅金額，因此間接減少了違法者實際付出的成本。這也就是為什麼在美國一些重大的儲貸銀行詐欺案件中，違法者除了先前的金錢制裁外，又被要求支付數十萬甚至數百萬美元。

　　此外，白領犯罪還會造成一些殘餘的經濟損害。在傳統街頭犯罪案件中，有些商店可能因為位於高犯罪率的地區而使生意受損，就是一個殘餘經濟損害的例子。而在白領犯罪的案件中，因受到內線交易及其他不法操縱的影響而使投資者喪失投資信心，導致股票跌價或債券利率提升等，便是殘餘經濟損害的另一個例子。投資信心衰退所造成的長期負面後果，至今雖無法確認，但絕對是相當可怕的。由於白領犯罪可能會侵蝕社會成員彼此間的信賴，這也會導致經濟交易成本的增加。

三、肉體傷害

　　儘管犯罪的「肉體傷害」（受傷或死亡）經常與傳統的掠奪性犯罪聯想在一起，但白領犯罪所造成的肉體傷害的確是存在的，其嚴重性甚至超過傳統暴力犯罪所造成的傷害。白領犯罪所造成的肉體傷害，包括了環境污染所導致的受傷與死亡、不安全工作場所所導致的受傷與死亡，以及不安全商品所導致的受傷與死亡等。即使是被認為與經濟有關的犯罪（如詐欺），也可能會造成實質的肉體傷害。譬如在第三世界國家進行救援活動之機構（可能是政府或非政府的機構）所從事的詐欺行為，便可能導致許多人因營養不良而死亡。而那些主張白領犯罪應有較廣泛定義的學者，甚至將抽菸所導致的傷害，都包括在白領犯罪所造成的肉體傷害範圍中。在另一方面，我們如果把政府犯罪也包括在考量中的話，那麼某些犯罪政府因採取軍事行動而導致的肉體傷害，絕對是更為驚人的。

　　根據美國《統一犯罪報告》（UCR）的資料顯示，傳統暴力犯罪所造成的肉體傷害導致每年約1萬8,000人死亡，以及約100萬人重傷。而美國勞工統計局（U.S. Bureau of Labor Statistics）所公布的資料顯示，每年大約就有3萬人死於職業病或與職業有關的意外，另外還有300萬人自工作職場中受到嚴重傷害。據估計，美國每年大約有1萬6,000人死於不必要的醫療手術，約有10萬人死於醫療過失（Reiman, 2001）。

　　值得注意的是，由於傳統暴力犯罪所可能侵犯的對象是全部的人口，而在勞工總人口中可能只有部分勞工人口是職業傷害所侵犯的對象。換言之，遭受職業傷害的侵害風險要高於傳統暴力犯罪侵害的風險。其次，社會大眾對於暴露在污染或不安全職場中所導致慢速死亡的恐懼感，遠不及遭受搶劫或被侵入偷竊所感受到的恐懼。從財務損失的觀點來看，一般街頭犯罪並沒有對社會整體產生太大影響，但所造成的恐懼感卻是十分明顯的。但是相對的，白領犯罪所造成的傷害，不論是肉體傷害亦或財務損失，都是非常巨大的，但卻沒有造成社會大眾較大的恐懼感。雖然，上述這些傷亡數字極有可能被質疑到底有多少比例是由白領犯罪所造成的，但

白領犯罪造成廣泛的肉體傷害，卻是一點也不假的事實[5]。

四、其他損害

有關白領犯罪其他形式的損害及後果在測量上更具困難，但這些損害卻是非常真實的，被害者的心理創傷便是其中之一。而犯罪所造成的社會性損害，通常是最難以測量的一種損害。傳統犯罪所造成的團體間敵意與衝突的增強，便是此種損害之一。許多研究白領犯罪的學者指出，長期觀之，白領犯罪所造成最嚴重的損害，就是它所造成的疏離感、不信任感及對社會主要機構信心的腐蝕等。白領犯罪猖獗，司法體系無法有效對其回應，這對司法體系的道德正當性可說是一大損害。學者Levi（1987）指出，白領犯罪（尤其是菁英犯罪）是否是犬儒主義（cynicism）蔓衍的一個原因或結果，至今尚未全然明瞭；但其間似乎存在一種交互影響的效應，即某種程度的犬儒主義促使菁英犯罪的發生，而菁英犯罪的發生又促使更高度犬儒主義的形成。無疑的，疏離感、正當性鬆動及犬儒主義，均是白領犯罪所造成的嚴重損害。

第六節　白領犯罪的被害者

一般人對於犯罪被害者最普通的印象，大多與殺人、強制性交、強盜、竊盜或其他傳統犯罪案件的被害者聯想在一起。毫無疑問的，大多數

---

[5] 有關白領犯罪造成肉體傷害的事實，學者Geis有令人印象深刻的描述：「工廠及垃圾焚化爐排放的硫化物、碳化氫、一氧化碳、氮氧化物、微粒子以及其他污染物質，等於是讓人們接受暴力的侵害。此傷害不僅直接違反地方、州及聯邦法律，更嚴重威脅民眾的健康及安全，但這些行為卻規避在犯罪紀錄及統計之外。因污染而讓城鎮濃霧瀰漫（smogging）的這種違法行為，已經成為犯罪浪潮中的一部分，無奈聯邦和州的犯罪統計卻僅注意『盜匪』（muggers）而忽略了『污染者』（smoggers）。」參閱Geis, G. (1973). "Deterring Corporate Crime." p. 12 in R. Nader & M. J. Green (eds.), *Corporate Power in America*. New York: Grossman.

的人害怕自己成為這些犯罪的被害者。不過即使是那些從未遭受傳統犯罪侵害、自認不是犯罪被害者的人，都有可能是白領犯罪的被害者，只是他們自己不知道而已。

　　「被害者」的觀念，並沒有單一與固定的意義。傳統上，它最常被用來指那些被故意之掠奪行為（deliberate acts of predation）所侵害的人。不過，近來「被害者」這個名詞已經被用在更廣泛的人身上，甚至包括遭壓榨、虐待、或迫害的少數族群與女性。在最寬廣的白領犯罪定義裡，遭受種族不平等主義、帝國主義、性別不平等主義以及其他類似意識型態侵犯的人，都可以算是被害者的範圍。有關廣泛之「被害者」意涵的一個明顯缺點，就是「我們每一個人都是被害者」，也就是把任何相接近意涵的名詞都給吞噬了。廣義被害者觀念的缺陷固然不應忽視，但學者McShane與Williams（1992）提醒犯罪研究人員，犯罪被害者的官方觀念（較趨向狹義性的意涵）也不見得客觀，官方的觀念大多僅反映出中產階級的偏見，即強調犯罪被害者為遭受非理性與危險之傳統犯罪者侵害的無辜者。而這種狹隘的犯罪被害者觀念，將會強化「只有此種被害者才是真正重要」的錯誤觀念。

　　犯罪被害者，過去一直是刑事司法體系與犯罪學家較為忽略的對象，犯罪者以及回應犯罪的刑事司法機構，長久以來始終是犯罪學理論與研究的主要焦點。然而近年來，情況開始有了改變。自從1970年代「被害者學」（Victimology）被認為是犯罪研究的一個專門領域，犯罪被害者便成為犯罪研究的重要標的，而被害者權利保護運動也隨之興起。但是，被害者學研究以及被害者保護運動的對象，幾乎都是針對傳統犯罪（尤其是掠奪性犯罪）的被害者。而且被害者學的研究與被害者保護運動大多是受到保守意識型態的影響，這些保守人士在幫助被害者從其被害經驗中重新恢復上所做的努力，遠不及於他們在倡導對傳統犯罪者加諸較嚴厲處罰上所獲得的成功，他們可說是大大的忽略了白領犯罪的被害者。Friedrichs（2004）便呼籲，應將被害者學與人權觀念相連結，重視消費者詐欺、環境污染及其他因社會不平等或權利濫用所導致的被害。因此，較為寬廣的

犯罪被害者觀念,事實上是有其必要的。

在許多方面,吾人都可能曾經是白領犯罪的被害者。白領犯罪的被害過程通常是較為模糊的,而且被害者的同質性很低。與傳統犯罪被害相較,白領犯罪的侵害較不易被察覺。工作者可能因為工作職場危險和違法的條件而被害,或因為管理措施而被違法剝奪了應有的薪資或其他權利;消費者可能因為公司鎖定價格行為或販售不安全產品而被害;一般民眾可能因為公司所造成的污染而受害;誠實納稅人可能因他人詐欺逃漏稅而需繳付更高稅率的稅。在另一方面,企業的競爭者、夥伴、股東及投資者等,都有可能是白領犯罪的被害者;甚至,政府本身都有可能是白領犯罪的被害者。

有些白領犯罪的被害,尤其是那些與環境或工作職場有關的被害,經常被當作是意外或災變,或是非人類能力所能控制的。雖然許多證據顯示,大多數此類的意外和災變是可以避免的,但被害者本身卻經常接受前述令人誤導的觀念。對於某些型式的白領犯罪而言,譬如工作場所中的有毒物質或違法的污染等,要建立底下三項重要命題通常是非常困難的:

一、製造傷害的意圖或導致傷害的過失;

二、員工或地區居民健康問題與工作場所的危險條件或違法污染之間的直接因果關聯;

三、損害活動的時間範圍。

在某些白領犯罪中,雖然被害者的總數可能很多,但其中每位被害者所遭受的損失可能並不大。譬如,一件國防契約詐欺案可能會造成鉅額的損失,但它可能只給每一個納稅義務人帶來很小的影響和損失。當然,此類案件長期累積的損害仍舊是相當驚人的,無論是經濟或是肉體的傷害。即使當白領犯罪的被害者全然知曉自己遭受傷害,但卻常常搞不清楚該如何報案;同時白領犯罪的被害者對刑事司法體系的回應也常抱持悲觀態度,不認為它們可以提供什麼有意義的協助。根據一個針對消費者詐欺的研究指出,許多被害者聲稱他們的報案,若干年後都尚未解決(McGuire & Edelhertz, 1980)。雖然傳統犯罪的被害者對於刑事司法體系可能也有

類似的抱怨，但刑事司法體系的結構使它們本身更無法對於複雜的白領犯罪予以有效回應，而且白領犯罪的管轄（jurisdiction）一般是散落在許多不同政府機構（如環保署、衛生署、勞動部、金融監督管理委員會、公平交易委員會等），這使得白領犯罪案件的處理又更爲複雜。

　　當白領犯罪案件被成功起訴，被害者並不必然就會因此感到滿意。在一個針對白領詐欺案件的研究中，研究者發現大約有一半左右的被害者認爲判刑過輕（Friedrichs, 2004）。該研究更發現，被害者之所以會提出控訴，主要是希望提升威嚇效果以及堅持自己公司的政策，而不是爲了要獲得賠償。不過截至目前爲止，有關白領犯罪被害者控訴的研究並不多，因此對前述研究的發現恐怕不宜作過多的推論。

一、被害者的角色

　　傳統犯罪的被害者，在過去被認爲是犯罪中較不重要的一個部分。但近二十年來有關被害者癖（victim proneness）以及被害者引發犯罪發生（victim provocation）的研究顯示，被害者的屬性與行爲在被害過程中扮演非常重要的角色。在某些案件中，加害者與被害者之間的差異，有時是很難予以明確區分的。

　　雖然有許多犯罪被害者是完全無辜的，雖然也有一些犯罪是由被害者本身所引發的，但這兩種極端均有可能扭曲複雜事實的眞相，被害者在犯罪行爲過程中所扮演的角色，並非是如此的明確。由於「被害者引發犯罪發生」所導致被害者遭受責備的趨勢（譬如對於傳統犯罪中強制性交被害者的責難，即是一例），已經受到某些團體的強烈批評（如婦女運動者便對強制性交被害者引發強制性交發生的論點提出強烈的批評）。學者Simon（2002）曾表示，白領犯罪與強制性交等案件所引發的模糊反應，使大眾的注意焦點從單純的犯罪者身上轉移到案件的細節與情況上。在白領犯罪與強制性交案件中，被害者經常被貼上標籤，強制性交被害者可能被責備是行爲不檢點，而白領犯罪被害者則可能遭受貪婪與自利的責備。

　　某人投資高風險事業，但之後演變爲詐欺，上述有關加害者與被害者

間的互動關係，便在該詐欺事件中扮演重要的角色。在其他案件中，譬如在不安全職場的員工受傷案件，公司（資方）經常辯稱是員工自己不小心或任意行為所引發的傷害。相對的，公司及其他類型的組織也可能因為本身唯利是圖或非倫理的政策而使自己被害，譬如公司遭受不滿管理政策之員工的詐欺侵害。

有些被控訴從事詐欺行為的機構聲稱它們自己才是真正的被害者，它們的違法行為是不得已的，是屬於自衛性的。在針對美國Revco連鎖藥局因雙重收費而遭控訴詐欺的個案研究中，Vaughan（1983）發現，Revco認為因為政府機關醫藥費用補貼措施缺乏效率且不公平，因此才以雙重收費為應對方式，它們自己才是真正的被害者。同樣的，有些小型企業認為它們是在身受大機構（如供應商或政府主管機關）所施加強大結構性壓力下才從事違法行為的，自己屬於被害者的成分高於加害者。由於許多白領犯罪具有相當複雜的特性，尤其是那些涉及機構性的白領犯罪，使得涉案者在面對外界的指控時，較易於辯稱自己並非是加害者，而是被害者。此外，在白領犯罪中有一部分的被害者是屬於較富有的個人或組織，與其他層級的被害人比較起來，此類被害者通常較少受到同情。根據Levi（1992）的研究，警察對詐欺被害公司所表達的同情低於對詐欺被害個人所表達的同情（一般而言，公司的財力高於個人）。由於白領犯罪的被害者大多數是社會上較無權勢的人，因此要對其被害予以苛責似有不公。被害者引發犯罪以及被害者癖的觀念，似乎並不太適合運用在大多數白領犯罪的被害者身上，尤其是公司犯罪。

二、白領犯罪的組織性被害者

如果組織是重要的白領犯罪加害者，那麼組織也有很高的可能成為白領犯罪的被害者。傳統犯罪的被害者大多數是個人，但諸如侵占、挪用公款、員工偷竊等白領犯罪的被害者，大多數為組織而非個人。大型機構的規模及非人稱性（impersonality），常使得它們成為犯罪的被害者。Smigel（1990）的研究指出，人們對大型私人機構偷竊會比對小型私人或

政府機構偷竊較不具有罪惡感。Smigel將此現象歸因於企業組織的規模外，還包括匿名性、非人稱性、官僚性等。大型組織的其他特性：諸如授權、職能的分殊化及依賴複雜的科技等，均使它們較易成為被害者。

　　組織性的被害通常會有一段很長的過程，而且不明顯，往往是隱藏在組織複雜的運作過程中。因此，從大型組織處竊占財物不僅不難找到合理化的理由，而且也較容易掩飾犯罪事實。在另外一方面，由於組織所擁有的資源較個人充沛，所以在處境上，組織比個人擁有較多的優勢將自己的被害過程公開出來，同時組織性的被害者也較有能力向刑事司法體系施壓，喚起它們對自己被害的回應。有研究發現，在被起訴的白領犯罪案件中，被害者大多趨於是組織而非個人，組織性的被害者在法庭上也有較高的勝算。Hagan（1983）指出，組織性的被害者在訴訟過程中成功獲得其所滿意的結果，除與其充沛資源有關外，更和它在結構上與刑事司法組織相契合（structural compatibility）有很大的關係。然而Levi（1992）卻提出不同的看法，他認為與個人性被害者相較，組織性被害者欲獲得其滿意的訴訟結果，主要在於訴訟案件的類型，而不是有利於組織（公司）的一些偏袒。不論是什麼因素解釋成功訴訟的結果，組織性的被害比個人被害受到了較高的重視，所接受的司法回應也較多。

　　組織一旦成為白領犯罪的被害者，很可能會經歷許多不同的傷害。最起碼獲利可能減少，損失可能也會發生。嚴重者甚至造成公司倒閉、合作經營關係的瓦解等。而在白領犯罪被害過程中得以繼續經營的組織被害者，大多在內部士氣上受到很大的打擊，需要經歷相當的轉型始能恢復原貌。相對的，白領犯罪的個人性被害者通常會較直接及痛苦地經歷他們所遭受的損害。

三、白領犯罪被害者所遭受的一些特殊痛苦

　　本章之前曾討論了白領犯罪所造成的損害，此處我們將探討這些損害對被害者所帶來的一些衝擊。雖然白領犯罪可能會造成鉅額的經濟損害，但其對個人被害者的損害範圍可能從很小的損害（通常被害者的數量很

大，但每人的損害程度卻很小）到破產。就算是同一件白領犯罪，各個被害者所遭受的損害也不一定是相同的。一件投資性的詐欺可能會奪走一個人的終生積蓄，也可能讓另外一人只受到些微的損失。

　　同樣的，白領犯罪對於被害者所造成的肉體傷害也有許多型態。包括形成一種令被害者感到痛苦、甚至致命的狀態，造成生育障礙（如畸形兒、不孕等）、癌症等病變，以及其他嚴重的傷害或疾病等。學者Hills與Mokhiber曾針對公司暴力（corporate violence）所造成的被害情形做過深入研究，他們的研究包括：礦場中的煤塵及紡織廠中的纖維塵、石綿、Dalkon shield避孕器、DES預防流產特效藥、Thalidomide鎮靜劑、福特Pinto型汽車，以及企業其他種類不安全措施與產品所造成的被害情形，他們發現：並沒有特殊的理由可以讓人相信白領犯罪（尤其是公司犯罪）所造成肉體傷害的嚴重性會低於傳統犯罪所造成者。事實上，公司犯罪所造成的肉體傷害往往是更長久的。

　　在諸如強制性交、強盜、竊盜等傳統犯罪被害中所造成的心理創傷可說是相當可怕的，又時甚至超過被害者所遭受的經濟損失或肉體傷害。而預期自己可能成為犯罪被害者，也是一種相當大的心靈損害（psychic cost）。根據研究顯示，居住在大型都市的居民，在生活上普遍存有一種被害恐懼感，而且這種恐懼感對大都市居民的生活型態造成了實質性的影響（Jensen & Brownfield, 1986）。

　　與傳統犯罪被害者比較起來，白領犯罪被害者所遭受的心理痛苦則有些不同。第一，知曉自己被害通常是較為漸進的，在某些案例中，被害者甚至是在違法事件發生若干年後才發現自己是被害者；第二，由於在白領犯罪的過程中加害者與被害者比較沒有直接性的相遇或接觸，因此被害者所憤怒的對象也比較不明確；第三，一般人對於自己成為白領犯罪被害者的心理反應，經常表現出一種不相信或譏諷的（犬儒心態的）態度。造成暴力傷害的白領犯罪事件，例如不安全產品、危險工作職場及環境污染等事件，除了給被害者造成肉體傷害外，更為其帶來嚴重的心理創傷。

　　與暴力性的白領犯罪（如公司暴力）比較起來，吾人多半還是比較懼

怕傳統暴力犯罪（如殺人、強制性交、傷害等）所帶來突然性的、直接的及具體性的傷害。學者Reiman（2001）發現，白領犯罪者往往以此論點解釋自己的行為過程或措施並無直接傷害他人的意圖，並將暴力傷害視為其合法運作過程中的「副產物」（by-product），認為被害者可以理性選擇是否讓自己暴露在暴力中。在回應白領犯罪者的此種辯稱，Reiman舉證了白領犯罪被害者在選擇上所存有的許多限制（譬如，員工對於工作的位置，通常並沒有實質的選擇權）。假如被害者所遭受的傷害是來自於其所信任的雇主，那麼一種被出賣的感覺便可能導致心理傷害的形成。

　　諸如此類的心理創傷並非僅出現在暴力性白領犯罪的被害者身上，心理創傷同樣也會出現在造成經濟損害之白領犯罪的被害者身上。在針對銀行金融機構因管理失當及詐欺而導致經營失敗案件之被害者所做的研究中，Shover等人（1994）發現各個被害者所遭受的衝擊有很大的差異，他們根據被害者所遭受衝擊的不同將被害者分為底下三類：因該事件而在生活上感到不方便的被害者（the inconvenienced）、因該事件而在態度上轉變為嚴肅的被害者（the sobered），以及受害慘重的被害者（the devastated）。其中第三類的被害者（受害慘重的被害者）就表示，他們在情緒上以及心理上所受到的傷害甚至比經濟上的傷害（當中有多人是傾家蕩產）還要嚴重。這些被害者做了一些如下的表白：「真的，它破壞了我的生活」；「我們不再是快樂的人」；「我不再感覺自己像是一個自由的人」；「它真的把我給摧毀了」。雖然該研究並沒有發現政府機構在處理該案上有任何違法的措施，但許多被害者因政府軟弱的回應而感到沮喪。在一個針對白領犯罪對被害者造成心理影響的研究中，研究人員發現，在77位白領犯罪（詐欺）被害者中有29%的被害者表示他們在被害後的二十個月裡持續有憂鬱感（Ganzini et al., 1990）。另外在一個因詐欺而導致銀行倒閉的案件中，被害者表示該事件使其心理受到極大的傷害，因而使其喪失了工作、家庭及配偶（Halbrooks, 1990）。在這些案件中，我們可以很清楚的發現，白領犯罪對被害者所產生的某些效應，與傳統犯罪所產生者頗為類似。

四、白領犯罪被害──小結

從以上的論述中可以發現，白領犯罪可以對被害者造成極為嚴重的傷害，而且造成傷害的時間可能持續很長。不過在白領犯罪被害問題方面，仍欠缺廣泛且系統性的研究。有關白領犯罪對於被害者所造成的影響，以及加害者與被害者之間的關係等議題，仍有待更深入與廣泛的研究。此外，對於白領犯罪造成嚴重傷害但卻沒有引發與傳統犯罪相對等之關切和注意的原因，也需要更進一步的探尋。而民眾是否需要更多的警察資源以預防自己成為白領犯罪的被害者，目前也沒有相關的研究。總之，白領犯罪的被害問題是一個急需研究的領域。

本章參考文獻

孟維德（2015）。犯罪分析與安全治理。臺北：五南圖書出版公司。

Barnett, H. C. (1982). "The Production of Corporate Crime in Corporate Capitalism." pp. 157-171 in P. Wickman and T. Dailey (eds.) *White-Collar and Economic Crime*. Lexington, MA: Lexington.

Benekos, P. J. & Hagan, F. E. (1990). "Fixing the Thrifts: Prosecutionand Regulation in the Great Savings and Loan Scandal." A Paper Presented at the Annual Meeting of the Academy of Criminal Justice Sciences, Denver, March.

Blumberg, P. (1989). *The Predatory Society: Deception in the American Marketplace*. Oxford: Oxford University Press.

Braithwaite, J. (1993). "The Nursing Home Industry." pp. 11-54 in M. Tonry & A. J. Reiss (eds.), *Beyond the Law: Crime in Complex Organizations*. Chicago, IL: University of Chicago Press.

Calavita, K., Pontell, H. N. & Tillman, R. H. (1999). *Big Money Crime: Fraud and Politics in the Savings and Loan Crisis*. Berkeley, CA: University of California Press.

Clinard, M. B. (1983). *Corporate Ethics and Crime: The Role of Middle Management*. Beverly Hills, CA: Sage.

Coleman, J. W. (2002). *The Criminal Elite*. New York: St. Martin's Press.

Cullen, F. T., Maakestad, W. J. & Cavender, G. (1987). *Corporate Crime Under Attack: The Ford Pinto Case and Beyond*. Cincinnati: Anderson.

Eitzen, D. S. & Timmer, D. A. (1989). "The Politics of Crime Rates." pp. 39-44 in D. A. Timmer & D. S. Eitzen (eds.), *Crime in the Streets and Crime in the Suites*. Boston: Allyn & Bacon.

Evans, S. S. & Lundman, R. J. (1983). "Newspaper Coverage of Corporate Price-Fixing." *Criminology* 21: 529-541.

Friedrichs, D. O. (2004). Trusted Criminal: *White Collar Crime in Contemporary Society*. New York: Wadsworth Publishing Company.

Ganzini, L., McFarland, B. & Bloom, J. (1990). "Victims of Fraud: Comparing Victims of White Collar and Violent Crime." *Bulletin of the American Academy of Psychiatry and Law* 18: 55-63.

Hagan, J. & Palloni, A. (1986). "'Club Fed' and the Sentencing of White-Collar Offenders before and after Watergate." *Criminology* 24: 603-622.

Halbrooks, C. (1990). "It Can Happen Here." *Newsweek* (November 26): 10.

Jensen, G. & Brownfield, D. (1986). "Gender, Lifestyles and Victimization: Beyond Routine Activities." *Violence and Victims* 1: 85-99.

Levi, M. (1987). *Regulating Fraud: White-Collar Crime and the Criminal Process*. London: Tavistock.

Levi, M. (1992). "White-Collar Crime Victimization." pp. 169-194 in K. Schlegel & D. Weisburd (eds.), *White Collar Crime Reconsidered*. Boston, MA: Northeastern University Press.

Lynch, M. J., Nalla, M. K. & Miller, K. W. (1989). "Cross-Cultural Perceptions of Deviance: The Case of Bhopal." *Journal of Research on Crime and Delinquency* 26: 7-35.

Machan, T. R. & Johnson, M. B. (1983). *Rights and Regulation: Ethical. Political and Economic Issues*. Cambridge, MA: Ballinger.

Manson, D. A. (1986). "Racking Offenders: White-Collar Crime." *Special Reports*. Washington, DC: Bureau of Justice Statistics.

McGuire, M. V. & Edelhertz, H. (1980). "Consumer Abuse of Older Americans:

Victimization and Remedial Action in Two Metropolitan Areas." pp. 266-292 in G. Geis & E. Stotland (eds.), *White-Collar Crime: Theory and Research*. Beverly Hills, CA: Sage.

McShane, M. D. & Williams, F. P. III (1992). "Radical Victimology: A Critique of the Concept of Victim in Traditional Victimology." *Crime & Delinquency* 38: 258-271.

Moran, J. A., Parella, M. A. & Dakake, N. (1988). *White Collar Crime Study*. Kingston, RI: Governor's Justice Commission.

Pontell, H. N., Granite, D., Keenan, C. & Geis, G. (1985). "Seriousness of Crimes: A Survey of the Nation's Chiefs of Police." *Journal of Criminal Justice* 13: 1-13.

President's Commission on Law Enforcement and Administration of Justice (1967). *The Challenge of Crime in a Free Society*. Washington, DC U.S. Government Printing Office.

Reiman, J. H. (2001). *The Rich Get Richer and the Poor Get Prison*. Boston, MA: Allyn & Bacon.

Reiss, A. J. & Biderman, A. (1980). *Data Sources on White-Collar Law Breaking*. Washington, DC: U.S. Government Printing Office.

Rosoff, S. M., Pontell, H. N. & Tillman, R. (2004). *Profit Without Honor: White-Collar Crime and the Looting of America*. Englewood Cliffs NJ: Prentice-Hall.

Schneider, V. W & Wiersema, B. (1990). "Limits and Use of the Uniform Crime Reports." pp. 21-48, in D. L. Mackenzie, P. J. Baunach & R. R. Roberg (eds.), *Measuring Crime: Large-Scale, Long-Range Efforts*. Albany: SUNY Press.

Scott, D. W. (1989). "Policing Corporate Collusion." *Criminology* 27: 559-587.

Selkc, W. & Pepinsky, H. E. (1984). "The Politics of Plice Rporting in Indianapolis, 1948-1978." *Law and Human Behavior* 6: 327-342.

Sellin, T. & Wolfgang, M. E. (1964). *The Measurement of Delinquency*. New York: Wiley.

Shapiro, S. P. (1984). *Wayward Capitalists: Targets of the Securitiesand Exchange*

Commission. New Haven, CT: Yale University Press.

Shover, N., Fox, G. L. & Mills, M. (1994). *Victimization by White Collar Crime and Institutional Delegitimation*. University of Tennessee, unpublished ms..

Smigel, E. O. (1990). "Public Attitudes toward Stealing as Related to the Size of the Victim Organization." pp. 15-28 in E. Smigel & H. L. Ross (eds.), *Crimes against Bureaucracy*. New York: Van Nostrand Reinhold.

Simon, D. R. (2002). *Elite Deviance*. Boston, MA: Allyn and Bacon.

Simon, D. R. & Hagan, F. E. (1999). *White-Collar Deciance*. Boston, MA: Allynand Bacon.

Simpson, S. S. & Koper, C. S. (1992). "Deterring Corporate Crime." *Criminology* 30: 347-376.

Titus, R. M., Heinzelmann, F. & Botle, J. M. (1995). "Victimization of Persons by Fraud." *Crime & Delinquency* 41: 54-72.

Tracy, P. E. & Fox, J. A. (1989). "A Field Experiment on Insurance Fraud in Auto Body Repair." *Criminology* 27: 589-603.

Vaughan, D. (1983). *Controlling Unlawful Corporate Behavior*. Chicago, IL: University of Chicago Press.

Wheeler, S. (1976). "Trends and Problems in the Sociological Study of Crime." *Social Problems* 23:525-534.

Yeager, P. C. & Kram, K. E. (1990). "Fielding Hot Topics in Cool Settings: The Study of Corporate Ethics." *Qualitative Sociology* 13: 127-148.

Zimring, F. (1987). "Problems and Means of Measuring White Collar Crime." Office of the Attorney General: Symposium '87: *White Collar/Institutional Crime*. California Department of Justice.

第四章

公司犯罪

　　雖然犯罪學家Sutherland在其重要著作《白領犯罪》中將白領犯罪定義爲：「受人尊敬及社會高階層之人，在其職業活動過程中所從事的犯罪行爲」。由於該書主要焦點係集中在70家公司的違法行爲（觸犯不同法律的行爲），因此Clinard與Yeager（1983）認爲，該書以《公司犯罪》爲名或許更爲恰當。

　　Clinard和Quinney（1973）在其所著《犯罪行爲的體系》（*Criminal Behavior Systems*）一書中，首先將公司犯罪與另一主要類型的白領犯罪——職業上的犯罪——做了明確的區分。他們將公司犯罪定義爲：「公司成員爲了公司利益所從事的違法行爲，以及公司本身的違法行爲」。歐美國家從1970年代中期開始公司犯罪日益嚴重，相關研究也如雨後春筍般的出現。而在臺灣地區，公司犯罪仍少有人提及，研究的學者亦不多，但這並不代表臺灣地區的公司犯罪不嚴重。事實上，臺灣的公司犯罪案件可說是層出不窮（例如鴻源事件、桃園RCA公司長期違法傾倒有毒廢棄物導致廠區附近地下水遭受嚴重污染、林肯建設公司透過不正當及違法手段取得山坡地建照興建林肯大郡住宅社區、博達公司掏空案、力霸集團掏空案，其他公司犯罪案件可說是不勝枚舉）。公司犯罪不僅是白領犯罪中的一種主要類型，更是一種較爲嚴重的白領犯罪。不論是從其直接造成的後果，抑或所衍生的影響來看，公司犯罪無疑均是一個與當前社會秩序密切相關且亟需研究的重要議題。

　　由於國內學術界對於公司犯罪現象，至今尚缺乏豐富的實證研究，該現象的內涵與範圍仍欠缺完整與明確的界定。本章乃歸納整理國內、外相關案例，並復以筆者經由田野觀察及訪談所蒐集之資料，以期呈現公司犯罪的範圍與類型。在對公司犯罪的範圍進行論述之前，我們先就公司出現與發展的簡史，以及今日公司的特性做一回顧與討論。

第一節　公司與公司犯罪的歷史發展

公司制度，乃淵源於歐洲中世紀的義大利及地中海之商業都市，當時由於義大利城邦軍隊的遠征需大量的資金，大型合夥型態（或稱maone）的組織於是形成，這些合夥組織由遠征中獲得利潤。在另一方面，以compere為名的團體被組成以供給貸款給這些城邦。maone與compere經常被史學學者視為公司的早期形式。雖然有關公司的法律概念，學者認為至少可追溯到羅馬時期，但一直到十六世紀才逐漸有較具規模的貿易公司出現（Friedrichs, 2004）。成立於十七世紀初的東印度公司，可說是當時一個擁有巨大影響力的公司。

以公司型態經營企業的制度，是在清光緒29年底（即西元1904年初）所頒行的公司律（我國第一部公司法）中引進我國。清季自鴉片戰後，國勢日衰。清廷懍於歐西船堅炮利之淫威，深感傳統武器無法抵禦外侮，乃以學習歐西車船兵器為要務。歐美工業革命之後，由大企業利用機器生產的商品逐漸進入我國本土，當時習見的小店小廠的手工製品，立即相形見絀；於是百業俱疲，民生凋蔽，經濟面臨全面崩潰的噩運。朝野有識之士開始認識到，這種經濟力量的入侵，對國計民生的影響，甚至比軍事上的侵略更為直接而深遠。而推源其因，乃由於政府對商貿之忽視。同時，朝野有識之士亦深深體認歐西商務之所以發達，除有政府機構與之配合外，公司制度之運用，集合民間資本，興辦大規模企業，實為發展工商實業之利器。公司制度既被時賢認為係挽救工商經濟的利器，引進公司制度，乃成為大勢所趨。之後，清廷命當時受過西方法律訓練、具備商法專業知識的商部侍郎伍廷芳起草商法。由於當時日本明治維新變法成功，清廷頗受日本維新變法的鼓舞，加上伍廷芳個人留英的教育背景，我國第一部公司法的草擬，即以英國1856年Joint Stock Corporation Act及1862年Corporation Act與日本1899年商法為藍本。於光緒29年冬草擬工作完成，提請清廷頒布；同年12月5日（1904年1月21日）清廷正式將公司律頒行，公司制度也

正式引入我國（賴英照，1994）。

　　早在十七、十八世紀時，貿易公司就曾從事一些造成嚴重損害的行為，對於美洲原住民的蹂躪以及非洲黑奴的買賣就是兩件明顯的例子。此外，早期就已經有公司從事詐欺和違法行為的案例，英國在十八世紀初的「South Sea Bubble」案件便是一個著名的例子。South Sea公司於1711年註冊於倫敦，主要從事奴隸買賣及南非貿易活動。大約在該公司成立十年後的期間，投資人遭受了極大的虧損，原因是整個企業就有如一個詐欺組織，充斥著賄賂、偽造財務資料以及操縱股權等違法行為。對該事件的立法回應（the South Sea Bubble Act of 1720），儘管相當粗糙甚至弊多於利，但可說是早期人們認為需要藉法律來控制公司行為的一項證據（Geis, 1995）。

　　在十八世紀的工業革命後，歐美國家出現若干擁有巨大影響力及財富的公司，當時外在規範對於這些大企業並無法產生足夠的管制效能，儘管在二十世紀末的今日，不少研究白領犯罪的學者認為，情況恐怕依然還是如此（Simon & Hagan, 1999）。美國在十九世紀的一些企業巨人（如Rockefeller及Carnegie等人）均曾涉及賄賂、詐欺、股票操縱、掠奪競爭者、哄抬價格、剝削勞工、提供不安全的工作場所等多項非倫理或非法的行為，但是這些公司大多數並沒有受到法律的制裁。

　　到了十九世紀末期，一些大型「托辣斯」（trust）的獨占作為逐漸猖獗，譬如像美國的標準石油公司（Standard Oil），修爾曼反托辣斯法（Sherman Antitrust Act）就是在防止大公司此種不當行為的目的下通過立法的[1]。大型公司朝向全國性的規模發展，集團企業以及跨國性或多國性公司的興起等，均成為公司發展的潮流趨勢。

[1] 在十九世紀末與二十世紀初的美國，企業間的併購蔚然成風，標準石油公司在這段期間內獲得了約100家的公司，並占有全美石油煉製能力的90%。1911年美國最高法院判決標準石油公司非法獨占石油煉製產業，並要求標準石油公司分組成幾個分離的公司。之後，紐約的標準石油變成Mobil，加州的標準石油變成Chevron，紐澤西州的標準石油變成Exxon，印第安那州的標準石油變成Amoco。

第二節　公司與現代社會

公司，是現代社會的一個明顯特徵。在許多方面，公司經常被認為帶有正面的意義象徵。公司，被視為自由市場經濟的中心，也被當作是社會進取與創新的有力表徵，同時更是生活品質提升的主要動力之一。

許多人對公司的價值給予很高的評價，數以萬計的人們受聘於公司工作，並把公司當作衣食父母。時下許多年輕人，冀望能夠成為某些公司的員工；公司製造許多產品供民生消費，更提供了民生享用的休閒娛樂。此外，他們更贊助了許多科學領域的開拓研究，其中有些還是國防發展上不可或缺的重要項目。公司，經常是慈善事業、公共事務及教育等機構的主要贊助者。有些擁有龐大資源的公司，還會很有技巧的告知民眾他們對民生的正面貢獻。「公司犯罪」的觀念似乎強烈質疑了社會大眾對於公司恩惠與慈善行為的印象，因此對於許多人而言，實有矛盾與困惑之感。

但是，有關公司黑暗的一面，長久以來並沒有完全被隱沒。K. Marx就把公司看做是資本主義壓榨和剝削勞工的一種工具，Marx與F. Engels認為，資本家所經營的公司經常為了追求極大化的利益而使勞工的生命或健康受到傷害，他們應該要為自己的損害行為負責（Harris, 1974）。隨著股份公司（joint-stock corporation）在十九世紀的蓬勃發展，Marx發現公司不再完全掌控於「擁有」公司之人（即股東）的手中。在Marx的觀念中，股東，是一群對自己資本喪失控制而由公司經營者操控其資本的人。公司經營者，常常也是公司的大股東，卻也經常在其職位上為了追求個人利益和財富而犧牲了公司員工及其他股東的利益。在另一方面，公司經營者與股東具有追求極大化利益的共同興趣，這使得勞工無可避免地將受到他們

雖然原先的標準石油被分為不同的公司，但這些公司間起先並沒有很強的競爭，原因是幕後的大老闆還是Rockefeller，他仍舊控制了這些公司不少股權。後來直到Rockefeller的繼承者繼承了股權，並轉售之後，這些公司才開始真正的競爭。參閱Taylor, J. B. (1995). *Economics*. Boston: Houghton Mifflin Company.

．

的剝削或侵害。許多反對Marx論點的人大致上均同意，公司為追求極大化的利益，經常將其他考量列為次要。

　　大型公司不僅規模龐大且財富驚人，根據中華徵信所《臺灣地區大型集團企業研究》，將集團研究的範圍界定為對臺灣經濟最有影響力的100大集團，這100家集團企業2014年度之營業總額高達新臺幣263,885億元（遠超過該年度的政府收入總額25,088億元），約為該年度國民生產毛額（GNP）的159.40%。值得注意的是，集團企業的營收淨額占GNP的比率，有逐年增加的趨勢，集團企業總營收皆超越該年度的GNP，這些指標在在顯示出集團企業所具有的影響力。近年集團企業營業淨額，參閱表4-1。

　　公司的所有權以及公司所生之財富，傳統以來就一直掌握於少數人的手中。雖然許多公司讓員工享有配股的權利，但員工對於公司的影響力仍是相當有限的。當我們參考臺灣證券交易所出版的「104年證券統計資料年報」（如表4-2），就可以很清楚的發現，我國上市公司絕大部分股東（約80%）之投資金額在5萬以下。而投資在100萬以上的股東人數，僅占股東總人數約1%。

表4-1　歷年臺灣地區集團企業營收淨額與GNP之比較

單位：新臺幣億元

年底	2014	2013	2012	2011	2010	2009	2008	2007	2006
集團總營收(A)	263,885	250,771	245,379	232,462	233,789	182,764	184,266	184,266	176,982
政府收入總額(B)	25,088	24,577	23,212	23,062	21,156	21,136	22,316	22,316	22,448
GNP(C)	165,554	156,462	151,411	140,975	139,817	128,908	129,348	130,131	132,433
【(A)／(C)】%	159.40	160.28	162.06	165.30	160.29	141.78	142.46	145.40	136.84
【(B)／(C)】%	15.15	15.71	15.33	16.36	15.13	16.40	17.25	17.61	17.36

資料來源：中華徵信所。臺灣地區大型集團企業研究2008～2015年版。中華徵信所企業股份有限公司。

白領犯罪

表4-2　我國自然人股東投資金額分析表

投資金額（NT$）	股東人數	占股東總人數%
1～9,999	13,225,991	41.63
10,000～50,000	11,991,766	37.75
50,001～100,000	2,897,421	9.12
100,001～200,000	1,797,454	5.65
200,001～300,000	640,421	2.02
300,001～500,000	517,943	1.63
500,001～1,000,000	377,233	1.19
1,000,001～2,000,000	177,389	0.56
2,000,001以上	141,810	0.45
合計	31,767,428	100.00

資料來源：臺灣證券交易所，2015年證券統計資料年報。

　　由於「獨占」行為（monopolies）是違反反托辣斯法的（公平交易法），傳統的獨占近來已逐漸被少數公司主宰市場的「寡占」（oligopolies）所取代，在許多行業中，經常是由少數幾家公司控制了大多數的市場。前面提到的集團企業，也是一個愈來愈普遍的現象，這些集團企業大多是跨國性的公司，而且常常在母國以外的地區製造產品。此類公司不僅對民生有著極大的影響，而且對該國政府在國際社會所扮演的角色也有莫大的影響。

　　本質上，許多公司正處於一種政治腐化、管制缺乏以及許多第三世界國家汲汲追求經濟發展的好機會。有些公司的侵害行為（造成侵害但不必然是違法行為）乃與設置在第三世界國家的分公司有關，這些行為包括不安全的工作職場，危險商品的輸出（通常是已開發國家所禁止生產的商品），傾倒有毒廢棄物及其他型式的環境污染，賄賂政治人士，將利潤轉至對公司稅務政策有利的國家以逃漏稅，以及共謀危害人權（譬如由受壓榨的第三世界國家與已開發國家的軍事或情報單位所共同策動的暴力傷害及暗殺行動）等。雖然第三世界國家從這些跨國性經濟活動中獲得了某些利益，但他們卻明顯的受到剝削，為了這些有限利益卻付出極高的代價，

特別是民眾健康的代價。這些公司的侵害行為儘管已經受到聯合國規範的譴責（跨國型公司雖曾企圖影響這些規範的擬訂），而且從任何合理的標準來評斷，這些行為均明顯具有傷害性，但由於全球經濟市場持續在擴張，跨國性公司的侵害行為也依舊繼續存在著。

　　有些公司（如全國性或跨國性的公司）所擁有的龐大資源，足以對政治人士產生影響，進而影響公共政策的擬定。公司、政府，甚至國防體系的上層菁英經常結合成一個複雜的交際網路，好讓自己能夠在政府與民間高層職務者之間來往自如，以便追求更大規模的自我利益。有學者甚至認為，公司的上層菁英透過追求極大化的自我利益、整合與政府有關的活動，以及善用經濟條件等手段，進而達到操控國家的目的。雖然公司擁有巨大的政治權力，但往往不需擔負政治責任，他們大部分都會很有技巧地隱藏揮舞權力的行動（孟維德，2015；Pearce & Tombs, 1998）。換言之，有權勢的公司對各個階層的政府都可能造成影響，只不過他們的角色並不一定是可見的。

　　主宰今日經濟環境的大型公司，已經將資本主義轉化為不同於當初經濟哲學家亞當・史密斯（Adam Smith）所主張的經濟制度。事實上，史密斯在其鉅著《國富論》（The Wealth of Nations）中，就曾對具卑劣貪慾及從事獨占行為的商人和製造者表示譴責，並認為他們不是而且也不應該是人類的主宰。Smith當初所強調的自由競爭企業家如今已轉變成握有強大力量的大型公司，真正的企業家可說是愈來愈少。

　　公司愈來愈被所謂「紙上企業家」（paper entrepreneurs）或投資客所影響，短期利益是這些人的主要關切點，通常他們並不會長期奉獻於產品的開發，或是關心公司所在的社區。紙上企業家可說是鼓動歐美國家80年代公司轉讓強烈浪潮背後的一股力量，該浪潮造成成千上萬中層管理者及一般員工嚴重的傷害，諸如失業、福利損失、薪資損失，而納稅人及消費者亦受到間接影響，例如支付較高的貸款利息以承擔國家短收的歲入，或因商品漲價而增加支出等。儘管公司轉讓並非一定是非法的（甚至有團體辯稱公司轉讓是具利益的），但不少人仍認為這種行為經常造成傷害，

不應該受到鼓勵，甚至應該禁止。一般而言，當經濟情況有利於公司，公司賺錢時，大多數的公司都希望政府不要干預；但一旦遭遇困難時，他們又希望政府伸手援助。這也就是所謂的「風險社會化」（socialization of risk）：即把利潤留給私人企業，卻讓公共部門及社會大眾來承擔風險（Haines, 1997）。

第三節　公司犯罪的類型與界定

　　一般有關公司犯罪的分類法有下列幾種。第一種是依公司犯罪的被害者來分類：例如一般大眾、消費者、員工或公司的競爭者等；第二種分類的方法是把焦點擺在傷害活動的本質上：例如公司暴力、公司貪瀆、公司竊取（corporate stealing）或公司詐欺；第三種方法則強調公司實體的大小或範疇：例如跨國性公司的犯罪、國內主要大公司的犯罪、地方性小型公司的犯罪或是公司內某個別企業的犯罪；第四種分類的方法則是根據公司的產品或服務：例如汽車工業的犯罪、藥品製造業的犯罪、金融業的犯罪或是健康看護人士或機構的犯罪。

　　除上述四種外，在公司犯罪的分類中尚有其他考量的標準，像違法公司的主要人員就是一個分類標準，例如公司總裁、中層管理者、基層管理者或員工。儘管公司各個階層的人員一般都有可能涉及公司犯罪，但是由誰策劃啟動以及由誰來實施，對於公司犯罪的了解則有相當的意義。此外，有人可能會問及實施公司犯罪的工具或機制為何？對此問題，恐怕有必要考量公司上級的命令、電腦程式、產品製造處理過程、及其他相關事務之間的關連性及相對重要性。另外一個分類標準則是觸犯法律的類別（如刑法、民法或行政法）或涉及特定的法律種類（如反托辣斯法、消費者保護法、環境法等）。

　　本書主要是採用犯罪活動的型式來分類，將公司犯罪分為兩大類型：「公司暴力」及「公司之權力濫用、詐欺與經濟剝削」。在這兩大類型中，本書亦採用被害者的類型再予以分類，所以在公司暴力這一大類中，

本書再分爲對於公眾的公司暴力、對於消費者的公司暴力及對於員工的公司暴力。另外在公司權力濫用、詐欺與經濟剝削這一大類中，則再分爲對公眾、消費者、員工、公司競爭者或債權人的犯罪。此外，本書也使用產品與服務的分類標準以對公司犯罪做更深入的解析。筆者所採的途徑，並非意謂這些類別需要各個不同理論（事實上，對於公司犯罪的解釋傾向於跨類型的解釋，這一部分我們留待第九章來討論），主要是因爲這樣子的途徑筆者認爲較能夠對廣泛且複雜的公司犯罪活動做統整性地組織與討論。有關本書對於公司犯罪的分類，詳如圖4-1。

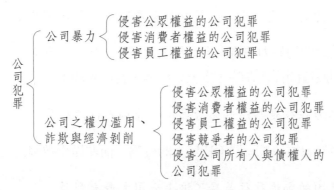

圖4-1　公司犯罪的分類

第四節　公司暴力

　　吾人常見暴力犯罪大多與傳統掠奪犯罪者（conventional predatory offenders）、殺人犯、犯罪組織及恐怖分子有關。雖然某些人並不認爲公司是暴力犯，但是有些公司的確從事導致暴力結果的活動。Kramer（1984）將公司暴力定義爲：「基於公司本身利益的考量，經由公司經營者或管理人員的刻意決策以及經由組織的運作，而對公司員工、一般大眾或消費者造成一種導致身體傷害之不合理風險的公司行爲」。Monahan等人（1979）亦對公司暴力下了類似的定義：「在公司高層主管之刻意決策

111

或應予苛責之疏忽的情況下，所衍生讓消費者、員工或他人蒙受身體傷害之不合理風險的公司行為」。公司暴力與傳統的人際間暴力（interpersonal violence）具有下列的不同：

一、公司暴力經常是間接的

即被害者並非受到另一個人的直接攻擊或傷害，而是由於公司的政策、行為（以公司的名義而執行），而使某些人暴露在有傷害的環境、產品或物質等而造成了身心的傷害。

二、公司暴力的效應與公司政策或行為在時空上往往有差距

即個人之間的暴力在時空上並無太大差距，但公司暴力之效應與造成傷害之公司政策間往往在時、空上有距離，且因果關係亦不容易被建立。

三、公司暴力往往是集體性的行為，而非個人性的行為

即公司暴力往往是一群不特定人的行為，而非僅少數個人之行為。

四、公司暴力的動機往往是為了追求公司之最大利益

相對於個人暴力之有許多不同原因，公司暴力之發生往往是要追求公司之極大利益，或為了降低公司的損耗。

五、在傳統上公司暴力引發較少、較不強烈之法律或社會反應

即傳統之個人間暴力往往引發社會強烈的反應，如死刑、無期徒刑及被害恐懼感等，但公司暴力則較無此情況。

以下我們將根據圖4-1所做的分類來討論公司暴力。

一、侵害公眾權益的公司犯罪──環境犯罪

有關污染環境與造成環境毒害的公司作為，可以說是公司暴力最常見的一種型式，其情況之嚴重，學者Bellini（1986）警示有如「高科技大屠

殺」（high-tech holocaust）。當然，造成環境污染的來源非常多，並不是所有的污染均由公司所造成，一般民眾甚至各階層政府皆有可能是污染源的製造者，例如，在美國紐約州，就曾有兩位州議員強烈指稱州政府本身是最大的污染者，並指證州內267處共計有450件州政府機構違反環境法的事實（Gold, 1990）。不過，最嚴重的污染事件大多數還是與公司有密切關係的，公司機構一般還是環境法較為嚴重的違反者。

在人類的歷史上，廢棄物處理，相對是較少受到管制的。很明顯的，廢棄物若缺乏適當的處理，將使人類的生存環境缺乏衛生、疾病散布、並導致提早死亡等。事實上，人類對於環境污染的關切，並非今朝之事。譬如早在1290年時，英國國王愛德華一世就曾禁止倫敦民眾在國會開會期間燃燒煤，因為燒煤會污染倫敦的空氣，使空氣中瀰漫酸味；另外在1470年時，德國學者Ulrich Ellenbog證實人體暴露於一氧化碳、鉛、汞等物質下，會有許多負面的影響（Bellini, 1986）。之後，還有許多類似及複雜的研究，其結果都更加證實污染的負面影響。

而現代污染的主要問題，乃在於有毒廢棄物在製造上的鉅量增加，特別是有機合成化學品製造量的增加，直接影響有毒或危險廢棄物的增加。令人驚訝的是，有關致命廢棄物的處理，有相當高的比例是不適當的。許多研究人員均明顯指出這些污染對人體所造成的傷害，其中有一項估計就預測美國有近四分之一的人口有可能會罹患癌症，同時在所有罹患癌症者當中大約有八成至九成是與環境因素有關（Reiman, 2001）。然而，污染除了與癌症的發生有關之外，也與其他人體健康或疾病有關，譬如心臟和肺臟的疾病，畸形兒或基因病變，不孕症等。因此，無論從哪一方面來衡量，造成環境污染的公司行為，無疑均是一種嚴重的暴力侵害行為。

根據我國行政院主計處首次公布的「臺灣地區綠色國民所得帳試編結果」顯示，臺灣地區在1998年，光是河砂超採，付出的環境成本就高達457億元，同年地下水超抽的環境成本約133億元，空氣、水、廢棄物污染等環境品質耗損則達1,039億元。值得注意的是，主計處參考日本和韓國綠色所得帳編列情形，在同樣的計算基礎上比較環境污染損失及自然資

源消耗占國內生產毛額（GDP）比，我國在1992年為6.44%，遠比韓國的2.37%為高，1995年我國這項數據降到2.99%，但仍比日本的0.97%為高。這顯示臺灣發展經濟付出的環境成本，較先進國家日本以及同等開發程度的韓國都高出許多。另一項值得警惕的數據，國內河砂每年超採2、3億公噸，以1993年為高峰，高達3億8,900多萬公噸，環境損失金額每年都達數百億元（聯合報，2000）。

許多證據顯示，公司對於其本身所造成廢棄物的不當處理後果，大多知曉或應該知曉，但一般公司卻經常採用花費低、具危險性的方式來處理廢棄物。對於廢棄物或污染危險性的最新資訊，他們一般都很缺乏，但大多知道若未加妥善處理可能會造成不良後果，以欺騙方式來處理這些問題，可說是相當普遍的。此外，他們對於自己污染作為所造成的危害後果，大多不會以勇於負責的態度來面對，也不願意主動修正公司的作業模式，除非有萬不得已的壓力出現時才有可能修正。而且，公司界經常干預或遊說環保法案的立法與執法。底下我們將對公司污染的類型進行討論。

㈠有毒物質或廢棄物（**Toxic Waste**）

公司排放或傾倒有毒化學物質的嚴重污染案件，在世界各地都有發生過。日本的Chisso石油化學公司一多年前曾把大量有毒物質排放入海，在1950年代時，該公司附近小鎮Minamata中上百名的居民罹患腦及身體其他部位的病變，諸如畸形兒的產生、中風、失明及其他可怕的結果（Mokhiber, 1988）。另外在印度的Bhopal案件中，「聯合碳化物工廠」（Union Carbide plant）在1984年12月洩漏大量有毒氣體，儘管有許多不同的估計，其中較可靠的資料顯示至少造成該區域大約5,000人喪生以及20萬人受傷，傷者中共有約6萬名是遭受重傷、2萬名留有終身的創傷（Mokhiber, 1988）。在上述這兩個案件的後續調查中，均顯示涉案的公司過去未妥善重視安全問題，也沒有投入足夠的金錢與時間在安全防護上，並企圖逃避責任以及刑事追訴（這兩個案件最後均是由民事訴訟及賠償結案）。

114

民國87年間，國內所爆發的RCA（美國無線電公司）公司因長期在其廠區內傾倒有毒廢棄物，導致廠區附近土壤及地下水遭受嚴重污染，並使其員工以及附近居民的健康遭受嚴重威脅，也是公司污染環境的一個案例（孟維德，2004）。RCA製造污染，早在民國83年間即被立法委員揭發，但因當年揭發該案時重點擺在污染整治而未重視人體健康的妥善評估，以致在案發的四年之後，員工及民眾的健康疑似遭受侵害。RCA（正式名稱為Radio Corporation of America）原先是一美商經營的知名跨國性公司，大約在民國59年設廠於桃園，生產電視等電器產品，到了75年被美國奇異公司（GE）併購，到了77年又被法國湯姆笙公司（Thomson）併購。筆者曾針對服務於該公司的多位資深員工做過調查，這些員工指出，整個工廠在從事生產的過程中，一、二十年來，經常是挖洞來傾倒有機廢溶劑的。在筆者所訪談的對象中，有一位資深員工（服務年資為十九年）做了如下的陳述：

> 「在早以前，我經常看到線上主管叫作業員或小弟把一些用過的化學溶劑倒在廠房外的草地上。剛開始的時候，倒這些溶劑的人沒有戴口罩，後來可能是因為味道太強烈了，許多處理廢棄溶劑的人都紛紛帶上口罩。後來公司的訂單愈來愈多，用過的溶劑和廢棄物也愈來愈多，公司後來乾脆就挖大洞來掩埋。」

當筆者問道：貴公司的廢料都沒有用回收的方式來處理嗎？受訪的員工回答說：

> 「我印象是後來才有的，但是只有一小部分，大多數還是用傾倒和掩埋的。因為公司有錢嘛！美金很大，回收這些廢料公司大概覺得沒有必要，直接用新的溶劑，公司不覺得浪費。而且後來雖然做了回收，可能也是為了應付政府的檢查，不是

真正為了節省或環保，用傾倒的方式省事多了。」

筆者除了對RCA資深員工進行訪談外，亦曾前往該廠附近社區做田野觀察與訪談，研究期間曾對一位於當地居住數代的民眾進行訪談，底下是一段訪談內容：

「問：RCA當年來這裡設廠，對當地是不是有利？

答：有什麼利？剛開始是不錯啦，人氣是比以前旺，比以前熱鬧。但是後來那個RCA在工廠裡蓋起10幾個人才可以環抱的大水塔，我們邱厝的人才知吃到苦頭了，附近幾十戶人家的深井全抽不到水。我們集結起來到RCA討回公道，人還沒有進工廠的大門，就被警衛擋在門外。後來我們又向市公所陳情，RCA講說大水塔只是為了冷氣空調的需要，跟飲水沒有關係。我們陳情無效，只好每戶花幾萬塊請工人把井挖深一點，大家對這個厝邊開始討厭起來。十幾年前，RCA習慣在廠房後燃燒廢料，濃煙和臭氣吹向我們這邊，燻得大大小小頭昏噁心，淚水直流，後來才知道是那個臭氣叫作戴奧辛，而且聽說很毒。有一次，燒廢料的火焰和熱氣吹向我們邱厝的稻田，本來是綠色的稻田都被吹黃了，引起大家的抗議，後來，RCA才改為輾壓方式掩埋廢料。」

根據揭發該案立法委員所提供的資料，當初湯姆笙公司向奇異買下RCA工廠時，曾經和奇異公司在合約中明訂只買工廠，不買污染，顯然那時雙方早已知道廠房的土地已有污染。後來大約到了78、79年間，湯姆笙委託美國某環境工程公司在桃園RCA廠鑽了11口深井，抽取土壤和地下水檢驗，當時負責鑽井的工作人員都穿著特殊的隔離衣來作業。初步檢驗報告大概是在民國80年左右被提出，結果顯示土壤和地下水裡含有非常高濃度的的揮發性有機物。當時，這個檢驗結果引起湯姆笙公司的震驚，曾

在新加坡的亞洲總部開會研商，並且考慮在80年底、81年初來臺舉行記者會，公布污染情況和改善措施，後來可能是顧慮附近居民和公司員工二十幾年來長期飲用地下水，如果引發抗爭和索賠，變數過大，再加上臺灣土地昂貴，公司即將關廠，後來便決定不做改善、賣掉土地，將所鑽的井全部封起來。桃園廠的土地大約將近3萬坪，湯姆笙把這塊土地賣給了國內的長億集團，長億集團原本將這塊位在縱貫路旁的土地透過都市計畫變更地目為商業區或住宅區，現在因爆發重大的污染案，土地開發也隨之停頓。RCA受害員工表示，RCA製造污染非常可惡，湯姆笙知情不報，反將土地賣給國內的公司，也是一樣可惡。

2013年《看見臺灣》紀錄片引發生態保育的省思，片中拍到了高雄的後勁溪水呈黃黑色，引發關注，同年10月1日高雄市環保局前往抽驗後勁溪，發現溪水遭強酸廢水污染，經溯源追查到楠梓加工區的日月光半導體公司K7廠，查獲日月光排放未經處理的廢水，其中鎳含量達4.38mg/L，超過管制標準的4倍。日月光解釋，這是因為在更換鹽酸儲桶管線之止漏墊片時，未關閉管線閥門，導致施工期間鹽酸溢流，並非蓄意污染。高雄市環保局則表示，依照水污法，機器設備故障需在三小時內向環保局通報，並做緊急處置，日月光沒有通報，反而繼續排放甚至企圖用自來水稀釋送檢樣本瞞騙環保局稽查人員。故對日月光半導體依水污染防治法處罰鍰60萬元及勒令停工，同時將日月光相關負責人移送高雄地檢署偵辦。後勁溪下游有高雄農田水利會引水口，供應梓官區、橋頭區農業用水，引起各界擔心當地農田是否遭受污染。鎳是世界衛生組織認定的致癌物，人體若食用超量含鎳食物，可能引發肺癌、攝護腺癌，若農田遭重金屬污染，甚至需要長期休耕。

美國的愛河案（Love Canal case）也是一個著名的公司污染案件。Hooker化學公司在1940年代買下了這條運河（靠近尼加拉瀑布），接著把河水排乾，然後將裝有劇毒化學廢棄物的大量鐵桶放置河床上，再加以掩埋。後來該地點化為學校用地，同時也有不少居民搬來此地居住。若干年後，由於學校師生及當地居民長期暴露在有毒氣體及化學物質的接觸下，

導致孕婦高比例的流產及產下畸形兒，許多民眾罹患肺部疾病以及心理疾病。該公司最初反應是企圖湮滅證據以逃避法律責任，但是最後數百戶居民遷離該區，Hooker化學公司在不得已的情況下，只好對之前的居民付出2,000萬美元的賠償費（Mokhiber, 1988）。

　　1989年3月24日Exxon Valdez油輪在阿拉斯加的Prince William Sound海域附近觸礁，造成1,100萬加侖的原油流入大海，結果使得該海域的生物、環境及沿岸城市的經濟受到極嚴重的破壞。該事件所引發的責任問題頗為複雜，證據顯示Exxon公司事前知曉該船船長有飲酒的不良惡習，但為節省公司營運成本而縮減該船船員的人數，Exxon公司內部的這項決定無形中增加了船員在航海中的疲勞程度。1991年，Exxon公司在刑事訴訟中認罪，同意支付出1億美元的罰金，以及民事損害賠償部分10億美元。1994年9月，設於Anchorage的聯邦大陪審團命令Exxon公司，支付懲罰性的損害賠償費美金500萬元給遭受該事件傷害的阿拉斯加民眾；此外，可能還有一些其他的訴訟醞釀要進行。令人注目的是，這些後果並沒有對Exxon公司的營運獲利及股價造成太大的負面影響（Cohen, 1998）。

　　㈡空氣污染

　　汽機車的排氣是現代社會主要的空氣污染源之一，世界上有許多城市因交通工具所造成的空氣污染，使得居民的健康大受影響。但鮮少人知的是，汽車製造公司卻致力於營造一種情境，在此情境中他們盡可能的使低污染的大眾運輸系統不受歡迎或由汽車或巴士所取代。

　　1930年代，美國通用汽車公司建立一個名為「聯合城市運輸公司」（United Cities Motor Transportation Co.）的子公司，目的是要收購洛杉磯市的電車系統，然後再以自己製造的巴士來取代。1949年，通用汽車公司及其他致力推動汽油燃料運輸系統的公司（諸如Firestone公司及加州Standard Oil公司等），因共謀排除電車系統及壟斷銷售巴士等行為，而被判定違反反托辣斯法。但涉案的公司只受到5,000美元象徵性的金錢制裁，沒有任何人因此案而入獄。到了1970年代，汽機車排放廢氣造成嚴重

污染的證據愈來愈明顯，美國的「清淨空氣法」（Clean Air Act）隨其通過立法。但是在該法案的立法過程中，美國另一大汽車公司——福特汽車公司——曾花費大筆金錢遊說抵制該項法案的通過，並使用欺騙手段以逃避新法案對廢氣排放標準的要求。福特公司因違反清淨空氣法的規定，於1973年被罰款700萬美元。

(三)社區摧毀

下面所提的是有關公司所造成的另一種型式污染，這種型式的污染與傳統觀念的污染並不太一樣。國內林肯建設公司所負責開發興建的臺北縣林肯大郡住宅社區，於1997年夏天在溫妮颱風的侵襲下發生空前災變。多年前，該建設公司先透過不正當甚至違法手段取得山坡地的建造執照，隨後便開發興建，但建設公司在施工期間並沒有依照規定施工，尤其是擋土牆部分，完工實體與當初設計明顯不符，嚴重偷工減料。承辦該案檢察官在調查中發現，早在1996年2月間，進行隔樑、地錨、擋土牆工程的現場監工技師，就曾發覺有部分錨頭掉落的現象。當時現場監工技師曾向建築公司反應此事，建議應立刻進行錨頭補強工程，但建商卻置之不理。此外，檢調人員從所蒐集到的證據中發現，林肯大郡開發案從申請多項執照到完成土地變更編定，只花了一年多一點時間，這在行政效率不佳的地政、工務單位而言是不常見的。根據政風人員透漏，民眾申請建照、使用執照，從申請到核准順利不被退件的並不多，尤其是山坡地開發案，經常要花上兩、三年的時間。政風官員表示，林肯建設公司的政商關係長期以來就很好。該事件總計造成28人死亡以及120戶建物全倒的慘劇（中國時報，1997）。

2016年2月6日凌晨3點南臺灣發生大地震，臺南市永康區的維冠金龍大樓因而倒塌，造成115人死亡、96人輕重傷，是臺灣史上因單一建築物倒塌而造成傷亡最慘重的災難事件。經追查維冠大樓建築結構發現，維冠大樓結構分析設計錯誤，加上偷工減料嚴重，造成維冠金龍大樓耐震強度、韌性不足，在地震後快速倒塌；且倒塌後建物無法維持完整結構崩

毀,使住戶受困難以逃生,造成嚴重傷亡後果,檢察官依業務過失致死等罪起訴建商。

國外亦有類似案例,1972年2月當美國Buffalo 河壩崩塌時,West Virginia州的Saunder鎮幾乎被大水完全摧毀。該事件總共造成125名民眾喪生,4,000名民眾無家可歸。事件發生前,該河壩是Buffalo 礦場傾倒採礦廢棄物的地方,Buffalo 礦場是由相當具影響力的Pittston Mining Corporation所經營。多年來,當地居民雖然曾對該公司於河壩內傾倒廢棄物的作為表示數度關切,而且之前河壩也曾發生過小規模的崩塌,但該公司對意外事件企圖逃避責任,並宣稱河壩崩塌是自然災害而非人為造成的。事故之後,調查結果顯示多年來礦業公司對於自己傾倒廢棄物的潛在危險老早就已知曉,Pittston公司不僅違反聯邦安全標準,更忽視河壩之前的崩塌危險預兆。儘管證據確鑿,卻沒有任何對該公司的刑事控訴,最後在法庭外以1,350萬美元達成民事和解。整個事件與1889年另一件災難——Johnstown(位於賓州)大水災——非常相似。Johnstown大水災也是由一個極具影響力的公司因疏忽所造成的,結果導致2,000多人喪生的悲劇(Simon, 2002)。

㈣公司污染及破壞環境——小結

事實上,環境保護運動的興起與蓬勃以及環境保護法的立法與執行,並沒有有效嚇阻許多公司為省錢而污染環境的企圖。以環境保護政策較先進的美國為例,知名的Lockheed(洛克希德)公司在1990年因生產過程中採用不合法的噴漆措施,而被南加州的污染管制機構處以100萬美元的金錢制裁;紐約州的Bethlehem鋼鐵廠因違法排放苯(bezene)也被污染管制機構處以100萬美元的罰鍰。公司污染環境的案件,大多數並不是經由刑事法庭來處理的。美國Ocean Spray Cranberries公司在1988年,被控污染都市下水道長達五年之久,是美國首樁以重罪起訴違反「清淨水質法」(Clean Water Act)的案件。Eastman Kodak公司因排放化學物質污染地下水,嚴重違反州的污染防制法而負刑責,被處以115萬美元的罰金。在污

染案件中，只有少數公司人員被關進監獄處以自由刑。其中有一個案子涉及美國Hudson Oil Refining 公司總裁R. Mahler，Mahler因嚴重違反環境污染防制法（計22條罪狀）被判處一年有期徒刑及75萬美元的罰金。Mahler不僅擁有美國康乃爾大學（Cornell University）的文憑，更是多家油品回收再造業的老闆，外表看起來是一位成功的企業家。但Mahler所屬的公司在生產作業上不僅沒有依照法定程序來處理廢棄物，更違法傾倒這些廢棄物，結果造成嚴重的環境污染，尤其是民生用水的污染最為嚴重。當Mahler面對自己違法的證據時，起初企圖想掩飾證據以逃避起訴，但其計畫並未成功，Mahler最後被送進監獄（Cohen, 1998）。

二、侵害消費者權益的公司犯罪——不安全的產品

雖然公司一般並不希望對消費者造成傷害，但是當利益當前或面臨市場強大的競爭壓力時，公司經常在有意無意間造成消費者傷害或危及其安全。在消費者經常接觸的商品中，包含食品、藥品與醫療器材、汽車、家用品、及化妝品等，均可能潛藏有某種程度的危險。Brobeck與Averyt（1983）曾估計，美國每年約有數萬人死於與商品有關的意外事件，上百萬人因商品所隱藏的危險而導致傷殘，並造成上千億元的財物損失、保險、訴訟及醫療的支出。雖然某些特定商品本身就帶有明顯的危險（如電熨斗、割草機等），但仍舊有許多證據顯示，公司機構經常為了追求利益而忽視消費者的安全。底下我們將討論造成消費者傷害的商品與服務。

㈠食品

隨著社會經濟的迅速成長，國民所得和知識水準不斷提升，消費大眾對於食品的需求，已由以往只求飽腹，逐漸提升到對品質與口味的要求與重視。但國內卻一連串的發生不肖廠商製造或販賣不良食品，嚴重危害國民健康。從早期S－95、愛寶羊奶粉、新羅維納斯等以劣質原料充當高級營養品或減肥食品，以及近年大統長基食品公司於橄欖油中混入棉花籽油，再加入銅葉綠素調色，以及強冠公司以餿水油、回鍋油、飼料油混充

121

表4-3 近年來臺灣地區食品衛生抽驗情形

年度	2011	2012	2013	2014	2015	2016	2017	2018	2019	2020
檢驗件數	848,696	725,912	676,019	564,130	388,293	474,985	485,652	588,936	461,206	452,864
不符規定件數	11,526	8,984	9,145	7,873	4,309	4,391	5,375	3,649	2,063	2,201
百分比	1.36%	1.24%	1.35%	1.40%	1.11%	0.93%	1.11%	0.62%	0.62%	0.49%

說明：百分比，係指不符規定件數在檢驗件數中所占的百分比。
資料來源：行政院衛生福利部（2021），衛生福利公務統計。

食用油……等等事件，均引起廣大民眾的驚慌與震撼。根據國內衛生機關的統計資料顯示（如表4-3），近年來衛生機關對國內食品所進行的抽驗，每年仍有數千件的受驗食品是不符規定的。

2014年一連串黑心食用油案件爆發，在調查過程中陸續發現頂新集團的產品使用及販售問題油品，首先是頂新集團味全公司製造的肉醬、肉酥等12款加工製品，皆使用強冠公司以回收廢油和餿水油混合豬油製成的「全統香豬油」。接下來，頂新集團又遭查獲購買大統公司摻廉價棉花籽油以及銅葉綠素調色的橄欖油，調製並販賣。另外，涉嫌自越南購買原料來源不明之油品，偽造相關檢驗報告進口後，透過精製過程使精製後油品之色澤、味道得以混充食用油。頂新集團為節省原料成本，一再採購有問題之油脂原料，雖尚不能切確證實該問題油品與人體健康危害之直接關聯性，但這件案子已經引發國內一連串的震盪效應。政府方面，迅速召開食安會議，重新訂定食安政策與制度，立法院也快速通過食安法之修法，大幅加重處罰；社會方面，民眾掀起了一股反頂新集團食品的「滅頂行動」，民眾抵制並拒買頂新集團及其相關公司生產之任何產品。

多年前，在美國一本極具影響力、名為「The Jungle」的小說裡，作者U. Sinclair揭露了當時美國芝加哥肉品市場中的骯髒污穢情形。Sinclair在其小說中描述，老鼠甚至還有作業工人因掉進盛肉的大桶中最後變成了市場上的肉品，這部小說不僅引發民眾對不肖肉品公司的反感，更為美國「肉品檢驗法」（Meat Inspection Act of 1906）的立法催生。或許一般大眾

122

會以為，政府會依照所規定的標準來對食品進行檢驗，以保護消費者，但有研究發現，政府有關機關檢驗人員因受賄以及偽造檢驗報告，而使一些有害健康的食品能夠在市面上銷售（Swanson & Schultz, 1982）。

不安全食品的種類是多樣性的，有些食品公司經常透過廣告引誘消費者（尤其是兒童）去購買一些標示不當的食品，這些食品往往含有對健康不利的高糖及脂肪成分。此外，食品製造過程中所添加的化學物質（如防腐劑、色素等）則有可能致癌。由於食品消費是一項無可避免的活動，食品公司生產作業所造成不良影響（有時是違法的），可說是非常廣泛且嚴重的。

㈡藥品及醫療器材

製藥公司經常會投入大筆的金錢宣傳自己的產品，並鼓勵銷售代表運用各種誘因去說服醫師開新藥的處方或使用製藥公司的其他產品；事實上，製藥公司普遍扮演著一種近乎「推手」的角色。消費者「高度相信」，可以說是此等作為的核心，因為大多數的消費者並沒有能力對藥品的效能做獨立判斷。

根據Braithwaite與Drahos（2000）的研究指出，製藥業在產品的製作與配銷過程中，經常存有一些不安全或有害健康的措施。某些藥品因過度被推銷，以致使許多用藥者產生嚴重副作用，不僅造成數量上難以估計的急診事件，更導致了許多死亡的意外發生。其中，Thalidomide、DES及Dalkon shield可以說是最典型的三項產品。

有關Thalidomide的案情如下。歐洲在1960年初的時候，大約有8,000名嬰兒因母親於懷孕期間服用這種經醫師指示的鎮靜劑而變成畸形兒。證據顯示，負責製造該藥的Chemie Grunenthal公司老早就已經握有該藥品危險性及效能限制的資料，但是製藥公司仍舊持續不斷地促銷該藥品，直到其所造成的嚴重傷害被公開後，才被迫回收該藥品。德國檢察機關曾對德國境內的Chemie Grunenthal公司提起刑事控訴，但控訴在該公司同意支付3,100萬美元的損害賠償後被撤銷；其他地區公司的處理方式，最後也都

是經由民事途徑解決的（Braithwaite & Drahos, 2000）。

　　而DES則是在1930年代被發明的一種藥，研發出來之後隨即被製藥商Eli Lilly公司推銷到藥品市場上，並成為一種預防流產的特效藥。到了1950年代，許多當初曾服用DES的母親，後來女兒罹患癌症、不孕症以及其他婦產科方面的病症；另外，也有不少服用DES的母親，後來兒子發生一些生殖方面的問題。雖然這件事件並沒有引發任何的刑事控訴，但卻造成了數以千計的民事訴訟案件（Mokhiber, 1988）。

　　Dalkon shield是由A. H. Robins公司於1960年代所販售的一種子宮內避孕器，當年這種避孕器幾乎在全世界都有販售。由於該避孕器在設計上有瑕疵（細菌能夠從避孕器進入子宮），使得很多使用過的女性無法懷孕、早產或生出畸形兒，以及出現其他產科方面的問題。儘管A. H. Robins公司先前就已知曉這些問題發生的可能性，但由於該產品的利潤很高，A. H. Robins公司就沒有主動向使用者提出警示，更沒有回收該產品。當事態愈來愈嚴重，美國聯邦藥品管理處（Federal Drug Administration）在1974年禁止了該項產品的販售。數以千計的使用者向法院提起告訴，A. H. Robins公司至少付出10億美元的賠償費，並於1985年宣布破產（Friedrichs, 2004）。

　　在1990年代初，醫學報導指出婦女在整形上所使用的乳房植入性矽膠可能會因破裂而增加使用者罹患癌症的機率，並指出該矽膠主要生產公司——Dow Corning——並沒有對該項產品進行適當的測試。全世界最大的醫療器材製造商——C. R. Bard Co.——有六位高級主管人員於1993年被控告涉及販售未經測試的心導管，結果至少造成一人死亡以及22人需施行緊急心臟手術，最後該公司同意支付6,000萬美元的賠償（Coleman, 2002）。

　　美國一名婦女使用含有滑石粉成分的嬌生爽身粉長達三十五年，被診斷出罹患卵巢癌後，為此控告全球最大醫療器材製造商嬌生集團，美國法院判出品嬰兒爽身粉的嬌生公司敗訴，因其未警告消費者產品有致癌風險，判賠7,200萬美元。嬌生嬰兒爽身粉是許多家庭必備的物品，目前市

場上可見的爽身粉，成分主要有滑石粉、玉米粉、松花粉、珍珠粉四種，其中滑石粉加香精是目前最爲流行的一種，也是最傳統的嬰兒爽身粉，很多牌子的爽身粉都是用滑石粉作爲主要原料。嬌生嬰兒爽身粉含滑石粉，滑石粉中常含有石棉成分，石棉是一級致癌物，但滑石本身在歐美並沒有被列入已知或可能致癌物裡。然而滑石粉原料的爽身粉對嬰兒來說卻有很大的危害，滑石粉中含有不可分離的鉛，鉛進入嬰兒體內不能很快被排泄，當長期蓄積於人體時，就會危害神經、造血系統及消化系統，嚴重影響嬰兒的智力和身體發育。且爽身粉容易侵入呼吸道，誘發寶寶呼吸道感染。另外，爽身粉的顆粒很小，粉塵極易通過外陰進入陰道、宮頸等處，並附著在卵巢的表面，刺激卵巢上皮細胞增生，進而誘發卵巢癌。但嬌生公司強調，美國疾病管制中心與美國國家癌症研究院的研究，都支持滑石粉的安全性。而針對滑石是否致癌，研究人員的看法兩極。專門爲卵巢癌患者提供服務的慈善組織Ovacome表示，目前還沒有確切證據顯示滑石粉會致癌，但使用者的致癌風險有可能會因此增加三分之一。

在這些醫療產品的案件中，可以發現一項共同點，那就是這些違法公司均將追求利潤置於對使用者健康與安全的關切之前。而且，儘管這些違法公司遭受處罰、需付賠償及受到民眾的反感，但他們並不在乎，仍然繼續致力於利潤的追求。此外，當製藥界在已開發國家遭遇市場銷售的問題時，他們經常會把藥品或醫療器材轉向安全管制標準較低或甚至沒有安全管制的第三世界國家銷售。雀巢公司（Nestle Corporation）在第三世界國家不當販售嬰兒奶粉，就是一個明顯的案例；證據顯示，這些國家中，有許多母親在缺乏安全使用的知識、方法及條件的情況下，被誘導使用該嬰兒奶粉，而導致數百萬的嬰兒罹患疾病甚至死亡。針對雀巢公司的抗議與杯葛，終於迫使該公司放棄繼續對第三世界國家進行攻擊式的市場銷售策略（Gerber & Short, 1986）。

㈢車輛及有關產品

根據交通部所公布的「2006年重要交通統計分析」，該年臺灣因車禍

死亡的人數高達3,140人（平均每天約有九人），因交通事故而受傷的人數更高達208,381人。車輛肇事原因經常被歸咎於駕駛人的疏忽、錯誤、或是天氣與路況等因素，但近來有愈來愈多的證據顯示，車輛設計或製造上的瑕疵有可能是一個被忽視的重要原因。國內著名廠牌汽車「富豪VOLVO汽車」過去曾發生多起的暴衝事件。所謂暴衝，就是非預期性加速的意思。根據一位受害車主的親身經驗，他所駕駛的富豪汽車曾經在瞬間連續衝撞23輛機車才停止。另一位車主的經驗更為慘重，暴衝發生時，在煞車失靈的情況下，他的富豪汽車共衝撞了五輛汽車和30幾部機車才停止。代理富豪汽車的「凱楠公司」終於在強大輿論的壓力下主動通知車主，提供免費檢修。該事件不僅對消費者的權益造成極大的損害，更對消費者本身及其他用路人的生命造成嚴重的威脅（聯合報，1997）。

　　世界最大的汽車製造商之一福斯汽車（Volkswagen）於2015年驚傳捏造柴油車檢測的醜聞，其號稱兼具動能與環保的柴油車，事實上並不符合空污排放的標準，多年來都是透過軟體以規避檢測。造假的動機可能源於福斯汽車公司希望成為全球第一的汽車公司之目標，而拓展美國市場的主要策略，就是推出號稱「低油耗、低污染」的柴油車。柴油引擎雖油耗低，卻比傳統引擎排放更多污染物，尤其以氮氧化物最傷害人體，目前最常用的技術是在柴油車上加裝尿素缸，以中和氮氧化物，不過這項技術費用昂貴，也增加車輛保養維修成本。於是，福斯在1,100萬輛柴油車行車電腦上安裝特殊軟體，在車子接受廢氣排放檢驗時，電腦會啟動所有的污染物控制過濾設備，讓檢驗數據符合標準，但當汽車正常駕駛時，污染物控制系統不會百分之百運作，有時甚至關閉，讓污染物釋放到空氣中。福斯利用特殊軟體規避檢驗，使車子在廢氣檢測數據上有更好的油耗與性能表現，同時省下了昂貴的污染控制裝置。隨後於2016年，日本三菱汽車也爆出造假醜聞，在其所標榜省油車款的油耗測試中，採用不符日本規範的油耗測試方法，使數據看似達至省油效能，查證後卻發現其假造油耗數據的手法已實施長達二十五年。三菱汽車在油耗測試選取有利的數字，可以獲得日本國家環保車減稅制度中最高級別的免稅認定，因此，三菱汽車必

須償還日本政府的退稅。雖然福斯與三菱造假的問題不盡相同，但其對於該公司聲譽及銷售上可能會有相同影響，未來，消費者對於汽車製造商所提出的油耗或效能，都會心存質疑。

　　汽車製造業經常是把利潤擺在消費者的安全前面。在1920年代的時候，Dupont公司欲說服通用汽車公司在車上裝置安全玻璃，但通用汽車公司的總裁——A. P. Sloan——在給Dupont公司的回覆中表示，因爲缺乏適當利潤，所以他們沒有興趣裝置安全玻璃。另一位通用汽車公司高級主管——John Z. De Lorean——談及自己在通用汽車公司的多年經驗時，曾提到：

> 「在公司中，我們極少討論到產品對於社會大眾所造成影響方面的問題，除非是涉及利潤或市場銷售，那才有可能討論到。當有同仁針對產品安全提出質疑時，他馬上會被認爲是缺乏團隊精神的人（Wright, 1979: 6）。」

　　通用汽車公司（GM）曾於1959年推出一款名爲Corvair的跑車，但推出不久之後即發現引擎的設計有瑕疵，引發許多件意外事故。GM公司先前就已經知道問題的所在，但他們選擇沉默不公開。我們在第二章曾提到，一位名爲R. Nader的年輕律師受到這個案子的啓發，撰寫了一本名爲《任何速度皆危險》的書，該書成功地將社會大眾的注意焦點引導到汽車安全的議題上。若干年後，GM公司承認他們曾僱用私人偵探調查Nader，希望能藉由揭露一些不利於Nader的資訊來打擊他的名聲與信譽。自從Nader的書首度公諸於世後，許多有關不安全設計的車輛案件愈來愈多，汽車製造公司被迫回收的瑕疵車數以萬計。在眾多瑕疵車的案件中，福特汽車公司的Pinto車型可說是最著名的一個案子，而且最後還受到刑事控訴。

　　1960年代後期，德國Volkswagen汽車在小型汽車市場上具有很強的競爭力，美國Ford汽車公司爲了克服來自海外的強大競爭壓力，該公司高級

白領犯罪

主管人員選擇生產重量輕、價格低廉的車種作爲應對策略。爲符合競爭策略的要求，新車種——即爲Pinto——的設計人員遂將油箱置於車體的後部。到了1970年代初，該車種已經在市場上廣泛銷售（估計有兩百萬輛），有一些發生車禍的Pinto車，若是尾部受到撞擊的，往往引發油箱爆炸，因而燒死了不少人（估計約有500人）。其中有一個涉及美國中西部三位女學生的事故案件，使Ford公司受到刑事追訴。針對此案的調查結果顯示，Ford公司內部曾做過一個評估，就是Ford公司經評估後認爲所有事故的賠償費用遠比召回瑕疵車施予改善修護的費用還要來得便宜，所以決定不予召回該車。最後Ford公司付出數百萬美元的訴訟費用及賠償費，並回收所有Pinto車，總計造成上億美元的損失。雖然在刑事訴訟中Ford公司被判無罪（有部分原因是因爲法官不願採納一些重要的證據），但該案已成爲一個經常被援用指責汽車製造商罔顧駕駛者與乘客安全的有力證據（Cullen et al., 1987）。諸如安全帶及安全氣囊等設備，唯有當汽車公司被迫不得不裝設，或有足夠利潤時才有可能裝設這些配備。

儘管近年來，汽車的安全配備已經受到廣泛的注意，但市場上仍然無法避免瑕疵車的出現。1988年，一輛Ford公司製造的學校巴士發生火燒車，燒死24名兒童以及三名成人，調查結果顯示巴士的設計有問題，而且Ford公司早先就已經知道這個問題卻未加處置。1990年代初，因Bronco II車種行進間翻滾時會造成乘客致命傷害，Ford公司被控應負法律責任；另外，GM公司也因某些小貨車的油箱設計不良而受法律追訴。在這兩個案件中，證據均顯示汽車公司事前都知曉事故的問題所在，他們也都選擇密而不宣。1994年10月，美國運輸部部長F. Pena裁定，GM公司在1973～1987年所生產的小貨車具有危險性，這些車輛已經造成150人不必要的死亡（Vito et al., 2006）。

多年來，還有其他一些相關行業被控告罔顧消費者的生命安全。1970年代，Firestone公司被控告販賣品質不良的輻射輪胎，證據顯示數以千計的車輛事故與該公司的不良產品有關，最後該公司被迫回收上百萬個輪胎，以及遭受5萬美元的金錢制裁。航空業也發生過飛機安全有瑕疵以及

128

保養維修不當的事件，東方航空公司（Eastern Airlines）於1990年所發生的一起事故，因涉及飛機保養維修不當的問題而受到刑事追訴，這是美國首樁航空事故的刑事案件（Vito et al., 2006）。很明顯的，在上述這些案件中，消費者在消費時經常是處於一種無從選擇的情況，僅有「相信」提供商品或服務的公司，但消費者對於這些公司的信任，並不是永遠都受到保障的。

㈣不安全的產品──小結

在二十世紀的後期，煙草商品的製造、促銷及販賣已逐漸被認為是一種廣義的犯罪。科學家估計，美國每年有超過40萬人因抽菸而提早死亡。抽菸除了對抽菸者本身造成直接傷害外，「二手菸」更會造成旁人嚴重的身體傷害。有學者估計，抽菸的代價若以醫療支出、生產率降低等型式來呈現，那麼恐怕要以上億美元來計算（Friedrichs, 2004）。1997年6月，美國主要菸商與針對菸害興訟的40州達成和解，同意分二十五年提撥3,685億美元賠償各州和吸菸者的損失，承認吸菸會上癮，並就其產品和廣告接受更嚴格、更廣泛的管制。交換條件則是數百件針對煙草業的官司就此撤銷，以及未來不得對於菸草業提起集體訴訟。但不久後，美國國會方面便有人批評這項和解案讓菸草業者輕易脫困。反菸國會議員更明白指出，煙草業者可以藉由擴大其海外市場來彌補損失。事實上，美國煙草公司雖然在國內備受攻擊，但是卻從比較友善、比較廣大的外國市場賺取愈來愈多的利潤。美國煙草廠商協會表示，美國煙草製造商在1996年出口了破紀錄的2,439億支香菸，而中國大陸更是美國煙商積極開拓的龐大市場[2]。總之，菸草業所擁有的強大政經力量，使得這種危險商品繼續保持其合法的地位。

從前面的論述中，我們可以發現，公司製造危險商品與一連串事件是密切相關的。首先，為了追求更大的利益，公司尋求發展新穎且具吸引力

---

[2] 參閱中國時報，（1997），菸害官司達成和解──美菸商需賠3,685億美元，6月22日，第一版，以及美國香菸去年外銷2,439億支，6月22日，第三版。

的產品，而將產品盡快推到市場上銷售的慾望優先於對產品徹底的檢測與危險性的理性評估，除非公司受到外力必須使然，否則安全預防的措施或裝置大多不會被接受，即使該措施或裝置的成本非常低亦然。公司大多掌握產品本身危險性的有關資料與數據，但不公開，並刻意隱瞞這些資訊。當面對有關產品危險性的強力證據時，大多數公司會否認危害結果是產品本身所造成的，而且常常把傷害事件歸罪於消費者的不當使用，公司通常仍會繼續銷售該危險產品，或尋覓其他可以傾銷該產品的新市場。一旦遭人舉發，必須進行訴訟時，公司不是採大筆花費、旺盛企圖心的方式來抗辯，要不然就是個別地來解決訴訟，盡可能避免負任何法律責任。唯有當公司面臨巨大的不滿民意，或因法律訴訟招致鉅額經濟損失的情況下，危險商品才有可能停止銷售或做修正。雖然有許多生命的喪失及嚴重的身體傷害導因於公司所製造的產品，但是公司的經營者卻極少在這些案件中受到刑事方面的起訴，更遑論因產品的危險性而被送至監獄服刑。

三、侵害員工權益的公司暴力——不安全的職場

在人類的生活史中，大多數的雇主（老闆或主人）並沒有對其僱用者（僕人或奴隸）的健康和安全表現出適當的關切或重視。F. Engels（1958）就曾認為，大多數的雇主都可能涉及謀殺罪，因為他們非常清楚自己的工廠隱藏一些導致工人提早死亡的危險因子。但是長久以來，雇主很少因為員工受職場不良工作條件致傷亡或罹患疾病的事實而負法律責任，此種法律責任上的沉默直到最近才被刑事司法體系注意以及喚醒。長久以來，攻擊雇主的工人或僕人大概都會受到嚴厲的懲罰。然而，有愈來愈多的證據顯示，許多雇主的作為使得員工遭受傷害甚至死亡卻沒有受到對等的制裁。有關的研究指出，與工作有關的（work-related）意外和疾病，是現今造成民眾傷殘與提早死亡的最主要單一因素（Reiman, 2001）。根據美國政府與民間組織最近的調查研究發現，美國每年因職業意外或職業病而死亡的人數超過3萬人，每年因重大職業意外或職業病而受傷的人數則高達360萬人。一項有關勞工安全與衛生的國際性調查研究

指出，全球每年約有200萬人因職業意外或疾病而死亡，每年罹患職業病的人數則高達1億6,000萬人（Brown, 2002）。

　　事業單位中所存在的職業危險可說是非常廣泛的，根據國內行政院勞動部的統計指出，2020年勞工職業災害保險給付金額高達34億3,236萬元，共有52,087件。如果將製造業、營造業的職災萬人死亡率做跨國比較，可以發現我國職災萬人死亡率低於韓國，卻高於新加坡、美國及英國，可見我國的勞工安全仍有改善空間（請參閱表4-4及表4-5）。

　　對現有死亡與疾病統計數字的編整，目前尚欠缺單一的可靠方式。與職業有關的死亡，有可能被低估或高估，端視「與職業有關」的定義為何，有些此類的死亡是導因於員工的疏忽或是怪誕的意外事件。儘管如此，我們從表4-6中可以清楚的發現，與職業有關的傷亡率仍是非常高的，與勞工工作有關之死亡發生率甚至比殺人事件還要高。此種死亡和疾病，大多數是可以被預防的，儘管此種事件在傳統上並沒有被歸類為犯罪，但從人道觀（humanistic sense）的立場來分析，這些事件很明顯的是屬於犯罪。

表4-4　製造業勞工萬人死亡率之跨國比較

年　別	我　國	新加坡	美　國	英　國	韓　國
2009	0.28	0.26	0.23	0.09	1.76
2010	0.29	0.16	0.23	0.10	1.93
2011	0.36	0.31	0.22	0.12	1.64
2012	0.32	0.28	0.22	0.07	1.44
2013	0.28	0.14	0.21	0.08	1.22
2014	0.23	0.14	0.23	0.07	1.14
2015	0.20	0.14	0.23	0.09	1.03
2016	0.30	0.22	0.20	-	0.96
2017	0.21	0.17	0.19	-	1.04
2018	0.20	0.09	0.22	-	-

資料來源：行政院勞動部（2020），勞動統計年報。

表4-5 營造業勞工萬人死亡率之跨國比較

年　別	我　國	新加坡	美　國	英　國	韓　國
2009	1.28	0.81	0.99	0.19	1.89
2010	0.97	0.81	0.98	0.24	1.91
2011	1.25	0.55	0.91	0.25	2.01
2012	1.31	0.59	0.99	0.20	1.78
2013	1.20	0.70	0.97	0.24	2.21
2014	1.36	0.55	0.98	0.23	1.50
2015	1.17	0.54	1.01	0.21	1.47
2016	0.96	0.49	1.01	-	1.76
2017	1.08	0.26	0.95	-	1.90
2018	1.13	0.31	0.95		-

資料來源：行政院勞動部（2020），勞動統計年報。

表4-6 近十年臺灣勞工死亡率與殺人犯罪率的比較

年度	2010	2011	2012	2013	2014	2015	2016	2017	2018	2019
勞工死亡率	0.30	0.33	0.32	0.30	0.27	0.26	0.27	0.25	0.24	0.23
殺人犯罪率	0.32	0.30	0.27	0.20	0.20	0.19	0.17	0.17	0.14	0.13

說明：勞工死亡率，係指工作場所發生之勞工萬人死亡率，不包含交通事故。
　　　殺人犯罪率，係計算每萬人口中殺人案件發生數。
資料來源：行政院勞動部（2020），勞動統計年報。
　　　　　警政署刑事警察局（2020），中華民國刑案統計。

　　近年來，員工有愈來愈重視職場安全的趨向。事實上，員工對職場的安全感到擔憂，並對無法提供他們安全保障的管理措施感到憤怒，他們還可能遭受公司管理階層的恐嚇，迫使他們不得發出抱怨。多數員工認為管理者只重視外表和效率，生產過程的安全性並非是主要的考量（Pearce & Tomb, 1998）。底下我們列舉一些有關的實例。

　　美國Manville公司是一個專門製造石綿產品的公司，該公司曾涉及一個眾所矚目案件，即提供員工不安全的工作場所案件。石綿具有高度隔熱的效果，又具有柔軟度，因為具有這些性質使得石綿從很久以前就廣為被

使用。早在西元一世紀，希臘地理學者Strabo以及羅馬博物學家Pliny發現長期在石綿環境下工作的奴隸大多患有肺病；到了二十世紀，因暴露於石綿環境而發生的石綿沉滯症（asbestosis）不僅使人癱瘓，更是一種會致命的肺部疾病（Brodeur, 1985）。至少是從1930年代開始，Manville公司就掌握了一些員工罹患石綿沉滯症的醫療報告，但是在成本與利潤的分析下，該公司依然繼續生產與銷售這種高利潤的產品，並把石綿有害健康的訊息隱藏起來（包括對自己的員工）。一直到了1970年代，數千名與石綿有關的勞工罹患石綿沉滯症，Manville公司大約承擔了25,000個訴訟，最後該公司因要為這些訴訟付出20億美元的款項，終於在1982年宣布倒閉。因為Manville公司早就知道暴露在石綿塵埃中是非常危險的，以及Manville公司企圖逃避責任，這兩件事實讓許多員工以及他們的親友都把憤怒朝向Manville公司；但也有部分的員工因考慮到工作的重要性（經濟考量），以及心理上的否認，而沒有太重視暴露的危險性，並且撤銷了對公司的訴訟。其中更有許多民事訴訟拖延多年未決，但該公司及其管理人員並未被判處任何刑罰（Rosoff et al., 2004）。此項因石綿所造成的身體、情緒、以及經濟的悲劇，其效應在短時間內可能不會立即的停止。

　　除了上述有關危害員工安全與健康的案例外，尚有一些其他常見且嚴重的案例。本章之前所提及的RCA污染環境事件，被政府有關單位懷疑該公司員工的健康已受到某種程度的傷害（孟維德，2004）。根據主管機關調查發現，在接受調查的RCA員工當中，大約有22%的比例罹患癌症，若以健康不良、罹患疾病的員工數來計算（含癌症），其所占的比例更高達47%，請參閱表4-7。不過筆者在此需提醒，該結果是截至民國87年8月的資料。

表4-7　桃園縣政府受理RCA（美國無線電公司）員工健康情形調查統計表

癌症名稱		肺癌	肝癌	子宮癌	乳癌	膽癌	淋巴癌	骨癌	鼻咽癌	甲狀腺癌	皮膚癌	胃癌	脂肪癌	胰臟癌	腦下腺癌	扁桃腺癌	腎臟癌	血癌	膀胱癌	頸部肌瘤	腸癌	纖維魚肉芽瘤	合計
癌症	死亡人數	5	17	7	8	-	2	-	3	1	-	2	-	2	-	-	-	3	1	1	5	2	59
	治療人數	3	7	50	5	5	5	2	4	6	4	1	1	1	2	3	1	-	-	-	-	11	111
其他疾病																							192
健康尚佳																							406
總計																							768

資料來源：桃園縣政府衛生局。

　　爲了呈現更深入的資料，底下是筆者在對該事件進行案例研究時，與RCA一位資深員工（年資長達二十一年）訪談的部分內容：

「問：○先生您好，聽說您曾經是RCA資深員工，同時您的身
　　　體好像也受到的傷害，不知道方不方便談談您受污染傷
　　　害的經驗？
　答：我是在民國60年開始在RCA工作，前後加起來超過二十
　　　年，一直待在物料部門，經常接觸有機溶劑。雖然以前工
　　　廠幹部告訴我們，這些溶劑有毒，最好在上風的地方工作
　　　才不會吸入、造成危險。問題是，工作中難免會聞到，工
　　　廠也沒有提供任何口罩和防護設備。我大概從民國76年開
　　　始，身上長滿了硬塊，而且愈長愈多，多到上百個腫瘤，

醫師檢查說是脂肪瘤。我不喜歡開刀，所以沒有到醫院做切除手術。除了腫瘤外，肝也有問題，體力也不好，非常容易疲倦。我懷疑這種怪病，與之前的工作環境有關。

問：您曾經看到公司的人員在廠區內傾倒廢棄物嗎？

答：怎麼沒有，在廠區倒廢料是常有的事，要不然要倒在哪裡？像以前在工廠的木工房附近，就曾經是倒廢料的地方，大概在民國70幾年的時候，木工房附近挖的一個大洞，那個時候經常可以看到有人把焊接廢料、還有雜物往洞裡面倒，另外還有人在工廠後面廢料草地燃燒氣味很臭的東西。幾年後，因為洞已經填滿，幹部才開始填洞，我記得還在上面蓋起倉庫，堆放一些雜物。在民國77、78年的時候，木工房好慘，大概有三、四個工人死於癌症，我記得是得了肝癌和血癌之類的癌症。我現在想想，他們那時候天天聞工廠燃燒廢棄物的臭氣，又喝受污染的地下水，難怪一下就走了三、四個。」

底下是筆者與另一位資深員工進行訪談的部分內容，該名員工在RCA工作長達十四年，最後罹患甲狀腺癌，甲狀腺被切除。

「問：您剛剛說您是做焊錫工作的，工作中會產生氣體，難道公司沒有裝一些清除這些廢氣的設備，或是發口罩給你們？

答：公司當初是有裝一些排氣管，但是排氣管只能排除掉一部分氣體，沒有辦法把所有的廢氣排除掉，更何況生產線很長，很多作業員在同一時間做焊錫的工作，廠房內還是有很濃的廢氣味。當初公司也沒有給我們口罩，我們還是自己準備的，後來公司才發。

問：當初是不是公司財務狀況不好、沒有錢，所以排氣設備沒

有用很好的設備，也沒給公司員工口罩？

答：才不是沒錢呢，是公司不願意花錢。我記得那時候我們現
場作業員好幾次向上面（上級的意思）爭取，爭取好幾次
之後，才爭取到口罩，一個口罩才幾塊錢，公司有錢，只
是太小器。

問：您說公司有錢，從什麼地方可以看出公司有錢，可不可以
舉一些例子？

答：第一，公司除了到後期關廠前幾年，生意較差外，在民國
60、70年間的時候外銷訂單很多，生意很好，那個時候我
們經常加班，公司加班費也給得很大方，年終獎金也不
少，公司也買了很多新的設備和機器，生產線一條接一條
的開，公司要是沒錢，怎麼會這麼做；第二、RCA是外國
人的公司，早先是美國人後來又被賣給法國人，外國公司
有錢啊，而且技術都是最新的，我有朋友在其他的電子工
廠上班，是國內的廠商，生產技術和設備差RCA差很多，
效率也比不上，所以工資比我們低。那個時候，RCA進
原料，都是一貨櫃車一貨櫃車的進，很多都是直接進口來
的，公司怎麼會沒錢。」

　　從以上兩位RCA資深員工的陳述中，我們可以推測公司經營者或管理
人對於廠區影響員工安全與健康的狀況事先可能有所了解，而且也擁有改
善員工工作條件的資源，但是公司在自身利益的考量下，並沒有重視員工
工作的安全條件。從社會背景分析，自1960～1970年代，是戰後臺灣經濟
發展的黃金年代，政府政策是將臺灣由農業經濟轉型為工業經濟。馳名世
界的RCA公司參與了臺灣經濟高度成長的年代，自有其功不可沒之處；
然而RCA在臺灣所造成的嚴重污染事件，亦印證了部分跨國公司以經濟
之名，對第三世界行剝削之實，甚至進行公害輸出等案例。

　　此外，又如礦業、紡織業及化工業等的勞工，亦常暴露在危險的職
場中工作。美國自1930年代以來，據估計煤礦業已造成10萬人喪生以及

150萬人受傷。美國在1980年代，礦工具有極高的職業傷害死亡率，每10萬勞工中約有55人死亡的比率，這麼高的死亡率主要是肇因於礦坑爆炸與起火。儘管該死亡率到2000年時降低到30人，但礦業仍被公認是最危險的行業（Associated Press, 2001）。造成78名礦工死亡的1968年West Virginia礦坑爆炸事件，揭露了長期以來礦業公司忽視安全規定的事實。雖然該悲劇促成美國聯邦煤礦安全法（Federal Coal Mine and Safety Act）的立法通過，但是因為礦業公司多半惡意忽視安全標準致使礦坑通風不良（因成本因素），以至於礦工仍舊不斷因礦坑火災及崩塌而死亡。數以萬計的礦工也因為長期暴露於礦塵（mine dust）中，因而導致死亡或罹患肺病（Friedrichs, 2004）。

紡織業與化工業的情況也非常類似，勞工因長期吸入塵埃（如纖維塵）或有毒化學物質而罹患肺部疾病。公司對於職場的危險狀況其實都很清楚，只是他們大多加以隱瞞，並且積極介入甚至抵制有關規範與賠償法令的通過。他們違反的法律（安全標準）行為大多數僅受到象徵性的金錢制裁，很少會受到嚴厲的刑事制裁。

與工作有關之意外事件的可責性，有時是一個極為複雜的問題。公司刻意地去傷害自己員工，對公司本身不見得有利，但是當公司經營者或管理人員為了追求更大的利益或為了降低成本而限制或無視於危險的預防，或是在員工身上加諸生產的壓力以致使員工無視於危險的預防，那麼員工終將難以避免遭受傷害。缺乏傷害的直接故意、不易指出傷害的特定原因、形成傷害之公司決策的責任模糊化，以及公司所擁有的政經影響力等等因素，往往讓公司經營者得以規避工作有關傷亡事件的法律責任。

第五節　公司之權力濫用、詐欺與經濟剝削

許多公司犯罪並不見得會有暴力的結果，但卻可能衍生許多政治和經濟方面的負面效應。Sutherland（1949）在對白領犯罪的研究中，幾乎就是把所有的焦點集中在經濟的而非暴力的結果上，這些違法行為包括限制

交易，專利權、商標權及著作權等之違反，不實廣告，不公平的勞工措施，金融操縱等。此外，Sutherland還觸及了戰爭犯罪（war crimes），他檢視了戰爭期間（適逢第二次世界大戰）許多公司的非法獲利及其他違法行為後（諸如限制戰爭物資的交易以提高售價等），他的結論是，就大公司而言，利益優先於愛國主義。

公司界經常用腐化政治的方式濫用其權力，以獲取其所欲獲得的利益，例如減少納稅、增加漲價的自由空間、降低勞資標準等，這些結果經常都會對一般民眾造成負面的經濟影響。此外，公司界還會運用其龐大的經濟力量來扭曲政治過程，使得公共政策的擬定與執行有利於其私人利益的方向，相對的使公眾利益蒙受鉅害。

向政府官員及民意代表進行賄賂，長久以來就是許多公司的經常性作為。賄賂多為隱密性的，有些以選舉捐獻的方式為之，有些則以積極遊說的方式，不論以何種方式進行，重心均是建立在公司利益與官員之間的關係結構上。一旦這些影響力量軟化了政府對於公司損害活動的控制，甚至進而妥協時，或為了本國公司利益而動用武力與他國交戰時，那麼肉體的和經濟的傷害便會相繼發生。以下我們將對公司濫權、詐欺及經濟剝削的一些實例進行討論。

一、侵害公眾權益的公司犯罪

不論地方政府或中央政府，都可能是公司產品與服務最主要的購買者之一，在這些購買交易中，政府花費了大筆經費。那些與政府訂有契約以提供物品和服務的公司，經常涉及詐欺政府鉅額款項的行為，而政府被公司詐欺的金錢往往又間接從民眾與納稅人處收回。在政府的各項預算中，有關國防方面的支出，往往是政府預算中最為龐大的一個部分。因此，我們先看看國防契約有關的詐欺。

㈠國防契約詐欺

國防契約詐欺案件的數量並非是少數，而且所涉及的錢數經常都是鉅

額款項。因爲美國有許多國防建設及採購是由承攬契約之民間企業來執行的，而且相關的資訊較爲公開，因此這一部分我們以美國的資料來討論。雖然援引美國資料，但並不代表我國沒有國防契約詐欺事件。相對的，當我們思索到政商之間關係的發展，以及立法委員與財團之間的脈絡關係，國防契約（國防軍購）詐欺在我國應該是存在的。

　　1980年代後期，美國國防部每天各項開支合計至少要花費6億美元以上，在其全部的預算中，一大部分是分配給約6萬個承包商，例如，Lockheed（洛克希德）公司每年85%的營利（約85億美元）就是賺自美國國防部（Simon, 2002）。Simon與Hagan（1999）指出，美國有關承攬國防契約的整個制度，長久以來就爲有心之人提供了豐富的詐欺機會。譬如，有相當高比例的新武器系統合約，是在沒有競標者的情況下被承攬的。承包商往往訂出不合理的價格、追加預算、僞造測試資料、重複向政府請款，最後交給政府的經常是有瑕疵的產品或系統，結果等於是將大量金錢浪費在沒有必要那麼複雜的武器系統上。1980年代初，媒體曾大幅公開美國國防部以鉅額價格來購買零件及工具，例如花費110美元買一個檢波整流用的半導體，而它隨處可以四分錢買到；用1,118美元買一個航海用的馬桶蓋，實際上只有10美元的價格；花2,043美元買一個實際價格只有13分錢的螺帽等等。之後，美國有一項全國性的調查結果顯示，在國防契約的訂定與執行過程中，賄賂充斥其間。當時許多涉及不當或違法行爲的承包公司一一曝光，其中包括Lockheed、Rockwell International、Boeing、Unisys及General Electric等知名大公司，他們大部分是涉及超額索價、重複請款及其他詐欺等行爲等，合約項目內容則包括運輸機、噴射引擎及野戰用的電腦系統等有關裝備。國防契約詐欺案件，一般具有幾個值得注意的面向：涉案的金錢數量通常是鉅額的；違法者通常是大公司；這些公司通常並不會因爲受到公開追訴而使其違法行爲受到遏止；這些案件的處理大多數是經由財務性的解決方式，而非取銷涉案公司未來與政府訂定契約的資格。Simon與Hagan表示，國防開支最主要的受益者，恐怕不是「國家安全」，那些國防契約的承包公司應該才是實質上的受益者。

詐騙政府，也就是詐騙納稅人，並非僅侷限於國防契約的詐欺，只要是提供政府物品或服務的任何企業，都有詐騙政府的可能。

(二)公司逃漏稅

公司逃漏稅，尤其是大型公司的逃漏稅，無形中增加了守法納稅人的納稅負擔。早在Sutherland（1949）有關白領犯罪的研究中，他就指出許多公司逃漏稅的案例，譬如虛報成本數（以降低外顯的利潤）、調換財務資料、以及向政府詐騙有關戰爭開支等戰爭時期謀取不正當利益的行為。

以美國為例，企業界所繳納的稅占聯邦稅收的比例，從1950～2000年呈現下降趨勢，但個人繳稅占聯邦稅收的比例卻持續增高。許多每年獲利上億美元的大型公司幾乎都沒付相對等的稅，其中原因有部分是因為企業經營者成功遊說立法者通過有利於企業的法案。另一方面，企業支付高薪聘請律師及會計師竭盡所能幫其避稅。美國企業的平均稅率在1988年為26.5%，到了1998年時則降至約20%（Morgenson, 2001）。在雷根總統主政時期（1981～1988年），企業的最高稅率從46%降為34%，石油業更透過遊說成功地將過去特別針對石油業所課徵的稅予以撤銷。以全美最大的武器承包商—通用動力公司（General Dynamics Corporation）為例，該公司竟然在1972～1985年這十三年間從未支付過任何聯邦所得稅，儘管該公司在當時曾有20億美元的營收。知名的恩隆公司（Enron Corporation）在1990～2000年間曾獲利豐厚，但僅有一年付過稅，其餘年間還從政府手上收到數億美元的退稅（Johnston, 2003）。此外，外商公司的逃漏稅情形也是非常普遍的，這些公司所處的情境非常有利於他們從事逃漏稅的行為。1990年美國「內地稅務局」（Internal Revenue Service, IRS）的報告就曾指出，美國境內有一半以上的外商公司（超過18,000家）填報零收入，內務稅務局估計這些公司大約漏繳了120億美元的稅。這些公司減低自己付稅責任的主要方法，就是故意以較高的價錢向國外母公司購買商品、服務及科技等，這些支出往往可以抵銷掉大部分的營利（Simon, 2002）。

雖然有人主張企業不應繳稅，他們認為這是對投資者及消費者一種不

公平的待遇，會阻礙經濟的發展。但事實上，一般納稅人在努力工作、賺取薪資且守法繳稅及繳納帳單時，公司企業亦累積了大量的利潤。顯然，公司逃漏稅與國家財政赤字不無關連。

二、侵害消費者權益的公司犯罪

以低價格購得高品質的商品，是亞當·史密斯所主張自由市場經濟的一項重要理論。其基本概念是，企業在自由競爭的市場下，必須盡可能提高產品的品質與降低價格，以求取生存和追求利益，這當中受惠的乃是消費者。可是一旦相互競爭的公司同意將產品價格固定於某個區間，即所謂的價格鎖定（price-fixing），那麼消費者所獲得的利益將化為烏有。

(一)價格鎖定

許多價格鎖定行為並未涉及特定的共謀，而經常是以「對等價格」（parallel pricing）的方式來進行的，即由該行業中居領導地位的公司先訂定誇大價格，接著競爭者也隨其調整價格。以對等價格方式來達到價格鎖定的目的，這種行為是否為法律所禁止，尚存有爭議。不過，這種行為無形中造成消費者許多額外的支出。

具體的價格鎖定行為為反托辣斯法（公平交易法）所禁止，儘管如此，價格鎖定的行為仍然經常出現在各種行業中。Sutherland在其研究中指出至少有六種不同價格鎖定的方式，同時他也發現有不少訴訟是針對此等行為而發動的。美國有研究估計，價格鎖定行為每年造成消費者600億美元的損失。美國國會因認知價格鎖定行為過於猖獗，曾於1991年修改相關法律以增加此等違法行為在實施上的困難度（Simon, 2002）。

多年來，價格鎖定的共謀行為在許多行業被揭發出來。幾年前，全球LCD面板（用於手機、電視、看板螢幕等）主要是由日本、韓國及臺灣的廠商製造。當時韓國一家廠商來臺灣建議臺韓幾家面板大廠定期開會，分享資訊、商討產品價格、合作形成戰略夥伴。因Crystal（水晶）是製造面板的重要材料，所以將定期會議的名稱訂為「水晶會議」（Crystal

Meeting）。引發美國多家科技大廠（如戴爾、摩托羅拉、蘋果等）採購
面板時對於市場合理價格的質疑，並向美國司法部檢舉，美國司法部隨後
展開大規模調查，發現臺灣及韓國多家廠商涉嫌價格鎖定，違反美國「反
托辣斯法」（Anti-trust Law）。調查過程中，韓國三星同意轉爲污點證
人，提出與臺灣廠商開會的相關資料而免予處罰。當時有七家面板業者認
罪協商，受罰8億9,000萬美元，另有多位高階主管人員被美國法院裁定監
禁及罰金，包括臺灣奇美電子、中華映管等公司。臺灣友達光電因不願認
罪而被美國司法部正式起訴，最終美國法院判決友達違反反托辣斯法，判
罰5億美元及相關人員入獄服刑。

　　另以美國爲例，石油、糖、牛奶、嬰兒奶粉、長途電話公司以及航
空公司等都曾經是價格鎖定猖獗的行業。美國有關價格鎖定共謀行爲最
著名的一個案件，就是涉及兩家大型電器設備製造商——General Electric
及Westinghouse——共謀鎖定其產品的價格長達數十年之久。兩家公司都
受到鉅額的金錢制裁，公司內部不少的中層管理者也被關到監所（服刑
時間約一個月）。美國從1990年代以來一些較爲著名的價格鎖定違法案件
包括：一些大型電信公司在長途電話費用上的操控；電視遊樂器製造商
Nintendo的價格鎖定行爲；美國西部若干州石油公司價格鎖定及限制石油
供應量的行爲；43家酪農公司操控其產品價格，而使與其訂定契約的學校
及軍事單位蒙受消費傷害（Coleman, 2002）。諸如此類的案件，大多數是
經由罰金、罰鍰或民事損害賠償的途徑來解決，很少動用自由刑，但這些
案件已造成消費者在金錢上相當大的損失。

　（二）哄抬價格

　　有些行業會利用消費者的缺點（如缺乏專業知識）或是特殊情境（如
缺貨），故意提高產品的價格。例如，在1986年Burroughs Wellcome製藥
公司宣布，在愛滋病（AIDS）治療上的一個重大突破：生命延長用藥物
AZT之合法上市。AZT是一種AIDS病患使用的藥，一位AIDS病患每年
所使用的AZT大約價值1萬美元。在1989年，這家公司卻被控告「透過將

AZT價格訂在不合理的高價位（當今最貴的藥物之一），從愛滋病患身上賺取不當之利潤」。高利潤，是製藥業人人皆知的事實，但製藥公司哄抬藥品價格的行為，事實上卻消耗了許多民眾的納稅錢。儘管製藥業辯稱，因為製藥過程的成本高，再加上有關的研究具有風險，使得藥品價格相對的會較高；但客觀的研究指出，這些公司花費在藥品促銷上的錢，往往比投資在研究開發上的錢還要來得多。製藥業長久以來有一個習慣，就是雖然有其他價額較便宜且藥效相似的藥存在，但仍舊會積極促銷較昂貴的藥品（Coleman, 2002）。在醫師的處方下，消費者經常成為哄抬價格下的犧牲品。

在其他行業，也經常看到哄抬價格的情形。例如租車業中的Hertz公司在1988年承認向租車消費者超收修理費用，並同意償還這些費用。在同一年，許多家石油公司共付出74億美元的經費來解決他們在1973～1981年間哄抬油品價格的案子。美國嬰兒奶粉及食品的主要製造商，在1992年被控告違法哄抬產品價格，他們在美國一年的銷售額就超過15億美元。學者認為，製造商或企業哄抬價格有可能導致通貨膨脹，而較為顯見的傷害就是增加消費者無謂的開支（Rosoff et al., 2004）。

㈢不實廣告及引人錯誤廣告

自工業革命以來，廣告隨著市場經濟的盛行而日漸蓬勃。工業革命後初，消費者對產品的要求在於基本需求的滿足。因此，企業只要能大量生產標準化產品，便能透過規模經濟的效果，以較低的價格滿足消費者需求，而在同業競爭上取得優勢，此即所謂大量生產時代。在此時期，企業對於廣告的利用甚為有限。其後，工商社會日益發達，經濟日趨富裕，消費者對產品的需求愈來愈多樣化，此種需求型態的轉變，使得企業競爭亦隨之愈為激烈。因此，除了追求產品成本的降低之外，企業亦致力於各種行銷方法的應用，以求生存和發展，此即大量行銷時代的來臨。因為各種相關知識和技巧的發展，使得行銷方法之一的廣告，開始受到企業廣泛的利用，而消費者在衣食住行育樂各方面，亦常常賴於廣告提供相關的產品資訊，以降低尋找成本。

廣告在經濟上的功能固然無庸置疑，但是，在另一方面，廣告以其具滲透性及說服性的本質，深深地影響著視聽大眾的思想和行為，一旦廣告的內容或手法有所偏頗，其對社會所造成的負面影響亦是難以衡量的。1960年代開始，美國的人文社會學者注意到廣告所造成的道德警訊，而展開了一連串有關廣告倫理問題的研究，其中，缺乏社會責任一直是廣告備受批評的焦點。廣告以其高度的普遍性，過度簡化的刻板描述，以及操縱和說服的本質，直接或間接地助長了物質主義和非理性的思考。其他有關廣告的批評尚包括以不合倫理或不負責任的手法，處理具有潛在傷害性的產品，如菸、酒廣告；以過度惹眼和生動的手法表現恐懼訴求；以較易受影響的群體，如兒童、低社會階層者為目標視聽人等。

　　廣告不僅是事業重要的行銷手段，同時也是消費者獲取消費資訊的重要來源，廣告內涵的表示或表徵足以影響消費者的購買決策，故虛偽不實或引人錯誤的廣告不僅使消費者因錯誤的訊息做出不正確的決策，造成金錢或時間的損失和浪費，同時亦使競爭同業受到損害。尤其以現代產業的進步和技術的革新，新產品及服務的內容愈來愈複雜，相對的，消費者對這方面的知識卻愈來愈貧乏，其依賴廠商所提供之廣告和宣傳的程度亦更形加重；再加上市場競爭激烈，不肖廠商廣告的誤導手法推陳出新，常常令人難以分辨廣告內容的真偽。

　　饒懷真（1996）曾針對我國公平交易法公布實施（1992年2月）至1995年11月底，公平交易委員會所處分的397件判例進行分析，結果發現其中有關虛偽不實或引人錯誤的廣告竟多達278件，占所有處分判例的70%。根據饒懷真的研究，不實廣告判例數以服務業最多（55%）、營建業次之（30%）、在其次為製造業（15%）。在服務業中，不實廣告判例數之前三名依序為：百貨零售業（28%）、出版娛樂業（16%）、個人服務業（15%）。在製造業中，不實廣告判例數之前三名依序為：食品飲料業（32%）、電子電器業（20%）、金屬機械業（12%）和運輸工具零件業（12%）。這些經常出現不實廣告的行業，大多數均是民生日常消費所接觸了行業。顯然的，社會大眾在日常消費時很難避免接觸虛偽不實或引

人錯誤廣告，虛偽不實或引人錯誤的廣告已成為消費者保護的重要議題。

三、侵害員工權益的公司犯罪

　　員工侵占或竊取雇主的財物或時間，是眾所周知的；但雇主自員工處進行竊取，反倒是眾人較少聽說的。在K. Marx有關資本主義制度的觀念裡，就認為雇主（或稱擁有生產工具的人）自員工處竊取他們想要的東西。Marx的解釋是認為，工人並沒有從其所付出的勞力價值中獲得完整的回饋，而雇主卻奪取一部分價值轉化成自己的利潤，也就是所謂的「剩餘價值論」（theory of surplus value）。儘管此理論受到許多經濟學家的貶抑，但資本家剝削勞工、未提供勞工合理工資，長久以來並未遭受太多的質疑。

　　許多公司總是企圖壓低員工的薪資和福利，以獲取公司本身的最大利潤，例如，僱用非全職人員、外籍勞工或技術不成熟、沒有證照的人員等。有時，既使公司賺錢，則仍解僱人員或無預警關廠。使得員工不僅在經濟上受到傷害，更在心理上受創。公司可以採取許多不同手段來詐欺員工的薪資，譬如：未依規定付予超時加班費、違反最低工資規定、不按時給付遣返費或退休準備金等。有時，員工因公受傷而公司未加以妥善照顧，也是另一種方式。公司管理階層經常對於工會（union）施予排擠與打壓，甚至長久以來缺乏適當法律來執行工會有關罷工的權力。此外，公司內對不同背景勞工的歧視與對待亦常受到報導與注意。國內過去就許多企業因拖欠薪資、不公平待遇等問題，爆發多起外勞有關的勞資糾紛。

　　近年來，臺灣勞資爭議迭起，勞工抗爭事件頻傳，尤其是歲末時節最為明顯。根據行政院勞動部所公布的資料，長期來看，臺灣勞資爭議的案件每年都多達2萬多件，涉及勞資爭議的人數達數萬人，尤其是2020年的涉及人數高達55,947人，為近十年之最（參閱表4-8）。勞工權利意識覺醒，勞資爭議與勞工抗爭事件頻起，勞工已逐漸不能忍受潛存已久勞資間權利與義務的不對等，建立和諧的勞資關係，儼然已成為經濟發展中一個亟待解決的社會問題。

表4-8　近十年臺灣勞資爭議案件數與涉及人數分析表

年別	2011	2012	2013	2014	2015	2016	2017	2018	2019	2020
爭議件數	22,629	23,225	23,943	22,703	23,204	25,587	27,174	26,649	26,435	27,523
涉及人數	44,022	41,257	35,531	33,611	32,383	36,582	43,654	39,640	39,626	55,947

資料來源：行政院勞動部（2021），勞動統計月報（2021年6月）。

四、侵害競爭者的公司犯罪

小型公司，特別是成為競爭對象時，往往是大型公司非倫理和違法行為的受害者。美國在十九世紀自由資本主義瀰漫的環境下，出現了一些缺乏道義的企業家（robber barons）運用任何可想像到方法來打擊競爭對象，使得他們經常在商場上獲得勝利。由J. D. Rockefeller所經營的美國「標準石油公司」（Standard Oil Corporation），當時就以廉價出售產品的方式打敗了許多市場上的競爭者，到了十九世紀末，該公司控制了95%的市場，明顯的獨占了整個市場。美國Sherman反托辣斯法的立法，至少有一部分是因為對大型公司獨占作為的憤怒所促成的。雖然像標準石由公司這種大規模私人機構壟斷市場的情況已逐漸消失，但壟斷的現象卻為寡占所取代（Rosoff et al., 2004）。

Sutherland（1949）曾指出，十九世紀時有某些公司為消滅其競爭者，經常使用兩種方法：減少競爭者的銷售量，以及增加競爭者的成本。通常可以藉由低於競爭者售價的方式來減少競爭者的銷售量，也可以藉由對經銷商、工會及其他團體施壓，不讓他們與競爭者共事，以達減少競爭者銷售量的目的。而競爭者成本的提高則可以靠強制使原料漲價、與原料供應商建立不利於競爭者的共識、對融資機構施壓以縮減競爭者的信用度以及策動破壞活動等。

近來有關公司犯罪的研究發現，反競爭（anticompetitive）的現象仍舊相當普遍。數年前，IBM曾涉及重大的反托辣斯的案件，雖然該訴訟最

後被撤銷。微軟公司（Microsoft）的競爭者控告微軟公司實施反競爭的措施，另外還有電視遊樂器製造商Nintendo公司也遭受類似的控訴。美國著名的大型零售業Wal-Mart被控告以低於其他同業的價格出售商品，待其他競爭者倒閉之後再調升價格（Jamieson, 1994）。在諸如此類的案件中，政府所抱持的經濟理念將是一個決定司法回應型式與強度的最重要因素。

誠如Sutherland所觀察者，公司對其競爭者的侵害行為有許多不同的型式，包括違反專利權、商標權及著作權的行為等。在現今所謂的「資訊時代」，觀念與科技的竊取已成為一個愈來愈重要的議題。國內永豐紙業公司技術部門徐姓主管和交通大學何姓教授，在美國費城遭聯邦調查局幹員逮捕，因兩人涉嫌竊取美國知名藥廠必治妥公司抗癌新藥「紫杉醇」（Taxol）製造技術機密。該徐姓主管被控罪名是意圖竊取商業機密、通信詐欺、共謀和商業賄賂，何姓教授則被控教唆和協助犯罪，兩人一旦被定罪，均屬聯邦重罪（中國時報，1997）。美國聯邦調查局經調查後發現，日本日立公司人員因竊取IBM公司的商業機密而觸法，也是類似案件。

妨礙契約協定（interference with contractual agreements），是另外一種反商業競爭的作為。在1980年代，有一個廣為報導的案例，就是Taxaco石油公司被控告以低價出售產品的不當方式來打擊競爭者Pennzoil石油公司，並獲取與Getty Oil公司的合作關係。Taxaco先以詐欺的手段引誘Getty Oil與Pennzoil解除契約關係，進而奪取Pennzoil購買10億桶儲油的權力，切斷Pennzoil的供油來源。民事法庭判決Taxaco需負110億美金的賠償（在此類案件中，是美國歷史上最大金額的判決），但最後雙方是以美金30億元達成賠償協定（Friedrichs, 2004）。

五、侵害公司所有人與債權人的公司犯罪

現今，許多大公司的所有人（owners）與管理階層經常是分開的。公司的所有人是股票持股者（stockholders），而管理階層則是公司的實際經營者。公司管理階層的利益與股票持有人之利益可能並不完全一致，管理

階層之薪水待遇往往與公司規模的大小成正比。換言之，公司的成長，而非利潤的成長，可能才是管理階層所關心的要務。因此，管理階層會較關心如何維持其職位，擴增其權力和利益（包括濫用公司資源），而股票持有人的利益並不一定是公司經營者主要關切的對象。在有些情況下，公司經營者可能會利用他們對公司內部的了解，篡改財務報表及操縱股價等而中飽私囊，損害了持股大眾的利益。

　　恩隆公司（Enron）曾是美國及全球最大的能源交易集團，其營業項目跨及天然氣、電力、紙漿、基本金屬、塑膠及光纖寬頻等多個產業。恩隆在2000年的營業額更是突破1,000億美元，成為美國第七大企業。恩隆公司的業務仰賴複雜的帳外金融交易活動，設立空殼公司與母公司進行交易，以隱藏負債，利用這種帳外金融與財務工程對外創造了一種繁榮的假象，使公司在財務報表上看似情況非常良好，實際上卻是負債累累。恩隆公司利用會計上預付帳款的手法和技巧掩飾公司財務的實際情形，因此恩隆的股價屢創新高，而公司的高層利用內部消息大把炒作自己的股票，金額達數千萬美元。但2001年開始，因為能源價格下滑，導致公司的交易獲利大為減少，部分市場專家也開始懷疑其財務報告的真實性，10月中旬開始，恩隆股價重挫九成以上，到11月30日恩隆股價跌到每股26美分，市值萎縮到1.7億美元，最後不得不宣告破產。

　　恩隆事件不是單一個人的決策錯誤或是個別的事件，而是一連串的錯誤決策所導致，那些決策以當時法律來看甚至沒有違法，這種在灰色地帶的技術性守法，也使人們開始反思企業道德倫理的重要。恩隆事件存在著一個共犯結構，不僅是經營管理階層出了問題，組織體系內亦沒有適當的機制來防止其發生，加以外部監察、稽核機構的共謀或疏忽，使整件事情一發不可收拾。恩隆案影響甚鉅，負責恩隆公司財務報告審計的安達信（Arthur Andersen LLP）公司，曾是全美第五大的會計事務所之一，也因協助恩隆公司偽造不實資訊、逃稅，並銷毀會計資料而遭到起訴，營業執照遭吊銷，導致該公司在美國境內的7,500名員工失業。

　　這場「企業史上規模最龐大的破產個案」，遺留下2萬4,000名手足無

措的員工，以及廣大的受害股東，股票淪爲壁紙市值，損失600億美元。恩隆這個名詞，自此成爲企業腐敗、貪婪，會計作弊、公司治理失敗的代名詞。

　　力霸集團財務醜聞風暴即是一例，該集團經營人王又曾巧取豪奪，利用超貸、關係人貸款、金融內控放水、運用人頭公司與人頭帳戶、內線交易等手法，掏空嘉食化、力華票券、友聯產險、中華商業銀行、亞太固網等公司，犯案時間長達十餘年。弊案爆發前夕，還利用公司申請重整的訊息，再度從事內線交易等犯行。弊案消息傳出後，其關係企業中華商業銀行遭遇嚴重擠兌，政府爲保障存款人權益和避免金融風暴，接管該銀行，但擠兌金額仍超過新臺幣430億元。在這次力霸集團的犯罪行爲中，牽涉許多政府公股事業受害，根據財政部公股小組彙整的資料，在近300億元的貸款金額中，公股行庫就貸了152億元。另根據金管會資料，郵匯局在力華票券拆款、買票有20幾億元，合作金庫也約有6億元。在投資方面，政府轉投資的公股事業如兆豐銀、中鋼、臺鐵等，當初在亞太固網就投資了130多億元，未來財務黑洞多大還未知。了解中華商業銀行財務的財金官員表示，未來中華銀行標售後，金融重建基金還須賠付給得標者，以彌平中華銀財務缺口，吸引投標者承接，金管會方面估算要100、200億元。這些政府的公股銀行貸款與公股事業投資，加上私人投資的股票、債券，全民買單的損失可能上達700億元。該案偵查過程，涉案被告人數超過100人，牽涉企業超過80家，境管及限制出境人數近百人，檢方投入六名檢察官偵辦該案，起訴書內容超過600頁，當時這些都創下檢方偵辦單一犯罪案件的紀錄。

　　公司有時也會利用不同的倒閉策略，逃避對債權人的債務和責任。「破產」是生意經營的最後手段，但有些公司卻會運用所謂的「策略性破產」（strategic bankruptcy），而逃避了對債權人的財務責任。公司員工及股東，經常成爲公司策略性倒閉下的被害者。擁有5,000餘名會員的北部知名健身中心「桃企健身廣場」無預警停業，經營該健身中心的「桃企生活公司」負責人避不見面，5,000多名會員所繳會費血本無歸，引起會員

白領犯罪

組織自救會抗議。由於會員數眾多，該公司惡性倒閉所造成的損失金額高
達數億元，令會員氣憤的是，該公司在即將倒閉前，仍不斷推出廣告及優
惠方案招攬新會員。抗議會員說：「我叫我朋友加入，她還叫她媽媽、叫
她妹妹，結果都還沒使用完，我沒有賺到錢啊，我也沒有拿佣金。」另一
抗議會員說：「沒臉面對同事，每天看到他我就低頭，以前都是很好的同
事，現在都已經變成壞朋友。」大多數抗議會員表示，桃企倒閉後股東全
避不見面，還擺出高姿態，要他們自己去找律師談，不願親自出面說明。

　　亞力山大企業集團成立於1982年，曾經是全臺灣最大的健康休閒產業
集團。2002年，亞力山大健康休閒俱樂部曾獲選為「全球前25大最佳俱樂
部」，2004年，在第二屆臺灣企業獎中，亞力山大健康休閒俱樂部獲得
「最佳創新經營獎」項目；在《康健雜誌》2005及2006年「健康品牌大調
查」中，亞力山大健康休閒俱樂部的品牌知名度為62.08%，成為當時臺灣
最大的健康休閒俱樂部品牌，會員數量超過10萬人。但是到了2007年，由
於集團負責人投資失利，造成資金缺口，亞力山大健康休閒俱樂部忽然無
預警歇業，估計超過26萬名會員權益受損，1,500位員工面臨失業。並陸
續有員工及會員出面指控，在亞力山大健康休閒俱樂部隱瞞財務狀況，在
無預警歇業之前，仍不斷推銷「預付型」的會員方案給消費者，涉嫌預謀
詐欺，最後負責人唐某依詐欺罪遭法院起訴判刑。

第六節　結　語

　　公司犯罪，不僅對一般大眾、消費者及公司所屬員工的人身安全造成
傷害，而且也是造成鉅大財物損失的主要白領犯罪。公司犯罪，經常是來
自一些具高社經地位者，以其專業智能和職守所從事的犯罪行為，這種行
為顯然也會對社會的道德價值觀產生負面的影響。公司犯罪具有多種形
式，亦在不同的脈絡下發生。事實上，公司犯罪所造成的損害，與街頭犯
罪相較，有過之而無不及。時至今日，公司犯罪仍是白領犯罪最典型的代
表，也是當今臺灣社會的重大社會問題之一。

本章參考文獻

中國時報（1997）。徐凱樂、何小臺涉竊密在美被捕。6月18日，第一版。

中國時報（1997）。林肯大郡栽在地錨偷工減料。8月23日，第五版。

中華徵信所（2015）。臺灣地區大型集團企業研究。臺北：中華徵信所企業股份有限公司。

孟維德（2015）。跨國犯罪。臺北：五南圖書出版公司。

賴英照（1994）。公司法論文集。臺北：財團法人中華民國證券市場發展基金會編印。

聯合報（1997）。富豪車發生爆衝。5月16日，第七版。

聯合報（2000）。我國87年綠色國民所得，環境成本可觀。2月10日，第八版。

饒懷真（1996）。我國公平會不實廣告判例之研究。國立臺灣大學商學研究所碩士論文。

Bellini, J. (1986). *High Tech Holocaust*. London: David & Charles.

Braithwaite , J. & Drahos, P. (2000). *Global Business Regulation*. Cambridge, UK: Cambridge University Press.

Brobeck, S. & Averyt, A. (1983). *The Product Safety Book*. New York: Dutton.

Brodeur, P. (1985). *Outrageous Misconduct: The Asbestos Industry on Trial*. New York: Pantheon Books.

Clinard, M. B. (1983). *Corporate Ethics and Crime: The Role of Middle Management*. Beverly Hills, CA: Sage.

白領犯罪

Clinard, M. B. & Quinney, R. (1973). *Criminal Behavior Systems: A Typology*. New York: Holt, Rinehart & Winston.

Cohen, M. A. (1998). "Sentencing the Environmental Criminal." pp. 237-239 in M. Clifford (ed.), *Environmental Crime*. Gaithersburg, MD: Aspen Publishers, Inc..

Coleman, J. W. (2002). *The Criminal Elite*. New York: St. Martin's Press.

Cullen, F. T., Maakestad, W J. & Cavender, G. (1987). *Corporate Crime Under Attack: The Ford Pinto Case and Beyond*. Cincinnati: Anderson.

Engels, F. (1958). *The Condition of the Working Class in England*. Translated by W. O. Henderson & W. H. Chaldner. Stanford, CA: Stanford University Press.

Friedrichs, D. O. (2004). *Trusted Criminal: White Collar Crime in Contemporary Society*. New York: Wadsworth Publishing Company.

Geis, G. (1995). "The Evolution of the Study of Corporate Crime." pp. 6-11 in M. B. Blankenship (ed.), *Understanding Corporate Criminality*. New York: Garland Publishing Co.

Gerber, J. & Short, J. F., JR. (1986). "Publicity and the Control of Corporate Behavior: The Case of Infant Formula." *Deviant Behavior* 7: 195-216.

Gold, A. R. (1990). "State is Called New York's No. 1 Polluter." *New York Times* (March 3): A25.

Haines, F. (1997). *Corporate Regulation*. New York: Oxford University Press.

Harris, J. (1974). "The Marxist Conception of Violence." *Philosophy & Public Affairs* 3: 192-220.

Jamieson, K. M. (1994). *The Organization of Corporate Crime: Dynamics of Antitrust Violation*. Thousand Oaks, CA: Sage.

Johnston, D. (2003). "Tax Moves by Enron Said to Mystify the I.R.S." *New York Times* (February 13): C1.

Kramer, R. C. (1984). "Corporate Criminality: The Development of an Idea." pp. 13-38 in E. Hochstedler (ed.), *Corporations as Criminals*. Beverly Hills, CA: Sage.

Mokhiber, R. (1988). *Corporate Crime and Violence: Big Business Power and the Abuse of the Public Trust*. San Francisco: Sierra Club Books.

Monahan, J., Novaco, R. W. & Geis, G. (1979). "Corporate Violence: Research Strategies for Community Psychology." pp. 113-132 in D. Adelson & T. Sarbin (eds.), *Challenges for the Criminal Justice System*. New York: Human Sciences Press.

Morgenson, G. (2001). "Hands out, Even in a Time of Crisis." *New York Times* (November 4).

Pearce, F. & Tombs, S. (1998). *Toxic Capitalism: Corporate Crime and the Chemical Industry*. Brookfield, VT: Ashgate Publishing Company.

Reiman, J. H. (2001). *The Rich Get Richer and the Poor Get Prison*. Boston, MA: Allyn & Bacon.

Rosoff, S. M., Pontell, H. N. & Tillman, R. (2004). *Profit Without Honor: White-Collar Crime and the Looting of America*. Englewood Cliffs NJ: Prentice-Hall.

Simon, D. R. (2002). *Elite Deviance*. Boston, MA: Allyn and Bacon.

Simon, D. R. & Hagan, F. E. (1999). *White-Collar Deciance*. Boston, MA: Allynand Bacon.

Sutherland, E. H. (1949). *White Collar Crime*. New York: Holt, Rinehart & Winston.

Swanson, W. & Schultz, G. (1982). *Prime Rip*. Englewood Cliffs, NJ: Prentice-Hall.

Vaughan, D. (1983). *Controlling Unlawful Corporate Behavior*. Chicago, IL: University of Chicago Press.

Vito, G. F., Maahs, J. R. & Holmes, R. M. (2006). *Criminology: Theory, Research and Policy*. Sudbury, MA: Jones & Bartlett Publishers.

Wright, J. (1979). *On a Clear Day You Can See General Motors*. New York: Avon Books.

第五章
職業上的犯罪

　　社會大眾長期以來有一種觀念，就是正常的成人應該要有一份合法職業維持生計。所謂三百六十行，行行出狀元，任何一種職業都有它的價值與尊嚴。但合法職業也可能具有助長或抑制違法活動的副文化，也就是說，合法職業可能爲某些人提供從事詐欺、侵占等違法活動的機會。

　　第一章曾提及「職業上的犯罪」（occupational crime）一觀念，最早是由Clinard與Quinney兩人定義的，他們將職業上的犯罪定義爲：「發生在合法職業活動過程中的違法行爲」。職業上的犯罪一觀念，通常是指在執行合法工作的脈絡中，爲追求經濟利益（或避免經濟利益的損失）或權力，所從事的違法行爲。之後，Green（1997）更將職業上之犯罪的定義予以擴充，使其包括「透過合法職業活動過程形成的機會，所從事法律禁止的行爲」。他所列舉的行爲，從飯店服務生偷取客人的行李、鐵路工程師工作時因酒醉而導致重大鐵路意外事故、到醫師在醫療過程中對病人進行性侵犯等，都包括在其定義的範圍。本章所欲探討的焦點，乃在於中、上層的個人在其合法職業脈絡中，所從事財務導向的違法行爲。上一章我們探討了公司犯罪，公司犯罪可以說是白領犯罪中最受到學者重視的一個部分，但我們也不可忽視小型企業（如零售商、便利商店）、專業人士、以及員工等人的犯罪行爲。事實上，這類犯罪在數量上並非少數，而且它們所造成的後果也具有相當大的損害性，一般人在日常生活上可說是經常遭遇此類白領犯罪的侵害而不自知。接下來，本章先以小企業的犯罪行爲作爲探討的開端。

第一節　小企業的犯罪——零售商店的犯罪與服務業的詐欺

　　零售商店經常被認爲是犯罪的被害者，例如顧客偷竊、員工偷竊以及搶劫等。但各種規模的零售商店（從大型超市到一般住家附近的便利商店），仍舊有很高的可能從事詐欺或其他的違法行爲，譬如使用欺騙性的廣告、違法的定價措施、販售標示與內容不符的商品、買賣贓物、剝削員工等（如將員工置於危險的工作環境下工作）、逃漏營業稅、向主管機關檢查人員行賄等。近年來，消費者運動以及其他有關的影響力量，的確直接挑戰了過去一般商店所堅持的「貨物既出，概不退還」觀念，但是零售業者所占的地位仍比消費者來得有利。

一、零售業的犯罪

　　P. Blumberg（1989）在其所著的《掠奪社會》（*The Predatory Society*）一書中，對商業詐騙行爲（通常是違法的）的普遍性，有深刻且具體數據的描述。Blumberg蒐集了前後十五年間（1972～1987年）約600名就讀於紐約大學具有工作經驗之學生的經驗報告，他分析這些報告之後發現，71%的學生指出他們的雇主曾經從事詐欺行爲。雖然其中有部分行爲是相當輕微且普通的（如引人錯誤的廣告），但仍有25%的比例涉及較嚴重的詐欺行爲，以劣質品標示爲高級品出售的行爲是其中較爲常見的行爲，實際的例子包括：加油站將低級汽油以高級汽油賣出，詐騙數以萬計的駕駛者，騙取來的金額高達數百萬美金；另外的例子就是將未清理乾淨的食物卻標示爲清理乾淨的食物，以較高的價錢出售等。此外，Blumberg還指出許多其他的詐騙手段，諸如：產品以假亂眞（如以普通水冒充泉水出售），雖屬古老手法但仍經常見到；「偷斤減兩」的行爲不僅普通，簡直就是常態；「引誘後轉換」（bait and switch），也就是先以低價商品將顧客引誘至店來，再以無存貨爲由要顧客購買其他高價商品；以及販售不

應上稅的免稅商品等。有些詐騙行為令人懊惱不已，因為這些詐騙不僅讓消費者蒙受破財之殃，更使消費者的健康遭受傷害。在Blumberg所研究的學生樣本中，有不少學生發現他們過去所打工的商店使用各種不同的方法來隱藏食品的腐壞，譬如將不新鮮的肉品，使用鹽漬的方式或做成其他產品來延長保存期限；另外在餐廳中，不合衛生標準的食品處理方式也經常見到，餐廳老闆對政府的衛生檢查人員經常以行賄的方式來避免受罰。

如果Blumberg研究的樣本具有足夠的代表性，那麼該研究發現很明顯說明了一項事實，那就是小型企業中存在某程度的詐騙作為應該是一種常態。當然在該研究中，受調查的學生可能只是選擇性的敘述過去涉及詐騙的工作經歷，而忽視了其他未涉及詐騙的工作。另外，在像紐約如此大的都市裡，可能較具有利於零售業從事詐騙行為的條件。無論如何，Blumberg的研究揭示了小企業從事詐騙行為的普遍性。

二、對弱勢者的詐欺

經濟能力脆弱者，往往是消費者詐欺的被害者。多年前，D. Caplowitz（1967）曾於紐約市進行一項名為「窮人凱子」（The Poor Pay More）的研究。Caplowitz在該研究中發現，窮人較常被超額索價、使用等量的錢卻常買到質料較差的商品、遭遇欺騙性的信用措施以及遭受複雜的消費契約之侵害等，尤其是在社會福利金發放期間，貧窮者最常被敲詐。儘管消費者運動的興盛及新法律的立法，但這些詐欺情形（雖然並不一定全然是犯罪，但絕對是非倫理的）從未消失。根據一份1991年美國《消費者事務局》（Department of Consumer Affairs）的報告指出，購物者在紐約市貧民區購買食物要比在中產階級區域購買相同食物多花費9%的價錢；就食物花費而言，一戶四口人家的貧民戶要比相同成員數之中產家庭每年多支出美金350元（Landa, 1991）。在貧民區的零售商店，雖然很難避免遭到某些街頭性犯罪的侵害，但他們每天對於周遭貧民的剝削卻是經常被忽視的。

另外，喪親者以及無依老人等，通常也是較脆弱的消費群。J. Mitford

曾在多年前出版一本名爲《美國式的死法》（*The American Way of Death*）
暢銷書，該書因揭露殯儀館業極爲糟糕的作爲而震驚大眾。雖然殯儀館
業許多作爲並不一定是違法的，譬如他們通常會很有技巧的說服死者親
屬（尤其是年老喪偶者）爲死者典禮花費他們能力以外的費用，但絕大
多數是不合倫理的。若干年後，M. A. Mendelson所撰寫《溫柔愛意的貪
婪》（*Tender Loving Greed*）一書，揭露了許多有關老人療養院的醜聞。
Mendelson在蒐集資料過程中，發現老人療養院從事許多違法作爲以增加
收入（與健康保險及老人福利方案有關的違法行爲），以及透過提供劣
質食物、衣物及住宿等方式達到降低支出成本的目的。除了這些詐欺作
爲之外，僞造文書、挪用公款以及賄賂等作爲，也經常出現在該事業中
（Friedrichs, 2004）。

三、服務業的詐欺

　　修理業長久以來就存有詐騙顧客的不良聲譽，基本上，他們所處的情
境非常有利於他們這麼做。多年前，在《讀者文摘》（*Reader's Digest*）
的贊助下，研究人員進行了一項有關汽車修理業詐欺的實驗。研究者將一
輛車況良好（只是故意將油管拔掉，其他狀況均佳）的汽車分別送至347
家不同的汽車修理廠進行檢修，結果63%的修理廠對該車做了不必要的修
理，謊稱該車有機械方面的故障，繼而超額索取修理費。該研究在若干
年後被複製，又做了一次類似調查，結果發現絕大多數（幾乎全數）的
修理廠都做了2至500美元的超額索價。另一項在1976年進行的研究發現，
在所有受調查的修理廠中，其中只有42%的修理廠按合理的市場價錢向顧
客收取費用。諸如此類的汽車修理詐欺事件，並非僅出現在個別的、或
小型的修理廠。1992年，美國加州消費者事務局（California Department of
Consumer Affairs）控訴Sears Roebuck連鎖汽車修理廠給消費者實施不必要
的服務和修理，即詐騙消費者。該局調查員前往27處Sears修理廠執行了
38次的檢查，其中有34次的檢查發現有不必要服務或修理的情況。事實
上，該修理連鎖店的經營者要求員工每天至少要有某種程度的業績。另

一有關研究更指出，修理廠對顧客進行鈑金修理前所做的估價，主要是受到顧客保險給付範圍的影響，而不是修理所需要的真正費用（Coleman, 2002）。

　　然而值得注意的是，並非是所有的研究均指出汽車修理業有很高度的不誠實性。Jesilow（1982）在對300家汽車修理廠的調查中發現，僅有10%的修理廠有超額索價的行為（如僅需充電的電瓶，但向顧客表示損壞，需要換新）。紐約州車輛管理處（New York State Department of Motor Vehicles）於1992年對Goodyear與Sears連鎖修車廠所做的調查中，僅發現極少數的詐欺行為（Fisher, 1992）。不過Blumberg（1989）的研究卻對美國整體的汽車修理業下了一個令人印象深刻的註腳，他發現1980年代後期全美消費者每年大約花費650億美元在汽車的修理上，在這麼一大筆的支出費用中，大約有210億美元是因修理廠詐欺作為所導致的。

　　修理服務業的詐欺現象並非僅限於汽車修理業，有關的調查發現，電器、電腦、鐘錶等修理業中均有很高的比例涉及不必要修理等詐欺行為（Friedrichs, 2004）。根據有關消費者事物的調查結果，以及上述這些行業從業者本身所表示的意見，向顧客提供不必要的修理服務以及超額索價等行為，在這些行業中幾乎可以說是常態。

四、小企業的犯罪——小結

　　許多方面的估計均發現，因為零售業及修理業的詐欺作為，使得消費者支付了大筆不必要的花費。當然，不可否認的，還是有許多小企業和修理業是誠實經營的。小企業從事詐欺作為不僅與經營者的廉潔操守有關，更和經營者的自我認知（self-perception，自認是專業人士還是生意人）、該行業所處的社區本質、「好口碑」對其的重要性，以及商品與服務的型態等，都有著密切的關係。譬如Quinney（1963）從研究中就發現，把自己的職業角色主要定位為生意人的藥劑師，會比自認是專業人士的藥劑師，較可能從事違反藥劑法規的行為。此外，很明顯的，開藥劑處方要比賣菜容易使用詐術，一項於1993年在紐約市所做的調查發現，相同藥劑處

方在各藥房間的價錢有很大的差異，譬如某一有關心臟的藥在某家藥房的
價錢是5.37美元，但在另一家卻高達39.95美元（Steier, 1993）。

　　雖然冷靜、理智及掌握資訊的消費者較有可能避免成為詐欺的被害
者，但有研究顯示，這些特性並不能保證消費者能夠有效地抵擋詐欺者的
企圖（McGuire & Edelhertz, 1980）。許多消費者並不知道自己是否被害，
就算是知道自己被害，往往也會懷疑報案能夠產生什麼有效的回應。不論
消費者多麼警覺，還是很難能完全避免零售與修理服務等業者的詐欺作
為。

第二節　專業人士的犯罪

　　「專業人士」（professionals）在社會上，通常享有較高的地位和聲
望，例如醫師、律師與科學家們大多享有比一般人高的地位和聲望。不
過，「專業」一詞在使用上，卻經常造成一些語意上的混淆。在廣義上，
「專業」與「全職」（full-time occupation）有類似的意義，譬如在「專業
理容師」、「專業運動員」及「常業犯」（professional criminal）等名詞
中，專（常）業常指全職的意思。另一方面，在狹義上，專業則指具有高
等教育與訓練、特殊技能知識、高度自主性、對特定人（如病人、訴訟委
託人等）所提供的服務具有獨占性或近乎獨占性的控制、對顧客及下級者
享有實質權威、特定的法律責任及倫理規範、證照與資格認定之條件、
專屬語言和價值體系之副文化或促進該項職業利益之協會等特徵的職業
（occupations）。而本書所討論者，則是從狹義的專業意涵出發，針對醫
師、律師及宗教人員等，傳統觀念中之專業人員的犯罪及非倫理行為進行
探究[1]。

　　許多其他職業團體，諸如會計師、工程師、藥劑師、護士、社會

---

[1] 在西方的傳統中，Profession一詞指需備學問素養的職業，原指醫師、法律專業
者及聖職者等職業。而Occupation一詞，係指一般性的職業。

工作者及某些行政管理人員等，也經常被認為具有專業的身分，他們具有傳統專業中的某些特性，而且也享有傳統專業中的某些特權。因為專業人士可以享有較高的地位、聲望、自主權、信任度及收入等好處，以至於吸引了許多其他職業者急於想把自己的職業予以「專業化」（professionalization）。但是，這些所謂具有專業身分的人士（此處指會計師、工程師、藥劑師、建築師等人士），實際上並非享有真正的自主權，他們經常要對他們所依賴（經濟上的依賴）之客戶所提出的需求，予以積極回應。當然，許多醫師、律師及科學家因受僱於政府或私人機構，或受助於這些機構的經濟贊助，使得他們的決策能力與範圍受到了限制。或許可以這麼說，現今擁有全然自主權的專業人士已是愈來愈少。不過，我們從醫師、律師及宗教人士的違法或非倫理行為的探討中，應該也可以發現一些其他職業團體違法或非倫理行為的端倪來。

由於長久以來，傳統觀念中的專業人士始終具有較高的社會地位和聲望，所以本章擬以傳統的專業範圍為討論焦點。雖然這樣子的界定可能會招致批評、質疑及其他職業團體的挑戰，不過證據顯示，傳統觀念下的專業人士仍是社會中享有較高威望與大眾信賴的工作者（Hodson & Sullivan, 2002）。諷刺的是，社會大眾對於這些專業人士的期待——即期待他們是站在長遠的公共利益與民眾福祉的基礎上，來運用及發揮其專門和客觀的知識——卻受到了多方面的考驗。此處所謂的「公共利益」，是指對有所需求的人，提供服務；以及對政策制定者，提供專家知識。而所謂的「民眾福祉」，是指支持與提升有利社會大眾的事物及價值觀。

事實上，由於某些專業人士經常把自我利益置於公共利益或民眾福祉之上，以致醫師、律師及宗教家等專業人士過去所慣用的「家長式作風」（paternalism），逐漸受到病人、委託人及信徒的挑戰和質疑，社會大眾要求政府對專業人士自利行為（並非完全是基於消費者或顧客的利益）進行管制的呼聲，也隨之愈來愈大。另從政治社會學的（sociopolitical）角度來分析，有學者將專業人士視為一種企圖操縱權勢的新階級。此觀念也挑戰了「專業人士認為他們因為擁有特殊知識，所以應該享有特殊權利」

的觀點（Derber et al., 1990）。在這種政治社會學途徑的分析下，學者認為專業人士並沒有受到市場力量的支配，可是卻在以市場為基礎的社會中追求利潤。這些學者進一步指出，專業人士並非全然是運用專業知識解決問題的無私慾之人，自利者也是專業人士的身分之一。此觀點強調了專業人士缺乏責任感、無能力與狡詐的一面。

事實上，醫療、法律、宗教等專業人員的確享有某些特權。由於在「專業」的意涵中，專門知識（specilaized knowledge）占有極為重要的分量，使得專業人士的地位與企業經營者、零售商及售貨員等人的地位比較起來，便有明顯的差異。當病人面對醫師、訴訟委託人面對律師、信徒面對宗教家時，他們往往都會傾向於接納或服從這些專業人士的判斷或指示，理由是病人、訴訟委託人及信徒等人在處理其所遭遇的問題上（如疾病、訴訟、心靈等問題），一般較無法相信自己所做的判斷。但當消費者或顧客在面對零售商或售貨員等時，就不見得一定會接受或服從零售商等人的判斷。「專業意見」（professional opinion）的概念，包含了一個相當寬廣且模糊的灰色地帶，專業人士可能因為所提供的服務過少或過多而犯罪。這些專業人士的病人、訴訟委託人及信徒等人的利益，經常和他們（專業人士）本身的利益不一致。由於社會大眾對於專業人士的信任、期待和專業人士追逐自我利益之間存有間隙，使得專業人士所為的非倫理、詐欺及違法等行為，給人產生一種懊惱與困惑的感覺。學者Coleman（2002）就認為，專業人士的犯罪是「最未被研究、最未被了解的白領犯罪」。以下我們將對多數學者所認為的專業人士犯罪進行討論。

一、醫療犯罪

醫學專業，在吾人社會中具有極高的威望，醫師享有高度受尊重以及專業自信的形象。醫師不僅享有優厚的待遇，受到較崇高的信任，並且對病患具有特殊的專業操控權。與其他行業相較，醫師雖然受到較高的信任，但醫師是否一定會站在病患立場，誠信的執行醫療工作，卻很難有確切的保證，一位醫學院教授就曾嚴厲地批評自己的專業，並指出醫師所應

該受到的信賴度，應該要低於二手車銷售員所受到的信賴度（Friedrichs, 2004）。醫師一方面被民眾期待運用他們的專業力量施惠病患與社會，在另一方面，醫師又被視為資本主義社會中的追求利潤者。換言之，在醫師所扮演的角色當中，存在某種結構性的矛盾。儘管如此，社會大眾對於「醫師」與「犯罪人」這兩者形象的認知，仍存有很大的落差，醫師往往不被認為是犯罪人。早年Sutherland在其有關白領犯罪的研究中曾發現一些醫療專業人士的犯罪行為，但他指出，醫療專業人士的犯罪行為要比其他專業者來得少（Sutherland, 1949）。然而，隨著社會變遷，有愈來愈多的證據顯示，許多醫師所從事的活動就是（或應該是）醫療犯罪（孟維德、郭憬融、李讓，2009）。

　　醫師若對病患造成任何不必要的傷害，醫師應對病患負責，這種觀念早在古代就已經被確認，針對醫師詐欺作為所加諸的嚴厲責難，可以追溯至1600年代（Rosoff, Pontell & Tillman, 2004）。雖然，醫學專業被賦予實質力量來實施自我監督，但這項工作始終都沒有做的太理想，自我監督的機制不僅無法保護社會大眾免於無能、缺乏職業倫理以及詐欺醫師的傷害，反而讓醫師更加重視與維護自我利益。Jesilow等學者就曾指出，醫學協會之類的組織對於醫療傷害活動的態度，就如同對抽菸危害及環境污染危害一般的冷淡，該等組織不僅反對降低醫療費用的相關立法，而且在公開、調查及起訴醫療犯罪的相關活動上，更顯得懦弱（Jesilow, Pontell & Geis, 1992）。醫學專業長期以來的立場就是，醫療犯罪是一個小問題。

　　醫師較常從事的違法或非倫理行為包括：原可一次完成的醫療處遇卻分成數次進行及收費、索取回扣、醫療費用的價格鎖定、因開診所又經營藥局所引發的利益衝突行為、不必要的手術與檢查以及其他醫療服務、未經病患同意卻進行具爭議且可能造成傷害的實驗性手術、詐騙收費、開違法處方、在法庭做偽證、因不慎醫療行為而導致病患發生其他病變、有關執照及文憑證書等方面的詐欺、醫學研究詐欺、虛假醫療行為等。以下將針對較主要的醫療犯罪行為進行討論。

(一)醫療犯罪的類型

根據醫療犯罪發生的脈絡及其造成的損害，可分爲暴力型醫療犯罪及詐欺型醫療犯罪，其內容如下所述。

1.暴力型醫療犯罪

執行不必要的手術，是一種令人感到不安的醫療犯罪，學者多將此種行爲視爲「職業上的暴力犯罪」（violent occupational crime）。根據Friedrichs（2004）的研究指出，大多數的手術是選擇性的（即非緊急性的）醫療行爲，以美國爲例，在每年所進行的數百萬次手術中，大約有15%～20%的手術是不必要的，而且此種不必要手術所占的比例還在持續增加中。據Reiman（2001）的估計，全美每年大約有1萬6,000個病患死於不必要執行的手術。

最常見的非必要手術包括扁桃腺、痔瘡、盲腸及子宮等切除手術，心臟有關的手術（例如冠狀動脈繞道手術、心臟節律器植入手術等）以及剖腹生產等。這些手術不僅要耗費龐大的的醫療費用，更造成許多生命不必要的死亡（Angier, 1997）。另外，在某些案例中，非必要手術導致病患癱瘓、失明及其他永久性的傷害（Reiman, 2001）。雖然要辨識非必要手術並不容易，但有研究指出，執行手術的多寡與外科醫師的數量供給過多、手術病患所受保險補償的等級以及醫院類型等因素有密切關係，而病患的客觀需求並非是最主要的影響因素（Friedrichs, 2004）。Friedrichs指出，美國社會由於已建構多元的醫療保險網絡，使得美國人接受手術的機率要高於英國人。享有公費醫療補助的病患，接受手術的機率大約是一般民眾的2倍。

醫療保險與補助制度以及缺乏有效的醫學同儕監督審查程序，是促使非必要手術發生的條件因素。在一些極端的案例中，例如帶有破壞作用的精神外科手術（如前腦葉白質切除手術，lobotomies）、對智障婦女的結紮手術、女性性器官的實驗手術等，執行者的動機已超越醫療本質的範圍（Wachsman, 1989）。外科醫師或許是手術的「眞正信仰者」，但他們所製造的傷害卻眞實存在，而且這種傷害行爲很少受到正式的法律追訴。

2.詐欺型醫療犯罪

由醫師所從事的健保詐欺，可說是一種「純正」的白領犯罪，因為此種行為發生在日常職業活動的脈絡中，不易被發現，經常被掩飾及否認（Rosoff, Pontell & Tillman, 2004）。

健保詐欺造成極為重大的損失，Sparrow（1998）的研究曾估計，在美國，與醫療保健有關的詐欺及資源濫用所造成的損失，每年約為1,000億美元，其中有相當高的比例是健保詐欺。Rosenthal（1996）估計全美約有3%的醫師經常性從事醫療詐欺行為，有更高比例的醫師涉及曖昧不當的收費。不論損失的真正金額到底為何，健保詐欺的確嚴重侵蝕醫療資源，剝奪病患應享有的醫療品質，病患甚至因為非必要的或有害的措施而遭受直接的傷害。

進行不必要的醫療檢查及服務，繼而收費，可能是醫療詐欺最普遍的型式，同時這種行為不易被證明及起訴（Jesilow, Pontell & Geis, 1992）。證據顯示，許多醫師並不將健保詐欺或其他醫療保險詐欺視為犯罪，反而認為這種行為是可以理解的、是合理的，當作是對健保及其他保險方案低給付的一種回應。此種詐欺需使用一些特殊技巧，Rosoff及其同儕的研究發現，這些技巧諸如：「打乒乓球」（pingponging，即病患被原看診醫師轉介給其他醫師執行非必要的看診）、「家人集體醫療」（family ganging，即讓病患的所有家人接受非必要的醫療服務）、「操縱」（steering，指示病患到就診診所有關係的藥局領取不必要的處方）、以及「升級」（upgrading，即虛報醫療服務的範圍，不實收費）（Rosoff, Pontell & Tillman, 2004）。2001年在美國佛羅里達州的調查揭發，有人招集數千名的清寒兒童，把他們送至牙醫診所看診，協助牙醫請領健保醫療費用給付。同年在紐約州的調查也發現，有六所脊椎治療診所的醫師及醫護人員被控告造假單據、浮濫收費，被要求繳回1,000萬美元的非法所得（Friedrichs, 2004）。近年來，有部分醫師似乎愈來愈在「密碼遊戲」上表現出驚人的創意，也就是極力將若干彼此相關的醫療程序予以「拆解」，繼而領取鉅大的超額費用。

有些醫師本身就存有利益上的衝突，例如自己開設診所外又經營檢驗室、物理治療中心、醫療器材店等，介紹看診病患到這些機構消費。其他類似的情形諸如，有些醫師積極建議病患使用自己所投資公司生產的醫療器材；有些醫師在收取藥商金錢後，就盡量開該藥商藥品的處方給病患，或是將自己的病患名列藥商的研究報告中，作爲支持某藥品效能的虛假證據（Abelson & Glater, 2003）。2002年，Vermont成爲全美第一個要求藥商公開贈禮的州，其中不乏見到藥商提供醫師免費的豪華旅遊（Petersen, 2002）。

　　事實上，此種型態的醫療犯罪造成了相當大的經濟損失。但由於錯綜複雜的原因，使得執法過鬆，要對此類犯罪進行成功的偵查、起訴與懲罰，是非常不容易的。處理醫療詐欺較爲妥當的方法，或許是對健康保險制度進行改革，使其更具合理性，並降低犯罪機會。

　　除本節所討論的犯行外，過去還有醫師被控訴從事其他與職業有關的犯罪，例如吸毒、性侵害病患等。當然有許多醫師還是相當廉潔端正的，但由於病患通常對醫師予以高度信賴，使醫師具有許多得以濫用權力的機會，而且他們所從事的不法行爲往往易於掩飾與否認。總之，醫療詐欺是一個既存的現象，同時也是一個亟待研究的議題。

　　(二)從醫療糾紛觀察醫療犯罪的特質
　　由於國內犯罪學研究對於醫療犯罪現象著墨有限，以「醫療犯罪」或「醫療偏差」爲關鍵詞並無法蒐集到豐富的資料。此處所呈現有關醫療犯罪特質的資料，主要散落在醫療糾紛的研究領域。雖然醫療犯罪或偏差行爲具有隱密性，被揭露的事件可能僅是少數，甚且並非所有事件皆演變爲醫療糾紛，惟從有關醫療糾紛的研究仍可對醫療犯罪的特質觀察出一些端倪。有關臺灣地區醫療糾紛的特質，如表5-1。

　　根據吳俊穎、賴惠蓁、陳榮基（2009）、吳俊穎、楊增暐、賴惠蓁、陳榮基（2010）及劉邦揚（2011）等研究，從醫療糾紛層面可歸納出幾項有關醫療犯罪的特質。

表5-1　臺灣地區醫療糾紛的特質

項　目	特　質	研究者
易生糾紛之病患狀況 案件解決方式 訴訟結果 發生糾紛患者性別 發生糾紛患者年齡	死亡＞無身體傷害者＞輕傷者＞重傷者 和解調處34.9% 撤回或放棄42.0 司法訴訟23.1% 病患平均勝訴率為9.0% 病患平均敗訴率為74.4% 女性＞男性 以21～40歲所占比例最高	吳俊穎、賴惠蓁、陳榮基（2009），《臺灣的醫療糾紛狀況》。
發生糾紛之科別占率 疏失鑑定 糾紛之地區 起訴的案由	外科（32.4%）＞內科（19.7%）＞婦產科（16.1%）＞急診科（13.9%） 無疏失59.5%，有疏失28.9% 臺北地院（20.2%）＞臺中地院（16.6%）＞高雄地院（15.2%） 業務過失致死占多數（68.2%）	劉邦揚（2011），《我國地方法院刑事醫療糾紛判決的實證分析：2000年至2010年》。
訴訟趨勢 病患勝訴率偏低 和解或調處補償案件（未經司法訴訟） 民事訴訟賠償金額分析	循訴訟程序請求司法救濟，尤其是民事訴訟，漸已成為解決醫療糾紛的主要途徑之一 地方法院 　刑事訴訟案件：26.6% 　民事訴訟案件：26.6% 高等法院 　刑事訴訟案件：27.9% 　民事訴訟案件：28.0% 10萬元以下補償金：49.2% 100萬元以上補償金：9.3% 超過1,000萬：6.72% 超過100萬元至500萬元：45.38% 10萬元以下：5.04% 賠償中位數約為201.5萬元	吳俊穎、楊增暐、賴惠蓁、陳榮基（2010），《醫療糾紛民事訴訟時代的來臨—臺灣醫療糾紛民國91年至96年訴訟案件分析》。

註：參考自臺灣醫學，第13卷第1期，頁1-8及第14卷第4期，頁359-369。科技法學評，第8卷第2期，頁257-294。

1. 容易發生的科別：外科、內科、婦產科及急診醫學科。

2. 最可能發生糾紛的事件：病患死亡。

3. 糾紛案件解決的方式，以撤回訴訟或放棄最高，其次為和解調處與正式進入司法訴訟，吳俊穎、賴惠蓁、陳榮基（2009）研究發

現女性患者、年齡層介於21～40歲的患者、重傷或死亡的患者，有較高的機會提起訴訟。

4. 糾紛起訴的案由大多爲業務過失致死，但醫生被以過失致死罪起訴時，相較其他行業，其受到有罪判決的機會較低。

5. 醫療判決集中於北、中、南三大都會區，以地理位置做區別時，北部地區案件占多數。

6. 醫療糾紛被告服務醫院的層級以醫學中心爲多數，其次依序爲區域醫院、地區醫院及診所。

7. 鑑定意見與判決結果間具有高度的一致性。劉邦揚（2011）指出，在鑑定機關認爲被告的行爲存有「疏失」的情況下，有61.8%的被告同時也會被法院評價他們的行爲具有「過失」；另外，在鑑定機關認爲被告的行爲「無疏失」的情況下，有95.6%的被告會被法院評價他們的行爲「無過失」，且獲得無罪判決。

8. 訴訟趨勢：循訴訟程序請求司法救濟，尤其是民事訴訟，漸已成爲解決醫療糾紛的主要途徑之一。

9. 病方勝訴率偏低，可能有以下原因（吳俊穎、楊增暐、賴惠蓁、陳榮基，2010）：

(1) 多數有疏失的醫療糾紛案件，醫師有較高的意願循和解或調解的方式解決，只有金錢談不攏或者醫師自認沒有疏失存在時，才會進入司法訴訟。

(2) 許多進入司法訴訟的案件是因爲病患發生死亡或重傷的情況，而死亡或重傷的結果往往都是因爲疾病的複雜性、醫療的不確定性或病患本身的多樣性所造成，並非醫療疏失所致。

(3) 臺灣醫療糾紛訴訟由於制度面設計的關係，使病方偏好採取以刑逼民的方式，優先採取刑事訴訟，而刑事訴訟對於過失的認定採較爲謹慎的態度，從而增加了病方敗訴的機會。

10. 以2002～2007年間的醫療糾紛訴訟案件爲例，醫方的賠償總額已達新臺幣4億3,200萬元，其中以介於100萬元至500萬元的賠償案件

最多，金額10萬以下及超過1,000萬元者均屬少數。

以下是在美國發生的一個醫療犯罪案件。1999年4月13日，美國密西根州奧克蘭郡巡迴法院（Circuit Court in Oakland County, Michigan）法官J. Cooper判處過去九年多來協助約130人安樂死的J. Kevorkian醫師十年到二十五年的徒刑。Kevorkian醫師在1998年9月使用毒劑注射協助一位患有肌肉萎縮症的病人結束生命，Kevorkian醫師錄下了整個過程，並把錄影帶交給哥倫比亞廣播公司（CBS）「六十分鐘」（60 Minutes）節目播放，呈現在全國觀眾面前。Kevorkian在節目中接受專訪時，公然向檢察官挑戰，欲為安樂死的議題做最後的了斷。該節目在1998年11月22日晚間播出（當時筆者正於美國進修，觀看了該節目），節目播出後，全國譁然，連推動安樂死的中堅分子都皺起眉頭，對他目無法紀的做法不敢苟同，更有人認為他作秀做過了頭。在該事件發生前的幾個月，在Kevorkian醫師的協助下，一名內華達州男子自殺身死，Kevorkian竟然摘下死者的腎臟準備供人作器官移植，但他接洽的醫療機構都拒絕接受這對腎臟。該作為掀起了輿論對Kevorkian的激烈批評，認為他為了引人注意而做得過火。在過去，當Kevorkian吃上官司[2]，在法院受審時，他的朋友、崇拜者和支持者，都會把法庭擠得水洩不通，但在最近這一次審訊過程中，支持者大多不知去向。

根據底特律自由新聞（Free Press）過去所做的調查發現，Kevorkian在向罹患絕症的病人提供自殺協助時，並沒有遵守他曾經公開聲稱要遵守

---

[2] 在這次訴訟之前，Kevorkian醫師過去曾四次因病人死亡而遭檢察官起訴。其中三次獲無罪開釋，另一次以起訴不當收場。在這四次的起訴中，Kevorkian醫師並沒有以謀殺罪起訴，而是以協助自殺（assisted suicide）的罪名起訴。在這四次的訴訟過程中，死者家屬甚至還幫助Kevorkian醫師至法庭作證。本註資料來自美國哥倫比亞電視臺（CBS）於1998年11月22日所播放的「六十分鐘」（60 Minutes）節目，另參閱Johnson, D. (1999). "Kevorkian Sentenced to 10 to 25 Years in Prison." *New York Times* (April 14): A1, A21.

的一些規定和標準。調查結果也顯示，所謂Kevorkian只協助末期病患或無法忍受痛苦的病患自殺的這種說法並不確實。事實上，在Kevorkian協助下所自殺的病人中，至少有60%，他們的病情並未達到末期。至少有17人可能繼續活下去，雖然存活的期間不能確定。而且在13個案例中，病人並未表示痛苦得無法忍受。由Kevorkian協助自殺的病人的許多親友，甚至不知道他設立了一些規定和標準。但是經過調查以後，發現他違反了他自設的、寫成文字的規定和標準。Kevorkian的這些錯誤行為包括：

1. 未諮詢心理醫師，甚至當他與病人談話時，也未徵詢心理醫師的意見。
2. 在協助病人自殺以前，他並未等待一個最短期限。他曾以書面規定，他在協助自殺請求書上簽字以後，病人必須至少等待二十四小時，他才協助病人自殺。
3. 他未諮詢疼痛專家或其他的醫療專家，即使這種需要已清楚地顯示。
4. 他未查明可能造成病人想死的財務問題或家庭問題。

關於上述幾點，Kevorkian曾於1992年以書面設定了一些規定和標準，作為他協助病人自殺的準則。顯然他的所作所為，並沒有完全遵守這些規定和標準。由七男五女所組成的陪審團，於1999年3月26日裁定Kevorkian的二級謀殺罪與注射管制物質罪名成立，Cooper法官於同年4月13日宣判時對Kevorkian說：

> 「你膽敢上全國電視公開你的所作所為，法律就敢阻止你。——我們是法治國家，解決衝突，我們有文明和非暴力性的方式。你可以批評法律，你可以抱怨法律，你也可以發表演說，甚至訴諸民主投票的方式。但你必須在法律規定的範圍內，你不能違法，你更不能玩弄法律。——這項審判無關安樂死的政治或道德正確性——而是有關目無法紀、不尊重社會以及法律體系的行為。——沒有人能凌駕於法律之上的，沒有任

何人[3]！」

　　一些主張安樂死的人認為，Kevorkian將近十年協助病人自殺的事蹟，的確加速了美國社會對病人臨終照顧問題的討論，使醫院對臨終病人照顧的範圍擴大，提高醫師對臨終病人身心需要的敏感度，也為1997年奧瑞岡州「尊嚴死亡法規」催生，使美國出現唯一允許醫師協助病人自殺的法規。這些都將使Kevorkian在歷史上留名。但他若干幾近沽名釣譽的行為，最終還是讓他入獄，除非上訴成功，否則70歲高齡的Kevorkian終將在獄中度過餘生（世界日報，1999）。

二、法律專業人士的犯罪

　　此處我們將探討律師的非法及非倫理行為，有關法官等法律專業人士的不當行為，我們將在政府犯罪一章（第六章）探討。律師在執行他們的專業工作過程中，由於經常與違法者或違法事務接觸，使他們有可能會面臨一些違法的特殊機會或壓力，繼而從事違法行為。法律專業，過去始終給人一種利他主義的形象，而律師業也一直對外宣稱他們具有相當高的職業倫理。但在另外一方面，法律專業也遭受了「法律教育與法律實務使律師良知消褪以及助長律師從事非倫理及違法行為」的批評。由於律師在執行他們專業工作的過程中，並沒有始終都站在無辜者、被害者的一方，因而遭受到「為了自我利益而引發不當訴訟、索取過多和解費用」等批評。近來，社會大眾對於律師的動機與可信度也逐漸產生懷疑的態度，大眾對於律師非倫理或非法行為的認知也日漸升高。有時，社會大眾根本分不清楚律師到底是代表正義的一方，還是在為邪惡辯護。

---

[3] 此段陳述是摘錄自J. Cooper法官於1999年4月13日宣判前，對Kevorkian所做的陳述。參閱 *New York Times* (1999). "Statement From Judge to Kevorkian." *New York Times* (April 14): A21.

(一)詐欺型的法律專業犯罪

律師傷害其委託人的方式有許多種，長久以來，律師就經常被指責從其委託人或相關人身上侵占財物。由於律師享有委任權（power of attorney），而且他們經常在提供其委託人專業服務時，可以接觸或了解委託人的財務狀況，這些均提供了律師許多侵占委託人財物的機會。美國過去便曾發生過許多轟動社會的案件，譬如1990年紐約有一位律師因爲侵占委託人18億美元而被監禁；曼哈頓一位律師因面臨侵占委託人2,500萬美元的控訴，而於1991年逃離美國；曼哈頓一位專辦離婚訴訟案件的著名律師，因詐騙委託人數百萬美元而被判處重罪；另一位紐約著名律師因詐騙委託人350萬美元而遭控訴（Simon & Hagan, 1999）。

律師工作的內幕，不易爲外界所知，這給律師提供了超額收費的極佳機會。J. Grisham所撰寫的一本著名暢銷小說《律師事務所》（*The Firm*），就是敘述一家富有又有權之律師事務所從事詐騙取財行爲的故事（Grishan, 1991）。1994年，美國Clinton總統身旁的一位親信W. Hubbell被迫辭去美國法務部副部長的職位，因爲他被控訴先前在擔任律師時填報不實支出收據以及向委託人超額收費，共計從委託人處騙取了約39萬美元（Simon, 2002）。

如果律師的委託人並不富有，或許侵占或超額收費的機會相對減低，但律師所作的不當處置或不實陳述，有時反而給委託人造成更大的傷害。在有些刑事案件中，律師有時會誘騙沒錢的委託人承認犯罪，而不幫助他們運用法律上的權利進行訴訟，因爲這麼做不僅有利於自己的經濟利益，更有助於其與法院人員（尤其是檢察官與法官）良好關係的建立，在這種情況下，委託人的利益經常被忽略。

R. Cohn是美國一位非常著名的律師，Cohn成名於1950年代初，他曾擔任參議員J. McCarthy有關共產黨員滲入美國政府聽證會的首席法律顧問，當時他只不過剛從哥倫比亞大學法學院畢業沒幾年。之後，Cohn成爲紐約市一位極爲賺錢且具聲望的律師，他的客戶許多都是名人或富翁。但是Cohn因向其顧客貸款10萬美元卻未償還，並因爲多年前在申請律師

資格時使用不實文件，同時還涉及一位酒商遺囑的詐欺活動，最後被吊銷了律師資格（Friedrichs, 2004）。其後，對於Cohn的批評與控訴不斷出現，諸如賄賂法官、偽造切結書、債務未清問題及參與一系列不法商業活動等。Cohn當時曾是一位非常成功的律師，結果卻是一個騙子、賴帳者和僞善之人。

（二）共謀型的法律專業犯罪

在某些情況下，律師也可能會幫助或教唆其委託人從事犯罪行爲。在律師的養成教育及職業倫理中，雖然均有要求律師必需嚴守有關委託人犯罪的訊息，以及禁止律師建議或幫助委託人從事任何違法行爲。但事實上，在「律師與委託人互守秘密」以及「成爲違法活動同一陣線」兩者之間的界線是非常薄弱的。美國1980年代初便有一著名案例，紐約市一知名律師事務所Singer Hunter Levine, Inc.因與其委託人O. P. M. Leasing Services, Inc.（租賃公司）共謀詐騙銀行及其他金融業者高達2億1,000萬美元而遭控訴。根據證據顯示，該律師事務所在獲知其委託人已經停止詐欺租賃活動之後，仍繼續代表委託人進行詐欺交易行爲，造成被害者約1,500萬美元的損失（Simon, 2002）。

1980年代，在美國一些重大內線交易案件中，不少律師因涉及透露公司轉讓中的機密資訊而遭受控訴。此外，在80年代，還有一些知名的美國律師事務所因涉及重大借貸詐欺案件而遭控訴，涉案的事務所均付出4,000萬美元以上的罰款。在這些違法行爲中，數十億甚至上百億美元從金融機構的借貸運作中被侵占或竊取，如果沒有律師及其他專業人士的默許或縱容，很難想像這些案子可以這麼輕易的發生（Calavita et al., 1999）。

（三）律師與政治權力的濫用

有關律師的違法事件，很難能構找到像美國先前所發生的「水門事件」（Watergate Affair）那麼具有戲劇性。這個案子主要是民主黨辦公室遭共和黨派人侵入，以及「總統改選委員會」（Committee to Re-Elect the

President, CREEP）所從事的許多違法活動（由共和黨籍總統尼克森（R. Nixon）及多位白宮高級官員策劃與實施），其中有許多不同層級的律師涉案。

　　Nixon總統在民主黨辦公室侵入者被逮捕後，因面對妨礙公平正義罪名的彈劾以及強烈的批評而辭去總統職位，Nixon總統本身就是一位律師。當時的法務部長J. Mitchell以及地方助理檢察官（assistant district attorney）G. G. Liddy，因在違法侵入事件中扮演核准及操縱的角色而遭受監禁制裁。Nixon總統的內政首席助理J. Erlichman、總統法律顧問J. W. Dean III、特別顧問C. Colson、總統私人律師H. Kalmbach等，均具有律師或類似的身分，他們最後都被判處偽證、共謀、妨礙公平正義或違法募款等罪名。在水門事件爆發前，Nixon的副總統S. Agnew因涉及收受馬里蘭州承包商的賄賂而遭控訴，後來被迫辭職，Agnew本身也一位律師（Simon, 2002）。評論家Auerbach對此曾做了以下的陳述：

　　　「水門事件顯示出法定職權的公信力（credence in legal authority）已遭嚴重破壞。它顯現，法律與秩序只不過是隱藏不法的假面具，而那些曾宣示要維護法律的人，卻是真正圖謀顛覆法律的人。律師，以及全國最高層的執法官員均嚴重涉及不法活動。專業行為的雙重標準，保護了富有者及權勢者的利益，但卻摧毀了法律之前人人平等的諾言及其實現的可能性（Auerbach, 1976: 264）。」

　　另外，雷根（R. Reagan）總統的政治親信，也就是當時的法務部長E. Meese III，因涉及伊朗軍售案以及國防契約詐欺案而遭受控訴。在強烈的輿論壓力下，Meese最後還是辭去了法務部長的職位。1994年，有關白水交易事件（Whitewater dealings，涉及阿肯薩斯州不動產開發的事件）的調查，揭發了高層法律專業人員的不當或不法行為、利益衝突及錯誤判斷等行為，其中包括了柯林頓（B. Clinton）總統、其夫人及一些具律師身分的

白宮現職官員（Simon, 2002）。儘管白水事件的焦點並非是水門事件中的政治權力濫用，而是Clinton任職總統很久前的土地交易事件；但毫無疑問的，高層法律專業人員涉及這些問題行為（可能是不法行為），絕對不是一件令人感到愉悅或寬心的事。

㈣法律專業人士的犯罪——小結

高層法律專業人員的犯罪活動具有相當高的探索價值，理由是這些活動極有可能會造成非常嚴重的後果。在政治圈中任職的法律專業人員往往具有實質的權利及影響力，這些力量有時難以避免被不當的運用。那些幫助公司機構隱藏犯罪活動並為其辯護的律師，也應該為公司機構所造成的嚴重損害擔負一部分責任。當然，一般的律師也可能會在工作過程中涉及違法的活動。Reasons與Chappell（1987）曾針對律師違反職業倫理的行為進行實證研究，他們發現，被取消律師資格的律師大多數是生意不佳、個人執業型的律師。他們的研究進一步指出，這些律師的不當或不法行為大多數為侵占委託人財物或類似的活動。或許生意不佳、個人執業型律師的違法活動較容易被揭發及處罰，但如本章之前所論及，違法活動並非侷限於這些律師。或許他們所處的情境較易導致他們從事違法活動，事實上，各個層級的律師或法律專業人士都可能是站在一個有利於從事違法活動的地位，而這些活動所造成的損害，絕對不輕於街頭性的財產犯罪。

三、宗教犯罪

對有些人來說，「宗教犯罪」可能是所有專業人士犯罪中最令人感到困惑的一種犯罪。在信徒的眼中，宗教領導者可說是道德指引與激勵的主要來源；宗教領導者立誓擁護反偷竊、暴力與剝削的宗教教義。神，誠如Durkheim（涂爾幹）多年以前所強調的，占據了人類事務中一個特殊的領域，它使信仰者遠離污穢、世俗的目標、活動與儀式。只要一呼喚神的名字，眾信徒便會對宗教領導者產生極大的信賴與服從性。因此，那些擔任神職而從事犯罪行為的人，可以說是侵犯了一種特殊且神聖型式的信託。

不過根據學者的研究指出，宗教犯罪或宗教人員詐欺行為，已經有一段很長的歷史（Durkheim, 1912）。

由於職業所提供的特殊機會，某些牧師、神父、住持、道士以及其他的宗教領導者或任聖職者便曾利用此等機會，從事諸如對兒童與婦女的性侵犯行為。在他們所從事的違法或傷害行為中，並不一定都是為了經濟利益的獲得，毒打兒童、強暴婦女，甚至殺害信徒等案例，都曾經在一些極端的宗教團體中發生過。國內過去曾發生多起宗教人士涉及強暴及斂財事件，而國外宗教信徒集體自殺事件更是時有耳聞。J. Jones牧師於1970年代在蓋亞那（Guyana）Jonestown這個地方，主導400多位信徒進行集體自殺（有人說那是殺人）。在1993年，D. Koresh及其信徒（被稱為大衛教派）在美國德州Waco這個地方引火自焚，結果造成80幾位信徒死亡的慘劇（Friedrichs, 2004）。事實上，國內也曾爆發宗教信徒前往美國自殺的疑似事件，該宗教團體名為「中華民國靈魂光研究會」，又被稱為「上帝拯救地球飛碟會」。其領導人陳某在美召開記者會宣稱，上帝將降臨在美國德州嘉倫市（Garland），並且以他的形象與世人見面，未來即將發生包括核戰在內的世代大災難，因此他帶領信徒前來上帝將降臨的「聖地」，等待上帝的接引。儘管他在記者會上出示了一些神蹟照片，並表示上帝一定會在隔年降臨福音，否則自己願意任世人處置，但是到了隔年，陳某的預言並沒有實現。在這整個事件的過程中，有不少虔誠信徒辭去原有工作，變賣家產，追隨陳某赴美等待飛碟接引，最後換得的只不過是一場虛空（中國時報，1997）。

有些宗教領導者或任聖職者具備有宗教專業人士的特質，有些則不一定具備這些特質。另一方面，有些財務上經營管理相當成功的宗教家，其實學歷並不高，他們在宗教活動的推展以及財務經營上經常是靠個人魅力（charisma），專業知識與技能當然還是需要的，只是重要性可能沒有這麼高。有些宗教人士與企業家有許多的共通處，反而與傳統的聖靈領導者較不相似。

J. Bakker是美國一位家喻戶曉的宗教人士，儘管他所涉及的案件在某

方面有些極端，但該案正好是為「牧師如何變成一位宗教犯罪者」提供了一個適當的說明。Bakker來自於簡樸的美國中西部，他的教育程度只有中等，基督書院肄業。早期他在電視上擔任福音傳道者，當時正逢電視傳道蓬勃發展的時候（部分原因是雷根總統時代的解禁政策），由於他的技巧不錯，再加上當時機會非常多，使得他的名聲很快的讓許多信徒知曉。在1987年，Bakker及其任聖職的同僚宣稱他們約有60萬名支持的信徒，據估計該宗教團體每年歲入超過1億2,000萬美元。Bakker更在電視上廣徵募款，並聲稱募得的錢會被用在傳教者及教會相關的事務上，Bakker及其妻子Tammy表示，他們已將自己所擁有的全部財產貢獻給教會。然而事實上，Bakker卻支領六位數的薪俸以及極誇張的紅利，此外教會還提供他豪華轎車、昂貴住宅、度假屋、私人遊艇、赴國外的豪華旅遊、甚至還支付2萬5,000美元的整形手術費用。二十週年慶祝會所支出的費用以及噴射機的租用費，都是教會所支付的。Bakker在1985～1987年短短兩三年間，大約獲取了500萬美元的薪資與紅利。當Bakker教會所在城市一份叫作Charlotte Observer的報紙，揭露Bakker的同僚用26萬5,000美元收買一位名為J. Hahn的年輕婦女，要求她封口，因為該婦女指控若干年前她曾受到Bakker及其同僚的誘騙與剝削。從該事件之後，Bakker的聲名頓時從恩寵間跌落。1989年，Bakker及其同僚R. Dortch被司法機關指控未經教會同意而私自隱藏這筆賄賂款項。

更嚴重的是他們涉及透過各種管道詐騙大眾購買「生命合夥權」（life partnership）。「Jim and Tammy Show」節目的許多觀眾被誘騙至少捐獻1,000美元（總捐款約達1億5,000萬美元），以作為他們能夠參訪Bakker在南卡羅萊納州所建造之基督聖地的保證。根據聯邦調查的結果指出，其所賣出的「合夥權」份數超出該聖地設施所能容納之數量，超出的數量高達數萬人。他們透過電視所進行的許多活動違反了聯邦電信委員會（Federal Communications Commission, FCC）的規定；後來，Bakker因嚴重違反稅法而遭內地稅務局（IRS）的控訴。

1989年10月，針對Bakker詐欺及共謀行為的24項控訴全部被判決有

罪，他最後被判處四十五年的監禁以及50萬美元的罰金。Bakker的一些同僚也因共謀、詐欺、逃漏稅等，被判處相當長的監禁。揭露J. Hahn故事的記者C. E. Shepard可以說是對Bakker的竄起與墜落描寫最深刻的人，他聲稱Bakker具有自戀型的人格特質（narcissistic personality）。此外，當時相當新穎且盛行的電視布道方式，很顯然也提供了那些自稱為聖靈領導者詐騙信徒的機會（Friedrichs, 2004）。除了上例外，當然還有其他許多不肖宗教人士詐騙信徒或侵占外界捐獻財物的例子，通常他們是透過利誘、幻覺、及恐嚇等多重方式的結合，來詐騙廣大的社會民眾。

四、專業人士的犯罪——小結

在本節中，我們討論了專業人士所從事的白領犯罪行為。由於專業人士享有較高的被信任感，使此種違法行為可能會對其委託人、病人等造成實質上的傷害。尤其是在醫師不法或非倫理行為的案件中，甚至可能會威脅到病人的生命。因此，專業人士的犯罪是一個相當重要的問題。在另一方面，專業人士也因某些因素的影響而較不易被偵查、起訴與定罪，這些因素通常包括：第一，稽查或督導他們活動的責任，在傳統上大多數是委由他們各自的專業協會來擔負，但這些協會平時所關切的是如何維繫良好的公眾關係以及尋求經濟利益，對違法與違反專業倫理成員的舉發與抵制行動，根本不是他們所注重的焦點。其次，欲起訴專業人士是相當困難的，因為很難喚起其同儕提供批評性的證詞。最後，除非是引人注目或過於離譜的案件，否則專業人士大多享有較高的社會地位與威望，使他們得以逃避刑事追訴及定罪。

此處值得一提的是，教職、研究人員及學生所從事的非倫理行為或非法行為，經常也是一個令人感到懊惱的問題。學校通常被認為不是一個真實的世界，社會大眾很少將學校看做是一個犯罪的重要場所。教職人員及從事研究的科學家大多被認為是溫和的及不會傷害他人的人，美國近年來有兩個案件引起社會高度的重視，一件是Tufts大學著名生化學家W. Douglas博士謀殺了一位曾經讓他花大筆金錢的娼妓，另一件則是紐約

大學人類學系主任J. Buettner-Janusch博士因利用大學實驗室製造及販賣不法藥物而被定罪（Simon & Hagan, 1999）。基本上，任何探究專業人士犯罪的學術研究，也應有責任去慎重考量專業教職或研究人員本身的犯罪行為。

　　有研究顯示，教職人員所從事職業上的犯罪行為要比醫師及律師來得少，教職中有利於犯罪的機會較少可能是主因之一。教職及研究人員較常從事的違法行為包括：誤用或侵占學校的經費，假造憑據，有關研究補助經費、同僚審查與評鑑以及評鑑學生等當中所產生的利益衝突行為，盜印，剽竊，未善盡教課責任，將學生暴露在危險或有害的環境下，以及假造學術文憑等（Heeren & Shichor, 1993）。許多非倫理、有時甚至是非法的行為發生在校際間的比賽活動中，譬如運動比賽即是一例。許多教職人員的不當行為，諸如對學生使用不當的言詞、教唆學生從事不當，甚至不法活動及對學生進行性騷擾等，大部分是經由學校內部處理而被掩飾掉，訴諸校外機關或遭刑事起訴者，可說是少之又少。近年來，教職人員對於學生進行性騷擾的現象已被確定存在，同時也愈來愈受到重視。

　　相對的，科學家（可能也是教職人員）的詐欺行為直到最近才逐漸被發覺。科學主要存在的價值在於追求真理，科學家被認為是自律性很高的人，長期以來科學家的詐欺行為並沒有受到太多的重視。事實上，科學研究的有關團體否認科學詐欺行為是一項嚴重的問題。而欲對科學性詐欺行為蒐集可靠的資料，並不是一件容易之事。有關科學性詐欺著名的案件如下：C. Burt案件（利用假造的雙胞胎資料以證明智力的遺傳特性）、W. Summerlin案件（在實驗老鼠的身上畫上墨水斑點，以假造在不同遺傳動物之間進行成功的皮膚移植）、J. Darsee案件（捏造在狗身上所施用藥物的資料，以顯示心臟病發生機率的降低）、S. Breuning案件（捏造有關控制低能兒行為之心理藥物的資料）以及T. Imanishi-Kari/D. Baltimore案件（在研究論文中捏造基因移植以及免疫系統的資料，該論文作者之一還是諾貝爾獎得主）。其中有些案件曾引起熱烈的爭論，譬如在C. Burt案件中，Joynson及其同僚就強烈地表示，對他們研究的批評如果不是過於

膚淺，要不然根本就是錯誤。在上述這些科學家中，只有S. Breuning被處以監禁的處罰，這也是第一個因假造資料而受監禁處罰的案例。由於S. Breuning的研究涉及聯邦研究補助經費，因此他受到了聯邦的詐欺控訴。而其所研究的低能兒，實際上也真的根據其錯誤的研究發現被施於一些處置，這是該案令人感到氣憤之處。另外還有一件令人感到氣憤的類似案件，該案發生於1994年，一位加拿大科學家被控訴在乳癌研究中假造資料，該研究結果已經影響醫學界對罹患乳癌婦女的處置策略（Coleman, 2002）。從這些案件的討論中，我們可以發現，將科學性的詐欺視為一種潛在暴力型態的白領犯罪，似乎也是滿合理的。

而學生所從事的違法行為也具有多種類型，一般常見的有破壞公物、飲酒滋事、違法藥物的使用與交易、偷竊、打架及強暴等。近年來校園暴行可說是層出不窮，所謂「約會強暴」更是時有所聞。如果上述這些行為是發生在校園裡，學校因為害怕事件擴大引起公眾注意，大多數是由學校行政人員低調處理或掩飾掉。如果涉案的學生來自上層家庭，學校又屬於明校時，那麼上述這種處理方式可能更為明顯。學者S. Hills多年前就曾推測，有校園違法紀錄的大學生，因為其違法行為往往可以獲得同儕支持以及校方較為寬容的處理，這可能會導致其未來成人白領犯罪的發生（Hills, 1982）。

學生型態之白領犯罪（在職業脈絡中，所從事之違法或損害行為，在此處學生既是身分也是職業）最明確的例子就是欺騙。學生欺騙的現象在中、小學是非常普遍的，一個針對專門培育企業菁英之預備學校所作的研究發現，在該校有學生花錢請他人做作業以及透過各種管道取得考卷等行為（Cookson & Persell, 1985）。根據許多研究的指出，學生欺騙的行為也瀰漫於大學校園。學生欺騙行為的頻率有很大的變異性，研究指出，學生承認曾犯欺騙行為的比例從13%～95%（Collison, 1990）。有些研究則指出，至少有50%的大學生曾從事有關學習活動的欺騙行為。美國另有一項全國性的研究，抽選了6,000名學生進行調查，結果發現有67%的學生曾從事有關學習活動的欺騙行為（Kleiner & Lord, 1999）。一項於1989～

1990年在美國Rutgers大學所進行的研究發現，有三分之一學生承認他們在困難的必修科目上曾從事欺騙行為，45%的學生承認曾在一或兩門學科上從事欺騙行為，只有20%的學生表示他們從未在大學裡從事欺騙行為（Collison, 1990）。

　　學生對於他們在學校詐欺的行為，存有正反兩種態度。有些學生甚至誇耀自己的詐騙行為，有些學生則謹慎地將自己的詐欺行為隱藏起來不讓他人知道。當然，學生的詐騙行為也有一些不同的類型，諸如考試作弊，作業、學期報告作假等。從事某一項詐騙行為的學生，並不一定從事其他所有形式的詐騙行為（Michaels & Miethe, 1989）。許多學生所從事的詐騙行為，經常是對於情境壓力（譬如撰寫報告的時間不夠）或偶發性的環境（自己所在的位置剛好看到其他學生考卷的答案）的一種反應。對一般學生而言，分數有時比講授內容更重要（至少在某些科目是如此），因此學生詐欺行為其實是很難避免的。對大學生來說，學科及格是必要的，而獲得好成績可以在許多方面享有益處（如可申請獎學金、同儕中較高的地位、有利於未來的就業與進修等）。能有作弊的機會，通常可能會被大學生認為是一件好事，一般來說，作弊被抓與受處罰的機會並不是太高。研究發現，大學生作弊與家長要求獲取好成績的壓力、不良的讀書習慣、作弊而不被抓的機會、以及重要他人（significant others）對於作弊表示寬容等因素具有正相關（Michaels & Miethe, 1989）。

　　許多曾從事作弊行為的學生會運用一些理由將自己的錯誤予以中立化（neutralize）或合理化（rationalize），這些理由通常有：受到環境的影響，基於幫助朋友的需要，老師、父母或體制本身的錯誤，以及並未造成任何損害等理由（McCabe, 1992）。儘管作弊受到學生自己和他人的非難，不過不少證據顯示作弊已成為學生生活的一部分，作弊不僅沒有完全受到禁止，甚至還獲得一些接受與寬容（Michaels & Miethe, 1989）。

　　很明顯的，作弊會因為扭曲及降低誠實學生的學業成就，有時甚至還剝奪誠實學生的研究補助、獎勵及他們原來應該獲得的身分或地位等，的確造成了一些可辨識的傷害。學生時代的作弊經驗，將可能導致

未來成人白領犯罪的發生。Michaels與Miethe的研究發現，以作弊求取機構報酬的這種習慣會在畢業後帶到其他組織去，作弊者將依賴相似的適應方式去完成他們在工、商業、或政府機構中的責任（Michaels & Miethe, 1989）。針對此點，Michaels與Miethe的研究發現，與Hills的研究發現頗為接近。

學生型式的白領犯罪並非僅有作弊，有些大學生透過一些非倫理作為來獲取財務利益，有時這些活動還是與他們的家長共謀而行的。根據美國一項報導指出，在政府所提供的學生貸款項目中，據估計大約有20%的款項是被詐欺消耗掉的（Ostling, 1992）。此外，由於大學生大多會使用電腦，他們也很有可能從事一些侵害軟體版權的行為。總之，學生型式的白領犯罪，其本身不僅是一個會造成傷害的問題，而且更可能是成人白領犯罪的前奏。

第三節　員工的犯罪

員工偷竊或侵占雇主財物，也是一種常見的白領犯罪類型。在雇主眼裡，此類犯罪是白領犯罪問題的核心。大型製藥公司——Bristol-Myers——的總裁在一場名為「白領犯罪：為了反擊」（White Collar Crime: The Need for a Counteroffensive）的演說中，就曾提及底下這段內容（Gelb, 1977）：

> 「以作為大型公司領導者的身分來演說，今天我要把內容集中在白領犯罪中最大的一個部分——職場犯罪（workplace crime）。所謂『職場犯罪』，我指的是由員工所為且侵害公司的犯罪行為，此種犯罪大多數是由白領階級所為。」

雖然吾人通常將「員工」當作是低層工作人員，但實際上員工乃是指企業或他人所僱用之人，因此還可能包括上層的管理人員。學者Coleman

就指出，上層員工的職位有利於他們對公司作最大規模的竊取，而且上層管理人員應該要爲公司遭受員工竊取財物的事件負主要責任（Coleman, 2002）。上層管理人員通常會設法讓自己享有大筆的紅利以及高價值的職位附帶利益（如俱樂部會員卡、度假招待、豪華座車等），雖然某些公司將其規定在報酬制度裡，但是在有些情況下，這些職位附帶利益是非常不公平的（甚至可能是違法的）。有些公司即使營運不佳，虧損連連，但其上層管理人員每年還是支領大筆薪資、紅利以及高價值的職位附帶利益。或許基層員工侵占或竊取公司或其雇主財物的情形頗爲普遍，不過一旦和上層管理人員所侵占的鉅額款項相較，數量便顯得相當少。在許多金融機構所涉及的不法借貸案件中，部分損失往往是被上層管理人員所侵占的。

Clark與Hollinger（1983: 1）對員工偷竊（employee theft）所下的定義最常受到引用，他們將員工偷竊定義爲：「員工於其職業活動過程中，在未經許可的情況下（unauthorized），拿取、控制或轉讓工作機構的財物」。最常見的例子就是商店的收銀員未向前來消費的親友收費，以及剪（收）票員收了票但未撕票或繳回，之後再轉賣給他人或自己留用（即所謂的吃票）。比較嚴重的情況就是員工集體有系統且長期性地侵占組織機構的財物，這種情況經常是當中有人擔任機構中的重要職務。

雖然其他型式的白領犯罪所造成的傷害可能比員工偷竊要來得嚴重，但員工偷竊行爲的發生率，卻是非常頻繁的。有許多員工偷竊的行爲並不容易被發現，即使被發現，雇主也不一定會向執法機關報案。由於沒有機關專門蒐集與公布有關員工犯罪活動的統計數字，目前只有一些概略的估計資料可供參考。美國有學者估計，員工犯罪每年所造成的損失大約高達4,000億美元，這個數量大約是國民總生產額（GNP）的1%，其結果造成消費物品價格上漲約10%～15%（Irwin, 2003）。在盤點時所發現的存貨量短少，員工偷竊多半爲其主因之一。企業或雇主被其員工所竊取財物的價值，往往都遠超過於外人偷竊（如消費者的偷竊）或搶劫所造成的損失。

員工偷竊所造成的影響可能還會導致員工薪資或福利的減縮、組織中

瀰漫不信任的氣氛、甚至企業的失敗。一項針對員工偷竊所進行的大規模
研究發現,大約有三分之一受調查的員工(服務於零售、製造及服務業)
承認他們曾經偷竊過公司的財物;另外,更有約三分之二的受調查員工表
示自己曾有不實使用病假權利,以及不實填寫簽到、簽退表等不當行為
(Clark & Hollinger, 1983)。還有一些自陳式的調查研究顯示,75%~92%
的工作者會利用一些技巧性的違法方式來增補自己的合法收入,其中有相
當高的比例與員工偷竊有關(Mars, 1982)。

一、員工偷竊的型式

從最廣泛的可能性來分析,員工遲早會竊取其雇主的財物。一般常見
的竊取行為,包括使用辦公室的文具或設備來處理私人事務、使用公家的
電話來處理私人事務、基於私人理由使用公務車、利用上班時間辦私事或
娛樂消遣等等。許多員工將這些行為視為正常行為,甚至把它們當作工作
報酬的一部分。但事實上,這些行為有很多已經可以算是偷竊行為;一
般員工通常會根據其所拿取財物的價值與數量、所採用的拿取方法及與
其他員工共謀的程度等,來判斷自己的拿取行為是否為竊盜行為(Clarke,
1990)。當然,當中有許多模糊不清的地帶,譬如像極小金額的財物,或
許連雇主都不會認為那是偷竊。員工偷竊,此處所指的行為主要包括竊
盜、詐欺及侵占等行為。一般而言,雇主可能較強調這些行為的犯罪與違
法層面,但從事這些行為的員工卻有不同的看法,他們大多將此等行為描
述成「廢物利用」、「福利」、「借用」、「小事一樁」以及「上級也如
此」等等。

※國際票券股份有限公司職員盜開商業本票案

國內曾爆發國際票券股份有限公司(以下簡稱國票)職員楊瑞仁連續
盜開該公司商業本票案[4],由於造成該公司上百億元的巨額損失,並引發

---

[4] 票券公司在當時有兩項主要業務,一是擔任商業票券的簽證人和承銷人,代金融

國內貨幣市場與股票市場的劇烈震撼，可說是員工犯罪案件中一個極具代表性的案例。根據調查發現，楊瑞仁的作案手法是先盜取該公司空白商業本票，偽刻該公司授信戶印鑑作發票人章，再盜蓋該公司有權簽章人員保證章及簽證章後，將本票售予臺灣銀行（底下簡稱臺銀），金額超過百億新臺幣，而後利用該資金炒作股票。

　　據檢調人員的發現，楊瑞仁在國票是專辦該公司與臺銀之間交易的交割事務，由於是辦交割出身，而且因為與臺銀營業部、信託部交易櫃檯的人員每天接觸，使其不僅能充分掌握商業本票的交易流程，而且能夠在臺銀扎下豐沛的人脈。同時，據聞楊瑞仁相當機靈、講義氣，在公司內結交了一些死黨，正因為人緣不錯，使其能夠充分掌握其他同事交易客戶的動態，為其製造假交易奠定基礎。至於楊瑞仁盜賣本票的手法，主要是利用分公司人手不足的環境，趁主管不注意，先盜取空白的商業本票，趁機陸續盜蓋主管的印鑑及公司的保證章，接著再根據公司同事及自己客戶的交易狀況，偽刻客戶的公司章，在有關客戶完成一筆發行本票的交易後，立刻跟著做成一筆形式內容完全相同的假交易，並利用公司的交易電腦做出成交單，但隨後即將該筆交易自電腦消除，不過，本應報廢的成交單卻被其取走，以便持往臺銀辦理交割。

　　正因為和臺銀的人相熟，對於臺銀內部作業方式充分了解，因此，楊瑞仁選擇了臺銀信託部——這個只在票券市場做買賣斷交易，而不在市場進行短期交易的單位，作為其行銷的對象。令人感到驚訝的是，據中央銀行的調查，臺銀有關人員對於楊瑞仁所兜售由國票保證的商業本票，在辦理交割事務時經常採取認人不認章的態度，這使得臺銀在交易了大半年後，卻始終沒有往來國票的印鑑卡，直到出事之後，才趕緊要求國票回溯補辦印鑑的相關手續。

機構發行票券，經營此項業務，由於主體是銀行等金融機構，票券公司只是代理發行，賺取經手的手續費。此外，票券公司還可擔任商業票據的保證人和背書人，也就是替計畫發行本票向市場籌資的企業提供保證，並協助客戶將本票銷售給有資金的銀行或其他企業。

有了成交單又有與眞品幾乎一模一樣的本票,再加上報出的發行利率比市場平均水準高出一到兩個百分點,而且營業員又是與臺銀往來兩、三年以上的熟人,同時,交易流程與一般本票交易完全相同,這使得臺銀對於和楊瑞仁往來根本毫無戒心。在買進本票後,還是依照一般交易習慣,將票款直接撥入國票在臺銀的專戶之中。而楊瑞仁能夠將公司專戶中的資金調出,主要是利用人頭戶先與國票進行債券或票券的附條件交易,而且人頭戶的付款方式乃是資金由臺銀直接匯入國票的專戶中,而這個人頭戶的資金其實就是楊瑞仁盜賣本票所得的票款。待這筆附條件交易完成後,人頭戶隔個兩天馬上與國票公司提前解約,由於附條件交易客戶提前解約乃是常有的現象,因此公司也不會奇怪,在解約之後,買賣的錢—也就是楊瑞仁早先盜賣本票的錢,就這樣被洗入人頭戶的手中,這個人頭戶再拿著國票開出的「臺支」即期支票前往股市辦理交割,供炒作股票之用。據估計,楊瑞仁在不到一年的時間內,共盜用了該公司上千張的商業本票,總面額高達380幾億元,其中扣除續作或是以票易票等重複金額,實際向臺銀詐取的金額約爲98億元[5]。

　　國票員工之所以能夠監守自盜,有兩項主要的影響因素:一是國票公司內部控管不周,另一則是主管機關金檢作業上的未落實,這兩項因素提供了楊瑞仁從事犯罪行爲的機會。有關國票公司內部控管不夠周延的地方,譬如公司主管未妥善保管自己職章,讓員工得以輕易的盜蓋,以及公司電腦的程式設計方面缺乏防盜功能,開機與關機無須經過主管的授權密碼和磁片,同時有關交易及更正的資料,亦可不必留下紀錄,以致公司任何人都可以隨時開機和關機,而且還可以把交易紀錄消除得了無痕跡。因此,楊瑞仁就利用公司內部控管上的漏洞,趁主管及同事不注意時,拿主管的章把交易、交割章蓋妥,利用電腦製造假交易。

---

[5] 以上資料整理自1995年8月5日至8月15日,中國時報及聯合報有關國票事件的相關新聞。並參閱刁明芳(1997)。一百億國票風暴。臺北:天下文化出版股份有限公司。

　　其次，有關主管機關金檢工作未落實的問題，儘管高層財金官員表示，各種型式的金融機構弊端，最難以察覺的就是內部人員的人謀不臧。因為內人員利用盜取金融機構眞正的存單、票據、印章以僞造完全與眞正的票據一模一樣，在這種情況下，不但主管單位的金融檢查難以察覺，即使是公司內部每天一起工作的伙伴、上司都不知所以然。然而，金檢工作的難題更在於不當的政治壓力以及金融機構與主管機關間人事交流的干擾，以致使金檢效能難以發揮。由於國內政商關係密切，經營金融機構的財團與地方派系等政經勢力，利用在民意機構的質詢權與預算審查權施壓，干擾各種金融檢查工作，使金融主管機關不是備受掣肘，就是在發現問題後，主管機關的首長因政治壓力的干預而無法予以積極、有效的處理，以遏阻嚴重問題的蔓延，自然使金融檢查的效能大打折扣，進而對基層金融檢查人員的士氣，造成嚴重的打擊。另一方面，基層金融檢查人員往往在上有政治壓力、下有金融機構送往迎來的情況下，也使得金融檢查工作更加難以落實。而在國際票券公司的例子中，部分金融主管機關人員長期以來一直有與票券金融公司人員交流的傳統，在這種情況下，金融檢查工作是否受到影響，令人不能無疑。

　　總之，從國票員工犯罪事件的分析中，我們可以發現，犯罪的利誘以及犯罪的適當機會，在員工犯罪行爲的過程裡扮演了相當重要的角色。

二、雇主對於員工偷竊的反應

　　有些員工偷竊行爲是被雇主所容忍的，有時甚至受雇主的默許，以作爲較低薪資或較差工作環境的一種補償。的確，有證據顯示此類行爲有助於員工工作滿意度及生產率的提升（Mars, 1982）。當員工從事一些不是過於嚴重的偷竊行爲，可能可以使他們對機構或雇主的一些不滿情緒獲得紓解，進而淡化他們要求加薪或離職的念頭。因此，某種程度的員工偷竊對於雇主而言，不見得是完全沒有利益的，有時甚至還可以節省一些開支。

　　一些輕微的員工偷竊（竊取雇主的時間或資源）行爲，若是在不過分

的範圍，往往都會獲得雇主的容忍。而企圖想要完全消除此種員工輕微偷竊行為的雇主（譬如採取必須用正式申請單始可使用辦公器具及使用電話鎖等方式來杜絕員工偷竊），經常反而會因為拉遠自己和員工之間的距離、或激怒員工而付出更大的代價。許多雇主當發現較為嚴重的員工偷竊行為時，通常也不是太願意報警處理，因為一旦報警可能會損及同事間正常的工作關係與工作效率，還可能使雇主或管理人員本身的一些不當甚至違法行為被揭露出來，如果引發逮捕與起訴的行動，那麼更將使機構及雇主的顏面受損。不過在另外一方面，還是有一些雇主採取較嚴厲的措施來預防員工偷竊，並且積極調查且嚴格處罰偷竊者，尤其是當員工來源充沛且薪資低廉的時候，或是當員工偷竊明顯影響雇主的獲利情形，以及讓管理人員蒙受管理能力不佳的批評時，員工偷竊行為較會受到嚴厲的處理（Mars, 1982）。在這種情形下，管理者或雇主往往會運用各種不同的監控方式來遏止員工偷竊行為的發生，一旦發現有員工偷竊的發生就會揭露它。

三、員工犯罪的其他型式

並非所有侵害雇主的員工犯罪僅有偷竊一種型式，員工的破壞活動（sabotage）也是一種主要的員工犯罪。根據Hodson與Sullivan（2002）的考證，英文「sabotage」一字可以追溯到十五世紀的荷蘭，當時有些不滿資方的員工將自己所穿的木製鞋子（稱為sabot）丟進紡織機的木頭齒輪裡，破壞齒輪。員工可能為了掩飾自己的錯誤、為了獲得休息或加薪、或是為了表達對雇主或工作不滿與憤怒等因素，而從事破壞行為。當員工感到嚴重的疏離感或相信自己遭受不公平的剝削或虐待，此時員工較會採取嚴重的破壞行動。

此外，竊取觀念、設計、程式、及其他商業機密等，也是一種愈來愈嚴重的員工犯罪問題。以長期的影響來看，員工從事此種竊取商業機密的行為（譬如被競爭者所獲取），其對雇主所造成的損失可能遠超過員工直接竊取雇主財物的損失。此種竊取行為的原因，可能是因為員工對雇主深

具不滿或敵意，也可能是競爭者的威脅利誘，這種行為已經成為當代資訊社會中一個愈來愈嚴重的問題。

四、導致員工偷竊的因素

並不是所有的員工都具有相同的傾向去竊取或破壞雇主的財物，個人廉潔上的差異是一個很明顯的影響因素。不同類型的員工偷竊或偏差行為，可能來自不同的動機。從事竊取行為的員工可能只是單純為了自己，也可能是基於類似利他的心態，將偷取的財物給親友或幫助親友進行竊取行為。有一些案件則是因為員工發現雇主本身從事一些非法或非倫理的行為，而故意偷竊或破壞雇主財物，目的是要揭發或阻礙其雇主的不當行為。不過，只有一小部分的員工偷竊行為是導因於利他或理想主義式的（idealistic）目的。

由美國國家司法研究所（National Institute of Justice）所贊助的一個針對員工偷竊的研究發現，在職業活動過程中從事偷竊的員工大多數為年紀輕（16～25歲）、男性及未婚（Clark & Hollinger, 1983）。根據另一項研究指出，急於想要離開工作的員工有較高的可能進行偷竊（Boye, 1991）。然而，這些個人的特性與工作場所的情境及結構因素（situational and structual factors）比較起來，便顯得不是十分的重要。通常，員工不僅可以感受到這些情境及結構因素的存在，更會對這些因素做出一些回應。

由Horning（1983）對美國中西部一家大型電子工廠所屬88位員工所進行的一項著名研究發現，員工有非常強烈的傾向去分辨什麼是：公司財物、個人財物及所有權不明的財物。在他們的觀念裡，「公司財物」主要指的是：基本的、大型的組件及工具（如變壓器及電鑽等），這些財物受到高度的監控。「所有權不明的財物」主要是指：小型的、價值不高的、消耗性的組件和工具，諸如釘子、燈泡、廢鐵、鉗子及鑽頭等。而所謂「個人財物」是指：有標示姓名的衣服、皮夾、首飾、經過個人修正或設定過的工具等。而像遺失的金錢、或錯放位置且未標示姓名的衣物等物品，原本可能是個人財物，員工將其認為是屬於所有權不明的財物。並

不令人感到驚訝的，員工最可能竊取的東西是所有權不明的財物，該研究發現超過90%的員工表示他們曾經竊取過此類的財物；而大多數的員工（約有80%）感覺偷竊公司的財物是錯誤的；對於偷竊個人財物的行為，受調查的員工一致表示譴責，99%的員工認為偷竊個人財物的行為很少發生。根據Horning的研究發現，員工是否偷竊？這個問題的答案可能無法以「是與不是」這麼簡單的方式來回答，反而可能與財物的型式有著密切的關係。

　　某些個人無法預期的狀況以及合理化的理由，在員工偷竊行為的發生上，扮演了相當重要的角色。在侵占行為（embezzlement）典範研究——《別人的錢》（Other People's Money）一書中，D. Cressey（1953）訪談了133位侵占者及詐欺者，他發現假若居於信託地位之人出現無法告知他人的財務問題（unshareble financial problem，如賭博輸錢、有情婦等）時，那麼將會增加當事人從事侵占行為的可能。儘管這些行為者非常清楚侵占是違法的，但他們還是強烈地將自己所為的侵占行為合理化為「借用」，並表示事後會將該錢歸還。他們還會尋求一些其他理由來辯解他們的行為是頗為正當的（如：該錢，我是受之無愧等），或表示他們有不得已的苦衷（如：我的處境讓我別無選擇等）。

　　之後，D. Zietz（1981）在其對侵占行為所做的研究中也發現，家庭財務危機或問題對女性侵占者的影響遠大於對男性侵占者的影響；對女性侵占者而言，家庭財務問題的影響力要比個人財務問題來的大。事實上，Zietz的研究發現，員工是受到許多狀況、也可能是基於許多目的的影響而從事侵占行為的。有些侵占者會刻意尋求可提供他們侵占機會的職位，目的可能是為了要提升生活的趣味與價值，也可能是對兒童時期遭受剝奪的一種補償，或是為了要滿足配偶或愛人的經濟需求；有些人則可能是為了要幫助他人、基於幻想、貪慾等，或是這些因素之結合所造成的影響。值得注意的是，這些針對侵占行為的研究揭示了機會的、情境的以及個人的因素三者之間的複雜關係，對員工犯罪的發生具有很大的影響作用。

五、職場條件與員工犯罪

在影響員工偷竊型態及嚴重性的因素中，職場條件（workplace conditions，如組織的大小）可能是最重要的因素。有研究證據顯示，在大型組織工作的員工比小型組織內的員工較常從事員工偷竊行為。理由是：第一，竊取大型組織的財物比較容易找到合理化的理由，常見的理由譬如這些大型組織本身就很唯利是圖，或這些偷竊行為並不會對大型組織造成明顯或嚴重的傷害。第二，組織的規模愈大，偷竊行為被舉發的風險就愈小（Smigel, 1970）。

其他還有研究發現，員工對於公司或管理者的不滿與高頻率的員工偷竊有關。員工對於自己的人格與尊嚴在工作場所遭到侵犯或侮辱，通常都會感到非常的憤怒。研究顯示，許多員工偷竊與破壞行為與此等憤怒有很密切的關係（Clark & Hollinger, 1983）。很明顯的，員工對組織或管理者愈疏遠，他們就愈有可能從事員工偷竊或破壞的行為。

從馬克思主義的觀點來分析，雇主才是真正從事偷竊行為的人。也就是說，為了追求資本主義所倡導的利潤，雇主並沒有對員工在生產過程中所付出的勞力做出相對等的回饋，雇主竊取了一部分員工所付出的勞力，轉化為自己的利潤。然而，大多數的員工並不一定是馬克思主義的信仰者，但他們卻相信雇主並沒有支付他們所應該得到的報酬，因此他們也就覺得竊取組織一些物品、占用一些工作時間、公物私用等，並不是什麼不合理的行為。

此外，尚有一些其他結構性因素促使或影響員工偷竊行為的發生。英國人類社會學家G. Mars（1982），根據工作團體內部的緊密性以及管理者對該工作團體的監督嚴密性建立了一項分類（typology），以描述工作場所偷竊行為類型上的特徵。他發現，「驢子」（Donkeys，指收銀員）受到嚴密的監督，但其工作團體很鬆散，他們最常從事的就是「偷」時間以及在帳面上動手腳。「狼群」（Wolfpack members，指碼頭工人）受到嚴密的監督，其工作團體很緊密，他們大多從事一些精心的、系統性的偷

竊行為。「禿鷹」（Vultures，指計程車司機）並沒有受到嚴密的監督，其工作團體很緊密，他們較常從事穩定且持續的系統性偷竊行為。「鷹」（Hawks，指專業人員）並沒有受到嚴密的監督，也沒有緊密的工作團體，他們較常從事有關時間及支出補助（如交際費、必要津貼等）方面的濫用行為。

不同類型的職業也可能會對員工犯罪產生不同的影響，譬如銀行職員要偷取鈔票、有價證券或黃金等，可能就要比燈泡工廠員工偷取燈泡要來的困難。在某些行業中，基層的員工可能會放棄升遷的機會，因為他們覺得升遷後所增加的薪資以及所受到的限制在價值上低於原來在基層所享有的偷竊機會。另外，工作團體的規範（work-group norms）也是決定員工犯罪範疇與型式一項非常重要的因素（Mars, 1982）。

根據Clark與Hollinger（1983）對於員工偷竊所做的研究顯示，偷竊的機會（opportunity to steal）是最主要的決定因素，而那些最能接近值得偷取物品的員工最可能從事員工偷竊行為。該研究發現，預測員工偷竊最重要的單一指標是「被抓到的可能性」，從事偷竊的絕大多數員工（95%～99%，會因為職業種類的不同而稍有影響）事實上都沒有被抓到，這些偷竊大部分屬於偶發性與輕微性的行為。該研究進一步指出，採用嚴厲處罰以及嚴密監視的方式在效果上不及於訂定一個對員工偷竊明確說明的政策、良好的財產與存貨控制方法、審慎甄選員工及對偷竊者明確公正的處理程序。在研究的結論中，Clark與Hollinger表示，必須要從工作場所中所存在的因素出發，始可深入了解員工偷竊，而非外在的因素（external factors）。員工對於工作環境品質的感覺是決定偷竊行為發生與否的一個重要因素，而工作場所中的非正式規範（informal workplace norms）也會影響偷竊的型式與數量。

六、員工犯罪——小結

顯然的，員工犯罪是在許多複雜因素交錯影響下而發生的。強烈的偷竊機會，可能因為高度的忠誠與工作滿足感而被抵銷。相反的，如果員工

對於雇主深具敵意，儘管偷竊機會不高或具高風險，員工偷竊的行為依然會發生。總而言之，如欲了解員工犯罪，必須先了解結構與個人間互動的整個複雜面。

第四節　結　語

職業上犯罪的概念，在本章中是一個頗為寬廣的範圍，包括損害的、違法的、以及非倫理的活動；從零售業者的不當行為，到專業人士的詐欺行為，到員工的侵占和偷竊行為等都包含在內。不過，有些研究白領犯罪的學者（如G. S. Green），更將職業上犯罪的概念予以擴大，包含從公司鎖定價格行為到健康看護者對病患進行性騷擾等一切與職業有關的行為，幾乎等於白領犯罪的範圍。儘管在本章所採用較為狹義的概念下，行為者的意圖以及其所造成損害的程度仍有很大的不同。當然，在合法職業脈絡中的適當犯罪機會，是職業上犯罪發生的共同因素。而本章所界定之職業上的犯罪，主要是基於經濟目的（增加經濟利益或減少經濟損失）所實施的不法行為。

在本書所探究的各種白領犯罪類型中，職業上的犯罪可能是一般人最可能從事，同時也可能是最常經歷或被害的一種白領犯罪。那些從事此種白領犯罪的人與你我相像，他們可能是我們的鄰居、親戚、朋友，有時甚至是我們自己。總之，職業上的犯罪在你我不知不覺間悄悄進行著，它已普遍存在社會各階層的日常生活當中。

本章參考文獻

中國時報（1997）。陳恆明：明年三月上帝上電視打廣告。12月25日，第六版。

世界日報（1999）。死亡醫師凱佛基安被判10到25年重刑。4月14日，A3。

吳俊穎、楊增暐、賴惠蓁、陳榮基（2009）。醫療糾紛民事訴訟時代的來臨－臺灣醫療糾紛民國91年至96年訴訟案件分析。臺灣醫學，第十四卷第四期，頁359-369。

吳俊穎、賴惠蓁、陳榮基（2009）。臺灣的醫療糾紛狀況。臺灣醫學，第十三卷第一期，頁1-8。

孟維德、郭憬融、李讓（2009）。醫療犯罪之實證研究。警學叢刊，第四十卷第一期，頁33-60。

財團法人臺灣醫療改革基金會（2006）。醫療糾紛諮詢。http://www.thrf.org.tw/。

陳榮基、謝啓瑞（1993）。臺灣醫療糾紛的現況與處理。臺北：健康出版社。

張笠雲（1998）。醫療與社會－醫療社會學的探索。臺北：巨流圖書公司。

張笠雲（1986）。組織社會學。臺北：三民書局股份有限公司。

張必正（2003）。醫師對於病人安全相關議題的認知。臺灣大學醫事管理研究所碩士論文。

衛生署醫事審議委員會（2001）。醫療糾紛鑑定案例彙編。行政院衛生署。

韓揆（2005）。醫療糾紛概說。醫院行政管理，第卅八卷第三期，頁1-13。

譚開元（2003）。病人安全國際趨勢及我國規劃作為。衛生署高屏醫療網研討會。

劉邦揚（2011）。我國地方法院刑事醫療糾紛判決的實證分析：2000年至2010年，科技法學評論，第八卷第二期，頁257-294。

Abelson, R. & Glater, J. D. (2003). "New York Will Sue a Big Drug Makers on Doctor Discount." *New York Times* (February 13): A1.

Angier, N. (1997). "In a Culture of Hysterectomies, Many Question Their Necessity." *New York Times* (February 17): A1.

Auerbach, J. S. (1976). *Unequal Justice-Lawyers and Social Change in Modern America*. New York: Oxford University Press.

Blumberg, P. (1989). *The Predatory Society: Deception in the American Marketplace*. New York: Oxford University Press.

Boye, M. W. (1991). *Self-Reported Employee Theft and Counterproductivity as a Function of Employee Turnover Antecedents*. Ph.D. Dissertation, DePaul University.

Calavita, K., Pontell, H. N. & Tillman, R. H. (1999). *Big Money Crime: Fraud and Politics in the Savings and Loan Crisis*. Berkeley, CA: University of California Press.

Caplowitz, D. (1967). *The Poor Pay More*. New York: Free Press.

Clark, J. P. & Hollinger, R. C. (1983). *Theft by Employees in Work Organizations*. Washington, DC: National Institute of Justice.

Clarke, M. (1990). *Business Crime-Its Nature and Control*. New York: St. Martin's Press.

Coleman, J. W. (2002). *The Criminal Elite*. New York: St. Martin's Press.

Collision, M. N. (1990). "Survey at Rutgers Suggests that Cheating May Be on the Rise at Larger Universities." *Chronicle of Higher Education* (October 24): A30.

Cookson, P. W. & Persell, C. H. (1985). *Preparing for Power- America's Elite Boarding Schools*. New York: Basic Books.

Cressey, D. R. (1953). *Other People's Money*. Glencoe, IL: Free Press.

Derber, C., Schwartz, W A. & Magrass, Y. (1990). *Power in the Highest Degrees-Professionals and the Rise of a New Mandarin Order*. Oxford: Oxford University Press.

Durkheim, E. (1912). *The Elementary Forms of the Religious Life*. New York: Free Press.

Fisher, L. (1992). "Accusation of Fraud at Sears." *New York* Times (June 12): Dl.

Friedrichs, D. O. (2004). *Trusted Criminal: White Collar Crime in Contemporary Society*. New York: Wadsworth Publishing Company.

Gelb, R. L. (1977). *White Collar Crime: The Need for a Counter-Offensive*. International Association of Chiefs of Police. Hackensack, NJ: National Council on Crime and Delinquency.

Green, G. S. (1997). *Occupational Crime*. Chicago, IL: Nelson-Hall Publishers.

Grisham, J. (1991). *The Firm*. New York: Dell.

Heeren, J. W. & Shichor, D. (1993). "Faculty Malfeasance: Understanding Academic Deviance." *Sociological Inquiry* 63: 49-63.

Hills, S. L. (1982). "Crime and Deviance on a College Campus: The Privilege of Class." *Humanity & Society* 6: 257-266.

Hodson, R. & Sullivan, T. A. (2002). *The Social Organization of Work*. Belmont, CA: Wadsworth.

Horning, D. (1983). "Employee Theft." pp. 698-704, in S. Kadish (ed.), *Encyclopedia of Crime and Justice*. New York: Macmillan and Free Press.

Irwin, G. (2003). "Stop Thief!" *Scranton Times* (January 4): D1.

Jesilow, P. (1982). *Deterring Automobile Repair Fraud: A Field Experiment*. Unpublished Ph.D. dissertation, University of California, Irvine.

Jesilow, P., Pontell, H. N. & Geis, G. (l992). *Prescription for Profit: How Doctors Defraud Medicaid*. Berkeley, CA: University of California Press.

Kleiner, C. & Lord, M. (1999). "The Cheating Game." *U.S. News & World Report*

(November 22): 55-66.

Landa, R. (1991). "The Poor Pay More." *New York Daily News* (April 15): CS.

Mars, G. (1982). *Cheats at Work: An Anthology of Workplace Crime*. London: Unwin.

McCabe, D. L. (1992). "The Influence of Situational Ethics on Cheating among College Students." *Sociological Inquiry* 62: 365-374.

McGuire, M. V. & Edelhertz, H. (1980). "Consumer Abuse of Older Americans: Victimization and Remedial Action in Two Metropolitan Areas." pp. 266-292 in G. Geis & E. Stotland (eds.), *White-Collar Crime: Theory and Research*. Beverly Hills, CA: Sage.

Michaels, J. W & Miethe, T. D. (1989). "Applying Theories of Deviance to Academic Cheating." *Social Science Quarterly* 70: 870-885.

Ostling, R. N. (1992). "The Tuition Game." *Time* (November 9): 60.

Petersen M. (2002). "Vermont to Require Drug Makers to Disclose Payments to Doctors." *New York Times* (June 13): C1.

Quinney, R. (1963). "Occupational Structure and Criminal Behavior: Prescription Violations by Retail Pharmacists." *Social Problems* 11: 179-185.

Reasons, C. E. & Chappell, D. (1987). "Continental Capitalism and Crooked Lawyering." *Crime & Social Justice* 26: 38-59.

Reiman, J. H. (2001). *The Rich Get Richer and the Poor Get Prison*. Boston, MA: Allyn & Bacon.

Rosenthal, A. M. (1996). "Reporters with Masks." *New York Times* (December 27): A39.

Rosoff, S. M., Pontell, H. N. & Tillman, R. (2004). *Profit Without Honor: White-Collar Crime and the Looting of America*. Englewood Cliffs NJ: Prentice-Hall.

Simon, D. R. (2002). *Elite Deviance*. Boston, MA: Allyn and Bacon.

Simon, D. R. & Hagan, F. E. (1999). *White-Collar Deciance*. Boston, MA: Allynand Bacon.

Smigel, E. O. (1970). "Public Attitudes toward Stealing as Related to the Size of the Victim Organization." pp. 15-28 in E. Smigel & H. L. Ross (eds.), *Crimes against Bureaucracy*. New York: Van Nostrand Reinhold.

Sparrow, M. K. (1998). "Fraud Control in the Health Care Industry: Assessing the State of the Art." *National Institute of Justice: Research in Belief*: 1-11.

Steier, R. (1993). "The Price Isn't Always Right." *New York Post* (February 26): 3.

Sutherland, E. H. (1949). *White Collar Crime*. New York: Holt, Rinehart & Winston.

Wachsman, H. F. (1989)."Doctors Who Maim and Kill." *New York Times* (August 25): A29.

Zietz, D. (1981). *Women Who Embezzle or Defraud: A Study of Convicted Felons*. New York: Praeger.

第六章

政府犯罪

　　政府乃是制定與執行社會規範的實體，民眾往往認為政府會保護他們免於遭受犯罪的侵害，並執行懲罰及矯正犯罪人，「政府犯罪」可說是一個頗令人感到矛盾與不安的觀念。但事實上，最嚴重的犯罪（就人身安全的侵害、人權的侵犯及經濟權益的損害而言）極有可能是由政府或國家機關所犯下的。有研究估計，全世界在二十世紀約有3億5,000萬人因為國家機關所採取的蓄意行動而喪生（Heidenreich, 2001）。其中，大多數的死亡並非導因於戰爭，而是因為種族大屠殺（genocides）、集體屠殺以及大規模執行死刑所造成的。此外，政府官員因為政治或經濟的利益，更從事了許多引發嚴重後果的非暴力犯罪。

　　本章所討論的政府犯罪，涵義較為廣泛，不一定僅是法律觀念下的犯罪。就政府或政治行動而言，本章將對國家法律所禁止者、國際法所定義之犯罪以及其他標準所認為之犯罪予以區別。事實上，在國家所定義的犯罪觀念下，通常存有某些限制，譬如，「政府犯罪」就很少會被歸類在此類犯罪觀念之中。

　　本章所討論的政府犯罪，係指國家機關、官員以及政治人士於政府體系脈絡中所從事的損害活動。在政府犯罪的概念下，本章將探究國家機關的犯罪（state crime）以及政治性的白領犯罪（political white collar crime）。國家機關的犯罪，乃指國家所從事的損害活動，以及政府機關基於機關利益所從事的損害活動；政治性的白領犯罪，指的是政府官員或政治人士為其個人的直接利益所從事的違法活動。

　　政府犯罪的動機，有可能是為了經濟利益的獲得（許多政治性的白領犯罪，經常是為了謀取經濟利益），也可能是為了權力的維繫與擴張（許多國家機關的犯罪，經常是為了維繫或擴張權力）。當國家機關的犯罪涉

及暴力行為時，往往比一般犯罪所引發的暴力行為更為直接。雖然「信用的違背」（violation of trust）是白領犯罪行為（如商業詐欺、侵占、背信等）中的一項關鍵要素，不過政府犯罪所涉及的主要是公共性的信用違背，而一般的白領犯罪所涉及的主要是私人性的信用違背。因此，政府犯罪的損害性似乎要比一般白領犯罪更為嚴重，因為違背公共信用的嚴重性通常比違背私人信用的嚴重性要來得高。

對於政府犯罪的追訴行動經常會遭遇一些特殊困難，尤其是當追訴對象具有立法者或執法者的身分時，所遭遇的困難可能更為明顯。不過，政府犯罪一旦遭舉發，常常會引發公眾的興趣和憤怒。政府犯罪長久以來一直被治安政策擬定者所忽視，其被重視的程度遠不及傳統的街頭犯罪及白領犯罪。政府犯罪受忽視的原因，有部分是因為政治權勢者不易接近、相關資料不易取得、不願意將政府視為犯罪者的意識型態以及此等違法行為具有高度複雜性等因素。政府犯罪過去未受重視，並不表示此類犯罪不重要或不嚴重，本章在開場白就已提及，在各類型的犯罪中，政府犯罪的損害可能是最嚴重的。

第一節　政府犯罪的基本觀念

由於一些有關政府犯罪的觀念（或名詞）在許多地方都曾出現過，具有廣泛且多重的意涵，因此有必要對這些觀念予以說明。雖然「濫權」（abuse of power）可能是政府犯罪者最常遭受的控訴，但濫權並沒有固定的意涵。一般較明顯以及較沒有爭議的濫權實例，就是政府機關或官員藉由違法途徑去達成不當或被禁止的目標。此外，濫權也可以指政府謀取及使用其不應擁有的權力，此意涵比前者又稍加寬廣一些。偵查機關違法監控或非法侵入的行為，就涉及了前者的濫權意涵；又譬如過去實施種族隔離政策的南非，曾擬定一項「緊急法案」（Emergency Act）以賦予政府逮捕及監禁異議人士的權力，該行為就涉及了後者的濫權意涵。政府的濫權行為可能會造成許多方面的損害，常見的就是侵犯基本人權（Ross,

2000）。雖然廣義的濫權包含了貪污行為，不過將貪污行為與權力維繫和擴張的有關行為予以區分，可以避免產生一些不必要的混淆。

　　第二個與政府犯罪有關的基本觀念是「貪污」（corruption）。在莎士比亞時代人們所慣用的英文當中，「to corrupt」包含有性方面（sexual）及政治方面的意義，在現今的字典中，更包含了許多不同的意義（Friedrichs, 2004）。政治性的貪污，往往涉及為獲取經濟利益或政治利益而不當使用政治職務之行為。儘管貪污一詞經常帶有負面的意義，不過有學者認為貪污不僅是無法避免的，而且某一程度的貪污甚至有正面的功能。政治貪污早在人類歷史的初期就曾發生，譬如在西元前1700年的漢摩拉比法典以及聖經舊約中的出埃及記，均有關於政治貪污的記載。但是有關貪污的定義標準，則隨時代及文化的不同而有所不同，被某標準認為是貪污的行為，有可能被其他標準認為是可接受的行為。從事貪污的人與強力譴責貪污的人，有時是同一人。

　　賄賂（bribery），可說是與貪污關係密切的一種行為。J. T. Noonan（1984: XI）在其所著《賄賂》（Bribes）一書中，認為賄賂的核心觀念乃是：原本應在無償狀態下運行的（gratuitously exercised）公共事務，由於受到某誘惑的不當影響而改變其運行。雖然貪污在法律上具有特定的意義，但貪污還包括了道德家所為的定義，以及社會大眾所慣用的定義。儘管貪污的具體定義因社會的不同而有所差異，但賄賂的觀念卻是相當古老的，而且也是跨社會的。

　　最後，「政治醜聞」（political scandal）也是吾人在探究政府犯罪過程中一個非常重要的觀念。在自由的民主社會裡，大型的政府犯罪可能會以政治醜聞的途徑舉發出來，政治醜聞的揭露通常在自由民主的社會中才有可能出現。政治醜聞最常發生在愈分權的社會、愈沒有外在威脅的社會，以及在政治人士違反社會大眾普遍支持之規範（尤其是有關政治職務之正當行為的規範）的時候。在民主社會中，政治上的反對勢力（如反對黨）以及媒體，對政治醜聞的揭露扮演著極為重要的角色（Simon & Hagan, 1999）。不過此處值得注意的是，由於政治醜聞往往將注意焦點集

中在涉案的人員身上，並不一定會觸及政治狀態合法性或適當性方面的問題，當違法者接受快速且公正的懲罰時，政治醜聞甚至還會強化政治狀態的合法性或適當性，因此政治醜聞並不必然會對政治體系產生重大的影響。不過，與根本性的、長期性的改革方案相較，政治醜聞較常引發司法行動。

第二節　英雄事蹟或政府犯罪？

根據無政府主義（anarchism）的觀點，國家具有侵犯的本性，國家根本沒有存在的必要（Wolff, 1976）。較為極端的無政府主義論者甚至強調，國家在本質上根本就是一個犯罪企業（criminal enterprise）（Simon, 2002）。不過無政府主義的論點，並沒有受到廣泛的認同。

如果不當剝奪他人財物、生命及破壞他人生活方式是犯罪行為的話，那麼帝國主義的侵略行為及制裁式的戰爭便是一種政府犯罪。Sale（1990）就曾指出，1492年哥倫布發現新大陸導致美洲大陸的征服，美國可說是植基在犯罪行為的基礎上被建立的。此外，更有許多文獻描述哥倫布之後多件由國家所贊助的犯罪行為，其中有關戕害美洲原住民以及販賣黑奴的事蹟最引人注目（Mohawk, 2000）。這些歷史上的犯罪事件，一度還被標榜為西方文明的象徵。

戰爭的發動，可能比帝國主義開拓殖民地的行動更具毀滅性。至今，國家已經成為最大、同時也是最有效率的暴力使用者，學者Heyman（1999）甚至認為國家與盜匪之間的差異已愈來愈模糊。從十九世紀中葉開始，許多國家的代表就曾多次聚集起來達成協議，共同聲明某些特定行為在戰爭時期是屬於違法的，應予禁止，這些行為包括：使用毒氣、生化武器、核武、水雷，無差別的攻擊平民、對平民進行地毯式的轟炸，無理由的攻擊水壩、堤防、水利工程及核能電廠，任意破壞及掠奪財物，奴役、虐待戰俘，扣押人質、集體屠殺，使用童兵等（Gutman & Rieff, 1999）。然而諷刺的是，通常只有戰敗國才會對戰爭犯罪（war crime）負責。以下本章列舉了幾個曾被視為英雄事蹟的政府犯罪事件。

一、越　戰

美國參與越戰，被許多人認為是犯罪行為，甚至在越戰時期許多美國人也都這麼認為。越南遭受了數十億磅炸藥的轟炸，整個戰爭造成了數百萬越南民眾以及數十萬美軍的傷亡。

有人認為，美國參與越戰是違反美國法律的，因為國會並未正式宣戰，這是美國憲法所規定的要件（雖然國會決議通過並提供戰爭經費）。此外，美軍遭指控的違法行為還包括有：使用燃燒彈、使用化學戰、戕害戰俘、放火燒農村、違法監禁越南民眾、轟炸醫院及堤防及破壞越南經濟體系等。更有人認為美軍破壞數百萬畝的耕地以及森林（噴灑落葉劑），根本就是一項極為嚴重的環境犯罪。

1968年，W. Calley中尉及其隊員屠殺了一個農村中將近100名的越南人民，當中有不少人是婦女和幼童，該事件成為美軍在越戰中一件最可恥的暴行（Young, 1991）。Calley中尉後來接受了審判並被定罪（在某一軍事基地軟禁了三十五個月），但外界批評此種處理方式是故意模糊焦點，使高層人士（軍事將領，甚至美國總統）得以免負法律責任。沒有一位美國總統、部會首長、軍事將領因越戰而遭追訴，當然也就沒有任何的高層人士為越戰政策提出正式的答辯及接受審判。

二、強權國家在新世界秩序中所採取的軍事行動

美國近年來在國外所採取的軍事行動，包括入侵格瑞那達及巴拿馬、在尼加拉瓜Managua港布置水雷，以及數次對伊拉克進行攻擊等軍事行動，儘管受到許多美國人的支持，但仍舊有多方人士批評這些行動是非法的，甚至是犯罪行為。美國歷史上雖然曾經出現強烈的反戰風潮（如越戰時期），但美國的文化在本質上不傾向對本身所採取的軍事行動歸予法律責任。傳統上，美國的政治領袖就國際司法機構針對美國軍事行動所做的判決，往往採取一種不接受的態度，甚至他們還支持國際司法機構應該縮小管轄範圍（Keller, 2002）。一個擁有廣泛管轄權且受多方支持的有效國

際法庭（international court），其需要性在可見的未來將會愈來愈明顯。

三、核戰的威脅

核子戰爭可以說是一種損害最嚴重的政府犯罪。核戰將會摧毀生態環境，扼殺世界的未來，形成一種所謂的「核冬」（nuclear winter）。由於核戰具有極高的毀滅性，因此喚起了許多學者對核子武器相關議題的研究，在有關發展與製造核武的目的、核武對於國際關係的影響，以及降低核戰的有效策略等議題上，已累積了不少研究文獻。

使用核武所引發的犯罪問題，長久以來就一直被犯罪學家及刑事司法學者所忽視。雖然擁有核武並未被國際法所禁止，但是以核武進行威脅及實際使用核武卻是國際法和聯合國憲章所禁止的（Coleman, 2002）。事實上，有不少國家的核武政策是違反了這些法律或憲章的規定。

犯罪及治安政策的研究者未來應有必要對下列議題進行探究：核武競賽與政府犯罪之間的差異為何？發動核戰的動機與從事其他類型之政府犯罪的動機是否相同？參與核武競賽的相關因素為何？將核戰議題納入犯罪調查研究的範疇中，是否具有意義？

第三節　國家機關的犯罪

國家機關的犯罪（state crime，屬於政府犯罪中的一種類型）具有許多不同的型態，同時發生的層級也有所不同。當國家機關某種犯罪傾向成為該國機關運作上的主要力量時，我們稱此國家機關為犯罪的國家機關（criminal state）。在近代的歷史中，納粹德國是一個被廣為標籤為犯罪者的國家，因為在納粹德國為自己所定義的國家特徵中，明顯包含有犯罪的傾向（Luban, 1987）。此外，還有一些國家也被認為是犯罪國家，譬如前蘇聯以及海珊（Saddam Hussein）主政的伊拉克等國。由於越南及波斯灣戰爭的原因，美國也曾經被認為具有犯罪國家的特徵。Jenkins（1988）曾表示，犯罪國家只不過是戰勝國家或強權國家對戰敗或弱勢國家所加諸

的一個標籤而已。Jenkins的觀念，頗值得令人深思。

　　以下本章將對一些常見型態之國家機關的犯罪進行討論，這些型態包括：犯罪的國家機關、鎮壓式的國家機關（the repressive state）、貪污腐化的國家機關（the corrupt state）及疏失的國家機關（the negligent state）等。首先我們討論犯罪的國家機關之概念。

一、犯罪的國家機關

　　犯罪的國家機關概念，最常運用在以國家機關作為犯罪工具的情況，尤其是像從事大屠殺等侵害人權的國家。雖然大屠殺在第二次世界大戰期間頻繁出現（如納粹對猶太人的屠殺、日本侵華時進行多次屠殺事件等），但事實上此種暴行在整個人類歷史過程中以及世界各地都不斷的在發生。雖然大屠殺並無唯一的定義，但一般乃指國家刻意對某一特定人群進行大規模殺害的政策。二十世紀規模較大的大屠殺事件包括：1915年，數十萬的亞美尼亞人在土耳其遭受屠殺；前蘇聯在史達林掌權的時代（1922～1953年），數百萬人遭到殺戮；在1972年前後，非洲貧窮國家蒲隆地（Burundi，非洲中部的一共和國）的掌權者殺害了大約20萬的民眾；數十萬柬埔寨的都市民眾及知識分子遭受波帕（Pol Pot）政權的殺戮；1994年，數十萬名的盧安達（Rwanda，非洲中部的一共和國）民眾遭政府武力的殺害（Simon & Hagan, 1999）。

　　第二次世界大戰期間納粹黨員對猶太人所進行的大屠殺，可能是情況最慘烈、紀錄文件最完整的屠殺事件。據估計，大約有500～600百萬猶太人死於納粹黨徒的手中；此外，許多智障者、同性戀者及吉普賽人也遭受納粹黨徒的殺害（Hilberg, 1980）。除了這些違反人道的犯罪行為之外，納粹高層黨員戰後被送到紐倫堡（Nuremberg）接受審判，還面對了戰爭犯罪以及破壞和平之犯罪（crimes against peace）的控訴。納粹黨徒對他國發動無正當理由的攻擊，從事了許多破壞人權、暗殺及掠奪的活動。

　　紐倫堡大審判引發了若干極具爭議的問題，譬如在缺乏世界各國所公認的國際刑法情況下，聯軍是否可以審判納粹首領？以及納粹被指控所從

事的戰爭犯罪，是否不同於聯軍（同盟國）所從事的行為？雖然部分人士覺得納粹首領應該直接被槍決而不需要接受審判，但贊成審判的意見還是占大多數。許多納粹領導人物被判處死刑，其他未判死刑者也都被判處十年至無期徒刑不等的重刑。自紐倫堡大審判之後，世人多覺得正義獲得了伸張。

在另一方面，聯軍拒絕審判他們自己的戰爭罪犯（聯軍有某些軍事行動，其實與納粹的暴行並沒有太大的差別），以及之後美國於1980年代在尼加拉瓜水域布置水雷，被國際法庭（World Court）指控為違法的戰爭行為，結果美國對於該控告也都未加理會，這些國家後來被多方人士批評為偽善者。自從德國及日本有關人員在第二次世界大戰結束受審之後，此類審判就沒有再被舉行過，包括近年來對伊拉克總統海珊的控告也都未涉及國際審判。

犯罪國家與白領犯罪之間到底有何關係？著名白領犯罪研究學者J. Braithwaite（1992: 100）曾明白指出：「希特勒是本世紀最殘酷的一位白領犯罪者」。Braithwaite堅信，希特勒所主導的大屠殺，完全符合著名犯罪學家E. H. Sutherland所定義的白領犯罪，希特勒及其他集權主義者所為的犯罪與白領犯罪皆屬同性質的（或同源的）行為（cognate behaviors），這些行為均涉及了權力、職位及信用的濫用。

二、鎮壓式的國家機關

國家犯罪的第二種型態，稱為鎮壓式的國家。雖然此種國家並不像犯罪國家進行大規模的屠殺行動，但它卻有系統地剝奪其人民的基本人權。

有關人權的觀念起源很早，以西方國家為例，聖經就是一個重要的根源。現代有關人權的觀念，主要是來自啟蒙時期諸如霍布士（T. Hobbes）、洛克（J. Locke）、孟德斯鳩（C. Montesquieu）及盧梭（J. Rousseau）等哲學家的思想，他們以不同的方式表達人天生即具有「營生、自由及追求快樂」的權利。這些思想對於後世造成了極大的影響，法國大革命及美國革命均是此等思想下的產物。

在第二次世界大戰後所成立的聯合國，其成立有部分原因是針對當時極權國家戕害基本人權的一種回應。在1948年聯合國有關人權的共同宣言中，明列了基本人權的項目，從生命權、自由權、安全保障的權利，到工作及休閒的權利都包含在內，只不過聯合國並無法將這些標準加諸在各國政府的施政上。但是，此項記錄基本人權的文件，卻已經成為目前有關國際犯罪（international crime）觀念的一項重要依據（Cohen, 1993）。

南非過去曾被白人（白人在南非全國人口中占少數）統治約三百年，該期間採行極具歧視性的種族隔離政策，當時的南非可以說是鎮壓式國家的一個典型實例（Sparks, 1990）。在曼德拉（N. Mandela）當選南非總統實施民主制度前（1994年前），南非始終被許多國家所排拒，同時也是多國制裁的對象。雖然實施種族隔離政策的南非曾經被冠上「犯罪國家」之名，但它畢竟與納粹德國不同，鎮壓乃是其中心目標，而非殺戮。

在任何型態的政治制度中，都有可能發生鎮壓及權力剝奪的現象，不過以二十世紀的實際情形來分析，這些現象大多與獨裁政權有關。政府採行鎮壓制度的動機，大多數是為了掌握權力或擴張權力，有時也會結合經濟利益的剝奪，這些作為往往僅是為了獨裁者本身的利益。在二十世紀中期以後，第三世界國家出現了不少獨裁者，而且大多數都執政長達數十年之久。在這些現代的獨裁者當中，大部分是以軍事政變或革命的方式從傳統右翼的元首（可能是腐化的）或集權主義者手中將政權奪取過來，他們的奪權行動在某方面代表了國家的一種榮耀以及國家目的的實現。但事實上，這些現代的獨裁者在奪取政權後往往繼續或甚至更加缺乏公平正義，製造恐布、怨恨及歧視，戕害人權，貪污腐化，散播有毒思想，對外國人無理仇視或畏懼，毀損經濟體系以及侵略攻擊等（Rubin, 1987）。古巴的卡斯楚（F. Castro）以及利比亞的格達費（Mu'ammar Gadhafi）便是兩個實例。

當西方民主國家（如美國、英國等）表示應對第三世界獨裁者進行抵制與制裁時，偽善行動又再度重現，因為這些西方民主國家大多數都曾對這些第三世界國家之前的右翼獨裁者（這些右翼獨裁者執政時也採取過鎮

壓手段，也都非常貪污腐化）表示容忍甚至主動提供援助。當這些受西方民主國家支持的獨裁政權，部分在1970及1980年代被推翻後，新執政的政府是否較為增加或減少鎮壓與犯罪的傾向，引起了不少的爭議。

三、貪污腐化的國家機關

　　所謂貪污腐化的國家機關，乃指被國家領導者當作致富工具的國家機關。馬可仕（F. Marcos）總統執政時的菲律賓，便是一個貪污腐化國家的實例。在馬可仕主政期間，有計畫的讓其家人及好友取得大筆財富，這些金錢原本應該是投注於民生建設的。

　　律師出身背景的馬可仕，於1965年獲掌政權。在他擔任總統（直到1986年2月）的大部分歲月裡，因主張反共、願意保護美商在菲律賓的利益、以及配合美國提供戰略性基地，而深獲美國的強力支持。雖然正式的年所得約相當於數千元美金，但馬可仕與其妻子伊美黛（Imelda）在其交出執政權前，卻已累積高達50～100億美元的財富。這些財富包括許多國外的不動產（包括在美國）、國外銀行數億美元的存款及價值數百萬美元的黃金等。馬可仕家族的日常生活極為奢華，擁有數棟官邸及行館，伊美黛更曾在一天花費1,200萬美元購買珠寶首飾，甚至連床單的價值都超過一萬美元以上，購買高達數百萬美元的印象派名畫，當她逃往夏威夷時，在Malacanang官邸所遺留下來的鞋子就將近有1,000雙（Watson, 1986）。

　　馬可仕家族所擁有的巨大財富，主要是藉由安排自己親友擔任政府重要機關及國營事業機構首長的方式獲得的，此種經濟體系就有如家族企業一般。當菲律賓政府在授與契約給民間企業時，通常都要抽取佣金或索取回扣，這些錢大部分都在馬可仕家族的掌控之下。此外，許多私人公司被政府機關收購而轉入馬可仕同夥人的手中經營，有時馬可仕也會藉由專屬特權授與的方式，讓其同夥人經營許多企業，從糖業到賭場業等都包含在內。在馬可仕等人的操控下，政府大量的資源被不當侵占。

　　馬可仕於1972年假藉共產主義威脅的謊言，實施戒嚴法，目的是要中止法律所規定的一般審計程序。馬可仕還藉由任命與組織重組的方式，

控制了司法體系，包括大眾傳播媒體也在他的控制之下，這使得他能夠從事一段很長時間的惡行而不被揭露。馬可仕更曾對美國總競選活動捐贈了100萬美元（分別在1968及1972年捐給尼克森），這對於日後美國政壇支持馬可仕政權，可說是產生了莫大的影響（Bonner, 1987）。此外，當然還有一些其他的因素導致該貪污腐化國家的形成。

當馬可仕於1986年被解除政權後，整個國家陷於通貨膨脹、鉅額外債（約260億美元）、薪資減縮、社會體系瀕臨瓦解的狀態。到了90年代初，馬可仕死於夏威夷（之前過著豪華的流亡生活），伊美黛在美國被指控進行不當的不動產交易，但後來被宣告無罪開釋。馬可仕家族所侵占的財物，到底有多少可以歸還給菲律賓人民，實在是不得而知。不幸的是，菲律賓貪污腐化的情況並沒有因為馬可仕的沒落而停止，各階層貪污腐化的事件，依然是時有耳聞（Loeb, 1991）。貪污腐化的國家，往往是結構因素（譬如促使起用親戚與徇私的傳統價值觀）及個人貪念結合下的產物。

當然，貪污腐化國家的例子還有很多。譬如在尼加拉瓜掌權近三十年的蘇慕沙（Somoza）家族就是另一個典型的實例，該家族在執政期間累積了近10億美元的財富，包括擁有該國最佳的土地（約8,000平方英里）以及掌控全國20幾個大型且極為重要的企業（Rubin, 1987）。該國在1972年時，發生了非常嚴重的地震，蘇慕沙家族及其同夥人在當時犯下了一個致命性的錯誤，他們侵占大筆來自各方的賑災財物，該事件的揭露使該家族最後不得不放棄政權。

許多非洲國家也有類似的貪污腐化現象，有些執政者的貪污情形更可說是到了極為嚴重的程度。薩伊總統Mobutu Sese Seko於執政期間共累積了30億美元的財產，為自己興建了11棟官邸和行館（Lamb, 1987）。另一個例子，Jean-Bede Bokassa於1977年獲掌中非共和國政權時，當時該國每人平均年所得只不過約250美元，但他卻為自己的即位典禮花費了近2,000萬美元；他後來被逐出薩伊，當他回國時遭到了處決（Friedrichs, 1996）。諸如此類的例子，在非洲許多國家都有發生。導致這些貪污腐化

白領犯罪

（非洲）國家形成的因素很多，包括：缺乏為民服務的倫理觀念、財富分配極度不均、執政者缺乏紀律觀念、職權過大、傳統觀念強調對部落忠誠而較不重視廉潔、缺乏反對與制衡的勢力（如反對黨），以及缺乏獨立自主的大眾傳播媒體等（Hope, 1987）。如果想要降低這些國家貪污腐化的現象，那麼就需要對整個國家的行政結構以及有關的傳統觀念和文化，進行根本性的改革。

四、疏失的國家機關

如果貪污腐化的國家機關是一種被政治領導者利用來掠奪國家財富資源的國家機關，那麼疏失的國家機關就是一種從事不作為犯罪（crimes of omission）的國家機關。換言之，疏失的國家機關，就是國家機關在其權力範圍內，應防止而未防止人民生命的喪失、痛苦的遭受及權力的剝奪等（Barak, 1991）。此概念還可以延伸至國家機關因效率不彰、疏忽及缺乏能力，以致造成大量資源浪費的情形。

當然，要對「不應做而做」（從事被禁止的行為）、「應做而未做」（未做應做的事）及「可做但做錯」（以不當態度從事允許做的事）三者予以明確區別並不容易。雖然將疏忽及浪費（negligence and wastefulness）視為一種犯罪，或許會遭到某些質疑，但此種行為到底與政府「主動」形式的犯罪有何不同？實在是一個令人值得深思的問題。針對政府疏忽及浪費措施的關注，將有助於吾人洞察政府因管理不善、能力不足及決策不當而增加納稅人負擔的問題。

政府因未善盡職責以致讓民眾生命不必要或提早死亡，可以說是疏失國家最嚴重的犯罪型態。Boone（1989）就曾表示，儘管美國嬰兒的死亡率在二十世紀已降至極低的程度，但由於雷根政府縮減了有關母親與嬰兒的保健方案，使得嬰兒的死亡率在1980年代初出現了明顯的上升（尤其是在較為貧窮的黑人家庭）。雖然當時嬰兒死亡率上升的影響因素有很多，但政府的疏失顯然是一個不容忽視的因素。

Shilts（1987）也曾表示，當1980年代AIDS在美國開始蔓延的時候，

由於政府反應過慢，且效率不彰，使得數千人的生命提早結束。國內也有類似的情形發生，數十名因注射進口血液製劑而感染愛滋病的患者及其家屬，曾前往監察院陳情，檢舉衛生署核准國外血液製劑進口，未善盡檢查責任，導致有數十位血友病患因注射該血劑而感染愛滋病，並已有多人死亡[1]。美國的AIDS最早是出現於同性戀的社區，後來因為政府未對此問題妥善處理，以致逐漸向其他社會團體蔓延（尤其是社會低層及遭標籤化的團體，如吸毒者及娼妓等）。某些AIDS的社會運動者就曾怒斥政治領導者是兇手，因為他們原本有能力實施有效的預防策略，但後來卻沒有實施。此項控訴也正好反映出Wyman的論點（1984），他表示，在第二次世界大戰期間，美國領導階層其實早就掌握納粹死亡集中營的情報，但當時對納粹屠殺活動並沒有做出較為積極的防止行動。在上述的例子中，或許該為整個事件負責的團體或個人有很多，以致政府疏失的責任往往易於被忽略。

疏失的國家機關還有許多其他型式的犯罪行為。根據Barak與Bohm的觀察（1989），政府未妥善立法及擬定政策，以提供低廉房屋給財力不足者，以致民眾無家可歸（流浪漢），這也是一種政府犯罪；他們強調，此種犯罪行為（造成無家可歸的犯罪，crime of homelessness）應比無家可歸者的犯罪行為（crimes of homeless）更需受到重視。Henry（1991）則將地下經濟視為一種國家不作為式的犯罪（state crime of omission），他認為政

---

[1] 根據衛生署的官員指出，數年前所進口的血液製劑主要是由德國拜耳公司所製造，廠商最大問題在於當時在獲得該血劑可能導致愛滋病感染時，沒有在最快的時間內讓有關使用該血劑的政府機關知道。官員接著表示，拜耳公司製造的血液製劑在美國、英國等國家都已經賠償，而且賠了很多錢。如果官員所言屬實，一個負責的政府就應該在獲知國外發生血劑導致感染愛滋病及廠商賠償事件時，立即對國內當初曾經接受該血劑注射的病患採取追蹤以及適當的醫療處置，而且在發現國內患者因注射該血劑而感染愛滋病時，就應該主動協助病患向藥商求償，實在不應等到病患自己發現實情，向監察院陳情後才有所回應。根據衛生署官員的陳述，拜耳公司的作為，應屬於典型侵害消費者權益的公司犯罪（公司暴力）。

府未將財富的根源做妥善的分配，以致迫使許多民眾轉向地下經濟，這樣的困境讓那些轉向地下經濟的民眾易於涉及違法藥物的使用以及其他型式的傳統犯罪。此外，純屬浪費性質的政府方案，或許也應該被視爲一種過失犯罪，譬如政府政策性的撥付經費（經常是爲了擴張政黨的勢力）、回收貸款的程序過鬆、政府給予民間的補助效率不彰，以及維護不必要的軍事基地等。

疏忽的國家機關概念，甚至還可以包括：對於貧窮、犯罪及環境破壞等問題，未做出適當及有效回應的政府。政府的疏失，經常是意識型態（較偏好某些方案或較重視某些選民，例如國防預算高於消弭貧窮方案的預算，有關企業人士的方案重於有關貧戶者救濟方案）以及政治權宜下的結果（即政府通常會選擇那些最能夠產生政治利益的方案）。因此，或許有人會認爲疏忽政府的概念與白領犯罪過於疏遠，甚至沒有什麼關係。但是如果損害的後果以及不必要的經濟損失是因爲政府官員疏失或浪費的措施所造成時，那麼從人道的立場（in the humanistic sense）來看，這些行爲當然屬於犯罪，當然應該包含於政府犯罪的範圍之中。

五、國家機關的犯罪——小結

犯罪的國家機關、鎮壓式的國家機關、貪污腐化的國家機關及疏失的國家機關等四個概念或許彼此相關，但卻沒有必要將它們視爲同意詞。對於納粹德國，似乎較少聽說有貪污腐化的情形，這是因爲該國將主要的活動焦點集中在擴展政治版圖以及消滅它所認爲的內部敵人之上。雖然馬可仕家族侵占菲律賓人民鉅額財產，但他們並沒有被指控進行屠殺或發動戰爭。許多非洲國家幾乎是貪污腐化的國家，但不見得都是犯罪的國家機關；實施種族隔離政策的南非應是一個鎮壓式的國家，而非貪污腐化的國家；美國及部分西歐國家，則較具備疏失國家的特徵。

在海珊領導下的伊拉克，曾經擬定屠殺庫德人（Kurds）以及侵略科威特（Kuwait）的政策，該國還實施了許多鎮壓及侵害人權的措施。此外，據聞海珊侵占國庫大約價值100億至110億美元的財富，並將這些錢藏

在國外極機密的銀行裡，以及投資在國外的公司上（Byron, 1991）。如果上述均屬事實，那麼海珊所主政的伊拉克就可以被視爲一個犯罪、鎭壓及貪污腐化的國家，當然毫無疑問的更是一個疏失的國家。

第四節　政府性的組織犯罪

　　政府性的組織犯罪（state-organized crime），是犯罪學與刑事司法領域裡一個新的研究議題。在一場以美國犯罪學學會（American Society of Criminology）會長身分對會員的演講中，「政府性的組織犯罪」概念由W. J. Chambliss（1989: 184）所提出，他並將此種行爲等同於「政府官員在執行其代表政府的職務時，所爲法律定義的犯罪行爲」。換言之，Chambliss明確將官員圖利個人的犯罪行爲排除在政府性的組織犯罪之外。儘管政府性的組織犯罪是基於政府本身利益而被實施的，但是個人利益與組織（政府）利益之間的界線有時是非常難以區分的。由於「政府性的組織犯罪」爲一新犯罪研究課題，國內尙缺乏相關的研究文獻，因此，本章乃以拋磚引玉的態度，引入此議題，期能提供國內犯罪研究者一些參考。

　　根據Chambliss的陳述，海盜行爲（piracy）是一種最早的政府性的組織犯罪。有證據顯示，古希臘及羅馬的腐敗統治者曾與海盜共同合作；在中世紀時，劫掠歐洲海岸的北歐海盜（Vikings）曾爲了斯堪地那維亞（Scandinavian）政府的利益從事海盜行爲。在十六、十七世紀時，英國、法國及荷蘭等國政府，曾教唆並安排海盜對滿載礦產的西班牙和葡萄牙船隊進行掠奪，這些國家不僅與海盜共分掠奪來的財物，並提供保護及贊助給海盜。在美洲殖民時代，紐約市及南卡羅萊納Charleston地區的腐敗政府曾經培養及保護海盜，並從其身上獲取不少利益。當然，各國的政策並非長期支持海盜行爲的，在大部分時期仍舊是敵視海盜的。但從政府與海盜之間關係的整個歷史來分析，可以發現，當政府可以從掠奪行爲獲利時，此種行爲往往便會受到寬容和鼓勵。

213

Chambliss（1989）還指出了其他種類的政府性組織犯罪，包括國家共謀參與走私、暗殺、犯罪、對人民進行密探、違法匯款或轉帳、販售軍火給黑名單國家及援助恐怖主義等。這些政府性的組織犯罪並非是新型的犯罪行為，同時在數量上也絕非是少數。

雖然恐怖主義者通常是政府以外的人員，但是恐怖行動卻往往與政府人員有關，恐怖行動的發生經常是為了某一國家的利益。雖然由國家所策動用以抵制獨立或革命運動的大規模恐怖行動，或許在程度上較為嚴重，但是這些行為卻不如小規模傳統形式的恐怖行動受到學者的關注。例如在1980年代初，據估計大約有9萬拉丁美洲人「消失」在政府武力的手中（Barak, 1990）。

許多國家曾經贊助過恐怖主義者，甚至連美國都在其中。美國對全世界與其有貿易關係的國家已經販售了數十億美元的武器和彈藥，這些國家除了運用這些裝備從事軍警人員的訓練外，更用來從事國家恐怖行動。以1980年代初期的薩爾瓦多為例，每年約有超過1萬人被政府武力（美國所援助的）所殺害，在1981～1988年間，約有7萬人遭綁架並被凌虐致死（Abadinsky, 2003）。總之，在許多恐怖行動發生的背後，往往隱藏的是某一國家或某一政府的利益。

一、政府性的組織犯罪與高層政府機構

根據學者Friedrichs（2004）的研究指出，最嚴重的政府性組織犯罪大多數是來自高層的政府機構。1970年代針對水門事件（Watergate Affair）所做的調查顯示，尼克森總統所執掌的白宮涉及一樁不當且違法的政治探查行動。在尼克森總統的指示下，有關幕僚對新聞記者及可疑的政府官員（反對與破壞白宮有關越南及其他重大政策的官員）進行秘密竊聽。當該事件曝光時，尼克森及其幕僚企圖將該不當的竊聽行動合理化為──「乃是基於國家安全考量下所需要執行的任務」。但因為該行動並未獲得正式的許可，以致引發了彈劾總統的情況。在另一方面，一個由特殊人員（包含前紐約市警察人員、中央情報局的幹員及反卡斯楚的好戰分子）所組成

被稱爲「白宮密探」（White House Plumbers）團體的曝光，也與尼克森的下臺有關。該團體從事了一連串極度有問題以及違法的調查行動，其中一件最具爭議的行動就是侵入一位精神醫學家（L. Fielding博士）的辦公室進行秘密調查，這位精神醫學家過去是一位著名的國防分析專家，曾經將美國國防部的重要資料予以公開。這群白宮密探所從事的活動，全是由尼克森在白宮內高級幕僚所操控的。

在1980年代另一著名的政府性組織犯罪，就是伊朗—坎特拉事件（Iran-Contra Affair）或被稱爲「伊門事件」（Irangate Affair，與水門事件的相對稱呼）。該事件的核心就是白宮授權販售武器給伊朗，並將販售武器的經費作爲坎特拉等人推翻尼加拉瓜薩丁尼斯塔政權（Sandinista）的援助。該事件違反了美國憲法第1條第9項（Article 1, Section 9, of U.S. Constitution）有關「除依法律所規定之經費外，不得從國庫中支撥款項；一切公款之收支帳目及定期報告書應時常公布」的規定；伊門事件同時也違反了十九世紀所通過的「中立法案」（Neutrality Act），該法案禁止將軍事經費用來對抗未與美國交戰的政府（Simon, 2002）。該事件更違反了明文禁止此類暗地援助坎特拉活動的「玻藍德修正案」（Boland Amendment）。

涉及該案的雷根政府，藉由有助於尼加拉瓜民主發展及對尼、伊兩國民眾生活的關切等藉口來合理化自己的行動。但是，美國先前已經支持尼加拉瓜非民主的蘇慕沙（Somaza）獨裁政權長達數十年之久，已經對1984年尼加拉瓜的大選進行過杯葛，已經從非民主國家中爲坎特拉獲取許多援助，也就是說已經企圖避開美國憲法的限制提供援助給坎特拉。但坎特拉若是獲取政權，尼加拉瓜是否就眞的會朝向較民主的方向發展，實在是很難說（事實上，在該事件結束若干年後，尼加拉瓜民眾並沒選擇薩丁尼斯塔或坎特拉作爲民主政府的對象）。在另外一方面，評論人士也懷疑雷根政府對於兩國民眾生活關切的誠意，因爲將致命武器賣給支持恐怖分子的好戰國家（伊朗），然後再把販售武器換來的資金轉交給曾有殺戮尼加拉瓜百姓紀錄的人（坎特拉），此種途徑實在令人懷疑（Green,

1997）。

　　該案除了違反憲法（和玻藍德法案）及向政府詐騙財物（因未經國會核准）外，並涉及了在國會前做偽證以及故意毀損與該案有關的總統文件和證據。後來，國會親自進行大規模的調查，並指派一位獨立檢察官進行調查。

　　1994年1月，該獨立檢察官L. Walsh發表其最終的調查報告。在這之前約七年的調查過程中，共有11人自認有罪或被控告有罪（其中涉案的白宮關鍵人物J. Poindexter將軍與O. North中校，因為他們接受公平審判的權利在國會聽證會期間遭受侵害，以致原先法院對他們的有罪認定，最後在上訴中被撤銷）。Walsh的報告指出，雷根總統至少在整個事件的隱藏方面，表示了默許的態度，布希副總統保留了相關的證據，法務部長E. Meese涉及了武器的違法運送，以及刻意隱藏這筆武器交易的有關訊息不讓總統知道（Simon, 2002）。儘管該事件的嚴重程度是如此的高，並涉及違憲與欺騙國會，但最後卻沒有引發民眾廣泛的憤慨。

二、政府性的組織犯罪與國家偵查機關

　　有些政府性的組織犯罪是在握有偵查權之政府機關的主導下發生的，譬如像美國的中央情報局（Central Intelligence Agency, CIA，簡稱為中情局）、聯邦調查局及內地稅務局等就是其中的例子。聯邦調查局及內地稅務局是美國聯邦的執法機關，照理說應該在重大白領犯罪案件的偵辦上扮演重要角色才對，但在近年來，證據顯示這些機關卻涉及了政府犯罪的案件。

㈠中央情報局

　　美國中央情報局（以下簡稱中情局）成立於第二次世界大戰之後，目的是在防止另一次的珍珠港事件（預防美國領土遭偷襲）以及面對當時正在醞釀中的冷戰。情報機關，顧名思義有時可能會涉及一些違法的秘密活動。根據美國國會調查發現，有明確的證據顯示中情局曾多次違反它自己

的規章。這些行為包括違法拆啓郵件、對於國內異議團體進行違法監控、暗殺、違法持有致命性的有毒物質、對不知情的對象進行具危險性的心智改造實驗、參與水門事件及向外國領袖索賄與勒索等。

在過去數十年來，中情局不當干預了許多國家的事務，對那些支持美國政策的腐化或極權政治領導者提供援助，而對那些威脅美國企業利益的政府則進行顛覆。1973年中情局涉及推翻智利民選的左翼政府，便是對威脅美國企業利益之政府進行顛覆的一個實例。中情局諸如此類的行動，引發許多國家形成反美的情緒。有些中情局幹員因具優異的訓練技能以及廣闊的人際接觸，在離職後依然被某些團體或人士所聘僱，他們所從事的工作並非全然都是合法的。前中情局幹員H. Hunt，便是水門事件中涉及違法侵入的關鍵人物之一；另一離職幹員E. Wilson，則涉及販售精密武器與重要情報給利比亞等國家。後來，兩人都相繼入獄（Simon & Hagan, 1999；Vito et al., 2006）。

中情局被認為具有強烈的右翼偏見，同時經常將中情局本身的利益置於其他考量之上，包含遵守法律在內。但是仍舊有許多美國人支持中情局的行動，並將中情局的幹員視為英雄，尤其是當他們拿前蘇聯的KGB（國家安全委員會）與CIA做比較時，這種情況最為明顯。雖然中情局過去的違法行為已有部分在社會中公開，但必然還有一些更不潔的行動是被刻意隱藏起來的（Green, 1997; Simon, 2002）。總之，在後冷戰時期，情報機關的未來仍舊充滿了許多問題。

(二)聯邦調查局

美國聯邦調查局（Federal Bureau of Investigation, FBI）原先只是司法部底下所屬的一個小單位（division），後來到了J. E. Hoover擔任局長約五十年裡（1924～1972年），FBI發展成為世界上規模最大、最有效率及評價最高的情治機關之一。在Hoover領導時的FBI，享有高度清廉與專業技能的名聲，但是當Hoover於1972年去世以後，有關聯邦調查局不當或違法的活動就不斷地被揭露。

當Hoover被任為命為FBI局長時（任命之前，就是一位非常年輕的聯邦檢察官），美國一般的小型政府機關正瀰漫著貪污腐化的風氣。在第一次大戰期間，FBI（原來被稱為調查局，Bureau of Investigation）曾參與備受爭議的調查搜索行動（針對逃兵及急進派人士），其高層官員也曾因隱藏國防契約詐欺案件的調查資料而遭控訴。Hoover任職局長期間，雖然FBI及Hoover本人不能免於外界的批評（尤其是在紛亂的60年代），但Hoover終究還是能夠很有技巧的維繫FBI良好的公眾形象，同時也與握有權勢的政治人士保持良好的關係（Poveda, 1990）。

Hoover去世以後，FBI顯得愈來愈常招受外界的批評，這當中有部分的原因是尼克森總統對於情治機關的改革行動影響所致。尤其是在1970年代中期，有關FBI濫權及違法的活動一一曝光。FBI從1950年代中期開始，實施了許多反情報計畫（稱為COINTELPRO），以不受法律支配及違法的手段瓦解了許多政治異議團體。在1942～1968年間，就至少曾對14個國內組織進行過大約300次的非法或不當侵入。在Hoover任職期間，他掌握了許多政治人士的秘密檔案，這些情報為Hoover累積了許多政治籌碼，當時有好幾任總統都透過FBI來為自己的政黨蒐集政治情報。此外，FBI內部也發生多起的貪瀆及違法事件，這些事件包括調查人員向企業索取回扣、職員為Hoover處理個人私事及利用線民引誘異議團體從事違法行為（然後再將異議團體瓦解）等。另一項眾所皆知的行動，就是透過曝露個人隱私的途徑來打擊民權領袖馬丁路德（Martin Luther King, Jr.），譬如公開他的婚外情及宣稱他與共產黨掛鉤等，這些行為後來反而招致了不少對FBI的批評。1973年4月，FBI代理局長P. Gray因毀損水門事件的調查資料（受尼克森總統首席內政顧問J. Erlichman的指使）而黯然下臺，水門事件以及先前種種的不法事件，使得當時FBI的聲譽可說是跌到了谷底（Poveda, 1990）。

FBI的濫權與違法行動，到底是僅侷限在過去某一時期還是一直在持續發生，目前並不是十分清楚。不過有研究反情報活動的學者指出，FBI的反情報計畫主要實施於1950年中期至1971年，在1950年代前（即實施

反情報計畫之前）FBI所從事的一些策略，後來在70與80年代（即實施反情報計畫之後）又被用來對付異議團體（如美國印地安人運動，American Indian Movement）。學者Poveda認爲，FBI原始型態的違法行爲，可能是受到Hoover人格與意識型態偏見，以及FBI招受政治壓力的影響所致；而後來所發生的濫權行爲，可能是受到組織文化（強調打擊國內異議與抗爭團體的文化）的影響。在1981～1985年間，FBI曾針對上百個反對雷根政府中美洲政策的團體或個人，進行過廣泛性的調查；在另一方面，FBI也採用臥底及欺騙的手段來獲取白領犯罪（包含政府犯罪）的證據（孟維德，2007；Simon & Hagan, 1999）。顯然，1970年代FBI的醜聞事件使得該機構的權限受到了限制，同時也使違法及貪瀆事件受到了某些抑制，但這並不表示FBI的不法行爲會因此而停止。

㈢稅務機關

稅務機關一方面在白領犯罪的偵辦上扮演著重要的角色（以美國內地稅務局Internal Revenue Servuces爲例，就有超過12萬名的員工，是一個廣受各界敬畏的政府執法機關），但另一方面，稅務機關本身也可能涉及違法或不當的行爲。Burnham（1989）曾對稅務機關的違法行爲做過深入的探討，他發現稅務機關因受到意識型態及政治的影響，而提供某些機構或人士免稅或低稅率的優遇，同時追查逃漏稅的對象也大多數是集中在小規模的案件上，而非針對富有及有權勢的個人或機構。研究更發現，政府高層官員甚至曾利用稅務機關作爲威脅、騷擾及干涉政敵的工具。同時，稅務機關還經常使用違法監聽及其他不當的監控手段，並且當稅務機關的錯誤行動導致納稅人（包含組織）的財務或聲譽遭受損害時，該機關也很少表示過歉意。

Burnham（1989）進一步指出，由於立法機關本身的運作需要靠政府的稅收，同時國會議員可能也因爲害怕引發稅務機關對其財務進行調查，以致並沒有過於干涉稅務機關的權力，對稅務機關的運作也沒有加諸太多的監督。這也就是爲什麼美國國會在1989年對稅務機關進行一次大規模的檢查時，愕然發現稅務人員普遍犯有不當行爲的現象，這些行爲包括不當

收取贈物（與金錢）、不當使用公家差旅費、聘僱商人的親戚爲員工、調查人員爲被稽查企業的投資者、不當（或不公平）使用刑事偵查權及刻意隱藏違法行爲（尤其是在聯邦稅務機關的管理基層）等。根據美國官方資料顯示，自1989年以來，有超過1,300名的聯邦稅務機關人員因不當窺探納稅人的資料甚至竊取納稅人的稅款而遭到調查。在上述這些違法行爲中，包含了政府性的組織犯罪以及政治性的白領犯罪。

事實上，稅務機關所從事的任何貪瀆行爲，都將爲吾人的稅務制度帶來嚴重的威脅，因爲即使是輕微的貪瀆行爲，都可能會變成納稅人不守法納稅的有力藉口。前面我們將討論的焦點，較強調發生在高層（或中央層級）之政府性組織犯罪，但政府性組織犯罪也可能發生在地方層級，以下本章將對較常見的類型——警察犯罪（police crime）——進行討論。

三、警察犯罪

在地方性政府官員所從事的政府犯罪中，警察犯罪算是較爲重大的案件。一般而言，欲將警察犯罪分類爲政府性的組織犯罪（主要是涉及權力濫用）以及職業上的犯罪（主要是涉及貪瀆），並不困難；但是要判斷警察犯罪是基於組織性的動機（目標）或是個人性的動機（目標），卻往往是非常不容易的。

學者Walker（1998）曾表示，警察犯罪的歷史很長，同時種類繁多，包括像侵犯憲法所保障之權利、使用武力過當，以及使用不當或違法手段來達成警察任務等。根據多位警政學者的研究指出，貧窮弱勢者、政治異議者、少數族群及反傳統文化者最常遭受警察濫權的侵害。許多發生在1960年代的美國種族暴動，以及之後的類似事件，大多數都是黑人遭白人警察侵害的事件；1991年洛杉磯市警察毆打黑人（R. King）結果遭人錄影的案件，只不過是此類事件中的冰山一角。

2020年5月，美國明尼蘇達州46歲的非裔男子G. Floyd因涉嫌使用假鈔被捕時死亡。當時執行警務工作的D. Chauvin用膝蓋壓住Floyd的頸部超過九分鐘，其間Floyd曾說：「我不能呼吸」，隨後死亡。記錄案發過程的

影片被廣泛流傳，引發全美反種族歧視「黑人命也是命」的激烈抗議活動。在人口結構上，非裔美人占全美人口不到14%，但在警察造成的致命槍擊事件中卻占了23%以上。後經審判，Chauvin被判謀殺罪。

　　警察人員不當使用致命武器所造成的暴力，往往是較為嚴重的警察暴力。警察的暴力行為在過去較少遭到起訴，不過近年來隨著民權運動的蓬勃發展，以及大眾傳播媒體的關注，使得過去對於警察暴力的沉默情形已有所改變。警察權力濫用並非僅有警察暴力一種型式，根據美國國會（Mollen委員會）所公布的一份調查報告指出，紐約市警察經常從事做偽證、執行違法搜索（無搜索票）、錯誤的逮捕、偽造證據等行為；其中，做偽證是最常見的一種行為（Friedrichs, 2004）。某些警察人員超越法律界線的行為，其目的是為了更有效率地達成警察機關打擊犯罪的任務，或是為了自己的工作前途。

　　近來，有許多調查行動是針對警察貪瀆案件而展開的，同時這些調查行動也的確發現警察機關涉及貪瀆行為的證據，譬如電動玩具業者周人蔘賄賂警察人員，以及臺北市中山警察分局多名員警收受酒店業者賄賂，臨檢時未落實執法等案件。此處所指的貪瀆，指的是警察人員集體貪瀆行為（組織性的行為）。而美國國會在1890年代的Lexow委員會，曾發現紐約市警察人員涉及多件集體貪瀆事件，1970年代的Knapp委員會、1990年代的Mollen委員會以及其間多個委員會也都有類似的發現（Friedrichs, 2004）。此外，社會科學家的研究也指出，警察機關確實經常涉及集體貪瀆行為。

　　通常，警察貪瀆行為大致上可以分為主動索賄（包括索取回扣、敲詐、勒索等）以及接受轄區內商人或民眾小贈禮或餐宴之類的行為。其中涉及道德性犯罪或無被害者犯罪的主動索賄行為，是較為嚴重的警察貪瀆行為。根據筆者過去曾對派出（分駐）所員警所進行的訪談發現，有些涉及此類貪瀆行為的員警，經常會合理化他們的違法行為，認為他們的行為根本沒有造成任何損害，因為法律對於道德性犯罪或無被害者犯罪（如娼妓、毒品、賭博等犯罪）並沒有什麼功用，他們的行為只是要讓犯罪者付

出一些代價而已。1994年4月，12名轄區爲哈林區的警察在紐約市被捕，因爲他們涉及強迫毒販支付保護費，並對不合作的毒商施暴。在該案之前，還有若干位員警因從事販賣毒品而被捕（Walker, 1998）。諸如此類的貪瀆事件，在許多轄區都曾發生過，尤其是在大都市中。當然，某些警察濫權或貪瀆事件，只是警察機關中少數害群之馬的行爲。

系統因素，經常是導致警察犯罪最主要的因素。初任職的警察人員多少都會抱持一些理想，之後當面對警察工作的嚴酷事實時，便開始經歷警察組織的社會化過程，其結果往往是形成一種所謂的犬儒心態（cynicism）。在另一方面，警察人員也可能會內化組織一些非正式的規範，譬如對同仁的違法或不當行爲保持沉默，這種現象常使警察人員不願意與貪瀆事件的調查行動合作。此外，警察工作也較常隱含一些易於從事濫權或貪瀆行爲的特殊機會及誘因。

在刑事司法體系中，警察犯罪已頗受重視，其他機構人員的違法行爲被關注的程度似乎不及於警察，但他們所面對的誘因與機會不見得比警察少，涉及濫權及貪瀆行爲的刑事司法機構絕非僅有警察機關而已，對於法院及監所類似行爲的研究，實有加強的必要。

第五節　政治性的白領犯罪

所謂政治性的白領犯罪，乃指政府或政黨人員爲其個人利益（如經濟或政治利益）所從事的違法及不當行爲，而不是爲了國家、政府或政治意識型態的目的。以下本章將對此種個人性的政府犯罪進行討論。

一、政治體系的貪瀆

自由選舉及政黨競爭可說是民主國家的重要條件，這些制度被普遍認爲能夠規避一黨制度下所產生的濫權。但是，在民主社會的選舉過程以及政黨競爭之中，卻經常引發許多貪瀆活動。有些衝突論者認爲，民主只是由少數權勢菁英控制決策過程，以及順從媒體用官方版本來教化民眾的一

種制度罷了（Chambliss & Zatz, 1993）。當然，在臺灣地區，主要政黨的政策主張，至少存有某些差異，同時，競爭在選舉過程中仍是一個眞實的要件。

政治人士一旦掌權，往往不願鬆手。因爲掌權（即擔任某職務，如總統、縣、市長、民意代表等）至少具有下列好處：增加知名度、有能力爲特殊利益團體或選民施惠，以及成就可以在紀錄上留名等。而且選民通常較喜穩定的政局，並非經常性的變革。一般而言，政治人士爲特殊利益團體及選民所提出、背書或推動的政策方案，儘管有時可能具有某些令人質疑之處，但只要沒有直接的報酬存在，該政治人士通常並不會被認定超越法律的界線。

㈠水門事件

當代因戀棧政治權勢且爲最著名的政府犯罪案件，應屬結果導致美國總統辭職的「水門事件」。水門事件主要包含兩方面：一爲不法目的之侵入（發生於1972年6月），另一爲尼克森政府廣泛性的權力濫用，包括違法監控、使用計謀、包庇及建立黑名單等。

水門事件的最初違法活動乃是位於華盛頓特區的民主黨總部遭人侵入，當侵入者被逮捕時，身上藏有準備在民主黨總部架設的電子監控裝備，侵入者則是總統改選委員會（the Committee to Reelect the President, CREEP）以及白宮所聘僱的人。起先尼克森等白宮相關人員企圖將整個案件以「三級不法目的之侵入」（third-rate burglary）的罪名來處理，以顯示自己未涉入該案，但是在案發後的兩年裡，大規模的掩飾及包庇共謀行爲相繼發生，而且有尼克森的直接參與。新聞記者、檢察官及國會調查委員會均陸續發現並揭露這些共謀行爲，當中直接涉案的人員包括了多位白宮及總統改選委員會中的高層人員。隨後，國會對尼克森的彈劾行動即將展開，尼克森爲避免遭受彈劾終於在1974年10月宣布辭職。雖然尼克森被繼任總統福特（G. Ford）給予特赦並免除刑事責任（當時曾引發一些爭議），但許多當初在尼克森身邊的人員均相繼入獄（Simon & Hagan,

白領犯罪

1999）。

在有關該事件的解釋中，有一觀點認為尼克森與其幕僚極為腐敗，尼克森可能具有誇大妄想（paranoia）以及缺陷的人格（Friedrichs, 2004）。另一觀點則指出，水門事件是當時美國政治制度下的產物，當時的政治制度在總統身上加諸過高的期望，而制衡機制卻讓總統倍感挫折；在這樣的制度中，維繫、運用及擴張權力要優先於廉潔和守法（Simon, 2002）。根據後者的觀點，美國近幾任的總統恐怕都有違法的經驗。上述兩種解釋，或多或少都有一些真實的可能。

整個水門事件的重要焦點，並不是個人經濟利益的謀取，而是政權的維繫以及懲罰政敵。從案發開始，涉案人員就竭盡所能掩飾非法行為，並設法為高層人員脫罪。最後在水門事件中遭受控訴的人，也僅承認他們的動機是為了國家福祉以及對於政黨的忠誠。但事實上，大部分的涉案人員是因為自己的仕途抱負或無法拒絕上級壓力等因素，而從事違法行為的。

當然，經濟利益的謀取並非全然與水門事件無關。一些富有的公司及個人因為期待保守傾向的政權（共和黨較具保守傾向，尼克森為共和黨員）能夠繼續提供他們長期的經濟利益，而將大筆金錢投在CREEP上，違反了有關選舉贈與方面的法律。因此，吾人也可以把水門事件看做是「企業與政治人士企圖從尼克森續任總統中謀取利益的違法活動」。

(二)選舉募款過程中的貪瀆

本章傾向將政治性的貪瀆行為（political corruption）視為個人性的行為，因為政治貪瀆行為中的焦點通常是個別性的（而非組織性的）違法者。Friedrichs認為（2004），選舉募款（尤其是國會議員的選舉募款）以及立法遊說是政治體系中最易引發貪瀆的兩個部分。以臺灣地區為例，近年來競選所需的費用愈來愈高，動輒上億，除了競選總部、文宣品、助選人員等開支外，由於媒體的宣傳效果佳，所以候選人還需花費大筆金錢在媒體宣傳上。這些競選的費用，往往並非候選人本身可以完全負擔的，因此選舉資金的來源便成為競選人極為關切的事務。

在選舉活動中，有錢的企業經常會對有利於他們的候選人提供捐款，尤其是對現任者以及那些有機會擔任國會中與捐款企業有關之委員會（如國防、交通、經濟等）委員的候選人。Makinson（1990）在其針對「選舉」所做的研究裡指出，此種「合法的賄賂」不僅爲現任者提供龐大的財務優勢來抵擋挑戰者，同時更將影響未來的立法與政策擬定。以美國過去的選舉活動爲例，國防契約承包商（如武器製造商）及金融業者就曾多次利用選舉捐獻的途徑，成功地爲自己爭取了許多利益，結果卻造成納稅人巨大的損失。

顯然，「賄賂」與「捐獻」之間的界線十分模糊。儘管選舉募款措施的濫用並不一定違法，但卻是一個值得關切的政府犯罪議題。

二、行政體系中的政治性白領犯罪

Friedrichs（2004）指出，沒有一位美國總統因利用職位謀求個人經濟利益而被判定有罪，但的確有許多總統在任職前、任職中及離職後，爲了個人經濟利益而從事非倫理或非法行爲。儘管是美國第一任總統華盛頓（George Washington），也被認爲曾經涉及有違法嫌疑的土地交易行爲。十九世紀也有幾位總統曾牽扯賄賂醜聞，而最近幾任總統，諸如艾森豪、詹森、尼克森、福特、雷根及柯林頓等人，均被宣稱曾收受外國領袖及仰慕者價值過重的禮物、逃漏稅、藉販賣政治影響力來累積私人財富及爲了個人用途撥用秘密基金等；其中，柯林頓總統更涉及了眾所皆知的性醜聞案。尼克森總統的首任副總統安格紐（Spiro Agnew）因收受馬里蘭州商人的賄賂而遭控訴，在認罪協商的過程中，安格紐被迫辭職而且接受逃漏稅的罪狀。

在美國近任總統中，恐屬尼克森所涉及的政府犯罪者最爲嚴重，尼克森身旁幕僚入獄的人數可能也比其他總統來得多。不過，尼克森幕僚所遭受的控訴大多數爲做僞證、不法目的之侵入、賄賂、違法監聽及變造證據等，較與經濟利益的謀取無直接關係。相對的，雷根政府所顯現出的拜金特徵，Hagan（1992）認爲，可能是歷任總統中最貪污腐敗的一位。在雷

根總統的幕僚中，超過200人因不當或違法行為而接受調查，其中包括司法部長、國家安全顧問、私人秘書（負責安排總統活動行程）、中情局局長、商業部副部長、國防部副部長、退除役官兵署署長及美國資訊署署長等重要幕僚，這些人員所涉及的案件大多數與個人經濟利益的謀取有關，但媒體對這些案件並沒有做太多的報導。根據學者研究指出，美國90年代中期所發生的貪瀆案件，大多數與農業補助方案以及移民事務有關，柯林頓總統所屬的農業部長、住宅暨都市發展部長、商業部長及交通部長等人，均曾接受過獨立調查小組或司法部的調查。

地方官員貪瀆的案件在數量上更是繁多，譬如紐約州第一任州長B. Fletcher就因為涉及貪瀆案件（包括收受海盜的保護費、將大筆土地補助款項私下授與朋友等）而下臺。在近幾十年，更有許多位州長遭受刑事控訴，譬如像伊利諾州州長O. Kerner、馬里蘭州州長S. Agnew與M. Mandel等人，就曾受到詐欺、偽證、賄賂、恐嚇勒索及逃漏稅等罪名的控訴。這些案件大多數是涉及收受商人賄賂並提供政治優遇給商人。此外，在1970～1977年之間，美國大約有1,290位郡級（county）官員因涉及貪瀆而被認定有罪。在1985年1月至1988年6月間，紐約市府機關就有超過百名的公務員因貪瀆而被認定有罪。Hagan（1997）在對行政機關人員所為之貪瀆事件進行分析後指出，頻傳的貪瀆事件意謂結構或組織因素的影響可能要高於個人因素，因此結構性的（或組織性的）改革應是降低貪瀆事件極為重要的途徑。

三、立法體系中的政治性白領犯罪

立法體系人員涉及貪瀆行為的機會也很多。儘管美國第四任總統麥迪遜（J. Madison）認為國會成員眾多且權力分散（賄賂少數議員無法影響決策），因此要比行政體系不會涉及貪瀆活動（Hagan, 1997）。但是，古今中外國會議員涉及貪瀆的事件，卻是從未間斷過的。

1795年，美國一家公司將其股份撥給數位喬治亞地區的議員，該公司企圖藉這些議員的立法權力來獲取數百萬英畝的印地安人土地。雖然這些

議員在下任選舉中均落選，但由於當時喬治亞地區並沒有懲處賄賂行為的法律，使得這些議員並未受到刑事追訴。針對立法體系的貪瀆活動，美國一直到內戰結束以前，都還缺乏有效的聯邦法律及調查方法。美國在1872年所爆發的Credit Mobilier事件，可能是第一件有關國會貪瀆的重大醜聞案。Credit Mobilier是一家成立於1864年專門協調鐵路公司在美國西部擴展營運的公司，該公司經營者將股份以極低的價錢賣給（有些甚至是免費贈送給）許多國會議員，之後國會議員擬定了一個對股東極有利的法案（Noonan, 1984）。雖然該計謀曝光後引發了社會大眾強烈的憤怒，以及對國會的調查行動，但沒有一位國會議員遭受刑事追訴。

自Credit Mobilier事件之後，國會貪瀆醜聞便不斷出現，許多案件更幾乎是議員集體性的貪瀆。這些立法者變成違法者的主要行為包括：利用議員身分逃避違法行為的取締與逮捕（如酒醉駕車等行為）、實施無必要的考察（實為旅遊）、領取雙份經費（對同一件事的處理，分別領取私人企業與政府支付的款項）、公物私用（包含人力資源在內）及許多有關「利害衝突」的違法行為等（Green, 1997）。相關證據顯示，議員對有利於提供他們好處之企業的法案，通常都會予以強力的支持。

雖然立法體系涉及貪瀆的情況已持續很長一段時間，但Green（1997）卻發現，在被起訴的美國國會議員及其職員當中，1970年代（約十年）的人數竟然比1941～1971年間（約三十年）的人數增加了5倍之多。Green認為，這可能與媒體和社會大眾在水門事件後，愈來愈對政府人員的貪瀆案件感到興趣有關。這些70年代的國會貪瀆案件，大多數是涉及詐欺、索取回扣、賄賂、偽證、違法性的選舉募款、逃漏稅、妨礙司法執行等行為。另外，在所謂的「韓門事件」（Koreagate affair）中，韓國商人Tongsun Park在100多位美國國會議員身上花費了數十萬美元（包括選舉捐獻、禮物、宴會及其他好處等），以換取他們對南韓利益的支持。

從國會貪瀆事件如此眾多的情形來看，就某些議員而言，貪瀆的利誘顯然比顏面、定罪，甚至監禁的威嚇效應都還要更具影響力。

四、司法體系中的政治性白領犯罪

在政府各部門中，司法體系人員涉及貪瀆的情形似乎較少，但這並不代表全然沒有，臺灣地區過去也曾發生過多起司法官員涉及貪瀆行爲。西方資料顯示，早在古羅馬與中古世紀時，就有法官涉及收賄。當時最有名的案件，就是在英國國王詹姆士一世（King James I）時擔任大法官的F. Bacon爵士，因收受賄賂（賄賂者希望Bacon大法官做出有利他的判決）而遭控訴，起先Bacon被判處罰金，但後來被赦免（Simon, 2002）。美國法官曾經遭受控訴的罪名有很多，包括收賄、敲詐、妨礙司法執行、逃漏稅、侵占、詐欺及濫用職權等。這些遭控訴的法官，許多被迫辭職，有的則被彈劾或被定罪，少數人入獄。美國遭起訴的聯邦法官人數，雖然沒有確切的數字，但並不多。前幾年一位聯邦法官因涉及逃漏稅被定罪，後來受到彈劾並被監禁；另一位聯邦法官因涉及收賄15萬美元而遭到彈劾（Green, 1997）。地方性法院法官涉及貪瀆案件的數量，要比聯邦法官來得多。

顯然，法官所位居的職位，是非常容易濫用權力的。如果法官所爲犯罪眞的較少，有部分原因或許是因爲法官經常與違法者接觸，深知違法行爲所造成的損害後果。另一方面，由於法官的待遇較優（較一般公務人員爲優）且地位崇高，這使得犯罪對他們而言，較傾向弊多於利。同時，法官的養成教育與甄試過程，均對法官人員廉潔觀念的提升，產生很大的正面作用。

第六節　公務人員犯罪的實證研究

爲了解公務人員犯罪的實際現象，筆者曾編擬問卷前往監獄針對公務人員身分之受刑人進行問卷調查。問卷的內容包括：受刑人的性別、教育程度、年齡、婚姻、收入、職等、年資、罪名、與業務之關係、共犯人數、案發原因、前科紀錄、宣判刑期、公務人員犯罪原因及防制公務人員

犯罪之對策等。問卷於2002年施測，共計調查：基隆監獄、臺北監獄、桃園監獄、桃園女子監獄、新竹監獄、臺中監獄、臺中女子監獄、彰化監獄、雲林監獄、嘉義監獄、臺南監獄、高雄監獄、高雄女子監獄、屏東監獄、宜蘭監獄、花蓮監獄、明德外役監獄、自強外役監獄、武陵監獄等19所監獄中具有公務人員身分之受刑人。接受調查之受刑人共計161名，其中觸犯與其執掌業務有關犯罪之受刑人計96名。其餘61名受刑人，所犯為一般街頭性犯罪，例如竊盜、傷害、殺人、妨害性自主及盜匪等罪行，與其公務人員身分較無關係，另有四名未填寫所犯罪名與業務相關與否。因此，本研究在進行資料分析時，乃以觸犯與其執掌業務有關犯罪之受刑人所填答的問卷為分析標的。有關問卷調查施測監獄及受測人數參閱表6-1。

表6-1　問卷調查施測監獄及受測人數

監獄名稱	具公務人員身分之受刑人數	左欄中犯與執掌業務有關犯罪之受刑人數
基隆監獄	4	1
臺北監獄	24	13
桃園監獄	19	11
桃園女子監獄	17	8
新竹監獄	2	2
臺中監獄	11	8
臺中女子監獄	5	4
彰化監獄	10	7
雲林監獄	2	2
嘉義監獄	8	3
臺南監獄	5	1
高雄監獄	14	10
高雄女子監獄	4	2
屏東監獄	10	8
宜蘭監獄	7	3

表6-1 問卷調查施測監獄及受測人數（續）

監獄名稱	具公務人員身分之受刑人數	左欄中犯與執掌業務有關犯罪之受刑人數
花蓮監獄	4	2
明德外役監獄	8	5
自強外役監獄	6	6
武陵監獄	1	0
合計	161	96

一、問卷調查樣本描述

　　在本研究分析的樣本中81.3%爲男性，17.7%爲女性，男性占大多數（一名受訪者未填寫性別，百分比總和未達100）。有關樣本的犯案年齡（即犯案時年齡）結構，25歲以下者（含25歲）占3.1%，26～30歲者占12.4%，31～35歲者占11.4%，36～40歲者占30.3%，41～45歲者占22%，46～50歲者占12.5%，51歲以上者占8.2%。由此可知，樣本中以36～45歲的人數最多，占總樣樣本的52.3%。

　　有關樣本的教育程度，教育程度爲國中或以下者占1.0%，高中（職）者占43.8%，專科程度占32.3%，大學程度占18.8%，研究所者占3.1%。按比例大小分析，以高中（職）占最多，其次爲專科程度，再次爲大學程度及研究所。樣本婚姻狀況，未婚者占17.7%，已婚者占70.8%，同居者及分居者占1%，離婚者占6.3%，喪偶者占2.1%。

　　有關樣本收入以每年所得（包含年終獎金）作爲分析標的，年所得未滿20萬元者占3.1%，20～39萬元者占9.4%，40～59萬元者占36.5%，60～79萬元者占27.1%，80～99萬元者占16.7%，100～119萬元者占4.2%，120～139萬元者占1.0%，並無樣本年所得在140萬元以上。由以上分析可知，76%的樣本年所得在79萬元以下。有關樣本的公務職等，以委任者最多，占41.7%；其次爲薦任及約聘僱人員，各占22.9%；並無樣本爲簡任。職等爲其他類者，占11.5%。樣本中，公務人員年資在一至五年者占11.5%，年資在五至十年者占28.1%，年資在十至十五年者占20.8%，年資

在十五至二十年者占13.4%，年資在二十年以上者占21.3%。

77.1%的樣本回答所從事的犯罪行為是自己一人所為，22.9%的樣本表示有其他共犯共同犯罪。換言之，在公務員所從事有關其業務的犯罪中，大部分是單獨的個人行為。在有共犯的部分，本研究所蒐集的資料顯示，共犯人數最多有50名，但大多數的共犯人數都低於六名。有關案發原因，15.3%的樣本表示是「自首」，16.7%的樣本表示「經被害人告發」，26.0%的樣本表示是「由服務機關舉發」，24.0%的樣本表示是「由檢調機關查獲」，2.1%的樣本表示是「因共同被告之自白而發覺」，7.3%的樣本表示是「由民眾告發」，而有6.3%的樣本表示是其他原因（如遭他人報復、遭陷害、不知原因等）。

97.9%的樣本沒有犯罪前科紀錄，僅有2.1%的表示先前曾有犯罪前科。換言之，在公務員所從事有關其業務的犯罪中，大部分沒有犯罪前科紀錄。在二名（占總樣本數的2.1%）表示先前曾有犯罪前科的受訪者中，均只有一次前科紀錄。有關樣本的宣判刑期分析，未滿三年者占17.7%，三年以上七年未滿者占35.4%，七年以上十年未滿者占22.9%，宣判刑期在十年以上者占20.9%。

根據問卷調查所獲得資料顯示，樣本中大多數是男性，占81.3%。犯罪時年齡以36～45歲者占較高比例，占52.3%。教育程度以高中（職）及專科為多，占76.1%。婚姻狀況以已婚者占多數，占70.8%。收入以年所得在79萬元以下者為多，占76%。公務職等則以委任職等為最多，占41.7%，薦任職等及約聘僱人員次之，各占22.9%。公務人員年資則以五至十五年為多，占48.9%。大多數的受訪者表示自己並沒有犯罪前科（占97.9%）。至於案發原因，以服務機關舉發為最多，占26.0%，其次為檢調機關查獲，占24.0%。有關問卷調查的樣本背景，參閱表6-2。

二、公務人員犯罪原因及防制對策分析

表6-3所列為公務人員犯罪原因及防制對策，根據犯與其業務有關之罪的公務人員所表示的意見，依相對次數百分比大小排序，前五項公務人

表6-2　問卷調查樣本描述

變　項	百分比	變　項	百分比
性別*		公務職等	
男	81.3	薦任	22.9
女	17.7	委任	41.7
		約聘僱人員	22.9
犯案時年齡		其他	11.5
25歲以下	3.1		
26～30歲	12.4	有無共犯	
31～35歲	11.4	無	77.1
36～40歲	30.3	有	22.9
41～45歲	22.0		
46～50歲	12.5	有無前科	
51歲以上	8.2	無	97.9
		有	2.1
教育程度		公務員年資	
國中以下	1.0	一至五年	33.3
高中（職）	43.8	五至十年	24.0
專科	32.3	十至十五年	20.8
大學	18.8	十五至二十年	11.5
研究所	3.1	二十至二十五年	6.2
		二十五年以上	2.1
婚姻狀況			
未婚	17.7	案發原因**	
已婚	70.8	自首	15.3
同居	1.0	被害人告發	16.7
分居	1.0	服務機關舉發	26.0
離婚	6.3	檢調機關查獲	24.0
喪偶	2.1	因共同被告之自白而發覺	2.1
		民眾告發	7.3
收入（年所得）		其他	6.3
未滿20萬	3.1		
20～39萬元	9.4	宣判刑期	
40～59萬元	36.5	三年未滿	17.7
60～79萬元	27.1	三年以上七年未滿	35.4
80～99萬元	16.7	七年以上十年未滿	22.9
100～119萬元	4.2	十年以上	20.9
120～139萬元	1.0		

說明：*一名受訪者未填寫選項，故百分比總和有未達100.0者。
　　　**二名受訪者未填寫選項，故百分比總和有未達100.0者。

表6-3 公務人員犯罪原因及防制對策

公務人員犯罪原因	百分比*	公務人員犯罪防制對策	百分比*
被舉發的機率不大，心存僥倖	7.3	所任職務不宜過長，應定期輪調	44.8
人情請託或關説	41.7	強化法令的明確性，讓公務人員易於依法行政	55.2
民眾為便利行事而送紅包或餽贈物品給公務人員	21.9	簡化行政程序，減少舞弊機會	32.3
法令不明確，導致公務人員不當行使職權	49.0	定期實施民調查以為監督	4.2
工作環境的職業倫理與道德觀低落，不得不同流合污	13.5	落實執行公務人員財產申報制度	16.7
公務人員待遇不佳或升遷不易，社會地位不高，產生相對匱乏感，所以利用職務上機會，獲取不法利益	18.8	強化政風功能	21.9
政風單位的功能未發揮	9.4	健全人事制度	28.1
上級施予壓力	26.0	改善公務人員待遇	35.4
因利益誘人，難以抗拒	18.8	鼓勵民眾勇於檢舉	16.7
其他	8.3	其他	5.2

說明：*該選項為複選，故百分比總和大於100.0。

員犯罪原因為：

㈠法令不明確，導致公務人員不當行使職權（49.0%）。

㈡人情請託或關說（41.7%）。

㈢上級施予壓力（26.0%）。

㈣民眾為便利行事而送紅包或餽贈物品給公務人員（21.9%）。

㈤因利益誘人，難以抗拒（18.8%）。

根據犯與其業務有關之罪的公務人員所表示的意見，前五項公務人員犯罪防制對策爲：

　㈠強化法令的明確性，讓公務人員易於依法行政（55.2%）。

　㈡所任職務不宜過長，應定期輪調（45.9%）。

　㈢改善公務人員待遇（35.4%）。

　㈣簡化行政程序，減少舞弊機會（32.3%）。

　㈤健全人事制度。（28.1%）。

三、訪談資料分析

　　研究期間，研究人員前往臺北監獄及桃園女子監獄訪談受刑人（犯罪時具公務員身分），於臺北監獄訪談六位男性受刑人，於桃園女子監獄訪談六位女性受刑人，共計12位，訪談焦點在於當事人的犯罪過程。

　　經系統性的分析訪談內容，可以發現犯罪人在從事犯罪行爲之前，生活上大多出現有某些因素，導致當事人產生財務上的需求。這些因素可能是家庭負擔（例如夫妻離婚後，撫養孩子的經濟需求）、投資失利（例如投資股票、養殖蘭花等）、家庭突發事件（如母親生病、親戚急需用錢等）、工作壓力（例如同事間隙或競爭、績效或升遷壓力等）、朋友或同儕影響（例如朋友介紹投資、朋友介紹娛樂活動等）及生活享樂、缺乏節制（例如飲酒、賭博、奢華等）等。這些在生活上所發生的事件，直接或間接對當事人產生一種財務上的需求，如果當事人經濟能力尚佳，並不一定對其造成困擾。然而，這些事件的影響時間如果過長，當事人經濟能力不佳或無法應付長期的財務問題，或是財務問題出現惡化狀況，那麼當事人便逐漸感到焦慮、緊張或匱乏感，乃至於促使當事人尋求解決或補救的辦法。如果該問題是無法告知他人的，而且具急迫性，則其影響效應更爲強烈與明顯。

　　當事人可能在其工作業務範圍中偶然發現或主動發覺違法獲利的機會，也可能是對該違法獲利的機會認知已久，在當事人主觀感受違法行爲的利益夠大，同時被發覺的風險很低，或是一旦被發覺，可以在不被辨識

出身分的情形下撇清責任，經過自我合理化方式（譬如借用而非盜用、法令不明確、大家都這麼做、長官同意等），繼而從事違法行為。

訪談資料顯示，公務員犯罪過程中有三個重要的變項，分別是信用、風險以及合理化（即使用理由或藉口）。信用，可說是在互動關係中預期對方會誠信以行的一種信賴。接受訪談的犯罪公務員，大多是在長官、同事或其他人的信用下從事違法獲利的行為，可說是一種授與或隱含信用的違背。在某種程度上，違背信用，可說是公務員犯罪的特徵之一，而以虛假陳述、偷竊、侵占、貪瀆等不同方式表現出來。其次，此處所指風險，包含二意，一與機率有關，另一與巨大危險有關。從機率的意義來看，公務員犯罪可說是一種經過計算的賭博，當與犯罪的利益相較，如果被發覺、逮捕、懲罰的機會較低時，當事人有可能從事該犯罪。另一方面，當事人可能錯估其違法行為所造成的潛在危害，將自己陷於巨大危險中。換言之，當事人在犯罪的初步階段，可能只是小規模的「借用」公款或「收人錢財、替人消災」，以為並不是什麼大事，但是經過一段時間，涉案金額或損害逐漸擴大，當事人在案發被捕時，往往無法想像自己已犯下重罪。最後，當事人所使用的合理化技巧（理由或藉口），也是其之所以從事犯罪的重要條件。他們不僅為自己違法的動機進行辯護，而且尋求個人為什麼從事犯罪的適切理由。當財務需求的問題以及自己受信任的關係確認後，同時被發覺的風險不高，根據自我合理化方式，將可使違背信用行為獲得自我脫罪的有力辯解，繼而從事違背信用的行為。

四、實證調查——小結

在表6-2所列的問卷調查變項中，以百分比較高的項目為判準，可將觸犯與其執掌業務有關犯罪之公務員（受刑人）描述如下：

性別：男性　　　　　　　　職等：委任
犯案時年齡：36～45歲　　　共犯：無
教育程度：高中（職）　　　前科：無
婚姻狀況：已婚　　　　　　年資：一至五年及十至十五年

收入（年所得）：79萬元以下　案發原因：服務機關舉發及檢調機關查獲
宣判刑期：三年以上七年未滿

　　綜合問卷調查及訪談二途徑所獲得的資料，公務員犯罪的原因歸納如圖6-1。

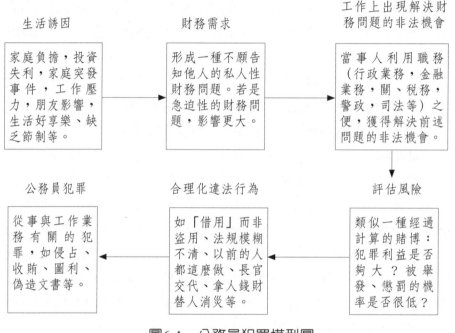

生活誘因	財務需求	工作上出現解決財務問題的非法機會
家庭負擔，投資失利，家庭突發事件，工作壓力，朋友影響，生活好享樂、缺乏節制等。	形成一種不願告知他人的私人性財務問題。若是急迫性的財務問題，影響更大。	當事人利用職務（行政業務，金融業務，關、稅務，警政，司法等）之便，獲得解決前述問題的非法機會。
公務員犯罪	合理化違法行為	評估風險
從事與工作業務有關的犯罪，如侵占、收賄、圖利、偽造文書等。	如「借用」而非盜用、法規模糊不清、以前的人都這麼做、長官交代、拿人錢財替人消災等。	類似一種經過計算的賭博：犯罪利益是否夠大？被舉發、懲罰的機率是否很低？

圖6-1　公務員犯罪模型圖

第七節　結　語

　　政府犯罪，是一種不易控制的犯罪，尤其是當政府高層人士從事此種犯罪時，對其控制尤為困難，因為違法的政府官員往往會竭盡所能的動用最大力量來掩飾他們的違法行為以及抵制檢調單位的行動。有一個矛盾的現象是我們必須要了解及面對的，儘管我們仰賴政府機關控制犯罪，但是國家機關，以及機關的人員與政治人士，均可能是某些犯罪的來源。

　　理想上，國際法庭應該要對於國家犯罪具備管轄權以及發動有效回應的手段。雖然目前在違反人權的回應措施方面，已有一些國際性的合作方案，但在可見的未來裡，欲建立強而有力的國際追訴權，似乎仍有相當的困難度。

　　對於國家犯罪的回應，大部分還是有賴於國際性的獨立媒體及國際組織對國家犯罪及腐化行爲進行監控，並透過揭露及明恥的方式向違法的國家施壓。在過去，國家犯罪的有關人員（尤其是高層官員）僅有在他們的軍事行動失敗及被俘虜之後，才會直接向國際法庭說明他們的犯罪行爲。譬如，第二次世界大戰結束後，一些未陣亡的納粹領導人就被帶到 Nuremberg（位於德國南方的城市）接受審訊。筆者期待二十一世紀能夠出現一個對國家犯罪具有懲罰權或防制效能，但本身卻不會從事違法行爲的國際性組織。

　　在民主社會裡，民眾希望制衡系統（system of checks and balances）及獨立媒體能夠對政府犯罪進行揭發及予以有效的回應。分權，至少對某些形式的政府犯罪而言，應是一個降低犯罪機會的途徑。近年來，雖然我國政府與民間已逐漸重視到官商勾結的問題，並推動若干改革方案，但仍難以排除政府官員貪污腐化的問題。本文認爲，貪瀆犯罪的有效防制對策，除應持續嚴格執行肅貪工作外，更需設法改善社會奢糜風氣，培養公務人員正當的職業倫理，匡正其人格，並貫徹實施職務輪調制度，加強刑事追訴能力，以及強化沒收、追繳、追徵之執行，復以行政規章、程序之簡化措施的配合，適切運用教育及宣傳工具從事反貪污的宣傳。在另一方面，「旋轉門症候群」（revolving door syndrome）——原任職民營機構的人員轉入政府主管機關服務，服務期間該人員享有某些影響民營機構的權力，之後（如退休後）又回到其任公職時所曾管轄過的企業去服務——也是一個導致政府腐化的根源，需要予以適當管制。總之，在政府各階層中，包括從國家最高層官員到最基層員工，公務人員所享有的相對權力（或是違法機會）以及所獲得的合法酬勞，經常是不對稱的，這應是社會進行結構性改革時，不可忽略的焦點。

白領犯罪

本章參考文獻

孟維德（2007）。一個犯罪學研究不應忽視的議題－政府犯罪。發表於「2007年倡廉反貪防治貪瀆學術研討會」，法務部暨中華民國犯罪學學會主辦。

Abadinsky, H. (2003). *Organized Crime. Boston,* MA: Allyn & Bacon.

Albanese, J. (1995). *White-Collar Crime in America*. Englewood Cliffs, NJ: Prentice-Hall.

Barak, G. (1991). *Crimes by the Capitalist State*. Albany: SUNY Press.

Barak, G. & Bohm, R. M. (1989). "The Crimes of the Homeless or the Crime of Homelessness? On the Dialectics of Criminalization, Decriminalization, and Victimization." *Contemporary Crises: Law, Crime and Social Policy* 13: 275-288.

Barker, A. (1994). "The Upturned Stone: Polifical Scandals and Their Investigation Process in Twenty Democracies." *Crime, Law & Social Change* 21: 337-373.

Bohm, R. M. & Haley, K. N. (1999). *Introduction to Criminal Justice*. Westerville, OH: Glencoe/McGraw-Hill Company.

Bonner, R. (1987). *Waltzing with a Dictator*. New York: Times Books.

Boone, M. (1989). *Capital Crime-Black Infant Mortality in America*. Newbury Park, CA: Sage.

Braithwaite, J. (1992). "Poverty, Power and White-Collar Crime: Sutherland and the Paradoxes of Criminological Theory." pp. 78-107 in K. Schlegel & D. Weisburd (eds.), *White-Collar Crime Reconsidered*. Boston, MA: Northeastern University

Press.

Burnham, D. (1989). *A Law onto Itself-The IRS and the Abuse of Power*. New York: Random House.

Byron, C. (1991). "High Spy: Jules Kroll's Modern Gumshoes Are on a Roll." *New York* (May 13): 70-84.

Calavita, K., Pontell, H. N. & Tillman, R. H. (1999). *Big Money Crime: Fraud and Politics in the Savings and Loan Crisis*. Berkeley, CA: University of California Press.

Cavicchia, J. (1992). "The Prospects for an International Criminal Court in the 1990s." *Dickinson Journal of International Law* 10: 223-261.

Chambliss, W. J. (1993). "State-Organized Crime." pp. 29-314 in W. J. Chambliss & M. S. Zatz (eds.), *Making Law-The State, The Law, and Structural Contradictions*. IN: Indiana University Press.

Chambliss, W. J. & Zatz, M. S. (1993). *Making Law-The State, The Law, and Structural Contradictions*. Bloomington, IN: Indiana University Press.

Cohen, S. (1993). "Human Rights and the Crimes of the State: The Culture of Denial." *Australian & New Zealand Journal of Criminology* 26: 97-115.

Coleman, J. W. (2002). *The Criminal Elite: Understanding White-Collar Crime*. New York: St. Martin's Press.

Friedrichs, D. O. (2004). *Trusted Criminal: White Collar Crime in Contemporary Society*. New York: Wadsworth Publishing Company.

Fukuyama, F. (1995). *Trust: The Social Virtues and the Creation of Prosperity*. London: Hamish Hamilton.

Green, G. S. (1997). *Occupational Crime*. Chicago, IL: Nelson-Hall Publishers.

Gutman, R. & Rieff, D. (1999). *Crimes of War-What the Public Should Know*. New York: W. W. Norton.

Hagan, F. (1992). "From HUD to Iran-Contra: Crime during the Reagan Administration." A paper presented at the Annual Meeting of the American

Society of Criminology (New Orleans), November.

Hagan, F. (1997). *Political Crime, Ideology and Criminality*. Boston: Allyn and Bacon.

Heidenrich, J. G. (2001). *How to Prevent Genocide.* Westport, CT: Praeger.

Henry, S. (1991). "The Informal Economy: A Crime of Omission by the State." pp. 253-272 in G. Barak (ed.), *Crimes by the Capitalist State*. Albany: SUNY Press.

Heyman, J. (1999). *States and Illegal Practices*. Oxford, UK: Berg.

Hiberg, R. (1980). "The Anatomy of the Holocaust." pp. 85-102 in H. Friedlander & S. Milton (eds.), *The Holohaust: Ideology, Bureaucracy and Genocide*. New York: Kraus International Publications.

Hope, K. R. (1987). "Administrative Corruption and Administrative Reform in Developing States." *Corruption and Reform* 2: 127-147.

INTERNATIONAL SOCIAL SCIENCE JOURNAL (1992). "The Americas: 1492-1992." *International Social Science Journal* 134: 457-606.

Jenkins, P. (1988). "Whose Terrorists? Libya and State Criminality." *Contemporary Crises* 12: 5-24.

Kauzlarich, D., Kramer, R. C. & Smith, B. (1992). "Towards the Study of Governmental Crime: Nuclear Weapons, Foreign Intervention, and International Law." *Humanity & Society* 16: 543-563.

Keller, B. (2002). "The Monster in the Dock." *New York Times* (February 9): A10.

Lamb, D. (1987). *The Africans*. New York: Vintage.

Loeb, V. (1991). "Philippines Locked in Corruption Grip." *Philadelphia Inquirer* (July 29): A1.

Luban, D. (1987). "The Legacies of Nuremberg." *Social Research* 54: 779-830.

Markusen, E. (1992). "Genocide and Modern War." pp. 117-148 in M. Dobkowski & I. Wallimann (eds.), *Genocide in Our Time*. Ann Arbor, MI: Pierian Press.

Makinson, L. (1990). *Open Secrets-The Dollar Power of PACS in Congress*. Washington, DC: Congressional Quarterly.

Noonan, J. T., JR. (1984). *Bribes*. Berkeley, CA: University of California Press.

Poveda, T. G. (1990). *Lawlessness and Reform: The FBI in Transition*. Pacific Grove, CA: Brooks/Cole.

Roebuck, J. & Weeber, S. C. (1978). *Political Crime in the United States*. New York: Praeger.

Rosoff, S. M., Pontell, H. N. & Tillman, R., (2004). Profit WithoutHonor: *White-Collar Crime and the Looting of America*. Englewood Cliffs NJ: Prentice-Hall

Ross, J. I. (2000). *Varieties of State Crime and Its Control*. Monsey, NY: Criminal Justice Press.

Rubin, B. (1987). *Modem Dictator—Third World Coup Makers, Strong-men, and Populist Tyrants*. New York: McGraw-Hill.

Sale, K. (1990). *The Conquest of Paradise*. New York: Knopf.

Scarpitti, F. R. & Nielsen, A. L. (1999). *Crime and Criminals*. Los Angeles, CA: Roxbury Publishing Company.

Shilts, R. (1987). *And the Band Play on—Politics, People, and the AIDS Epidemic*. New York: St. Martin's Press.

Simon, D. R. (2002). *Elite Deviance*. Boston, MA: Allyn and Bacon.

Simon, D. R. & Hagan, F. E. (1999). *White-Collar Deviance*. Boston, MA: Allyn and Bacon.

Sparks, A. (1990). *The Mind of South Africa*. New York: Knopf.

Thomas, L. M. (1993). *Vessels of Evil—American Slavery and the Holocaust*. Philadelphia: Temple University Press.

Tilly, C. (1985). "War Making and State Making as Organized Crime." pp. 169-191 in P. B. Evans, D. Rueschmeyer & T. Skocpol (eds.), *Bringing the State Back in*. Cambridge: Cambridge University Press.

Viscusi, W. K. (1998). *Rational Risk Policy*. Oxford: Oxford University Press.

Vito, G. F., Maahs, J. R. & Holmes, R. M. (2006). *Criminology: Theory, Research and Policy*. Sudbury, MA: Jones & Bartlett Publishers.

白領犯罪

Walker, S. (1998). *Sense and Nonsense about Crime and Drugs—A Policy Guide*. Belmont, CA: West/Wadsworth Publishing Company.

Watson, R. (1986). "How to Spend A Billion." *Newsweek* (March 26): 34-38.

Williams, H. E. (1997). *Investigating White-Collar Crime: Embezzlement and Financial Fraud*. Springfield, IL: Charles C. Thomas Publisher.

Wolff, R. P. (1976). *In Defense of Anarchism*. New York: Harper Torch-books.

Wyman, D. S. (1984). *The Abandonment of the Jews—America and the Holocaust, 1941-1945*. New York: Pantheon Books.

Young, M. (1991). *The Vietnam Wars: 1945-1990*. New York: Harper Perennial.

第七章
混合型白領犯罪

有些白領犯罪無法明確被歸類爲公司犯罪、職業上的犯罪行爲或政府犯罪，而是含有兩種或兩種以上前述類型的混合型態（hybrid）。本章將討論兩種較重要的混合型白領犯罪，分別是政府性的公司犯罪（state-corporate crime）以及金融犯罪（finance crime）。此外，本章也將檢視一種愈來愈受社會大眾關切的白領犯罪——科技犯罪（technocrime）。

第一節　政府性的公司犯罪

政府性的公司犯罪，不僅是犯罪學領域中一個新的研究課題，同時也是一種混合型的白領犯罪（政府犯罪與公司犯罪的混合型），因此，本書在此引入該議題，以期提供犯罪相關研究者參考。

使數百萬人（主要是歐洲猶太人）遭受折磨與謀殺的「大屠殺」事件（the Holocaust），可以說是歷史上規模最大、最恐怖的犯罪之一。雖然希特勒及其納粹黨羽遭受眾人的嚴厲譴責，不過還有一些德國公司曾經涉及該事件。一家名爲I. G. Farben Company的大型化學企業聯營組織，曾在著名的Auschwitz集中營附近建造了一所奴隸勞工營，並生產專門用於死亡營的毒氣。在第二次世界大戰結束之後，I. G. Farben公司中僅有少數高層主管因違反人道而被定罪（然而，也只受到非常輕微的制裁），諷刺的是，該公司後來還成爲一家擁有強大勢力且極爲賺錢的公司。雖然I. G. Farben公司於戰爭時期的行爲，或許是因爲在一種特殊政治環境下或是在充滿複雜與矛盾的動機下所發生的，但該公司使用奴隸勞工以及生產毒氣，無疑是一種犯罪企業（Hayes, 1987）。在該案中，所呈現的是公司企業與國家之間的一種合作關係。

243

長久以來，政府許多的違法活動就經常與私人企業有著密切關係。在許多握有權勢的菁英人士之間，往往都建立有溝通聯絡的管道；政府菁英與私人機構的菁英之間，往往是互相連結的。學者Kramer等人（Kramer et al., 2002）就曾明確的指出，在企業與政府之間的脈絡中，經常可以發現「政府性的公司犯罪」蹤跡。他們並將此種犯罪定義如下：

　　　　「政府性的公司犯罪，乃是一種違法的或造成社會損害的
　　　行為。這種行為發生在一個或多個政府機構為達成其目標而直
　　　接與一個或多個經濟生產與分配之機構合作的過程中。」

　　有關政府性公司犯罪概念的前提是，涉案的國家與公司之間，存有一種極為互賴的關係。美國挑戰者號（Challenger）太空梭爆炸事件，可以說是此類犯罪的一個明顯著案例。1986年1月28日，挑戰者號太空梭於發射後幾分鐘發生嚴重爆炸，太空梭上的七名太空人全部罹難，其中包括一名老師。根據官方的調查結果顯示，該致命的爆炸是因為O型環狀閉鎖器故障所造成的。然而，根據Kramer等人的調查發現，政府與企業之間所產生的交錯壓力，是這件原可避免悲劇的主因。

　　在該悲劇發生前一段時間，負責太空發展計畫的美國航空暨太空總署（簡稱NASA，屬於政府機構）因為未受到政、經界對太空計畫的普遍支持，而處於一種持續性的壓力狀態，NASA希望盡快成功發射一種能夠反覆使用的太空梭，藉此來喚起政、經界的支持。NASA在面對此種外在壓力，當時的反應就是核准許多公司去從事太空梭的設計與發展工作；NASA的目的就是急於希望太空梭能盡快升空，好讓當時的總統——雷根在向全國民眾演說時，能夠加入「一位平民老師搭乘太空梭於太空飛行」的一段話。果真如此，NASA必然可以獲得全國各界的支持。

　　該太空計畫的主要承包商Moton Thiokol Corporation，為符合與NASA所定契約的最後期限（以確保自己的利潤），急於趕造太空梭，而忽視了測試結果顯示有問題的O型環狀閉鎖器。另外，造成急於發射的壓力，還

包括之前因天氣影響所造成的發射延宕，以及老師參與太空任務引發了廣大民眾的注意與興趣，這些種種因素使得1月28日的發射日期顯現出不應再有任何的延誤。

負責該悲劇調查的總統委員會（Presidential Commission）後來發現，Moton Thiokol Corporation的工程師曾對預定發射日氣溫過低提出暫緩發射的強烈建議，該調查委員會一名委員（是一位傑出的物理學家）實施了一項簡單的實驗，結果發現當O型環狀閉鎖器曝露於低溫環境下，會喪失正常的功能（無法彈回）。但是這些工程師的意見最後被他們公司及NASA的高層主管駁回，仍舊按預定日期進行發射，致使該危險警告受到了忽視。雖然負責調查的總統委員會對該事件的相關決策人員予以嚴厲的譴責，但沒有任何人因此遭受刑事追訴。

在Kramer等人所引述的政府性公司犯罪例子中，還包括：私人承包商趁爲聯邦政府生產核子武器之便，違反了環保及職業安全與健康等相關法律的規定；涉及政府人員及軍火商的伊朗軍售案（Iran-Contra Affair）；以及涉及軍方、政府官員與私人國防工業承包商間掛鉤的國防契約詐欺。Kauzlarich與Kramer（1993）就曾指出，與核子武器製造有關的環境犯罪，往往就是一種政府性的公司犯罪，因爲它們經常是一種政府機關與私人企業互動的產物。一般來說，在政府性公司犯罪中呈現出的，乃是公共部門與私人機構透過合作的違法活動來達成彼此同意的目標。

在1980年代後期，美國曾發生一件非常嚴重的國防契約詐欺案件——Wedtech案，當時該案受到了美國媒體的廣泛報導。在本書的第六章，我們曾對國家機關的犯罪與政治性的白領犯罪做過探討，Wedtech案或許也可以歸類爲國家機關型式的政治性白領犯罪（state-political white collar crime，也是一種混合型的白領犯罪），因爲涉案政府官員的行爲，基於自身利益的考量要遠超過於爲政府利益的考量。不過，從整體的層面來分析，該案的發生可能是導因於雷根政府對Wedtech公司的支持，而雷根政府對於Wedtech公司的支持態度，基本上是與雷根政府一貫立場相符合的，也就是「弱勢民眾最好是由私人企業來協助，而不要直接由政府來協助」。

Wedtech Company最初是一個成立於1965年的小機械商店（當初名爲the Welbilt Electronic Die Co.），由一位名爲J. Mariotta的西班牙後裔於紐約市的South Bronx創立了該店。到了1970年代中期的時候，該公司開始透過政府的一些特殊輔助方案（政府將某些契約委由一些少數民族所經營的企業承攬）承攬政府契約。由於該公司所在的位置，是位於當時紐約市的荒地，因而吸引了來自紐約市Bronx區著名國會議員M. Biaggi的注意。該公司爲借助Biaggi的力量以獲得政府契約的承攬，逐漸向Biaggi所屬的律師事務所送錢，Biaggi也以他的影響力操縱一些獲利較高的國防契約由該公司承攬來作爲回饋。

　　除Biaggi之外，還有一連串的政治人士、政府官員、及律師涉及該案，在他們的運作下，該公司承攬了許多高金額的國防契約，這些人也因此獲得許多來自該公司的回饋。在該案中較特別之處是，儘管該公司設備簡陋（不見得能夠順利完成契約）以及出現一些明顯的財務詐欺證據，但這些人仍然能夠讓該公司獲得國防契約的承攬權。在涉及該案的人員中，有一位名爲E. R. Wallach的加州律師，他是當時總統（雷根）身旁重要司法幕僚E. Meese的好友，他利用這一層關係幫Wedtech公司爭取了許多特權，當然他也獲得該公司豐渥的回饋。Meese也表態支持Wedtech公司，而雷根總統更在白宮一場即興演講中，稱讚該公司經營上的成功以及對社會的貢獻（稱讚J. Mariotta僱用貧民區的民眾，提供貧民自給自足與獨立的機會）。

　　另外，針對Wedtech公司有關數百萬美元國防契約執行能力提出質疑和問題的下層政府官員，後來不是受到上層的政治壓力，要不然就是被買通。該公司不斷地使用偽造發票以及財務報表，以確保政府的款項能夠順利進帳；在另一方面，公司上層主管暗地裡將公司資產一點一滴的轉入自己的荷包。

　　最後，Wedtech公司終於走上經營瓦解的末途，造成納稅人約300萬美元的損失，許多投資人的退休金一去無回，許多債權人（貸方）因而破產，Wedtech的員工又重回需要社會救濟的處境。最後，該公司涉案的高

層主管以及涉案較嚴重的政府官員（包括兩名國會議員）被判處監禁刑。
雖然Wedtech並不是一個大型公司，不過這個案件所呈現值得注意的一個
現象就是，當腐化牽涉的範圍包括公、私部門時，那麼其造成的潛在損害
將是非常大的。此外，該案還揭示了：政府契約承攬作業上所可能遭受的
政治影響，立意良善之方案遭受腐化的潛在可能性，以及某些律師、會計
師和其他將自我經濟利益列為第一考量之專業人士參與及幫助犯罪行為發
生的內幕（Friedrichs, 2004）。

　　Kramer等人（2002）表示，政府性的公司犯罪也可能發生在國際脈絡
之中。總之，政府性公司犯罪的概念使我們認知到某些類型的機構犯罪並
非僅是單純的公司犯罪或政府犯罪，而結合公司機構及政府機構的一種混
合型白領犯罪，所造成的損害可能更為嚴重。

第二節　金融犯罪

　　此處所指的金融犯罪（finance crime），是指發生在金融界及金融機
構的大規模違法活動。雖然有學者將金融犯罪歸類為職業上犯罪行為中的
一類，不過將金融犯罪獨立於職業上犯罪行為之外似乎有更高的合理性，
理由有三：第一，此種犯罪往往涉及鉅大的財務（金融）利害關係，個人
或金融機構違法所得的款項可能高達數千萬甚至上億元；第二，金融犯罪
經常與公司及金融網絡糾纏在一起，操縱公司股價就是一個典型例子；第
三，金融犯罪往往對經濟體系的穩定性造成威脅。

一、銀行業的犯罪

　　銀行，可以算是一種特殊類型的機構或法人，也是經濟體系運作中的
焦點。雖然從專門術語上來看，信用合作社、農、漁會信用部等金融機構
並不是銀行，不過在傳統上，社會大眾始終是把這些機構當作一種特殊類
型的銀行。所以在這裡，我們將這些機構的犯罪與銀行業的犯罪放在一起
討論。在外觀上，銀行等金融機構通常給人一種現代化建築以及廣設分行

的印象，其目的就是要傳播一種令人尊敬與信賴的感覺，使人們願意將大筆的金錢交托給這些機構。由於銀行業對於經濟體系非常重要，同時銀行業一旦倒閉將會造成嚴重的金融災難，因此也就促使政府設置專門的管制機關來監督銀行業的運作。然而Greenwald（1996）的研究指出，這些管制機關卻經常與銀行業聯手共同促進銀行業的利益，而非保護銀行業的顧客。

銀行業除了積極表現出正派經營及廣受好評的形象外，有時它們還會將自己描繪成犯罪者覬覦的目標。但真實的證據顯示，長久以來不少銀行業者便不斷從事詐欺活動，與它們所表現出來的形象並不完全相符。研究十九世紀英國銀行的歷史學者Robb曾經表示，該行業充斥著詐欺以及幾乎等於詐欺的不當經營手法，而且公眾對於銀行業者的觀感也並非完全是正面的，他做了底下的陳述：

> 「在維多利亞王朝時代，銀行家的正直與廉潔形象，其實是現代人所捏造的——在當時的小說文學中，銀行家經常扮演反派的角色——譬如取消債務人贖回抵押品的權利、剝削寡婦與孤兒等（Robb, 1992: 113）。」

這種負面的印象一直持續到二十世紀，譬如在美國經濟大蕭條的時期，銀行業者更被社會大眾公認如敵人一般。許多證據顯示，銀行業者非法或非倫理地剝奪顧客的錢，遠超過於銀行搶劫犯及侵占者所奪取顧客錢的數量。這些作為，大部分是合法的，不過，銀行卻經常與意圖提升獲利的一些違法行為糾纏在一起，包括賄賂、詐欺、洗錢及違反銀行保密法令的行為等。Tillman（1994）曾針對多家銀行倒閉事件進行研究，他發現結構上的缺失，尤其是介於銀行業者、政治人士及管制機關之間過於密切與腐化的關係，往往是影響銀行業者違法經營的主要因素。銀行往往透過許多不當的手段來詐騙他們的顧客，而銀行本身也可能是它們老闆、高層主管及董事會行騙的工具。美國加州儲貸銀行協會會長（California's

Savings and Loan Commissioner）B. Crawford就曾做過如下的表示：「如果要想搶銀行，那麼自己擁有一家銀行，就是最好的方式。」（Calavita et al., 1999）以下我們將舉一些國、內外銀行金融機構的重大違法案例，來進行討論。

(一)臺灣地區金融機構違法事件

國內一般所稱的基層金融機構，包括各地之信用合作社與農、漁會信用部兩大系統。在1990年代，這兩個金融系統曾多次因為經營者或管理人違法作為而導致民眾擠兌，造成國內金融秩序混亂，並嚴重損及社會大眾對政府及金融機構的信心，該年代被公認是臺灣地區銀行犯罪最猖獗的年代。當時根據財政部的統計，1996年底時，國內信用合作社計有70家，農漁會信用部308家（財政部，1998）。以下我們將討論及分析其中較為嚴重的兩個案件，彰化第四信用合作社及中壢農會信用部的擠兌事件。

1.彰化第四信用合作社擠兌事件

1995年7、8月間，彰化第四信用合作社（簡稱彰化四信）因內部人謀不臧，總經理葉傳水挪用公款28億4,000多萬元，不僅引發彰化四信本身極為嚴重的擠兌，更造成彰化縣內各信用合作社的擠兌風暴，引起全國矚目，最後財政部宣布由合作金庫採取概括承受，甚至總統都為該事件發表談話。根據合作金庫統計，總計案發四天下來，彰化四信被提領現金59.48億元、存單20.62億元，合計約高達80.1億元，存款與轉存合作金庫的資金在四天內幾乎被提領一空[1]。整個彰化地區，在一週內，民眾擠提金額超過300億元，堪稱是臺灣地區有史以來最嚴重的擠兌事件。擠兌發

---

[1] 彰化四信剛爆發擠兌時，財政部金融局長陳沖曾表示，彰化四信能否度過難關，完全要看客戶能否及時恢復信心而定，否則，再大的銀行也經不起十天的擠兌。但事實顯示，存戶已對彰化四信喪失信心，擠兌一發不可收拾。更嚴重的是，原本僅是彰化四信本身的弊案，後來卻演變成整個彰化地區信合社存戶喪失信心，造成全面性的擠兌。

生後，彰化四信由地方金融龍頭到被接受[2]，國內金融秩序面臨危機，該事件過程曲折並富戲劇性，底下是彰化四信擠兌發生的過程概述：

表7-1　彰化第四信用合作社擠兌事件過程概述

日　期	事件過程概述
7月29日	媒體報導彰化某信用合作社總經理無故失蹤，與其有密切關係的某證券公司總經理亦同時請假未上班，可能是內部發生利益輸送問題，消息傳開後，擠兌開始，當天被提領現金6.59億元、存單2.86億元。
7月30日	適逢假日，金融單位未營業，但因國內主要媒體均以頭條新聞報導彰化四信擠兌，造成人心惶惶，當天彰化四信存戶從自動提款機提走約5,000萬元，財政部已表示關切。
7月31日	彰化四信各分社一大早就發生空前的擠兌，與其關係密切的日豐證券總經理出面澄清失蹤謠言，也應邀到四信澄清，四信雖有理事主席、監事主席等人在營業大廳安撫存戶，但不見效果。下午四信緊急召開社員代表大會，通過同意讓與所有資產向合作金庫質借。當日被提領現金26億元、存單8.99億元。
8月1日	調查單位查出四信總經理葉傳水除了將日豐證券存在該社的5億元債券拿去質押，卻沒有留下質押紀錄，且其有利用人頭挪用公款行為，調查單位並查出挪用公款金額高達28億4,000多萬元，使問題急遽惡化，財政官員漏夜研商處理對策。當日又被提領現金26.36億元、存單8.77億元。四天下來，四信被提領約80億元。
8月2日	財政官員宣布對彰化四信勒令停業，由財政部、合作金庫及中央存款保險公司組成接管清理小組，並凍結存款、提款、放款、匯兌及其他一切業務。官員表示，如果四信因內部問題造成客戶損失，所有理、監事、經理人都必須負清償責任。可謂是政府首次不對經營不善金融機構存款人作百分之百償付的保證，欲建立起正確的處理模式。擠兌暫獲停息，但惹起未領到錢的四信存款戶的抗議。

---

[2] 當時中央銀行總裁許遠東先生曾表示，彰化四信是國內基層金融機構中，聲譽頗佳的金融機構；而據中央銀行了解，四信當時的放款有130億餘元，存款亦有240億餘元，其存放款比例在60%以下。同時，其預期放款比例僅為0.97%，顯示其資產品質良好，且其財務狀況亦十分健全。彰化四信在彰化地區，被尊稱是各信合社的龍頭，其理事主席，亦是彰化縣政壇大老。參閱中國時報（1995）。四信逾放比率僅0.9%。8月1日，第三版。

表7-1　彰化第四信用合作社擠兌事件過程概述（續）

日　期	事件過程概述
8月3日	四信停業後，卻引起其他信合社存款戶信心危機，紛紛提款，再加上四信未營業，使得彰化縣陷入金融大恐慌，縣內各信合社發生嚴重的大擠兌，當天約有200億元現金在民眾手中進行轉存，各信合社紛紛為資金告急，也造成彰化市交通全面混亂。總統表示四信事件將以個案處理，希望老百姓安心、不要害怕，對於有票、有存款的人，政府都會照顧。在面對擠兌風潮擴大的嚴重情勢，財政部及中央銀行等有關官員當日下午緊急會商後，決定四信自8月4日起由合作金庫概括承受、恢復營業，並由臺灣銀行全力支援。換言之，處理方式由原來的接管、清算，劇變為由合庫概括承受，四信恢復營業。但四信晚上召開臨時理監事會，決定不接受合庫概括承受，而使明日的恢復營業，橫生變數。
8月4日	合庫一早進駐四信總社及各分社，但因四信理監事拒絕合作，無法發放現金，合庫只好採取蓋章表示概括承受，以安民心，其他信合社則在財政單位表示全力支持下，擠兌人潮逐漸舒緩。總統二度表示，希望民眾冷靜，所有存款人的權益都可得到保障。
8月5日	四信員工接受合庫人員指揮，原有理監事解除職務，並交出金庫密碼，正式恢復營業，各信合社擠兌風波已平息。

資料來源：整理自中國時報及聯合報，1995年7月29日至8月6日。

　　引發前述金融風暴的彰化四銀總經理葉傳水，1995年8月7日凌晨在桃園縣被逮捕，他坦承前後挪用四信公款28億多元。其中22億9,000多萬元，是從五年多前，以日豐證券公司總經理姊夫王○○的名義開戶，利用人頭冒貸、信用貸款和利用定期存單質押等不同方式，將四信公款存入王○○的戶頭供其使用。另外，他也坦承1995年7月中旬，利用日豐證券公司寄存四信的5億多元公債，從四信挪用這筆資金，主要是因為他先前另向民間借款4億多元炒作股票，但因受到股市大跌的影響，債主紛紛要求他償還借款，他為了還錢，只好被迫挪用這筆5億多元的資金。葉傳水坦供，這些資金五年多來均以流入股市，但因股市失利，使他難以填補公款，所以紕漏愈弄愈大。由於彰化四信在實務運作方面，葉傳水是發號司令者，其他監察系統、理、監事也大多是經其提拔者，以致其後來能在彰化四信一手遮天，放款部門的職員不得不配合。而日豐證券總經理與葉傳水私交甚篤，且葉傳水的兒子又任日豐證券財務經理，使其得以透過該機

構達成挪用公款的目的。

在彰化四信爆發擠兌五年多前，政府為配合未來經濟發展的需要，並加速金融自由化，遂於1990年4月頒布「商業銀行設立標準」，1991年6月公布核准設立之15家新設銀行名單，截至1995年底，已獲准設立及改制之新設銀行計18家。此外，政府為發展臺灣成為金融中心，於1986、1990及1994年數度修正「外國銀行設立分行及代表人辦事處審核準則」，除大幅放寬外商銀行申請資格外，對於每年三家及設立據點之限制亦予取消。其業務範圍也進一步放寬，如准許其在臺經營儲蓄部及信託部，辦理承銷及代客買賣有價證券業務，且對於符合最低營運資金要求之外國銀行，取消對其吸收新臺幣存款之限制。外商銀行家數由1986年之32家增為1995年底之38家（行政院經濟建設委員會，1996）。多家新銀行投入市場之後，不但強化市場的競爭力量、縮短存放款利差，也顯著改善了金融市場的風貌。原本體質欠佳的基層金融機構，在經營人才不足與業務範圍有限下，逐漸面臨經營風險大增的危機。由於這些基層金融機構在地方政治勢力的鬥爭過程中，經常被各派系視為最重要的籌碼，因而派系間的競爭，也以爭奪金融機構的經營權為主要戰利品，同時也是大小選舉時調度財力的主要補給站。彰化四信的理、監事主席，均是地方政壇的大老，社員代表中，更有多位是民意代表。而像彰化四信這樣的例子，在國內許多基層金融機構中，事實上是非常普遍的。這顯示基層金融機構無論在人事晉用、業務往來上都不免深受地方派系之影響，甚至淪為酬庸地方選舉樁腳之工具，自然使得基層金融機構的經營水準與業務品質難以與現代化的金融機構相互比擬與競爭。然而，在臺灣奇特的政商關係發展下，基層金融機構在地方政治勢力的掌控或扶植下，卻不斷透過民意代表向政府主管機關施壓，以遂其擴充經營範圍的目的。另一方面，在民意代表動輒以刪減預算的威脅下，主管機關的威信與能力均受到嚴重的打擊。甚至有某些與金融機構關係密切的立法委員，因不滿主管機關的政策，而悍然刪減金融檢查的預算，不但嚴重打擊金檢人員的士氣，也實質上削弱了金檢單位消弭弊端於未然的功能。

　　其次，彰化四信擠兌風潮的發生與蔓延擴大，並不能以偶發事件或個案視之，而與當時股市與房地產持續暴跌後有著密切關係。因此民眾的擠兌行為，不見得完全是非理性的，而是多數民眾對金融機構的信用、政府處理的方式、乃至整體經濟金融情勢喪失信心所致。金融違法事件極具敏感性，如未加妥善處理，極有可能衍生成對政府的信心危機。最後，金融當局在事後回應政策上的反覆變更，顯示決策品質不無疑問，合作金庫以概括承受方式接手彰化四信，該社的虧損未來將由合作金庫承擔，很難避免以納稅人的錢來彌補金融機構舞弊及虧損的質疑。總之，該事件曝露出我國金融體制上的許多問題。無獨有偶的，在該案爆發後一個多月，基層金融另一體系，農會信用部也爆發類似的案件，其中中壢農會信用部擠兌事件的嚴重性幾近於彰化四信事件，底下我們將討論及分析該案件。

　2.中壢農會信用部擠兌事件

　　臺灣地區在1995和1996年間發生一連串的農會信用部擠兌事件（如表7-2），造成金融體系極大的動盪與不安，其中又以中壢市農會因爆發超貸案所導致的擠兌事件尤為嚴重。中壢市農會土地超貸案，經檢調單位調查後發現共有16件，超貸金額約高達30億元，涉案的農會總幹事及相關職員均遭逮捕。該案爆發後，隔日中壢農會及被存款人擠提約13億元，一週下來被提領現金約50億元，其間三家輔導行庫——合作金庫、土地銀行及農民銀行緊急調撥23億5,000萬元，當地13家農會也提撥5億元，之後三家行庫並決議貸款40億元給中壢農會。根據合作金庫最新金融檢查報告顯示，中壢市農會信用部逾期放款比例高達50%以上，已喪失清償能力，無法繼續正常營運，最後由臺灣省農會合併中壢市農會[3]。

　　我國過去以農立國，目前有些政治、經濟制度是依農業時代的需求而設。但隨著經濟發展，農業所得比重大降，相關制度並未適時調整，乃產生種種後遺症，農會信用部就是一個典型的例證。農會信用部有關的棘手

---

[3] 參閱行政院研究發展考核委員會（1996）。桃園縣中壢市農會擠兌案專案調查報告。以及中國時報和聯合報，1995年9月21日至9月29日有關報導。

問題包括：

(1)信用部隸屬於農會，財產權不清，而相關法律十分複雜，牽一髮而動全身。

(2)農會的主管機關包括中央、省與縣等各級政府。中央機關又有內政部、財政部與農委會；在省則有財政廳與農林廳；在縣則有財政局及農業局。誠可說是多頭馬車，各行其是。

(3)地方基層金融機構往往為地方派系鬥爭中最具影響力的機構，是地方派系的金庫，因此無論是人員晉用、放款之用途，都深受地方派系的干預與影響。以中壢市農會為例，案發前財政部曾舉發營運弊端，雖建議內政部撤換總幹事，但內政部畏於政治勢力而遲未處理，延宕的結果，對擠兌事件的發生有相當的影響。

農會信用部成立之初，主要是滿足農業方面的資金融通，在農民團體的壓力下，政府也給予種種優惠。譬如：可吸收低利的活期存款，降低資金成本；如資金有剩餘，可轉存三家農業行庫，保障其收益；免營業稅；容許其設立分支機構，並不斷放寬放款對象。在這些有利的條件下，農會規模乃不斷膨脹。在過去由於我國金融環境保守，而農會信用部又受到某種程度的優惠與保障，因此所面臨的競爭程度不高，只要正當經營幾乎均可穩定創造盈餘。1980年代開始，我國經濟逐漸走向自由化，金融環境亦日漸自由化，一般金融機構的業務項目大幅開放，使得業務受限制的農會信用部面臨了極大的競爭壓力，尤其1991年核准新民營銀行大量設立後，國內金融機構陷入空前的競爭態勢，再加上農會對不動產放款比重甚高，房地產長期不景氣，農會信用部自然首當其衝。此種情形與美國1980年代許多儲貸銀行的倒閉極為類似，為對銀行業的違法活動能有更深入的了解，底下我們將對美國儲貸銀行過去所發生較為重大的案件進行分析。

(二)美國儲貸銀行的詐欺事件

發生在美國1980年代有關儲貸銀行（savings and loan）的詐欺案件，可以說是美國歷史上規模最大的金融混亂，有學者甚至稱其為「最大樁的

表7-2　1990年代臺灣地區農會信用部發生擠兌事件一覽表

發生時間	農會名稱	事　件　概　述
1995.5.22	二水農會	總幹事因案自殺，被擠兌600萬元。
1995.9.4	後壁農會	逾期放款，存放款比率偏高，受地方派系恩怨耳語影響，遭擠兌1億7,000萬元。
1995.9.12	萬巒農會	謠言中傷造成擠兌。
1995.9.20	中壢農會	總幹事及相關職員涉及超貸，逾放率達五成，一週內被擠兌50億元。
1995.9.25	西螺農會	受中壢擠兌影響，遭擠兌8千萬元。
1995.9.25	民雄農會	受中壢擠兌影響，遭擠兌1億1,000萬元。
1995.9.25	東石農會	受中壢擠兌影響，遭擠兌1億1,000萬元。
1995.9.26	楊梅農會	受中壢擠兌影響，遭擠兌1億5,000萬元。
1995.9.26	枋寮農會	受中壢擠兌影響，異常提領。
1995.9.29	溪湖農會	總幹事涉及土地貸款案被判刑，被擠兌1億元。
1995.10.9	小港區農會	謠言中傷總幹事捲款潛逃，被擠兌10億4,000萬元。
1995.10.30	新豐農會	總幹事涉及人頭冒貸案，引發擠兌3億元。
1995.12.13	金門農會	逾放率高達17%以上，遭擠兌6億7,000萬元。
1995.12.13	楠西農會	逾放率高，在10%以上，資金調度能力不佳，遭擠兌4,000萬元。
1996.2.17	觀音農會	逾期放款，謠傳向三行庫融資10億元遭拒，被擠兌九億元。
1996.3.28	林口農會	因超貸案引發擠兌6億1,000萬元。
1996.3.28	大樹農會	五位理監事不滿總幹事作風，集體請辭，造成謠言，異常提領。

資料來源：整理自中國時報及聯合報有關農會信用部擠兌報導。

銀行搶劫」以及最大樁的白領詐騙案件（Calavita et al., 1999）。許多儲貸銀行的倒閉，雖然並不完全是犯罪行為所導致的，但犯罪行為在當中卻扮演著極為重要的角色。根據美國政府的估計顯示，在倒閉的儲貸銀行中，大約有50%～80%涉及了犯罪活動或純粹的詐欺行為。在這些涉及犯罪活動或詐欺行為的儲貸銀行中，大約有30%～40%的比例是因為犯罪活動或詐欺行為導致其倒閉的。

因詐欺及違法耗費資源導致儲貸銀行倒閉所造成的總損失，估計大約為2,500億美元。如果再加上要支付數十年的利息，以及解決整個危機的所有花費，那麼總損失將超過1兆美金。以較保守的估計2,500億美元損失來分析，也遠遠超過累加二十年的街頭性財產犯罪所造成的損失（根據FBI所公布的統一犯罪報告——Uniform Crime Report）。光是一家名為Centennial儲貸銀行倒閉所造成的1億6,500萬美元損失，就遠超過FBI在1985年所公布約6,000件銀行搶劫所造成的4,600萬美元損失（Friedrichs,2004）。

數以千計的人損失了大筆金錢，其中有些退休的人拿終生的積蓄去購買儲貸銀行未投保的債券，結果這些債券最後都變成一文不值的廢紙。除了這些直接被害者所遭受的損害外，儲貸銀行的詐欺案件使美國政府財政上的赤字問題更加惡化，甚至將原本預定運用在教育、健康及環保等建設上的預算拿來解決該案件所造成的問題。此外，也可能會影響到合法借貸者的正常信用度，而需要為貸款支付較高的利息。

到底是什麼因素導致該事件的發生？西方的儲貸銀行最早是以自組式的存款協會型態（voluntary savings associations）出現於十九世紀初的英格蘭及蘇格蘭等地。事實上，諸如此類的銀行並不存在於殖民地時代的北美地區，當時的經濟型態還是屬於一種以物易物的型態；一直大約到了獨立時期，才有商業銀行的出現（在1782年）。美國第一個儲貸協會組織成立於1831年，當初的運作方式有如合作社（cooperative societies），也就是讓會員借貸他們共同出資基金中的一部分，以供建造房屋之用。此種企業吸引了上百萬的移民來到美國，最後演變為付給存款人合理利息以及借錢給提出抵押物之貸款人的儲蓄銀行（Gordon, 1991）。

到了十九世紀時，銀行的數量愈來愈多，在紙幣尚未被正式使用之前，銀行發行了種類繁多的「銀行券」（bank notes）。這當中，至少有某些銀行從一開始就曾經從事詐欺活動。在美國銀行業的歷史中，銀行倒閉從過去到現在是一直都有的，不過在1930年代美國經濟大蕭條時，有許多家銀行接連倒閉，國會為了防止銀行大量倒閉造成的不良後果，因此

立法設置了「聯邦儲蓄保險公司」（Federal Deposit Insurance Corporation, FDIC）以及「聯邦存放款保險公司」（Federal Savings and Loan Insurance Corporation, FSLIC）兩個機構。該項立法的目的乃在於重建民眾對銀行體系的信心，同時經由聯邦政府對於存款所提供的保險以鼓勵民眾將錢存入銀行。就商業銀行（commercial banks）而言，直接由聯邦政府提供保險的擔保；就儲貸銀行而言，則是由國會採取立法行動來提供擔保。

美國政府對於銀行體系所提供的一般性支持，以及規定某些種類的銀行只能從事某些特定類別金融活動的限制，事實上都非常成功地實現了政府的主要目的。幾十年下來，儲貸銀行逐漸成為最受小額儲蓄人歡迎的儲蓄機構，以及數百萬美國人購屋的主要途徑。然而，到了1970年代，房地產的價格快速飆漲，造成儲貸銀行的存款利息降低，因此也降低了對於存款人的吸引力，同時儲貸銀行從抵押貸款上的獲利也逐漸減少（貸款利率雖然比存款利率較高，但仍然不是很高）。在這一段期間，銀行體系的一些變革提供了存款人更多有利的選擇，使得儲貸銀行的歡迎度每下愈況。後來，這些儲貸銀行的經營者在面對嚴重虧損的情況下，開始動用政治壓力以期解除政府對於他們機構所加諸的管制，好讓他們能夠在變化的經濟環境中與其他金融機構競爭。隨後國會通過了一連串的法案，包括1982年的Garn-St. Germain法案，將聯邦儲蓄保證金從4萬美元提高到10萬美元，並准予儲貸銀行提供較具競爭性的利率，採行仲介式的存款利率（如介紹他人來存款，介紹人便可獲得一些優待），以及擴大投資面以及放款範圍，包括無需抵押的貸款等。

由於新的擔保政策強調的是帳戶而非個人，因此富有的人只要他們願意就可以使他們的存款獲得極高的保護。許多儲貸銀行為了吸引更多的資金存入他們的機構，提供了非常高的利息給客戶。又因為他們陷於許多低付款及固定利率的抵押貸款狀況（資金回收過低），除非他們借給投機事業的貸款能夠全部收回，否則他們將難逃破產一劫。但這些投資事業最後並沒有把錢還清。

而政府所實施的新會計作業管制措施深具鼓勵冒險的取向，從某些層

面來分析，政府對儲貸銀行並非僅是放寬管制而已，是實上業者已經沒有受到什麼管制。這些改變，包括只需一位股東（而非以往至少400位）就可以擁有一家受到聯邦擔保之儲貸銀行的新規定，在在都爲危險的投機與詐欺活動創造了許多可利用的機會。Solomon（1989）曾對影響重大的Garn-St. Germain法案做過一段令人印象深刻的陳述：「在新法案上的墨水未乾之前，原本還算穩固的儲貸銀行事業已經被各式各樣的騙子、土地投機客及洗錢者等所侵害」。在許多存放款業中，原本正派經營的高層主管及專業人員，最後也都難以抗拒地接受這些新機會而去從事違法的行爲。

　　Calavita與其同儕曾針對儲貸銀行的違法活動做過深入的研究，他們將儲貸銀行業者所從事的違法詐欺行爲區分爲「違法性的冒險」（unlawful risk-taking）、「掠奪」（looting）、「隱瞞」（covering up）等三種類型（Calavita et al., 1999）。所謂違法性的冒險，指的是業者的作爲超過法律所規定的適當範圍，甚至是在1980年代的放寬管制時代，都還超越法律的規定範圍。儲貸銀行業者將大筆款項貸給土地開發者從事投機性極高的建造方案，借款人不僅不需要將自己的錢擺在這些方案上，甚至連開始的基本資金都不必籌措。如果方案成功，是投資者賺了大錢，如果方案失敗，開發者騙取了貸款，卻要納稅人來分擔責任。在許多借貸案件中，經常出現此種詐欺。造成此種高風險貸款業務如此吸引儲貸銀行業者的主因，就是因爲他們可以從此項新業務中提出較高的短期收益報告，而讓經營者因此獲得較高的紅利。有一家儲貸銀行業者在四年間所獲得的紅利就高達2,200萬美元，另外一家業者因安排了一筆大金額的借貸，而獲得了300多萬美元的回扣。從這些情況看來，放寬管制反而製造了許多犯罪的機會。

　　掠奪，或稱「集體侵占」（collective embezzlement），是儲貸銀行業者第二種型態的犯罪。Calavita與其同儕認爲，集體侵占是一種相當新且欠缺深入研究的犯罪，此種犯罪經常涉及某一機構侵害另一機構的違法行爲。相當簡單的，當愈來愈多的存款逐漸進到儲貸銀行中，這些機構的高層主管也漸漸開始從這些資金中吸取一部分金錢作爲自己的利益。加

州Centennial儲貸銀行的總裁E. Hansen，曾花費14萬8,000美元舉辦一場聖誕舞會，搭乘私人飛機環遊世界，購買古董家具，花100萬美金來裝潢房子，購買昂貴的藝術品，以及擁有多輛豪華轎車等，種種這一切都是機構花的錢。德州Vernon儲貸銀行的老闆D. Dixon，花了100萬美金購買了一棟位於加州海灘旁的別墅，每年享有20萬美元搭乘飛機旅遊的費用，花費2萬2,000美元帶妻子旅遊歐洲，花費260萬美元購買遊艇，這些也都是機構花的錢。上述這兩個例子，絕不是少數的情形，而是頗為普遍的。總之，許多總裁為了他們自己的利益而掠奪了機構大筆的金錢，儘管是在機構嚴重虧損的時候也是一樣。

最後，就是業者為隱瞞其詐欺活動以及呆帳問題（貸款無力償還）不讓外界的金融檢查人員發現，而從事了更多的欺騙行為。除了不實資產有關的交易，他們還經常保持兩本帳冊（一本是為檢查用的假帳，另一本才是真帳），從事虛假的交易（買空賣空）以保持生意活絡的假象，照常放款以顯示他們的資金是充裕且暢通的（事實上卻不是）。而這些欺騙的行為，經常是在他們高薪聘僱之會計師、律師及顧問的幫助下所從事的。此外，他們還經常動用政治壓力或行賄手段，逃避管制機關的檢查及阻礙其他管制措施的實施。

1.C. H. Keating 詐欺案

受到美國媒體最廣泛報導的一個儲貸銀行詐欺案件，就是C. H. Keating所涉及的「林肯儲貸銀行」（Lincoln Savings and Loan）詐欺案。Keating是一位律師，也是前奧林匹克游泳選手，更是Cincinnati當地望族的後裔。他因為擔任當地保守派團體「支持由法律來端正行為之市民團體」（Cirizens for Decency Through Law）的創始人，而首次為大眾所注意。他也是聯邦有關風化與色情問題委員會（Federal Commission on Obscenity and Pornography）中，唯一堅決反對猥褻與色情的會員，並對該委員會於1970年所發表內容充滿自由傾向的報告提出強烈抨擊。後來，他在擔任林肯儲貸銀行的主席時，該機構被公認是一個最腐敗的存放款機構，他因而成為一位惡名昭彰之人（Nash & Shenon, 1989）。

林肯儲貸銀行登記的資產總額，雖然從1982年不及10億美元到1988年增加爲50幾億美元，但在1989年的財務報告中，卻顯示該年度的損失已超過8億美元，當時損失的總金額已超過20億美元。在1989年底的時候，「決議信託公司」（the Resolution Trust Corporation）對Keating及其同僚提起民事的敲詐勒索控訴（civil racketeering suit），控告他們從事詐欺、內線交易、違法放款、以及敲詐勒索等行爲；證券交易委員會及聯邦調查局均參與了刑事控訴部分的調查工作。在其他的事務方面，林肯儲貸銀行還被控告違法獲利：即經由販售價錢不實（高於實際價值的價錢）的土地給企業，以作爲企業欲獲得高額貸款的條件。Keating被指控在林肯存儲貸銀行結束營業前的三年半中，爲自己和家人侵占機構共達3,400多萬美元的款項。另外，約有23,000人向林肯儲貸銀行購買超過2億美元的債券（bonds），當時該機構的人員還向這些購買人詐稱債券是受到政府保障的，安全性絕無問題。在這些投資人當中，許多老年人將終生積蓄或退休金投資在該機構上（Nash, 1989）。當該機構倒閉的時候，投資人幾乎是個個血本無歸。

　　在1987年的時候，有關的聯邦管制機構官員曾建議對Keating採取嚴厲的管制行動，但卻遭到A. Cranston、D. Riegle、J. Glenn、D. DeConcini及J. McCain等五位參議員的阻擾，原因是Keating在這五位參議員競選時曾捐贈130萬美元給他們作爲競選活動的經費，在這五位參議員的運作下，管制行動最後被化解。當Keating被問及是否相信他的競選捐款有助於參議員爲他護盤，他很直接了當的回答：「我當然希望如此」（Carlson, 1989）。參議員介入的結果是很明顯的，林肯儲貸銀行得以延後兩年結束營業，結果多造成了納稅人將近13億美元的損失。在1990年的時候，Keating還曾宣稱他並沒有作錯任何事，能力不足的管制機關干擾才是問題的根源，當時Keating就被眾人指責是一個「金融強盜」。在1992年，Keating 被加州法院判處十年的監禁刑（詐騙儲貸銀行的客戶）。在1993年時，Keating在聯邦訴訟中被判定73條刑事罪狀，他的下半輩子將在監獄中度過（Sims, 1993）。

Keating讓我們聯想起十九世紀美國一些缺乏職業道德的企業鉅子，他們往往表現出一副忠誠的外表，並宣稱自己因挑戰傳統道德而受到抵制，但他們卻在經濟上毫不猶豫的摧毀了許多人。

2.對於儲貸銀行詐欺事件應負責任的廣泛層面

對於80年代美國儲貸銀行業者的崩潰，除了直接從事詐欺及其他違法活動的業者本身應該要負責外，還有許多其他團體或人員也應擔負促進該事件發生的責任。不少金融機構和投資團體利用政府放寬儲貸銀行部分管制的機會，謀求自身的利益。號稱「垃圾債券大王」（junk bond king）的M. Milken（其違法活動會在本章後文論述），就將儲貸銀行當作是他利用聯邦保障存款所購買價值數10億美元之垃圾債券的拋售地，後來這些債券都大幅跌價（Pizzo, 1990）。

許多政府官員也為與儲貸銀行有關的犯罪營造了一些有利發生的環境，譬如當某儲貸銀行被不當經營及遭人非法侵占時，有關機關的官員並未即時採取行動，同時還任狀況繼續惡化，當已形成嚴重危機時，主管機關仍舊缺乏適時與有效的回應措施。而雷根政府積極推動放寬管制以及強調自由市場的政治意識型態，導致金融檢查人員的編制以及相關主管機關的預算均遭縮減，無形中降低了違法者遭取締的風險。副總統布希曾在1984年擔任一個放寬管制專案小組的主席，照理說他應該能夠聽到一些有關存放業的警訊，但不幸卻沒有。在國會中，眾議院議長J. Wright及多位其他議員接受了儲貸銀行業者所提供的金錢與好處，他們不僅積極推動放寬管制法案的立法，更干涉和阻撓管制機關對於業者所採取的行動（Pilzer & Deitz, 1989）。本章稍早曾提及的，五位接受C. Keating捐款的參議員，也為了自身的利益而干涉管制機關的管制行動。

一些負責監督儲貸銀行事業的聯邦管制官員（尤其是高層官員），由於他們本身與業者的關係過於密切，同時對於放寬管制政策做了某種程度的政治承諾，以及避免在即將到來的競選中讓當政者感到為難，使得他們在整個事件的關鍵時刻反而表現出消極與曖昧的態度。此外，在放寬管制政策實施後，管制機關的檢查人員並未接受適當的訓練，以至於在新業務

的處理上，執行技術與能力均顯不足。當時，檢查人員在工作上不僅會遭受政治人士的關說或上級長官的壓力，有時更直接受到業者的賄賂，結果嚴重影響了管制機關監督功能的發揮。

另外，在儲貸銀行業者的詐欺案件中，還包含了會計專業人員的涉入。在1980年代，由於儲貸銀行事業正處於蓬勃發展中，需要許多有關會計事務方面的服務，而會計師事務所為了營利也積極向該行業拉攏做生意。在許多案件中，被儲貸銀行業者聘僱處理財務工作的會計師事務所，為了自身利益而詐稱儲貸銀行經營穩固或財務健全，但實際上，該機構早已出現財務危機，同時正向滅亡之路逼近。而會計師假造財務報表的情形，更是屢見不鮮。許多會計師事務所後來因存放款業詐欺案件的爆發，而遭受控訴；這種情形，也發生在許多涉案的律師事務所身上。

新聞媒體對於整個事件也未做適時的報導，一直到了1989年，該事件才成為頭條新聞（Hume, 1990）。媒體未即時報導該事件（與傳統犯罪比較起來，媒體對於白領犯罪的報導，反應的速度通常較為緩慢），以及僅提供有限篇幅的報導，其原因本書先前在第二章中曾經討論過，此處不擬贅言。對於媒體而言，向大眾報導整個事件的來龍去脈其實並不困難，但他們的態度顯然並不這麼積極。

3.儲貸銀行被沒收資產的處理

到了1989年布希擔任總統的時候，美國政府已體察到有必要處理掉沒收之違法存放款機構的資產。新成立的「決議信託公司」，就是為了要解決數百家倒閉儲貸銀行資產的出售問題，而成立的機構。到了1990年的時候，政府有關單位更清楚地了解到，晚一天出售沒收的資產，將可能造成巨額的損失。顯然的，政府有關單位急於出售價值數十億美元的沒收資產（包括倒閉的儲貸銀行以及從詐欺中所獲得的大批不動產等），又為不肖商人及投資客提供了許多違法行為的良機。

在這些沒收資產的買主中，有不少人是以詐欺手法貸款來購買這些資產的。譬如，有一位政經關係良好的亞利桑那州（Arizona）商人，過去曾因證券詐欺而遭控訴，卻被允許以7,000萬美元購買德州15家破產的

儲貸銀行，而在這筆金額中屬於他自己的只有1,000元，其餘均是貸款來的。在該交易中，聯邦政府對於倒閉儲貸銀行重組經營所提供的支援與補助，將可使該商人獲利約20億美元。事實上，有不少買主是以相當低的價錢購得倒閉的存放款機構，同時還可以獲得政府補助及減稅方面的優待。從80年代末期到90年代初這一段期間，美國社會中不斷傳出「過度狂熱的管制機關拼命取締和關閉違法的儲貸銀行，之後政府又不當出售（甚至私相授受）沒收資產」之類的怨言和批評聲（Friedrichs, 2004）。

　　4.刑事司法體系對於儲貸銀行詐欺活動的回應

　　針對金融機構犯罪活動的偵查及起訴工作往往是非常不容易的，這些犯罪具有高度的複雜性，純粹詐欺（犯罪）與不當經營或企業的不當判斷（並不一定是犯罪）之間的界線經常模糊不清，有關的證據更是常常隱藏在繁雜的財務文件中，必須要具備相當程度的專業知識才能解讀這些文件，這使得一般金融機構的犯罪案件需要較長的時間來偵查與起訴。在某些案件中，證據顯示案件可能是非常嚴重的詐欺，但有關的政府機關卻因為無法提出決定性的證據而僅能以較單純的逃漏稅案件來處理。由於政府並沒有分配足夠的資源（特別是經費）在金融機構犯罪案件的刑事追訴上，結果使得約3,500個大案件成為懸案。在被定罪的案件中，絕大多數都是一些輕微的案件，而那些涉及百萬美金（以上）損失的較嚴重案件，卻僅受到緩刑或相當輕的金錢制裁。根據美國司法部本身的案件處理準則（guidelines），針對這些犯罪的監禁刑期要比傳統的銀行搶劫案件的監禁刑期來得短，罰金的額度也比違法者所掠奪的總款項來得低（Simon, 2002）。在這些案件中，只有非常少數的違法者受到較嚴厲的監禁刑。為了希望能夠尋回一些損失的財物，許多金融機構聘僱了私人偵探來調查詐欺貸款者的財務紀錄，政府機關也聘請了法律顧問與保險業者交涉（希望向保險公司尋回一些儲貸銀行被詐欺的資產），但大多數被詐欺的財物，不是拿去賭博，就是花在奢侈的物質生活上，要不然就是投資在一些沒有價值的開發事業上。總之，那些被詐騙的錢財，根本是難以尋回的。

白領犯罪

(三)BCCI案件

除了國內基層金融機構及美國80年代的儲貸銀行詐欺案件外，還有一些大規模的銀行業詐欺案件。在1990年初所爆發的BCCI（國際商業及信用銀行，Bank of Commerce and Credit International）案，被認為是「有史以來最大的犯罪企業，涉及範圍最廣的洗錢活動」，以及「歷史上最大件的金融詐欺」，據估計大約造成150億美金的損失。該銀行被稱為「世界上最腐敗的金融王國」、「世界上最隨便的一個銀行」、「最骯髒的一個銀行」，以及「一群國際大騙子及犯罪者所組成的銀行」等（Rosoff et al., 2004）。

BCCI是由一位名為Agha Hasan Abedi的巴基斯坦人於1972年在歐洲盧森堡所創建的，Abedi極具領導才能，該銀行是第一個跨國性的第三世界銀行。隱密與低調的經營方式，以及未受太多的管制監督，該銀行很快的在世界上70幾個國家成立了分行，累積了約200～300億美元的資產，成為世界各金融中心的一股強大力量。

在1991年的時候，因許多國家所進行的調查發現，該銀行涉及貪瀆、賄賂、洗錢、走私槍枝、走私毒品、恐怖活動及大規模的詐欺與侵占活動等，並對該銀行進行追訴，最後導致該銀行不得不結束營業。證據顯示，BCCI對於一些惡名昭彰的獨裁者（如伊拉克總統S. Hussein）以及國際毒販，提供了許多金融上的協助與服務。該銀行所運用的掠奪策略相當複雜，包括假貸款、沒有記錄的存款、秘密檔案、違法的股票交易方案及空殼公司等；此外，BCCI更以賄賂的手段成功地滲透和收購許多國家的銀行，並逃避了許多法律責任。

在美國，一位著名律師、資深國會議員、同時也是總統重要幕僚C. Clifford，以及其同僚R. Altman等人，因接受BCCI大筆的賄賂（以幫助BCCI非法併購華盛頓最大家的銀行First American Bankshares, Inc.）以及協助BCCI逃避聯邦儲備局（Federal Reserve Board）的檢查而遭控訴。最初的起訴是在紐約發動的，後來被司法部阻止進行深入調查，原因是司法部擔憂該案的深入調查可能會造成中央情報局（CIA）以及高層政治人士的

難堪（Rosoff et al., 2004）。

1991年，BCCI對於聯邦及州有關恐嚇勒索、詐欺、偷竊、僞造商業文件等控告表示認罪，並願意接受5億5,000萬美元的沒收處罰（forfeiture），該沒收金額在當時美國所有的刑事案件中是金額最高的一件沒收案。在1994年7月，BCCI的總裁S. Naqvi接受了極爲兇猛的聯邦控訴（詐欺控訴），並願意爲在美國所造成的2億2,500萬美元損失負責。而因BCCI犯罪、過失行爲以及關閉經營而遭受侵害的投資人、存款人及企業等（大部分都在第三世界），所蒙受的損失大約高達120億美元之多。在美國，還引發許多與BCCI有關的銀行一連串的倒閉，造成了美國納稅人的重大損失（Simon, 2002）。而清查BCCI所造成的損失以及處理相關的訴訟案件，可能要花上好幾年的時間。從BCCI的案件中，吾人可以發現合法與非法企業之間的區別通常是不易辨認的，而政府犯罪、金融犯罪及組織犯罪三者之間的界線往往也是模糊不清的。此外，該案也顯示在國際金融市場日趨複雜化，以及國際金融活動在缺乏有效管制下所潛藏的犯罪危機。

二、內線交易

內線交易（insider trading），被學者認爲是白領犯罪的一種代表型態（Rosoff et al., 2004）。雖然內線交易在過去並不是公司犯罪和職業上犯罪之研究學者的主要關切焦點，但卻是一種最純粹的白領犯罪。在內線交易的行爲中，可以很清楚的看到白領犯罪的主要特徵——信用的違背，以及涉及數量龐大的金錢，從事內線交易行爲的人，經常是富有者。內線交易，可以說是人們爲了追求永無止境之財富和權力的一種白領犯罪。

廣義的內線交易行爲——因特權而獲得某資訊（privileged information）的個人，利用該資訊作爲其投資或交易決定的根據——大概可以追溯到市場現象出現的年代。以美國爲例，傳統上法律並沒有禁止使用因特權所獲得的資訊；即使是當現代公司出現的時候，普通法（common law）大致上也沒有禁止公司內部人員不可以根據因特權所獲知之資訊來進行交易。

在美國，聯邦證券法（federal securities laws）的出現，才使得內線交易行為受到了禁止。美國雖然沒有定義內線交易的特定法律條文，不過有關證券交易的管制法規以及司法見解通常是將內線交易定義為「根據實質性之非公開資訊所進行的交易」（trading on the basis of material nonpublic information）。美國現行有關內線交易的法律，基本上是源自於1909年美國最高法院在Strong v. Repide案判決中所建立的原則（稱為「公開或規避原則」，disclose or abstain rule。即當某公司職員要購買自己公司的股票時，該職員必須要公開自己的身分以及所知道的特殊訊息，要不然就應該避免購買自己公司的股票）以及源於1930年代聯邦證券管制法規中有關反詐欺的規定（Pitt, 1987; Rosoff et al., 2004）。

有關禁止內線交易的法令，存在一些令人感到困惑的規定。一位評論人士就曾做過如下的表示：

> 「在內線交易有關法律的迂迴邏輯中，從內線人員，諸如律師、銀行業者等處獲得秘密資訊，是違法的；但憑你自己去發現這些秘密資訊，卻是聰明的。前者使你變成犯罪人，後者卻給你帶來財富（Reichmen, 1989: 187）。」

有些保守派的經濟學者認為，內線交易是自由市場經濟體系中的一個正當要件，應該予以合法化，而不應被禁止。而禁止內線交易的主要論點是認為，內線交易創造了一種在根本上就不公平的市場，因為內線交易有可能使那些無法取得秘密資訊的人遭受詐欺，同時也有可能阻礙大批潛在投資人進入市場，因為他們相信市場已經被預先設定了，而不是一個自由的市場。不過事實上，沒有一個市場能夠提供所有潛在投資人相等的資訊獲取機會，尤其是在一個充滿電子交易網路的世界裡以及二十四小時全天候的市場中，根本是很難做到的。

因此，禁止內線交易行為的有關法令，就是企圖要中立化（neutralize）違反基本信託以及違反守密規定所產生的利益。關於此點，

司法體系就必須設法解決「內線人員」（insider）的定義問題，以及必須要釐清誰可以、誰不可以運用「內部」資訊來進行交易。1968年，美國最高法院在「德州海灣硫磺公司」（Texas Gulf Sulphur Company）高層主管人員涉及利用公司尚未對外公開之內部訊息（公司發現新的大礦區）事先購得公司股票一案中，確立了內線交易的非法性（illegality）。另一個重要案例是，《華爾街雜誌》（*Wall Street Journal*）專欄作家R. F. Winans涉及把該雜誌即將出版的商業消息提供給他的女友及一些證券經紀人，後來這些人利用Winans所透漏的訊息去購買股票，Winans因該事件曝光而遭控訴。美國最高法院認為，該訊息是Winans從其雇主處竊取來的，並違法傳達給他人，因此支持Winans的有罪判決。此外，美國聯邦法院在1990年的時候也贊成另一案的有罪判決，即一位心理醫師利用其病人（是一位金融業者的妻子）在接受治療時所透漏的訊息去購買股票。另一方面，聯邦第二巡迴審判區上訴法院（the U.S. Second Circuit Court）在1990年時，撤銷了一件請求認定有罪的上訴案，該案的被告是一位證券經紀人，他根據客戶所提供的內線消息購買了大批股票；聯邦上訴法院之所以認為被告無罪，是因為證據並沒有顯示被告知曉該訊息是未公開的秘密（即被告以為該訊息是已經公開的）（Reichmen, 1989）。

㈠內線交易案件的追訴

在當代社會中，遭起訴的內線交易案件並不太多，但這不代表此種活動的數量就是如此。以美國為例，內線交易有關法律的主要發展以及案件的起訴，大約是發生在1980年代，當時美國發生了一連串驚人案件，引起大眾對此種犯罪的重視。從1934～1979年的四十五年中，美國證券交易委員會僅發動了53次的內線交易執法行動，但之後從1980～1987年的短短七年中，卻有177次的執法行動（Szockyj, 1990）。不過執法行動頻率的增加，並不一定代表此種違法行為的發生率是增加的，同時也不一定代表案件的起訴率是增加的。

有一些因素增加了內線交易行為的曝光度及報導價值，例如，由於公

司等商業機構交易量的快速成長，以及企業併購事件的大量增加，使得金融市場較以往易於受到內線交易的侵害。此外，新型有價證券的出現、買賣特權（在某一約定期間內根據約定可自由決定買賣的權利）在運用上的擴大、以及國際貿易的高度發展等，均有助於該時期內線交易的發生。另一方面，愈來愈多的專業人士直接參與證券市場的活動，資訊網路快速的擴大，造成證券市場的傳統控制機制無法發揮效能。同時，管制機關的態度也具有相當大的影響性，譬如美國在1980年代時，雷根總統新任命的證券交易委員會主席J. Shad以及證券交易委員會執法部門負責人J. Fedders，積極樹立不同於前任首長的運作模式（之前SEC較著重在國際賄賂及公司詐欺等案件的處理）以及提升該委員會的公信力，因此對外界有關SEC未妥善處理（過於軟弱與放縱）內線交易行為的批評，採積極回應的態度。此外，在企業界中，內線交易通常也不是一種受歡迎的行為（Coleman, 2002）。

㈡內線交易的被害者

顯然的，內線交易的主要被害者，是那些因內線交易者操縱的影響而無法正確了解證券行情以致在買賣證券間蒙受損失（如低價賣出或高價買入）的機構性或個人性投資者。內線交易所造成的損失，可能從個人性投資者數千元的損失到機構性投資者數十億元的損失。此外，有許多民眾將退休、撫恤金投資在證券市場，這些民眾也可能成為內線交易的被害者，而且往往是在不知不覺的情況下蒙受損失。在美國經常發生的例子就是，當內線人員獲知某家公司即將成為被併購的對象時，他們便大量收購該公司的股票，使該股票的行情上漲，最後導致該公司的併購者必須支付高於正常的價錢來併購該公司。缺乏內線訊息的投資者，有可能被誤導，更有可能處於不利的情境下進行交易；當然，有些投資者湊巧因內線交易者的操控而獲利。事實上，投資者的直接損失只不過是內線交易所造成的一部分損失而已，民眾對於自由市場（及公正性）的信心喪失，恐怕是更為嚴重的損失。

(三)美國華爾街內線交易案件

在美國，最驚人以及最廣為報導的內線交易案件，是從Merrill Lynch公司接獲一封匿名信開始逐漸被揭發出來，信中宣稱該公司有一名生意夥伴在Caracas（委內瑞拉的首都）利用內線資訊進行交易。這個消息引發了SEC的行動，SEC針對該內線交易所涉及的銀行——巴哈馬群島的Bank Leu進行調查。調查發現，該銀行有一位客戶所從事的生意極為賺錢，其所經營的生意均與公司併購有關。此後經深入調查，這名客戶名為D. Levine，33歲，是一位服務於紐約Drexel Burnham公司的投資業者。Levine來自紐約市皇后區一個普通的中產階級家庭，曾就讀紐約市立大學的Baruch學院，由於他非常積極、又具抱負、而且外表英俊，使得他很快地在數家有名的銀行投資公司經歷過主管的職務，32歲的時候擔任Drexel Burnham公司的總經理，年薪高達六位數（美金）（Rosoff et al., 2004）。

但是，Levine對於其合法職業所提供的高報酬並不感到滿足。在1979年的時候，他開始組織一個由朋友、商業夥伴、律師、及投資銀行業者所組成的小型交際網路，他們涉及公司併購的交易事務並販賣公司併購的商業情報，這些商業情報有助於證券交易的獲利。當時Levine認為，透過巴哈馬的銀行以及利用假名（鑽石先生，Mr. Diamond）來進行交易，應該不會追查到自己的身上。1985年，Levine在Bank Leu的個人帳戶中，因內線交易所獲得的利潤就累積高達1,000萬馬克，他從違法投資的途徑總計獲利了約1,100萬美元。當Levine獲知SEC在對其進行調查時，不僅未有所警惕，反而自認精明不會被政府查出任何違法的證據，依然繼續從事內線交易的活動。

當Levine被逮捕及面對不利於自己的證據時，他開始提供政府調查人員有關其同僚從事內線交易的線索。在1986年6月5日，大約是他被逮捕後的三個星期，Levine承認了一條證券詐欺的罪狀、兩條逃漏所得稅的罪狀、一條偽證的罪狀。最後，他願意以接受1,160萬美元的金錢制裁（這是他在Bank Leu帳戶中的存款總數）以及接受限制他終生不得進入證券業工作之禁止令的方式，來化解SEC對他的控訴。他被允許保留位於紐約市

高級區的住宅（位於第五大道上，約價值100萬美金）、BMW豪華轎車、以及大約10萬美金的銀行存款。1987年2月，Levine被判處兩年徒刑以及36萬2,000美元的罰金。與他從事內線交易的同僚也都遭受控訴，分別被判處不同刑度了徒刑及罰金。更重要的是，Levine在被捕後與SEC合作，結果揭露出一連串相關的內線交易案件。

1987年2月，一位名為M. A. Siegel的38歲銀行投資業者，承認觸犯證券及稅務方面的法律（與內線交易有關），並願意接受900多萬美元的民事罰款。Siegel當時與Drexel Burnham公司有密切往來的關係，因從事內線交易而獲取相當高的利潤。最後，他被判處兩個月的監禁刑、五年緩刑及一千五百個小時的社區服務。他之所以能夠獲得如此輕的判決，是因為他充分與政府的調查人員合作，使參與該案的其他違法者（其同僚）得以被舉發及控訴（Coleman, 2002）。

I. Boesky是另一個在1980年代登上頭條新聞的內線交易者。Boesky來自底特律一個中產階級的家庭，他的求學及職業生涯並不順利，直到1975年他運用其富有妻子的70萬美金從事套購股票（arbitrage）的活動，從此他的生活開始有了極大轉變。在之後的十年裡，他強迫自己鑽研股票交易以及公司併購方面的知識，逐漸成為一位華爾街套購活動中的著名玩家，同時賺取了大筆的財富。大約在1985年時，Boesky住的是豪宅（據估計價值200萬美金），被公認為名人（曾被史丹福大學Stanford University邀請前往演講，他在演講中並聲稱「貪婪是好事！」），更受到華爾街許多投資者的仰慕。當然，也有人痛罵他，他太太的姊姊就形容他是一位最貪婪、最自大的人。當D. Levine與檢察官針對其處罰進行協商時，Levine為了讓自己獲得較輕的監禁刑，因此提供其他內線交易的線索給檢察官以作為交換條件，I. Boesky就是他所供出的對象之一。

1986年11月，Boesky在面對內線交易的控訴下認罪，並願意接受1億美元的金錢制裁（成為當時內線交易案件中最高金額的罰款）以及永不從事與證券業有關的工作。之後，Boesky又被判處了三年的有期徒刑。他的違法行為包括多次向D. Levine購買有關公司併購及股票交易的內線消

息，這些消息讓Boesky能夠在最恰當的時機買賣股票，從中賺取了大筆財富。譬如，在1985年4月的時候，Levine告知Boesky休斯頓天然瓦斯公司（Houston Natural Gas）即將被併購的消息，在公開宣布併購的前一天，Boesky買了30萬1,800股的休斯頓天然瓦斯公司股票，兩週後他將這些股票賣出，結果共賺了410萬美元。而Boesky之所以能夠獲得較輕的監禁刑，也是因為他願意提供其他內線交易案件（甚至是更大規模的案件）的線索給檢調單位（Rosoff et al., 2004）。

㈣M. Milken案

在Boesky所供出的線索中，有關M. Milken及Drexel Burnham公司的案件，被認為是證券業中最驚人的案件。在1980年代過度膨脹的金融市場中，Milken儼然成為一位關鍵人物，被稱作「垃圾債券大王」（Junk Bond King）。

在1970年代的時候，Milken洞察到透過發行與販售高利潤、高風險（這也就是「junk」在此處的意思）的債券，有可能會賺取大筆金錢。這些債券通常是由一些小型公司或尚未建立完善的公司所發行，並非績優股的公司債券。這種債券所支付的利息較高，因為此種債券有較高的可能發生債務延遲清還甚至不履行債務的結果；不過在1980年代期間，延遲清還或不履行債務的情況極為少見。美國在1980年代公司併購的熱潮中，此種債券被廣泛發行以作為籌措款項的工具，此種債券經常被許多信用合作社及合股投資公司（mutual funds）所購買（Rosoff et al., 2004）。

當時Milken是在Drexel Burnham公司位於洛杉磯比佛利山莊的分公司服務，他在垃圾債券的經營上非常成功，同時也扮演了極為成功的商業顧問角色（對於準備擴大規模或收購其他公司的公司，他提供了非常準確的資訊）。因此，Milken與其同僚很快的就賺取了大筆的財富；在1987年時，據估計他已賺取了大約7億5,000萬美元的酬勞。由於華爾街內線交易案件的爆發，使得Drexel Burnham公司及Milken本人遭受調查。Drexel Burnham公司在1988年承認違反聯邦管制證券交易的相關法律，同意接受6億5,000萬美元的罰款。Drexel Burnham公司的認罪導致未來將面對RICO

法的起訴，同時該公司的所有資產將可能被沒收。在經過一百五十二年的經營歲月，並且在1980年代被公認是華爾街最賺錢的投資公司之一，Drexel Burnham公司終於在1990年2月宣布倒閉。雖然，當初有關機關對於Milken所進行的調查，重點是擺在內線交易的案件方向上，並以內線交易的罪名起訴他，但Milken最後卻在1990年被六項有關證券詐欺與共謀的重罪罪名定罪，當中包括操縱證券行情、製造假資訊並且向SEC提供不實報告、超額索價及逃漏稅等。原因是Milken最初在面對內線交易的控訴時，一直抵抗不肯認罪，並支付律師每個月100萬的鉅額酬勞幫他打官司，但因證據確鑿，最後他喪失了先前認罪所可以獲得的優遇。後來，Milken願意繳付6億美元的罰款，並被法官判處十年有期徒刑，但因Milken之後在其他相關案件的調查與追訴上主動合作，最後只在低度戒護的監獄中服刑二十二個月。在出獄後不久，Milken應聘至加州大學洛杉磯分校（UCLA）講授財務方面的課程。儘管他繳付了鉅額罰款，但Milken仍舊保有大筆財富，據估計至少有10億美元以上。

到底Milken是一個破壞證券市場的貪婪之徒，還是一個幫助經濟發展卻遭人誤解的金融天才（因80年代金融過度發展而成為代罪羔羊），這是一個充滿爭議的話題。不過，由於在Milken及Drexel Burnham公司的操縱下，眾多投資者與納稅人因而遭受巨大損失，卻是不爭的事實；而且他們的行為對於市場中的自由競爭，也造成了極大的破壞。

起訴及監禁Levine、Boesky、Milken等人，並使Drexel Burnham公司結束經營，並不表示有關內線交易的案件從此就不發生了。在1992年的時候，華爾街又爆發了另一件重大案件。另外，在1994年，Time Warner公司的高層人員在面對內線交易的控訴下，願意繳付約100萬美元的罰款來解決訴訟（Friedrichs, 2004）。在90年代中期，內線交易已逐漸不集中在華爾街地區，反而向全美各地的公司及投資仲介業蔓延。只要內線交易的利潤遠高於被追訴的風險，此種違法活動就會繼續存在。雖然個人的貪婪在內線交易中扮演重要的角色，不過結構性與組織性的因素（例如追求利潤的無情壓力。在金融市場中，公司、投資銀行及個人性投資者所構成的複

雜網路等）也扮演了相當關鍵的角色。總之，對於內線交易的問題，並沒有簡單的解決方式。

三、金融犯罪──小結

　　除了銀行犯罪與內線交易外，金融市場中還有許多其他非倫理或非法的行為發生。在1980年代初，美國著名的證券交易公司E. F. Hutton被控訴使用空頭支票詐騙400多家銀行數百萬美元的款項，雖然E. F. Hutton公司接受眾多罪狀的控訴（認罪）並願意繳付200萬美元的金錢制裁，但由於司法機關並沒有針對該公司的人員進行追訴，因此沒有人被監禁。1987年，該公司被控告為從事洗錢活動的組織犯罪集團，最後該公司因被其他公司併購而消失。另外，在1989年，46位芝加哥貿易商被聯邦有關機關控訴涉及貿易詐欺。這些貿易商使用許多詐騙手段，包括偽造交易紀錄、不實報價、將顧客所支付的款項先存入自己帳戶（賺取利息）在轉交公司等。1991年，著名的Salomon Brothers投資銀行公司，因涉及在財政部債券拍賣場中做出數十億美元虛假的拍賣叫價而遭控訴。該公司從虛假的拍賣叫價中獲取經營上的優勢（同業競爭者因高價購買拍賣債券而出現資金短缺的情況），之後隨即調整利率，賺取暴利（Friedrichs, 2004）。

　　此外，保險業也是金融體系中的另一焦點。許多人將保險當作是意外、疾病及死亡的一種緩衝器。對於某些人而言，保險甚至是退休後的一項重要收入。長久以來，保險業就經常被批評涉及自我交易、不牢靠的投資、不合理的保險方案等活動。因為保險業營業人員的收入，主要是靠賣保險以及誘導客戶轉換保險方案的佣金，所以營業人員不實推銷保險的情形更是實有耳聞，美國一家規模很大的保險公司Prime America Financial又曾被指控以虛假的保險方案來推銷保險。有些評論人士預測，保險業無力支付賠償或破產，將會是未來金融上的一大危機。

　　近年來，金融犯罪已逐漸成為一種常見的白領犯罪。金融犯罪影響所及並不一定僅限於某一地區或國家，由於世界各國經濟發展的趨勢早已朝向全球化，使得金融犯罪的影響超越了國界。雖然許多金融犯罪與公司犯

罪以及職業上的犯罪類似，不過應該將這類型的白領犯罪視爲公司犯罪與職業上犯罪的結合（hybrid），理由是：第一，典型的金融犯罪，經常是利用金融實體（機構）來某取個人的財富，「集體性的侵占」（collective embezzlement）是此種活動的一種類型；第二，金融犯罪是透過具有聲望、受人尊敬和信任，以及富有的金融機構所實施的；第三，所造成的經濟損害非常嚴重；第四，金融犯罪所涉及的機構經常是經濟體系中的核心，因此這些機構中的違法活動將會影響整個經濟體系，而使社會大眾對經濟機構喪失信心。另外，有一些因素使金融犯罪難以調查與起訴，這些因素包括金融犯罪者極爲狡詐、所涉及的詐欺極爲複雜、違法行爲的潛在利益很高但被舉發的可能卻很低、所涉及的政經網路極爲龐大與複雜等。

第三節　科技犯罪

在政府性公司犯罪、金融犯罪及許多其他類型的白領犯罪中，電腦等現代科技扮演了愈來愈重要的角色。新科技的出現及深化社會的速度，超越一般人的想像。1990年代初期，資訊科技已成爲全球最大的產業，到了二十一世紀初，資訊產業的每年交易額超過千億美元（Grabosky et al., 2001）。學界預測，在二十一世紀，電腦業的工作者、在工作上使用電腦、倚靠電腦的企業，以及在學校或在家庭使用電腦的學生和成人，其數量將會呈現倍數的增加，使用電腦必然成爲常態。而其他類型的現代科技，在使用與分布上，也與電腦相類似。「高科技」儼然成爲現代紀元——有人稱爲「資訊時代」（Age of Information）——的一項定義要件（Grabosky et al., 2001）。

吾人生活中愈來愈被高科技產品充斥，例如電腦、傳眞及通訊物品等，某些人士認爲這代表了社會的進步，但也有某些人士認爲這給社會帶來了難以避免的傷害。雖然現代科技加速了許多日常和複雜工作的處理，但現代科技也使社會區分爲懂得使用現代科技與不懂得使用現代科技的兩部分人（例如懂得使用電腦與不懂得使用的兩種人）。對某些人來說，高

科技提供了較豐富的職業流動機會，但卻可能造成某些人失業。在犯罪與刑事司法的領域裡，高科技一方面提供社會更新穎與更廣泛的安全保護措施，但在另一方面，高科技也成為犯罪者的新工具。當高科技被拿來作為刑事司法體系防治犯罪的措施時，無形中也成為侵害個人隱私的一種潛在危險。

「科技犯罪」（technocrime）一名詞，在範圍上要比一般人所較熟悉的「電腦犯罪」廣泛，它包含利用任何型式之科技所促成的犯罪（Jacobson & Green, 2002）。科技犯罪被認為是屬於白領犯罪中的一部分或新型的白領犯罪。當然，並非所有涉及高科技的違法活動都是白領犯罪，例如間諜人員利用高科技所從事的間諜活動，以及恐怖分子利用高科技所從事的恐怖活動，就不一定是白領犯罪。而「電腦駭客」的行為，通常是「科技病態者」（technopaths）所為的一種複雜破壞行為，他們侵入他人的電腦程式或系統，往往只是基於一種挑戰心理或僅是為了惡作劇。

由於高科技的成本昂貴與複雜性，使得科技犯罪較常出現在白領階級中。由於電腦的使用有助於違法利益的隱藏、方便將金錢轉至國外帳戶、股票所有權的隱藏等，使得電腦在內線交易案件中所扮演的角色，分量是愈來愈重，Friedrichs（2004）就曾指出，美國將近有80%的金融交易是透過電子媒介進行的。總之，電腦為犯罪活動創造了一個龐大的新場域。

一、電腦犯罪

所謂「電腦犯罪」（computer crime），是指利用電腦或電腦科技所進行的犯罪行為（Jacobson & Green, 2002）。電腦硬體雖然受到保護其他有形財產之法律的保護，但電腦內部的電子資訊卻是一種較缺乏傳統法律保護的新型「財產」。換言之，電腦的使用，創造了一種新型態的財產和語言。電腦，可能是犯罪的工具（例如利用電腦挪用公款），也可能是犯罪的標的（例如竊取資訊）。一般可將電腦犯罪區分為底下幾種型式：內部式的電腦犯罪（如破壞電腦程式）、遠距離通信的犯罪（如駭客行為、違法布告資訊的行為）、電腦操縱型態的犯罪（computer manipulation crime，如侵占、詐欺等）、協助組織犯罪的電腦犯罪（如協助幫派配銷毒品、管理毒品市場），以及硬體與軟體的竊取等（如盜版軟體、竊取晶片及商業機密等）（Hollinger, 2001）。在這些類型中，電腦操縱型態的犯罪與白領犯罪的關係最為密切，電腦駭客侵入帳款記錄系統進行竊取，造成被害者嚴重損失的案件，可說是時有耳聞。此種竊盜行為，主要是發生在白領人士的職業或業餘活動脈絡中。

電腦犯罪，是一種相當新式的白領犯罪。以資訊業甚為發達的美國為例，第一件被記錄的電腦犯罪，也只不過是發生在1958年，而聯邦首次起訴電腦犯罪則更晚，是在1966年（Friedrichs, 2004）。雖然電腦犯罪愈來愈受到公眾的注意，但此種犯罪的起訴率卻不高。Michalowski與Pfuhl（1991）曾對全美各郡檢察官進行調查，他們發現電腦犯罪僅占郡檢察官之案件負荷中的一小部分，平均不到0.5%，遭起訴的電腦犯罪案件，大多數是集中在具有大型電腦業的加州及羅德島州等地。而且，在遭起訴的案件中，大多數是根據一般的普通法（common law），同時也沒有針對電腦犯罪的專門統計數據。

偷竊電腦，是一種以科技物品為標的的傳統犯罪。然而，今日有一些型態的竊盜，諸如竊取資訊、盜版軟體與電子商品，以及在未獲授權下複製他人的智慧財產（如音樂）等行為，卻在大幅增加。上述這些行為中，有部分是徹徹底底的竊盜行為，但有不少複製、盜版等行為卻在許多業界廣為盛行甚至被接受，這些行為是否屬於犯罪或偏差行為，至今仍有爭議。針對此議題，企業的立場不盡相同。像迪士尼（Disney）娛樂媒體公司就要求他們的智慧財產必須受到免於未授權複製的保護，但有些網路科技公司為了促進科技創新而鼓勵複製（Harmon, 2002）。有些時事評論家擔憂那些年輕的網路盜版者因為可以輕易地從網路上盜版音樂，繼而養成盜版其他東西的習慣（Schwartz, 2001）。或許未經授權複製的盜版行為不一定與白領犯罪有關，但只要這些行為是發生在商業或職業活動有關的範圍，那麼就有可能與個人的專業生活產生關聯，也就是一種白領犯罪。

美國的估計指出，約有三分之一的商用軟體是盜版而來的，造成軟體

製造商近120億美元的損失（Band, 2001）。微軟（Microsoft）等多家軟體公司認爲自己受到盜版行爲的嚴重威脅，以此作爲對盜版者反擊的正當理由（McGuire, 2001）。然而，微軟公司雖是白領犯罪被害者，但也曾受到白領犯罪的控訴（違法壟斷）。

從1990年代中期開始，「數位貨幣」（digital money）的使用愈來愈頻繁，透過網路的交易行爲大幅增加，無形中製造了許多犯罪機會，網路詐欺經常出現在網路拍賣、投資、職業介紹、網路聊天、旅遊交易等活動中，網路所具有的匿名性，無形中提高了上述犯罪發生的可能（Grabosky, 2001）。網路拍賣公司eBay每年的交易金額超過50億美元，該公司可說是爲買賣雙方建構了一個互動平臺，儘管賣方在自己拍賣商品上「假性投標」（shill bidding）以哄抬標價是被禁止的，但事實上卻是存在的。另外，賣方也可能在接到買方付款後不寄送商品給買方，或是寄送的東西與網路標示商品不同。

網際網路也促使「身分竊取」[4]（identify theft）及機密資訊竊取的發生，隨著狡詐犯罪者運用網路發現許多不同的詐騙方法，使得此類竊盜在近年呈現大幅增加的趨勢。此外，大量的電腦犯罪或網路犯罪透過商業機構或商業行爲來進行，這些犯罪經常是合法職業的工作者經由職業網絡所犯下，造成消費者嚴重損害。

要準確估算電腦犯罪的損失並不容易，因爲許多案件未報案，甚至未被發現，Jacobson與Green（2002）估計美國每年因電腦犯罪的損失超過

---

[4] 「身分竊取」是近年大量增加的一種犯罪，以二十一世紀的美國爲例，執法機關每年大約接獲70萬件的報案。此種竊盜大多涉及竊取信用卡號碼、盜刷信用卡等，全球至今因此種竊盜所造成的損失需以兆美元來估計。雖然身分竊取的被害者可以透過舉證，說明自己無關於身分竊取後的相關交易（如信用卡盜刷），而免於承擔損失，但事後他們卻經常患有嚴重的憂慮情緒，而且還需忍受數年的消費不便以修復自己的信用度。由於此種竊盜涉及身分資訊的竊取，經常需要透過職場中的某些管道始可達成，所以是一種白領犯罪。參閱Friedrichs, D. O. (2004). *Trusted Criminal: White Collar Crime in Contemporary Society*. New York: Wadsworth Publishing Company, p. 187.

數十億美元。美國在2000年進行的一項調查顯示,經報案的電腦犯罪平均每件損失約200萬美元,公司專有的秘密資訊遭竊,每件損失約在400萬至650萬美元(Tedeschi, 2003)。電腦的使用,大幅增加了竊盜的規模與範圍,電腦犯罪案件的平均損失是銀行強盜案件的好幾倍。然而,大多數的銀行強盜案件會被報案,電腦犯罪則不然,特別是涉及商業機密或企業商譽的案件。以公司政策型式所發動的電腦犯罪,損害通常較為嚴重,例如美國曾發生一件極為嚴重的保險公司(the Equity Funding Insurance Co.)詐欺案件,該公司利用電腦假造數十億美元的保險方案及資產。另一案件,Revco公司利用電腦建立了一套雙重收費(超收保險醫療費用)的計謀,造成政府鉅額損失(Friedrichs, 2004)。

由於電腦的使用,讓從事某些職業的人員(如銀行職員、稅務機關的人員以及收費人員等)得以採取「化整為零」的方式竊取大筆金額。也就是從大量的對象中(如從數量眾多的存款戶處)個別竊取一小部分金額(如透過四捨五入的方式),由於被害者數量龐大,終使竊取的總金額變成非常巨大。在這種案件中,因為被害者個別所遭受的損失甚為輕微(可能只有幾塊錢),而使被害者知曉被害以及舉發犯罪的可能性大為降低。

此種職業上竊取行為的動機,並非全然是貪婪因素,有時是源自急迫性的財務壓力。如同大多數的白領犯罪一般,此種犯罪者往往否認自己是犯罪者,而將竊取行為當作是解決問題的方法。當被害者是組織時,或當犯罪利益不是具體有形的物品時(例如只是改變帳戶上的電腦紀錄),此種自我合理化的情形最為明顯(Grabosky, 2001)。有些電腦犯罪的發生,主要是為了報復或發洩不滿情緒。例如,有些員工所從事的電腦犯罪,其實是針對雇主的一種不滿反應。電腦軟體服務供應商與客戶發生收費糾紛,繼而用病毒破壞客戶的電腦系統,也是類似的例子。此種不當使用電腦專業知識的情形,有愈來愈多的趨勢。其他由員工從事電腦犯罪的常見例子,還包括:更改銀行的電腦程式以隱藏帳目上的超支款項,經由竄改電腦所記錄的商品庫存量以竊取商品,運用機構的電腦來處理私人事務,利用電腦竊取商業機密後將該機密賣給競爭對手,藉由操縱電腦紀錄

後自雇主或客戶處竊取財物等。

　　美國Wells Fargo 銀行曾有兩位職員利用銀行有關存提款記錄系統上的缺點，竊取了2,100多萬美元。一位服務芝加哥地區First National Bank職員，與人共謀竊取該銀行6,870萬美元的款項，他們的犯罪計謀差一點就得逞。該職員因工作之便獲取了大型公司線上轉帳的密碼（每週各銀行運用此密碼轉帳的金額高達1兆美元），並透過虛假的確認電話企圖將大筆款項轉至同夥人的帳戶。由於許多進行轉帳的公司立即發生支票退票的情形，使得該計謀在轉帳款項被領取之前被揭發（Rosoff, Pontell & Tillman, 2004）。

　　紐約市政府一位會計人員利用電腦會計系統上的漏洞，將100萬美元的公務款項轉至自己的銀行帳戶。在該會計人員的巧妙安排下，市政府將某一外包案的款項全部付給承包商，由於是一次付清，承包商答應退回市政府一部分款項以作為一次付清的折扣，但退回的折扣卻在該會計人員的設計下匯至他所虛設的公司，市政府的電腦系統也被動了手腳，以致無法確認折扣款項到底有沒有進到市政府的帳戶（Coleman, 2002）。事實上，政府各階層人員由於業務處理上的需要而大量使用電腦，使得公務人員從事侵害政府的電腦犯罪也隨之大量增加。許多政府機關所規劃的財務方案因為規模過於龐大，無形中也為電腦犯罪者提供了許多機會。

　　電腦也與逃漏稅及稅務詐欺有關，範圍包括企業及個別的納稅人。美國康州一家大型的酪農商Stew Leonard就曾利用電腦來隱藏現金交易的款目，因而漏繳了1,750萬美元的稅給政府（Friedrichs, 2004）。現今許多國家的稅務機關陸續開辦網路繳稅的服務以及運用電腦程式來檢查納稅人的納稅申報書，此項服務及相關措施也有可能增加電子媒介詐欺的機會。雖然，電腦的使用大幅提升稅務機關的工作效率，但電子資料也為詐欺活動提供了新機會。

　　大多數的電腦犯罪案件幾乎都是被意外發現的，因為運用電腦犯罪者往往都很聰明且具有隱藏犯罪證據的技能。Schjolberg與Parker（1999）研究發現，有相當高比例的電腦犯罪者具管理者身分，即使他們因為犯罪而

丟掉工作或入獄，由於他們所具備的技能和智慧，使得他們還是比其他遭起訴的犯罪者較容易找到新工作。

　　要對電腦犯罪予以有效回應，並不是一件簡單的事。如本章之前所提，被發現的案件只不過是整體電腦犯罪中的一小部分，大多數的案件並沒有被發現。由於電腦犯罪的進行主要是透過電子型態的途徑，而非有形的或直接的方式，使得證據往往被隱藏在電腦系統內部而不易被發現。在某些案件中，證據甚至早已被銷毀。此外，許多電腦犯罪案件的被害者並不願意向有關機關報案，一方面是被害者（如銀行、公司等）不願意將他們的電腦系統公開，另一方面被害者往往也不相信刑事司法機關具有足夠能力來處理侵害他們的案件。總之，電腦犯罪屬一種較新式的犯罪，且缺乏直接性，社會大眾對於電腦犯罪的認知與關切仍處相當低的狀態。

二、法律與電腦犯罪

　　防制電腦犯罪的特別法是近代才出現的，這些法律要被落實執行並不容易。以美國為例，傳統的刑法，例如有關竊盜罪的條文，並非都可以適用在經由操縱電子軟體以達違法目的的電腦犯罪上。州及聯邦針對電腦犯罪的特別法，大部分出現自1980年代。直到二十一世紀初，全美50州才設有防制電腦犯罪的特定法律（Jacobson & Green, 2002）。美國國會在1986年通過「電腦詐欺及不當使用法」（Computer Fraud and Abuse Act），將運用電腦從事詐欺及竊取的行為定為重罪，以彌補州法疏漏的範圍。Michalowski與Pfuhl（1991）認為，通過這些法案的原因，一方面是因為社會的實際需要，另一方面則是立法者為了維護自身財產及權利，免於資訊系統不當使用的侵害。美國相繼在1996年通過「國家資訊基礎建設保護法」（National Information Infrastructure Protection Act）以及2000年的「網際網路虛偽身分防制法」（Internet False Identification Prevention Act）。在911事件後，「美國愛國者法案」（USA Patriot Act）又將前述國家資訊基礎建設保護法做了修正。這些法案提供政府更大的權力以調查電腦犯罪，並對犯罪者加諸嚴厲的處罰。然而，電腦犯罪相關法案所產生的實質效應

至今還是非常有限的，反而是形式上或意識型態的意義較爲突顯。

三、電腦犯罪案件的調查

　　電腦犯罪的調查與起訴工作，通常需由受過特殊訓練的人員來執行，而且也比較耗時。美國聯邦調查局在2002年設有270名調查人員專責處理電腦犯罪，至今的人員編制已接近700人（Friedrichs, 2004）。

　　國內治安機關也甚爲重視此種犯罪，不僅在警政署刑事警察局設置有專門偵辦電腦犯罪的單位，並曾多次舉辦防制電腦犯罪的相關研討會與訓練課程，同時在各縣市警察局亦已成立資訊室，一方面強化地方警察機關的資訊作業效能，另一方面也作爲電腦犯罪偵防工作上的支援。不過，由於專業人才及裝備器材等資源上的限制，使得地方警察機關並不一定將電腦犯罪的偵防置於優先順位。面對犯罪手法速變、數量激增的電腦犯罪，刑事司法體系實有必要投入更多的專業資源。

　　電腦犯罪的預防與偵測工作，民間的安全維護人員也扮演非常重要的角色，例如企業內部的會計人員及專業保全員等，他們會根據實際需要判斷是否將案件資料交給官方執法人員處理。不過，電腦犯罪案件在實務上經常是經由私人性或非正式管道來解決，部分原因是案件一旦進入正式的司法程序後，將可能引發當事人不願見到的複雜狀況，例如被告律師通常會針對相關證據的可接受性提出質疑，以致引發更多的調查，許多商業機密因此曝光（Jacobson & Green, 2002）。

四、其他類型的科技犯罪

　　自動提款機（ATM）、遠距離通訊系統及其他型式的科技，也提供了許多侵占和竊盜犯罪的機會。但並不是所有從事科技犯罪的人都一定是白領犯罪者，例如自動提款機盜領行爲就不一定是白領犯罪，如果當事人是銀行職員，且利用職務之便進行盜領，那麼此等行爲才屬白領犯罪。

　　複製科技的精進，也爲某些常業犯罪者提供了新機會，盜拷音樂、碟影片及電腦軟體等，都是一些常見的案件。另外，還有私自架設衛星接受

器盜接衛星資訊、盜接有線電視頻道、盜打他人電話等，也都給被害者造成不少損失。

有些科技犯罪發生在一般性的職業脈絡中，有些則是基於企業利益而從事的。美國司法部一份有關白領犯罪的調查報告指出，侵犯著作權占有白領犯罪相當高的比例（Mutterperl & McGovern, 1991）。便捷、精緻的影印器材有助於企業盜取商業機密，任何大大小小的企業都可能成爲科技犯罪的被害者，但也可能是從事科技犯罪的主體。

在高科技充斥的現代社會，利用科技作爲白領犯罪工具的情形已經愈來愈普遍。美國賓州大學知名犯罪學家M. Wolfgang多年前就曾預言，「資訊犯罪」（information crime）未來必將成爲刑事司法的關切焦點（Bennett, 1987: 109）。欲對此種犯罪建立有意義的共識，禁止此種犯罪的發生，以及擬定有效的科技威嚇對策和有效的刑罰回應措施，在在都是極爲困難的挑戰。值得注意的是，資訊已是吾人社會中一項非常重要的資源，科技犯罪很可能淪爲權力競爭下的一種附屬品。

第四節　結　語

政府性的公司犯罪、金融犯罪及科技犯罪，雖然與較普遍的白領犯罪類型（公司犯罪及職業上的犯罪）不甚相同，但這些犯罪卻極可能演變爲二十一世紀的犯罪主流，複合式的白領犯罪將呈現大量增加的趨勢。總之，政府、企業以及金融市場三者之間的聯結網絡，已成爲白領犯罪的重要特徵。在社會邁向未來的同時，科技與白領犯罪之間的關係也將愈緊密。

行政院經濟建設委員會（1996）。中華民國84年經濟年報。

財政部（1998）。金融業經營概況調查報告。

Band, J. (2001). "The Copyright Paradox." *Brookings Review* (Winter): 33-34.

Bennett, G. (1987). *Crimewarps-The Future of Crime in America*. Garden City, NY: Anchor Press.

Calavita, K. & Pontell, H. N. (1992). "Bilking Bankers and Bad Debts－White-Collar Crime and the Savings and Loan Crisis." pp. 201-207 in K. Schlegel & D. Weisburd (eds.), *White-Collar Crime Reconsidered*. Boston, MA: Northeastern University Press.

Calavita, K., Pontell, H. N. & Tillman, R. H. (1999). *Big Money Crime: Fraud and Politics in the Savings and Loan Crisis*. Berkeley, CA: University of California Press.

Carlson, M. (1989). "$1 Billion Worth of Influence." *Time* (November 6): 27-28.

Coleman, J. W. (2002). *The Criminal Elite: Understanding White-Collar Crime*. New York: St. Martin's Press.

Friedrichs, D. O. (2004). *Trusted Criminal: White Collar Crime in Contemporary Society*. New York: Wadsworth Publishing Company.

Gordon, J. S. (1991). "Understanding the S & L Mess." *American Heritage* (February/March): 49-68.

Grabosky, P. N. (2001). "Virtual Criminality: Old Wine in New Bottles." *Social and*

Legal Studies 10: 243-249.

Grabosky, P. N., Smith, R. G. & Dempsey, G. (2001). *Electronic Theft: Unlawful Acquisition in Cyberspace*. Cambridge: Cambridge University Press.

Greenwald, C. (1996). *Banks Are Dangerous to Your Wealth*. Englewood Cliffs, NJ: Prentice-Hall .

Harmon, A. (2002). "Piracy, or Innovation? It's Hollywood vs. High Tech." *New York Times* (March 14): C1.

Hayes, P. (1987). *Industry and Ideology—I. G. Farben in the Nazi Era*. Cambridge: Cambridge University Press.

Hollinger, R. C. (2001). "Computer Crime." pp. 76-81 in Luckenbill, D. & Peck, D. (eds.), *Encyclopedia of Criminology and Deviant Behavior*, Vol. 2. Philadelphia: Brunner-Routledge.

Hume, E. (1990). "Why the Press Blew the S & L Scandal." *New York Times* (May 24): A25.

Jacobson, H. & Green, R. (2002). "Computer Crimes." *American Criminal Law Review* 39: 273-326.

Kauzlarich, D. & Kramer, R. C. (1993). "State-Corporate Crime in the U.S. Nuclear Weapons Production Complex." *Journal of Human Justice* 5: 4-25.

Kramer, R. C., Michalowski, R. J. & Kauzlarich, D. (2002). "The Origins and Development of the Concept and Theory of State-Corporate Crime." *Crime & Delinquency* 48: 263-282.

McGuire, S. (2001). "Software Pirates, Beawre." *Newsweek* (October 29): 68.

Michalowski, R. & Pfuhl, E. H. (1991). "Technology, Property and Law: The Case of Computer Crime." *Crime, Law and Social Change* 15: 255-275.

Mutterperl, M. H. & McGovern, M. G. (1991). "Federal Criminal Enforcement of Intellectual Property Rights." *White-Collar Crime Reporter* 5: 1-10.

Nash, N. C. (1989). "Savings Executive Won't Testify and Blames Regulators for Woes." *New York Times* (November 22): Al.

Nash, N. C. & Shenon, P. (1989). "Figure in Savings Debacle: Victim or Villain?" *New York Times* (November 9): Al.

Pilzer, P. Z. & Deitz, R. (l989). *Other People's Money*. New York: Simon & Schuster.

Pitt, H. L. (1987). *Insider Trading—Counseling and Compliance*. Clifton, NJ: Prentice-Hall Law & Business.

Pizzo, S. (1990). "The Real Culprits in the Thrift Scam." *New York Times* (April 2): A17.

Reichman, N. (1989). "Breaking Confidences: Organizational Influences on Insider Trading." *The Sociological Quarterly* 30: 185-204.

Robb, G. (1992). *White-Collar Crime in Modem England: Financial Fraud and Business Morality, 1845-1929*. Cambridge: Cambridge University Press.

Rosoff, S. M., Pontell, H. N. & Tillman, R., (2004). *Profit WithoutHonor: White-Collar Crime and the Looting of America*. Englewood Cliffs NJ: Prentice-Hall

Schjolberg, S. & Parker, D. B. (1999). "Computer Crime." pp. 218-223 in Kadish, S. (ed.), *The Encyclopedia of Crime and Justice*. New York: Macmillan and Free Press.

Schwartz, J. (2001). "Trying to Keep Young Internet Users from a Life of Piracy." *New York Times* (December 25): C1.

Schweitzer, M. (1990). "Insurance Insolvencies: Next Mega-Crisis?" *New York Times* (June 8): A31.

Simon, D. R. (2002). *Elite Deviance*. Boston, MA: Allyn and Bacon.

Solomon, A. M. (1989). "The Risks Were Too Good to Pass up." *New York Times Book Review* (October 29): 27-28.

Szockyj, E. (1990). "From Wall Street to Main Street: Defining Insider Trading as a Social Problem." A Paper Presented at the Annual Meeting of the American Society of Criminology, Baltimore, November.

Tedeshi, B. (2003). "E-Commerce Report." *New York Times* (January 27): C4.

Thompson, M. W. (1990). *Feeding the Beast—How Wedtech Became the Most Corrupt Little Company in America*. New York: Scribner.

Tillman, R. (1994). "Politicians and Bankers: The Political Origins of Two Local Banking Crises." *Crime, Law & Social Change* 21: 319-335.

Vito, G. F., Maahs, J. R. & Holmes, R. M. (2006). *Criminology: Theory, Research and Policy*. Sudbury, MA: Jones & Bartlett Publishers.

Waldman, M. (1990). *Who Robbed America? A Citizen's Guide to the Savings & Loan Scandal*. New York: Random House.

第八章
殘餘型白領犯罪

傳統上，公司犯罪與職業上的犯罪是白領犯罪的核心，即本書第四與第五章的焦點。與白領犯罪同源的政府犯罪，也就是由公部門人員從事類似公司犯罪及職業上犯罪的行為，也在第六章探討過。政府性的公司犯罪、金融犯罪以及科技犯罪等較重要的混合型白領犯罪，是第七章的探討焦點。本章的內容則是有關「殘餘型白領犯罪」，也就是除了上述普遍被認為是白領犯罪的行為之外，還剩下哪些型式（殘餘型的涵義）的白領犯罪。換言之，本章所欲探究的對象，乃是白領犯罪中屬於較為邊緣的型式。本章所將討論的組織─白領結合型犯罪（enterprise crime）、常業─白領結合型犯罪（contrepreneurial crime）以及業餘型白領犯罪（avocational crime），乃是白領犯罪分別與組織犯罪（organized crime）、常業犯罪（professional crime，或稱職業犯罪）以及偶發性財產犯罪（occasional property crime）的結合。

若將組織─白領結合型犯罪、常業─白領結合型犯罪以及業餘型白領犯罪考量成彼此獨立的犯罪型態，可能過於武斷和矛盾，同時在做這樣的區別時，也可能對事實造成扭曲，因此，本書將它們放在同一章來討論。但此處需強調的是，我們研究犯罪問題的目的，是希望能夠解釋犯罪，並進一步控制犯罪，所以了解特定型式的犯罪及其發生脈絡，有助於該目的的達成。

第一節　組織─白領結合型犯罪

或許組織犯罪不是一個令人陌生的名詞，但組織犯罪的意涵卻往往給人帶來困惑。從最為廣義的角度來分析，該名詞可以指任何有組織的違法

活動，包括有組織的常業竊盜、恐怖組織、幫派及恐嚇取財的敲詐勒索者等。組織犯罪也很容易和機構性犯罪（organizational crime）相混淆，不過學者Coleman（2002）曾指出組織犯罪與機構性犯罪之間並沒有什麼差異，機構性犯罪其實是對公司犯罪與政府機構犯罪的一種保護名詞罷了。組織犯罪最常與「黑手黨」（Mafia）聯想在一起，黑手黨曾被認為是一個由義大利後裔所組成的全國性犯罪企業組織，專門從事販毒、賭博、娼妓、高利貸、恐嚇勒索及其他類似的活動（Abadinsky, 2003）。在此種觀點下，組織犯罪團體的運作有如「犯罪公司」一般。

是否有全國性的組織犯罪集團存在，這個爭議已在許多有關組織犯罪的文獻中討論過，多數學者傾向懷疑態度（即多數學者不認為有全國性的組織犯罪集團存在）。研究組織犯罪的學者普遍認為，較符合真實現象的觀點應是一地方性的組織犯罪集團或是由家族所經營的系統性非法企業，在各個集團或企業之間可能存有某些非正式的連結（Abadinsky, 2003; Vito et al., 2006）。

犯罪學者認為組織犯罪具有底下特徵：具有層級結構，有限的成員，分工的角色，成員具有特殊的義務（如嚴守秘密等），在自己的地盤上操控非法行業，使用威脅或暴力的方式作為達成目的的主要工具，藉由腐化政治或法律體系的手段來保護自己免受執法機關的調查與追訴。而以低風險獲取大規模的經濟利益，可說是組織犯罪的主要目的，該目的經常是透過提供非法物品或服務的方式來達成。

美國曾有組織犯罪成員表示，他們所經營的事業比「美國鋼鐵公司」（U.S. Steel）的規模還來得大。雖然，有關組織犯罪集團的總營收與獲利目前尚未有可靠的測量方法，但根據美國對組織犯罪有研究的專家與學者估計，近年來組織犯罪集團每年的營業收入超過千億美元，約相當於美國GNP的1%（Berger et al., 2001）。

有些研究組織犯罪的學者並不強調組織犯罪的種族及家族等面向（即與族群、家庭有關的變項），而採用非法企業的觀念來看待組織犯罪。非法企業與合法企業不同之處，這些學者認為，乃在於涉及非法活動的程度

以及對自己企業非法性的認知狀況（Albanese, 1991）。這種有關組織犯罪的觀點，對組織犯罪與白領犯罪之間關係的探究，有很大的影響。D. C. Smith（1978）認為，企業運作的行為模式，在市場動力的影響下，會呈現出一種光譜型態（spectrum，光譜的兩端分別是——違法行為及合法行為）。企業（或白領）犯罪與組織犯罪兩者都可以被視為企業運作上的違法行為模式，同時，兩者也反映出，某些企業行為遭受禁止或限制的政治化過程。在此觀點下，族群及共謀（ethnicity and conspiracy），便在白領與組織犯罪中扮演某種具影響性的角色。

合法企業與組織犯罪集團從事了許多相同的活動（如借貸），但因為所從事的方式不同（如放款利率的不同），而被定義為合法或非法。當企業（如金融機構）變成從事「集體侵占」的工具時，白領犯罪與組織犯罪之間的界線就變得模糊且不重要。學者Calavita與Pontell（1993）就曾表示，如果我們所強調的是違法行為的本質而非涉及違法行為的人，顯然美國儲貸銀行在80年代所發生的多起違法事件，根本就是一種組織犯罪的型式。

Chambliss（1988）曾提出另一觀點，他將組織犯罪視為政治人士、執法官員、企業人士、工會領袖及敲詐勒索者等人的一種結合體。Chambliss認為，組織犯罪的重要特性就是一個包含腐化機構以及違法企業的結盟網路，而人們之所以會涉入該網路，通常是在追求商業機會、營利過程中接觸到的。Chambliss在美國西雅圖（Seattle）進行調查研究時發現了這種網路，他相信類似網路也存在於美國其他城市。此種思考組織犯罪的方式，多為衝突派犯罪學家所採用，這些學者認為組織犯罪是資本主義政經體系下的產物。Chambliss更明白指出，資本主義經濟體系的矛盾——即追求利益、使其制度化、合法化及維持秩序等多種壓力的衝突——造就了一種讓敲詐勒索者、商人及政府官員從合作參與犯罪計謀（或對犯罪容忍、忽略）之中受益的環境。

組織犯罪團體，可為企業及資本主義政經體系扮演利益促進者的功能角色。對此，Simon（2002）有令人深刻的見解。他認為組織犯罪團體一

方面消費許多企業所提供的服務與商品，在許多合法企業上進行投資，並將透過洗錢管道得來的大筆金錢存於合法銀行裡等，另一方面則透過暴力或敲詐勒索方式鎮壓對資方不滿的員工以及鼓動不安的失業民眾，並以販毒手段壓制城市中的貧窮居民。此外，Hills（1980）更一針見血指出，需由工會代表與企業（資方）進行談判的這種契約，可說是一種「甜心契約」（sweetheart contract），因為當工會受到組織犯罪影響甚至操控，那麼談判結果往往只是為獲取勞工和平的保證，但犧牲勞工權益。因此，Hills認為此種契約正是企業與組織犯罪集團聯手從事互利型犯罪的最佳實例，被害者永遠是弱勢勞工。總之，組織犯罪與資本主義機構共同存在，對彼此都有利。

前面對組織犯罪之經濟角色所做的描述，顯然與主流的保守觀點不同。1980年代，一份由華頓計量經濟預測學會（Wharton Econometric Forecasting Associates）為美國總統犯罪問題委員會（President's Crime Commission）所準備的分析報告指出，組織犯罪集團所掌握的經濟組織已使市場的自由競爭受到壓抑，而且許多資本也被組織犯罪集團吸收，造成約40萬個工作機會的損耗、消費價格約上漲0.3%、總產值約減少180億美元以及每人每年實收薪資約減少77美元的結果。該報告還指出，組織犯罪集團所涉及的逃漏稅，造成納稅人每年約65億美元的負擔。都市毒品氾濫的情形（毒品經常是組織犯罪集團所提供的非法商品之一），可說是對資本主義道德觀的一種打擊，同時也可能會促發侵害企業的財產犯罪（Rowan, 1986）。

從以上討論中可得知，針對組織犯罪造成經濟影響的準確評估，或許應該分成兩個途徑，即組織犯罪對資本主義政經體系中的某些部分是有利的，而對另外某些部分則可能是有害的。

一、組織犯罪的發展概述

組織犯罪並非是最近才有的現象，此種犯罪現象至少可以追溯至古希臘及羅馬時期的海盜行為，多位研究組織犯罪的學者認為海盜行為可能是

西方最早的組織犯罪。十六、十七世紀的倫敦以及十七世紀的麻塞諸塞海灣殖民區（Massachusetts Bay Colony），就曾經分布有組織犯罪集團的網路足跡。知名人士J. Hancock，曾是美國獨立宣言的第一位簽署人，就主導過一個組織犯罪集團，並在美國革命前的一些殖民區中從事大規模的走私活動（Lupsha, 1986）。

企業型態的（syndicated form）組織犯罪集團被認為是根源於黑手黨（早在十六世紀或甚至更早，出現於義大利南部地區）之類的犯罪組織，這些犯罪黨徒大約在十九世紀延伸到美國紐奧爾良、紐約等城市。美國於1919～1933年所實施的「禁酒令」（Prohibition），給組織犯罪集團製造了一個成長與擴張的良機，因為酒類商品在缺乏合法供應的情況下，變成了一種高度需求的商品，許多酒品業因禁酒令的實施而被轉入犯罪者的手中經營。禁酒令也促使黑社會與合法社會之間的接觸更具系統化，在這種情形之下，組織犯罪與白領犯罪之間的結合亦隨之愈加緊密。二十世紀初期美國一些鉅富（如甘迺迪家族），就被認為累積財富的方式涉及私販酒類、賽馬賭業及其他組織犯罪活動（Albanese, 1996）。

當時的組織犯罪問題，並沒有因為禁酒令的廢止而得以紓解。在之後的幾十年中，違法賺錢的機會不斷湧現，諸如賭博、毒品、高利貸及恐嚇勒索勞工（labor racketeering）等。其後，又有縱火謀利、信用卡與不動產詐欺、色情業、盜賣證券及私販煙類等違法賺錢的機會。在第二次世界大戰期間，黑市也為組織犯罪創造了許多謀利的機會。儘管近年執法機關不斷對組織犯罪進行掃黑，組織犯罪不僅沒有消失，反而愈加強壯、愈具應變能力。

著名組織犯罪研究學者Abadinsky（2003）研究發現，一些出現在十九世紀和二十世紀初以愛爾蘭及東歐猶太民族為基礎的組織犯罪集團已逐漸消失，而以非洲裔、牙買加人、西班牙後裔（尤其是古巴及哥倫比亞人），以及亞裔為主的組織犯罪集團有逐漸增多的趨勢。組織犯罪研究學者經常引用D. Bell的觀點來解釋Abadinsky所發現的現象，Bell（1962）認為，新移民及少數民族在缺乏，甚至沒有合法的社會流動階

梯（ladder of mobility）情況下，組織犯罪集團便成為他們非常重要的一種社會流動階梯，一旦他們融入了主流社會，組織犯罪集團通常就會自然消失。在此觀點下，證券市場（合法的大型賭博業）與組織犯罪所經營的非法賭博業，其實是非常類似的。而組織犯罪成員的目標與那些從事合法職業之人員的目標，其實也是相常類似。換言之，組織犯罪如同另一種型式的白領犯罪。

二、政府犯罪與組織犯罪之間的關係

某些政治人物、政府官員以及組織犯罪成員之間存有一種微妙的關係網絡，有可能是因為政治人物、政府官員的合作或縱容，但此種網絡卻是組織犯罪得以生存的主要依靠。研究發現，許多城市所發生的貪污事件，包括從警察人員到地方府高層官員的貪污案件，組織犯罪經常涉及其中。專門調查1970年代初紐約市警察人員貪污案件的Knapp調查委員會（the Knapp Commission），發現組織犯罪涉入該案的明確證據，同時期另一個針對賓州Reading市府官員所做的調查研究也發現，組織犯罪與市府官員間有不尋常的關係。其他調查也曾發現類似證據，譬如高層政府官員、議員及法官與組織犯罪掛鉤的證據。甚至有證據顯示，此種關係網絡已朝向國際化的趨勢發展（Friedrichs, 2004）。

Simon與Hagan（1999）研究發現，以國家層級的角度來分析，政府機關與組織犯罪的結合早在半個多世紀前就已經存在了。他們發現，在第二次世界大戰期間，著名的組織犯罪成員C. Luciano，曾幫助美國海軍情報機構防止一樁即將發生在紐約港的破壞暴動事件。另外，在60年代，美國中央情報局（CIA）曾與組織犯罪合作，企圖推翻古巴的卡斯楚政權（有人甚至認為，甘迺迪總統被刺身亡，可能也是這些團體的陰謀所造成的）。越戰期間以及越戰結束後，中情局與組織犯罪合作的事件更是經常發生。我國也有上述情形，例如江南命案，就被認為是政府官員與組織犯罪（竹聯幫）成員共謀犯下的案子。

在政治方面，組織犯罪經常藉由提供候選人服務（包含合法與非法

服務）及政治捐獻的方式，與政治人物建立關係，目的就是希望從政治人物身上獲取回饋（如政治上的方便）及保護。Beirne與Messerschmidt（1991）研究指出，美國前幾任總統，包括尼克森與雷根均與組織犯罪之間有密切的關係。從政府與組織犯罪牽連的事實來看，政府因容忍甚至支持組織犯罪，顯然就是一種政府犯罪。在另一方面，或許我們可以這麼說，組織犯罪之所以會被追訴，那是因為其活動直接威脅到財團或政府上層人士的利益。在此觀點下，政府官員對於組織犯罪的回應方式與內容，應與政府官員本身利益有密切關係。

　　從批判觀的角度來看，組織犯罪可說是資本主義政經體系下的產物，同時也是商人、政府官員以及敲詐勒索者連結網絡下的違法活動。它經常與白領犯罪緊密糾纏在一起。

三、組織犯罪與白領犯罪之間的關係

　　在一篇探討組織犯罪與白領犯罪之間關係的論文裡，Tyler指出，十九世紀許多大型企業的建立方式以及美國開墾西部所使用的方法，都與當代黑手黨等組織犯罪所使用的方法並無兩樣。Tyler（1981: 277）根據他的研究做了如下的陳述：

> 「早期累積資金的方式，是在強盜、政府官員以及狡詐仲介者三方交易下所進行的。毛皮貨物的財富，是在我們高尚原住民——印地安人——爛醉與死亡身軀旁累積起來的。人單力薄的原住民，被大農場主人運用竊賊、武器、流氓及法律等手段驅趕出自己土地或變成承租人。另外，在鐵路等運輸商場上，資本家使用恐嚇、勒索、賄賂及配有槍械的暴力集團來打擊競爭者，好讓自己成為該行業的唯一老闆。」

　　據此觀點推論，美國十九世紀後半葉那些缺乏道德、正義的企業家，可說是二十世紀組織犯罪的先驅。諷刺的是，社會階層的頂端，大部分都

是由這些人所占據的,許多學術機構及基金會的名稱更引用他們的名字。難怪Abadinsky（2003）質疑:「現在接受政府頒獎的卓越企業家,未來有可能被檢驗出是組織犯罪者」。

組織犯罪與白領犯罪,其間不僅關係密切,兩者更具有某些共通處。Albanese（1982）曾比較兩件曾在美國參議院調查委員會前所提出的證詞,一件是60年代由組織犯罪成員J. Valachi所做的證詞,另一件是70年代Lockheed（洛克希德）公司總裁C. Kotchian所做的證詞。Valachi是第一位指證組織犯罪網絡及活動的線民,Kotchian則是第一位公開證實企業秘密賄賂外國政府以獲取大型契約承攬權的公司高層內部人員。當Albanese運用Smith的「企業光譜理論」（spectrum-based theory of enterprise,本章第一節曾提及）在這兩個人的證詞上時,他從Valachi與Kotchian的證詞中發現,組織犯罪集團與圖謀賄賂的企業具有相似的關切焦點,兩者均欲尋求或創造一種有利於（或保護）自己組織的環境,以確保他們在市場中凌駕其他競爭者之上。

專門研究富人犯罪行爲的著名學者F. Lundberg（1968）也曾指出,組織犯罪有如手推車,而企業犯罪者就好比推車者,他以手推車運轉的例子來比擬組織犯罪與白領犯罪之間的關係。另外,Haller（1990）也指出,組織犯罪集團就如同扶輪社（Rotary Club）之類的組織,其目的就是要擴大企業的接觸面以增進企業利益,至於組織犯罪所引發的法律回應較白領犯罪所引發者嚴厲,以及組織犯罪給人的印象較白領犯罪爲負面,可能是階級和種族偏見所造成的。一般來說,組織犯罪者較不像白領犯罪者享有受人尊敬的地位,同時他們也較易受懷疑、調查及定罪。

雖然,研究組織犯罪的學者在許多議題上意見並不一致,但他們幾乎都同意組織犯罪集團滲入合法事業的情形已非常嚴重。合法事業可以爲非法活動提供掩護、可以爲處於假釋或緩刑期間的成員提供就業機會、還可以提供較安全與穩定的收入與利益等。組織犯罪者涉入合法事業的程度愈深,接受調查與追訴的可能就會相對降低,同時也有助於自己身分地位的提升。儘管此種滲透現象頗受政治人士及媒體的抨擊,但現今如果再讓組

織犯罪者投資經營非法行業（如娼妓、賭場、販毒），這對整個社會是否
會更好，實在很難說。

　　組織犯罪對於合法企業的滲透有時會伴隨更高層次的恐嚇、貪瀆及詐
欺等活動。在有些案件中，企業在被收購或被迫倒閉之後，還被剝奪財
物，有些合法企業則是向組織犯罪集團（如組織犯罪者所經營的地下錢
莊）借錢之後，因無法還錢而被收購或倒閉。但是，如果認為組織犯罪滲
入合法企業只是一味剝奪被滲入企業的利益，這種看法可能過於狹隘且與
事實不符。在組織犯罪滲入合法企業的過程中，經常會發展出一種互利的
關係，合法企業可能會運用組織犯罪者來打擊競爭者、獲取安全維護、控
制所屬員工或在緊急時刻獲得金援等。

　　組織犯罪滲入某些合法（或是準合法）行業，諸如營造業、廢棄物處
理業、娼妓、賭博等，早已是公認的事實。筆者曾對本土組織犯罪進行實
證研究，也發現類似現象，相關行業包括餐飲業、有線電視臺、保齡球
館、砂石廠、賽鴿業、營造業等（參閱表8-1）。在一項針對紐約市營造
業所做的調查中，曾發現多項組織犯罪涉入的證據，相關違法活動包括
勒索、賄賂、竊盜、詐欺、圍標以及其他形式的貪污和暴力等（New York
State Organized Crime Task Force, 1988）。Albanese（2003）指出，組織犯
罪先探滲入方式，而後接收企業，是組織犯罪的慣用伎倆，某些肉品業、
乳酪加工廠、製衣廠、銀行、證券業及工會等就是先被組織犯罪滲入而後
被接收，其後果包括大批不衛生的食品充斥於市場中、商品價格的高漲，
以及勞工工資與福利的降低等。如今，被組織犯罪所滲入的企業，數量不
僅愈來愈多，企業類型也更加多元。

　　一項由美國參議院調查委員會所做的調查發現，大約50種企業有被組
織犯罪滲入的跡象，從廣告業、機械裝備業、戲院、到運輸業等，都包含
在內。美國國會另一項調查發現，大約有70種領域的經濟活動遭組織犯罪
滲入。兩項調查發現的證據還顯示，多項不同程度的白領犯罪活動涉及其
間（Nelli, 1986）。由美國賓州犯罪調查委員會所進行的一項調查發現，
組織犯罪透過對工會的操控，繼而滲透進入某些專門經營健康看護的公

表8-1　組織犯罪從事的經濟活動

非法 ←————————————————————————————→ 合法

經濟活動項目	開設賭場	販毒	走私	敲詐勒索	經營應召站	經營大家樂	經營地下酒家	經營地下錢莊	經營色情理容院或賓館	經營電子遊藝場	圍標工程	代人討債	充當保鏢、圍勢	經營賽鴿業	經營KTV、酒家	經營砂石場、營造業	開設保齡球館	經營當舖	經營有線電視臺	經營廢棄物處理業	經營影視娛樂業	經營餐飲業

司，從事詐欺活動，侵占許多社會福利資源及保險金。該委員會在調查報告中作了底下的結論：「組織犯罪對於賓州某些行業及工會，具有廣泛的影響力」（Pennsylvania Crime Commission, 1991: 325）。還有許多組織犯罪的研究，也都發現組織犯罪與合法企業之間的互賴性以及共同從事違法行為的證據。底下以縱火及危險廢棄物處理兩個例子，來說明組織犯罪與合法企業之間的互賴關係。

㈠縱火

謀利縱火，是一種極具損害的犯罪。此種犯罪不僅對人身安全造成威脅，更可能衍生鉅額的財物損失。Rhodes（1984）曾估計，此種犯罪每年對美國企業所造成的直接損失超過數十億美元，間接損失（包括工作機會、企業收入、稅收及政府財政等耗損）則超過百億美元，此種犯罪還可能造成案發現場附近居民的精神創傷以及人身安全的侵害（包括消防人員）。一項針對波士頓市連續縱火案所做的調查發現，合法企業與組織犯罪集團勾結的證據。首先，組織犯罪者購買位於市區的廢棄建築，並向銀行辦理抵押貸款（銀行通常不會接受廢棄建築作為抵押或僅給有限貸款，但與組織犯罪勾結，因而順利貸款），接著向保險公司購買保險，然後選擇適當時機縱火燒毀建築。通常保險公司負責理賠，甚至不太願意做進一

步調查，因爲保險公司擔心政府主管機關對他們加諸更多管制，也擔心造成不願理賠的不良形象。另一方面，多數保險公司並沒有調查縱火的專業人員，因而缺乏有效進行訴訟的籌碼。政府官員，尤其是負責調查的官員，往往也被買通。在整個案件中，組織犯罪集團、銀行及政府官員因縱火而獲利（Brady, 1983）。謀利縱火行爲，可說是組織犯罪與白領犯罪混合型式的一種犯罪。

(二)危險廢棄物的處理

美國有許多廢棄物處理事業機構長久以來就被組織犯罪集團把持，使得廢棄物處理這門行業，被組織犯罪者嚴重滲入。Szasz（1986）研究發現，廢棄物中，不到20%的比例會被適當的處理，非法處理廢棄物的成本僅爲合法方式的一小部分，大約只有5%。製造有毒廢棄物的企業，經常向立法者進行遊說，以避免立法者在他們身上加諸有關廢棄物不當或違法處理的法律責任。此外，企業也會與廢棄物處理業者訂契約，委託業者來處理他們的廢棄物，他們通常也都知道業者並不一定會合法且適當的處理有毒廢棄物。企業很清楚目前非常欠缺傾倒及處理廢棄物的場地，常以此藉口進行遊說，希望拖延新管制標準的實施，他們知道廢棄物處理業者很難能夠妥善處理這些廢棄物。雖然如此，在組織犯罪網絡的強力掩護下（其中包括企業、政客、政府官員以及組織犯罪集團等），非法處理有毒廢棄物已成爲一種常態。此種違法活動所造成的損害，比組織犯罪者經營賭博及娼妓事業的損害還大，而且明顯的是一種白領犯罪與組織犯罪混合型式的犯罪。

四、組織犯罪與金融犯罪的牽連關係

組織犯罪與金融機構也有某種密切關係，Pace（1991）的研究指出，組織犯罪集團盜賣及操縱證券，是一個愈來愈嚴重的治安問題。而盜賣證券並非是組織犯罪者可獨自完成的犯罪行爲，至少需要證券商、投資人及其他合法團體某種程度的合作才有辦法。此外，組織犯罪長久以來就常從

事的洗錢活動，這顯然也需要銀行內某些人員的幫忙；而提供幫忙的銀行人員，往往是那些因為大筆資金（組織犯罪所洗的黑錢）存入該銀行而受益的人員。

　　美國在1980年代所發生的一連串儲貸銀行詐欺案件，被公認是造成經濟損失最嚴重的白領犯罪之一。在詳細分析該等案件相關資料後，Calavita及其同儕（1999）發現多家儲貸銀行與組織犯罪集團掛鉤的明確證據。在研究這些詐欺事件的多位學者中，有學者將該其視為一種組織犯罪的型式，也有學者認為它們是組織犯罪與白領犯罪的混合型犯罪，只是其間的界線非常模糊，而當中的複雜網絡包括了商人、騙徒、政府官員及組織犯罪集團。總之，善用機會從事與企業有關的詐欺活動，是組織犯罪者長久以來的一貫伎倆。

五、組織—白領結合型犯罪：小結

　　許多國家的政府均曾對組織犯罪進行掃蕩，掃蕩後雖可獲得一些效應（如將犯罪成員繩之以法、組織犯罪活動暫時冷卻等），但長期來看，組織犯罪似乎很難被根除，這應該與組織犯罪集團、合法企業以及政府官員之間所建立的連結有著密切關係。雖然組織犯罪與白領犯罪經常同處於一個交錯結合的環境，不過兩者還是有所差異的，譬如在風格形式上、在涉及非法活動的程度上、在非法活動的類型上（組織犯罪集團所從事者較常為毒品、賭博、恐嚇勒索等，而白領犯罪者較常從事環境犯罪、違反職業安全規範、不實廣告、詐欺等），以及在使用直接暴力的程度上等，兩者有所不同。但是隨著組織犯罪與白領犯罪之間的關係愈加密切，兩者之間的界線也隨之淡化與模糊。在一次訪談中，犯罪學家D. Cressey曾預言，吾人在二十一世紀時，將難以分辨組織犯罪與白領犯罪之間的差異（Laub, 1983），已有愈來愈多的研究顯示Cressey的預言為真。

　　儘管組織犯罪的現象不易被了解，同時對於組織犯罪的內涵及打擊方法，尚缺乏普遍性的共識，但許多國家的政策制定者與執法機關均體認到「整合策略」的重要性。澳洲聯邦執法機關曾在一次組織犯罪防制會議

中，建構底下頗具參考價值的結論（Abadinsky, 2003）：

㈠組織犯罪，是一種需要以協調良好及專門之國際回應模式來處理的重大國際現象。

㈡爲有效預測組織犯罪活動的未來趨勢，那麼必須重視與組織犯罪有關的國際環境和背景，以及組織犯罪活動的整體性。

㈢當經濟和商業發展的新機會在某些國家或地區出現時，組織犯罪集團涉入的機會亦隨之增高。

㈣必須要了解組織犯罪對於任何國家人民的基本人權都可能造成威脅。

㈤執法機關必須了解與預期，組織犯罪集團具有藉由滲透任何可圖利之活動以達適應環境變化的能力。

㈥當代社會提供了組織犯罪集團一種更多元、更互動及更有利於結盟的環境，同時也提供了一種流動性、國際性、利益性及權力性的空前環境。

㈦當組織犯罪集團之間的競爭日趨激烈，權力鬥爭將可能被集團的合併所取代。因爲僅有如此，組織犯罪集團才能更有效的善用資源、擴大獲利的機會，以及面對執法機關日益精進的偵查技術。

　　總之，組織犯罪的問題，已成爲許多國家執法機關在二十一世紀所面臨的重大挑戰。

第二節　常業─白領結合型犯罪

　　有如組織犯罪一般，「職業犯」（professional criminal）這個名詞並不令人陌生，但其眞實意義卻讓人感到迷惑。此處所指的職業犯罪，並不是指像醫師、律師等專業人士（professional）所從事的犯罪（如本書第五章所討論者）。廣義而言，職業犯是指經常從事犯罪活動的人，在此意義下，職業犯一詞在使用上常與「常業犯」（career criminal）互換使用。

　　但在犯罪學的文獻中，狹義的職業犯反而較爲廣泛使用，例如

Sutherland（1937）的另一重要著作《職業竊盜犯》（*The Professional Thief*），就是描述職業竊盜犯之犯罪生活的第一手資料，這本書是Sutherland針對一位假名為C. Conwell的職業竊盜犯所做的研究。在該研究中，Sutherland發現職業犯具有底下這些特徵：

一、具有高度的犯罪技巧。

二、在犯罪界居崇高地位。

三、透過與其他職業犯的接觸中，社會化了職業犯罪的價值觀和知識。

四、與其他職業竊盜犯結盟，類似組織犯罪型態。

五、職業犯會將個人價值觀和職業上的得意事物與結盟的職業犯分享。

六、職業犯經常透過縝密的犯罪計畫、避免使用暴力及賄賂執法或政府官員等方式，來降低被逮捕、起訴及入獄的風險。

Sutherland發現，職業竊盜犯所從事的犯罪活動包括普通竊盜、扒竊（偷口袋、皮夾或皮包內的財物）、商店竊盜、珠寶竊盜、侵入旅館偷竊、偽造支票、買車試開一去不回、詐騙等。在這些活動中，以詐騙活動最常與白領犯罪交錯形成一種所謂的「常業－白領混合型犯罪」（contrepreneurial crime），這種交錯關係是筆者研究白領犯罪時所感到興趣的。Contrepreneurs一字是由Francis（1988）所創造，該字是結合了con artist（騙徒）與entrepreneur（企業家）兩字詞，指的是白領騙徒（white collar con artists）之意，白領騙徒經常是在合法職業活動過程中實施詐術以謀取暴利。

根據學者Inciardi（1975）的考證，職業犯的根源可以追溯至中世紀末歐洲封建藩臣分裂的時候（1350～1550年），當時一些剛被剝奪權利的人轉向從事強盜、偷獵（偷捕魚）、當土匪及從事其他違法活動。這些犯罪者在許多小說、電影及電視節目中，常被戲劇或浪漫化。多年前，一部由影星Paul Newman及Robert Redford所主演的著名電影The Sting，就是以一種同情手法來描述職業犯（在該影片中，是職業騙徒）的電影。

　　職業犯罪的數量是否在減少之中，這是一個頗具爭議的問題。Inciardi（1975）曾針對職業犯罪蒐集甚爲完整的資料並進行分析，他發現由於犯罪預防及偵查科技的發明與普遍運用，使得職業犯罪呈現減少趨勢。但Hagan（2002）、King與Chambliss（1984）、Staats（1977）等人卻認爲，職業犯罪已經隨著環境變化及機會而調適，professional crime與occupational crime兩者之間的界線已愈來愈模糊。以往諸如偷竊保險箱的職業犯罪活動，如今已被支票及信用卡詐欺所取代。

　　美國過去曾經出現過一位名爲J. Weil的傳奇性騙徒，他是一位滿腹銀行業、礦業及其他多項領域專業知識的人，他的行爲舉止看似端正，但其實極爲狡猾多詐，他經常藉由在各城市往返的方式來顯示自己是一位成功的商人和權勢者。與他有關係的大部分都是有錢人或金融機構，Weil則利用這些關係誘騙他們在他所設計好的圈套上進行投資，騙取了大筆金錢。Weil自己聲稱，那些受他騙的人，大部分是既貪婪又希望藉由不法手段讓自己更富有的有錢人（Friedrichs, 2004）。在這個職業犯罪的例子中，吾人可以發現，被害者便具有從事白領犯罪的傾向。事實上，像Weil這樣的例子，在現今的社會依然存在，而且數量不少，許多被害人的金錢就是被這些披著企業人士外衣的騙徒所騙走的。這些白領職業騙徒，不僅對個人性的潛在被害者行騙，機構（如金融機構）更是他們覬覦的對象。

一、職業犯罪與白領犯罪之間的關係

　　Chambliss（1988）研究發現，職業犯與白領犯罪者之間通常存有一些相似處，兩者都是爲謀財而冒險、兩者都是爲逐利而違法、兩者都常藉由賄賂、選舉捐獻或扮演線民角色（向執法官員提供情報）等方式來讓自己免遭調查與追訴。此外，職業犯也常與白領犯罪類似，仰賴技巧和計畫來達成其違法目的，而非靠直接的暴力或威脅；兩者也會藉由傳達一種值得尊敬與信託的氣氛，來幫助其違法行爲的進行。對兩者而言，合理化均是相當重要的。職業犯經常拿「合法商人不見得會比他們誠實」爲藉口來合理化他們的行爲，因爲職業犯發現，合法商人經常以「由於競爭者不守

法，所以使得我們也沒辦法守法」為藉口來合理化自己的行為。

不過，職業犯認為他們的道德觀在程度上要比白領犯罪者來得高，根據Sutherland書中C. Conwell（即Sutherland所研究的職業竊盜犯）的陳述：

> 「職業竊盜者幾乎對任何事情都可以容忍，唯獨偽善是職業竊盜者所無法容忍的。這也就是為什麼使用騙術的銀行業者、盜用公款者等人會受到職業竊盜者的強烈鄙視（Sutherland, 1937: 178）。」

Chambliss研究的訪談對象「錢箱人」（box man，即專偷保險箱財物的竊盜者，safecracker）Harry King也曾做過類似的陳述：

> 「Harry看不起『守法良民的社會』（square-john society），他將那種正直的世界看作是偽善及腐敗的世界。在Harry的眼裡，每一個人在他們的靈魂和行為中，都具有偷竊的特性，尤其是像法官、警察及監獄官等那些『可敬的公民』最是如此。他自己和那些人的差異，或概括的說，職業竊盜者與那些人的差異，就是職業竊盜者絕不偽善。他們承認自己的犯罪，而且願意為自己所為的犯罪付出代價。真的，當他們看到腐敗的官員及商人拼命掩飾自己的犯罪行為時，職業竊盜者對自己敢作敢當的態度感到驕傲（King & Chambliss, 1984: 2）。」

在另一方面，Sutherland書中的職業竊盜者，心中隱藏著一種跳離竊盜進入合法職業的希望。而在Chambliss研究中的「錢箱人」，卻厭倦了當雜工辛苦過生活的方式，當無法找到一份「正當」工作時，最後可能會走上自殺之路。

傳統職業犯與常業─白領混合型犯罪者之間到底有何不同呢？第一，在自我認同上可能有差異，職業犯可能較接受自己是歹徒的身分，而常

業—白領混合型犯罪者可能較傾向把自己看做是「生意人」；第二，職業犯在選擇長久涉及犯罪活動前，可能做過審慎的決定，而常業—白領混合型犯罪者較傾向是隨波逐流至詐欺事業裡去的；第三，職業犯通常是對有價值目標物行竊的純粹竊盜者，而常業—白領混合型犯罪者卻往往藉由提供某些沒有價值（或低價值）的事物來騙取對方的財物。因此，從某些方面來看，常業—白領混合型犯罪者可以說是一種包含傳統職業犯罪（professional crime）與職業上之犯罪行為（occupational crime）的混合犯罪型式。

二、詐欺業

有許多事業的內涵，其實就是詐騙，造成消費者、投資人以及許多不知情者（不知自己受騙）大筆金錢的損失。在這些詐騙活動當中，有些是屬於職業犯罪或組織犯罪，有些詐欺活動則是白領犯罪。以下將討論的詐欺活動，大部分都是執法機構所認定的白領犯罪。

企業界有如光譜一般，可以從完全合法及符合倫理的一端，延伸至嚴重犯罪及不知廉恥的另一端，有不少企業是落在兩個極端之間的灰色地帶。不過，有一項前提幾乎是所有企業都適用的，那就是表現出合法及受尊重的形象，是企業成功的要件之一。當然，所有企業都有一個相同的目標——賺錢。但是要清楚分辨孰是合法企業，孰是非法企業，有時是非常困難的。

㈠買賣贓物者

從某方面來說，買賣贓物者所從事的就是一種合法與非法交錯的行業。他們向竊賊或其他人購買贓物，然後再將贓物賣給消費者或商人，商人再轉賣給其他消費者。在許多詐欺案件中，買賣贓物者扮演了關鍵性的角色，譬如破產（倒閉）詐欺案件即是一例。有些合法企業先向供應商訂貨，然後將貨交給買賣贓物者來銷售，最後該合法企業再藉由宣布破產（倒閉）的方式來逃避支付錢給供應商。

雖然買賣贓物者從事了「收受贓物」的違法行為，但在另一方面，他們也經營合法企業，而且被認為（他們也這樣看自己）是合法商人（Steffensmeier, 1986）。儘管買賣贓物者較常被歸類在職業犯而非白領犯罪的範疇，但實際上它也並不完全屬於這兩種類型的犯罪。通常，買賣贓物者會為自己的違法行為編出許多理由，譬如，「如果我不買贓物，自然有其他人會買」，或「因為長久以來，大家都知道買贓物較便宜，我只是為了賺錢而已」等。這些理由讓買賣贓物者覺得自己與合法生意人並無兩樣，而且那些所謂的合法生意人經常還是他們的主要顧客。他們甚至還認為，有些向他們購買熱門貨品的顧客其實並沒有吃虧上當，這些顧客是站在別人的損失上而讓自己獲益，而不是被剝削。

　　㈡詐欺

　　在人類記載歷史之初，就已經有詐欺行為的出現。在西元前四世紀的古希臘，就已存在禁止詐欺行為的法律；而有關詐欺消費者的案件（在食物及酒中攙入不純的物質），也早在西元一世紀的古羅馬就有出現（Friedrichs, 2004）。

　　Rosefsky（1973）所撰寫的《詐欺、騙術與斂財》（*Frauds, Swindles and Rackets*）一書，可說是為當代消費者提供了一項警訊，他所指出的詐欺手法包括了「一夜致富」計畫、房屋修理詐欺、土地交易詐欺、假慈善事業、雜誌訂閱詐欺、介紹事務的詐欺、假比賽、旅遊詐欺、假拍賣、假折扣等。美國消費者研究雜誌（Consumer's Research, 1990）提出了底下幾項最常見的詐欺：獎金（品）的詐欺，企業對企業的詐欺，郵購詐欺，信用卡詐欺，貴重金屬、錢幣、寶石及黃金交易的詐欺，旅遊詐欺，藝品詐欺，彩券詐欺。詐欺者經常利用人類的虛榮心、幻想、寂寞及缺乏安全感等弱點來行騙。在經濟不景氣的時期，人們對金錢的需求性較高，「一夜致富」方案之類的詐欺活動在此時最常出現。根據Friedrichs（2004）研究指出，老人、新移民、失業者及信用背景不良者，較易受到詐欺的侵害。儘管是販賣合法商品的商人，有時也會使用詐騙的方式讓消費者購買他們

的商品。例如有些推銷住家防盜器的不肖商人，就經常採用驚嚇、恐嚇的方式誘騙消費者購買他們的商品。此外，有些商品及服務本身就具有問題，誘騙消費者大筆金錢，例如在某些算命、民俗醫療、健康食品、美容瘦身、保險、家庭用品、中獎或兌換獎品等行業或活動中，詐欺經常充斥其間。受騙者不僅在金錢上遭受損失，心理上也蒙受很大的痛苦。

　　冒稱慈善組織之名所從事的詐欺活動，恐怕是最令人感到痛恨的一種詐欺。美國有一個名為聯合老人協會（United Seniors Association）的組織，就曾經詐騙了數以萬計的退休老人，騙取他們數百萬的退休金。另一個慈善機構United Way of America，其總裁因竊取該機構60萬美金的款項而遭到聯邦控訴。其他的類似案件還有：為了慈善目的而捐贈的衣物，結果卻因私人利益而被賣到國外；負責運送救濟物品的公司，涉及私下將救濟用的奶粉調換成動物用的劣質品而遭控訴。還有一些推動醫療救濟活動的慈善組織，也因涉及謀取私人利益而遭控訴（Rosoff, Pontell & Tillma, 2004）。在這些案件中都可以輕易地發現，涉案者帶著偽善面具去從事違法行為的情形。

㈢傳銷詐欺

　　美國曾經發生一樁家喻戶曉的詐欺案，涉案的主角是一位來自義大利的移民C. Ponzi，當時他到處宣傳他可以為投資者賺取大筆的鈔票，因為他知道如何利用國際貨幣及郵務市場。其中的技巧就是，在當時一些貧窮國家（如義大利）所購得的國際郵務優待券，可以在美國以較高的價錢賣還給郵政機構。起初時，Ponzi為投資人賺進了大筆利潤，賺錢的消息很快的被傳播出去，不久後，數百萬的投資資金進到了Ponzi的手中，然而他並沒有將這些錢拿去投資，反而把新投資者所交給他的錢，一部分作為支付舊投資者利潤的錢，其餘的部分留為私用。當然，他的計謀最後還是被揭發，許多人遭受鉅額的損失，Ponzi也因此入獄（Rosoff, Pontell & Tillma, 2004）。但是，類似Ponzi計謀的詐欺活動卻從此不斷湧現。

　　一位名為J. D. Dominelli的聖地亞哥商人引誘了許多人進行投資，他聲稱投資外幣市場每年可獲得40%～50%的回收率，他總共收納了約2億

美元的投資款項，但事實上，這些錢並沒有完全拿去投資，大部分都進入了他私人的荷包，後來他雖然被逮捕，但已經造成投資者近億美元的損失。另一案子，一位剛從大學畢業的紐約青年D. Bloom，誘騙了100多人交予他約1,000萬美元投資款項，結果他用這些錢去為自己買豪宅、昂貴藝術品、名牌轎車等，投資人被蒙在鼓裡一段很長的時間（Friedrichs, 2004）。

　　除了上述案例外，還有許多版本的Ponzi詐欺實例，其中以多層次傳銷（或稱金字塔計謀、老鼠會）的詐欺手法頗值得介紹。此種事業利用任何手段引誘人們投資、購買經銷權、或購買昂貴商品，這些投資人被告知只要他們能夠引進其他的顧客或經銷者，他們就可以回收數倍於當初所投資的錢，此種詐騙行為在美國還曾被稱為「全國第一的消費者詐欺」（the nation's No. 1 consumer fraud）。其中有一個案件，一家規模龐大的化妝品與香皂公司總裁W. P. Patrick，就因詐騙8萬多人約2億5,000萬美元而遭控訴。另一案例則是一位名為G. Turner的商人以每年可賺取20萬美元為誘餌，詐騙了數以千計的投資人花費大筆鈔票購買化妝品及自我改善課程的多層傳銷權（Friedrichs, 2004）。化妝品業似乎特別易於涉及此種活動，而且儘管此種詐欺一再被揭發，類似的案件還是不斷發生。

　　多層次傳銷為行銷通路的一種，係指企業透過一連串獨立之直銷商銷售商品，每一直銷商除可賺取零售利潤外，並可透過自己所招募、訓練的直銷商而建立之銷售網來銷售公司產品，以獲取獎金及其他經濟利益。有鑑於以往不正當的多層次傳銷曾造成不小的社會問題，我國公平交易法特將多層次傳銷行為納入規範，並且授權公平交易委員會訂定多層次傳銷管理辦法，以為執行管理的依據。依據管理辦法規定，從事多層次傳銷的事業需向公平交易委員會報備。根據公平交易委員會所公布的資料顯示，2019年底經報備的從事多層次傳銷事業者計有334家，參加人數以1,000人以下者為最多（181家，占54.19%），其次為1,000至未及10,000人（103家，占30.84%），參加多層次傳銷事業的總人數超過百萬人。有關營業額的規模，以1,000萬元至未及1億元為最多（110家，占32.93%），其次為

100萬元至未及1,000萬元（83家，占24.85%），1億元以上也有83家，其中有20家超過10億元，營業額相當驚人，參閱表8-2。

　　上述者為報備業者的資料，若包含地下業者，營業額及參加人數必然更大。由於多層次傳銷的規模及營業額是如此龐大，其間難免隱藏犯罪機會，觸法事件時有耳聞。公平交易委員會根據民眾提供訊息，得知位於臺中市之娜特莉亞化妝品股份有限公司以多層次傳銷方式經營其事業而未向公平交易委員會報備，該公司參加人數超過4,400多人。根據調查發現，娜特莉亞公司之行銷方式係經由該公司參加人介紹，承購一套產品，即

表8-2　臺灣多層次傳銷事業參加人數及營業額分布情形

單位：家

	總計	1千人以下	1千至未及1萬人	1萬至未及5萬人	5萬至未及10萬人	10萬人以上
2010年底	331	125	136	42	14	14
2011年底	334	195	98	28	7	6
2012年底	363	236	92	24	5	6
2013年底	352	210	104	30	3	5
2014年底	374	231	105	27	7	4
2015年底	352	216	98	25	7	6
2016年底	338	196	99	30	8	6
2017年底	339	196	104	27	7	6
2018年底	346	189	116	31	5	5
2019年底	334	181	103	39	5	6
按營業額規模分						
未及100萬元	58	57	1	-	-	-
100萬至未及1,000萬元	83	72	9	1	-	1
1,000萬至未及1億元	110	49	56	5	-	-
1億至未及10億元	63	3	36	23	-	1
10億元以上	20	-	1	10	5	4

資料來源：行政院公平交易委員會。

取得推廣、銷售該公司商品及介紹他人參加之權利，並因而獲得佣金、獎金。其制度為承購一套產品者為「體驗者」，可領得其承購總額之15%之業績獎金，承購三套以上，可成為「展業員」，可領得個人承購總額之25%之業績獎金，及其個人推薦體驗者承購之10%的獎金，展業員若全組承購20套以上，及推薦三名以上展業員，可成為「代理商」，代理商可領個人承購獎金總額之30%，並可計領其推薦之「體驗者」、「展業員」及第一代、第二代、第三代「代理商」所承購總額之獎金，代理商尚可依全組承購額之增加逐層升級為「特級代理商」、「準業務總監」、「業務總監」、「總裁」等層級，各級依該公司所訂標準，依其全組業績計領組織獎金。顯然該公司之經營模式為公平交易法所稱「多層次傳銷」，自應受多層次傳銷管理辦法之規範，故已違反該管理辦法的規定（公平交易委員會，1997）。

㈣房屋修理詐欺

有些房屋修業（如房屋裝潢、漏水、排水不良等）也經常涉及詐欺活動。不肖業者通常採用誤導消費者的手法誘騙消費者花費不必要的開支，或是在施工期間偷工減料或故意延長工期等。Bequai（1978）從研究中發現，能源（如瓦斯、電等）有關的修理或改善最易涉及詐欺，詐欺者經常使用的伎倆就是先假藉一些理由（如假稱是檢查人員）進入被害者的房屋，然後詐稱房屋的瓦斯或電路有問題，具有危險性，來恐嚇及誘騙屋主進行改善，屋主為老人或單親家庭（尤其只有母親的單親家庭）最易受騙上當。而有關此種詐欺行為的司法回應，Stotland及同儕（1980）從研究中發現，對房屋修理詐欺者進行起訴（即循正式的司法途徑）可以產生威嚇效應。儘管如此，此類詐欺案件依然在持續增加中。

㈤土地交易詐欺

土地交易詐欺，是一種長久來就存在的詐欺活動。Bequai（1978）研究發現，1920年代許多美國人曾購買佛羅里達州的土地，後來卻發現自己所買的土地竟是沼澤地；在1970年代，不少土地交易詐欺案出現在美國西

南部幾個州（如亞利桑那、新墨西哥等州）。這些詐欺往往造成被害者相當嚴重的經濟損失，有些年老被害者所損失的經常是自己的退休養老金。

常見的詐騙手法就是向退休老人或其他投資者呈現環境優美、機能健全的開發案廣告，然後透過各種手段誘騙消費者購買座落在不毛之地的開發案，一旦詐騙者取得了消費者的錢，不是捲款潛逃，要不然就是在產權、抵押權、貸款等方面出現與原先計畫不符合的問題。詐欺者經常向消費者強調，現金或存款不是抵擋通貨膨脹的好方法，投資不動產才是最佳途徑，這對不少投資人的確產生了相當大的說服力。Friedrichs（2004）指出，此類詐欺活動經常是由組織犯罪集團、職業犯以及合法不動產經營者共同實施的。

㈥旅遊詐欺

有關旅遊詐欺的常見案件，就是消費者於實地旅遊時發現旅遊內容及品質與旅行社當初所訂者不符，甚至還有所謂被放鴿子的情況發生。不過，近來又出現另一種有關旅遊的詐欺型式，就是有民眾接獲信件告知他們有機會獲得一個渡假的良機，對這些信件予以回應的民眾，又會再接到極具誘惑的信件，引誘他們在獲得實際「獎品」之前，需先支付一筆旅遊會員費或服務費。原本是「免費假期」，後來卻變成需要克服許多限制的昂貴旅遊。消費者最後不是放棄該假期，要不然就是支付一筆費用「實際購買」了一個旅遊。Lyons（1982）指出，這種詐欺手法美國早在1980年代初期就已普遍存在，數百萬的民眾曾接獲此種信件，當時有數億美金的旅遊生意，就是利用此種手法達成的。

㈦職業介紹機構以及教育訓練有關的詐欺

有些無業者或期望尋求更理想職業的人，經常會向提供就業保證的職業介紹機構（有時是提供國外就業機會）繳付職業介紹費用，等待就業機會的到臨。在付了錢之後，許多人就再也沒有接到職業介紹機構的回音，或是僅收到一些沒有太大用處的資料。通常，申請者不是沒有獲得工作機會，要不然就是獲得一些不滿意的工作機會。

另外還有一些與教育有關的詐欺活動，譬如保證通過某些入學、資格考試等的補習班，以及有關留學、移民等方面的訓練及諮詢事務機構等，經常涉及詐欺斂財的活動。Friedrichs（2004）指出，美國許多函授學校或就業導向的學校經常以就業保證的藉口引誘學生來該校就讀，尤其是針對少數民族及退役者，結果所提供的課程根本無法滿足就業的需求。這種情形在臺灣地區也經常出現。

㈧詐欺的被害者並非都是弱勢者

投資詐欺的被害者並非都是天真、教育程度不高的老人或是一些容易受騙的人。事實上，有一些希望藉投資而能獲得高回饋的中產階級者，也極有可能成為被害者。譬如美國曾有將近6,000名中產階級者投資在一家不動產公司（名為Colonial Realty）的開發案，總投資金額高達3億5,000萬美元，結果後來整個不動產公司竟是詐欺集團，讓投資者損失慘重。此外，富有者經常為了節稅而請專人來處理稅務問題，結果反而被這些人詐騙。另一案例，美國一名加州人被控告騙取數千名投資者約1億3,000萬美元的錢，這些受騙的投資人誤以為他們的錢是投資在可以抵稅的住宅開發（專為低收入者興建的住宅）案上，結果詐欺者並沒有將這些錢拿去投資。投資者不僅沒有節稅，反而遭受了鉅額的損失。儘管是機靈的證券商也可能成為投資詐欺的被害者，譬如美國在1990年代初，有一位奈及利亞裔的騙徒因為了解高層貿易的竅門，結果在不動用自己一毛錢的情況下，透過數家大型的證券商進行了約10億美元的證券交易，不僅讓這些證券商非常難堪，更使他們遭受數十萬美元的損失。另一個案子則是紐約長島一位車商假稱手上有數千輛汽車，向通用汽車公司借了175萬元，連大型的通用公司都會受騙，實在令人稱奇（Simon, 2002）。

㈨受人尊敬的商業騙徒與高額獎金的詐欺

商業騙徒的成功之道，乃在於是否能表現出受人尊敬與信任的外表，以及與金融機構和投資者間建立信用的能力。良好聲譽者運用職務詐騙投資者鉅額金錢，可說是一種常見的現象。

　　一位來自紐澤西州的企業人士R. Vesco，從他所操控的一家國際共同基金公司侵占了2億2,400萬美元，當他在面對聯邦檢察官控告他向尼克森提供違法的競選捐獻時，他逃離了美國以躲避執法機關的調查。在之後的歲月中，Vesco有如逃亡者般的居住在中美洲及加勒比海等國，並向當地的政治領袖進行賄賂，以利於他所從事的毒品及槍枝走私勾當（Simon, 2002）。

　　R. B. Anderson是艾森豪總統時的財政部長，在1957～1961年期間，他個人的簽名都可以在美國的紙幣上見到。早期擔任律師的Anderson非常優異，之後他又擔任德州的稅務局長、國防部副部長、巡迴大使；在私人事業方面，他所經營的事業有石油、銀行及畜牧業等。在1980年代初，不少投資人將大筆鈔票（從2萬至200萬美金不等）投資在他所經營的事業上，而且大多數的投資人認為把錢投資在這麼一個令人信賴的人身上應該是可以放心的。但是到了1987年時，77歲的Anderson因涉及違法操縱銀行及逃漏稅而遭到控訴。雖然他極力否認有犯罪的意圖，並將整個行為歸咎在自己所面臨的困境（其妻的疾病）以及影響其精神狀態的個人問題（酗酒）之上，但他最後還是在聯邦刑事控訴下認罪。投資人也因為Anderson的違法行為，遭受了鉅額的損失（Friedrichs, 2004）。Anderson的案子顯示出，儘管是擁有傑出背景的人，也不能保證其個人的操守。

　　上述這些案例，都是先前具有成功企業人士身分的人，而後涉及嚴重詐欺活動的案件。

三、常業—白領混合型犯罪：小結

　　前面我們討論了許多有關中、小企業所從事的違法活動，在非倫理的傾向方面，中、小企業並不一定會與大公司有所不同，但它們所遭遇的困境卻可能與大公司不同，同時從事違法活動的機會可能也有所不同。在某些案件中，從事詐欺等違法活動的中、小企業，事實上其合法企業的外表根本就是假的。另外在某些案件中，涉案的中、小企業只是偶而從事違法活動，有時是為了企業生存而違法。而常業型的詐欺企業，應該是一種明

顯有意要持續從事詐欺活動、而又表現出合法企業形象的企業。

　　有些常業—白領混合型犯罪是由個人所從事的，這些人經常表現出受人尊敬的形象，而且把自己認為是合法的商人。雖然在職業犯罪、常業—白領混合型犯罪、以及傳統白領犯罪（即公司犯罪與職業上的犯罪）之間的界線通常並不是十分的明確，但對不同型式的詐欺行為予以區分，顯然還是有所價值的。結合了合法企業部分行為措施以及傳統犯罪活動的常業—白領混合型犯罪，顯示了現代詐欺活動相互混雜的特性。

第三節　業餘型白領犯罪

　　此處所指的「業餘型白領犯罪」，乃指社會中受尊敬之人在職業脈絡之外，偶而所從事的白領犯罪。學者Geis（1974）認為業餘犯罪（avocational crime）具有底下幾項特徵：
　　一、行為者通常不認為自己是犯罪人。
　　二、行為者的主要收入來源以及建立自己身分地位的途徑，是藉由犯罪以外的活動。
　　三、將行為者公開標籤為犯罪人，可對此種犯罪產生威嚇作用。
　　Geis（1974）對於業餘犯罪的論述相當廣泛，範圍可能包括了許多白領犯罪，不過此處我們所指的，是較為狹義的業餘犯罪。業餘型白領犯罪的概念與偶發性的財產犯罪（occasional property crime）、民俗犯罪（folk crime）及世俗犯罪（mundane crime）等觀念有些類似。Clinard與Quinney（1973）將偶發性的財產犯罪定義為業餘的、小規模的財物竊取或損毀。Ross（1961）則將民俗犯罪一詞運用在那些不會減低違法者身分地位且損害不大的日常偏差行為上，譬如違反交通規則的行為。Gibbon則用世俗犯罪的概念來代表極平常的、沒有什麼損害的、模糊的，而且又不易察覺的偶發性違法行為。Gibbon（1983）曾列舉一些例子：在黑市兌換外幣、未誠實報稅、工作場所的犯罪、盜打長途電話（計費在別人身上）以及任意傾倒垃圾等。本書所指的業餘型白領犯罪，強調的是發生在職業脈絡以外

的白領犯罪活動，而受人尊敬的地位往往有利於提供從事此種違法行為的機會，涉及業餘型白領犯罪的行為者、行為者的動機以及行為的結果，通常與職業上的犯罪（occupational crime）類似或相同。

　　業餘型白領犯罪包括：逃漏個人性稅款（如所得稅，汽、機車相關稅款等）、詐騙保險公司、提供不實的資料以期獲得較高的信用額度（如貸款額度、信用卡消費額度等）、清還欠款方面的詐欺、逃漏關稅、竊取服務（如盜打電話、逃避通行費、及娛樂門票等）、竊取具有版權的物品（如錄音帶、錄影帶、電腦軟體、印刷品的違法複製等）以及購買贓物等。總之，社會上受人尊敬之人為了獲取經濟上的利益或避免經濟利益的損失，而單純以市民、納稅人、消費者、被保險人等角色（即本身職業脈絡以外的角色）所從事的違法活動，就是本節所欲討論的業餘型白領犯罪範圍。

一、逃漏所得稅

　　有些研究白領犯罪的學者，將逃漏所得稅的行為歸類在職業性或個人性白領犯罪的類型（Green, 1997; Coleman, 2002）。但嚴格來說，所得稅並不僅僅是因合法職業所得而需繳納的稅而已，更包括職業脈絡以外之所得（譬如投資、出租所得等）稅，而這個部分的所得，最常涉及所得稅的逃漏。

　　稅法規定雇主必須在一定的時間內將正確的所得稅扣繳憑單交予納稅義務人，納稅義務人則必須在規定的時間裡根據所得稅扣繳憑單正確填寫所得稅申報書，並繳交填寫好的所得稅申報書以及繳納應繳納的稅款。違反稅法的行為包括許多型式，譬如雇主所發出的扣繳憑單是不正確的（所得金額少記錄或根本沒有發出），納稅人未誠實申報等。

　　此處有兩個名詞，有必要區別其間的差異，一是逃稅（tax evasion），另一是避稅（tax avoidance）。所謂逃稅，是一種涉及欺騙、隱瞞的違法行為。而避稅，乃指運用一切合法途徑來減少稅款的繳付，是合法的行為，不過隨著稅法內容的日益複雜，逃稅及避稅之間的差異也愈來愈難以

清楚區分。

　　通常，富有者會比中等收入者擁有較多的籌碼從事避稅行為。富有者經常利用法律的漏洞，讓自己能夠在賺取大筆收入的情況下，只繳納些微的稅款。稅務機關的執法對象大部分是針對逃稅者，一些採用違法避稅途徑的納稅人卻常常可以逃避稅務機關的取締。譬如美國過去曾有愈來愈多的中、高收入納稅人把錢投資在一些可以減稅的事業上，稅務機關發現此種現象之後，也逐漸針對這些可以減稅的投資事業進行調查，結果發現當中有不少事業根本就是為了逃稅或涉及詐欺活動（Green, 1997）。

　　根據我國財政部所公布的資料，近十年臺灣財政及稽徵機關每年受理違章漏稅的案件數超過20萬件（除2014及2015年），2016年漏稅案件數達到高峰，超過39萬件。2011年的處罰金額約為126億7,500萬元，2020年降為約51億3,200萬元。處罰金額雖有漸減趨勢，惟案件數及金額仍龐大，其中可能有相當比例的案件是故意從事的（參閱表8-3）。在漏稅整體案件中，「綜合所得稅」違章漏稅案件數每年平均約4～6萬件不等，2019年為最多，達61,396件；每年處罰金額平均在10幾億元左右，其中2015年的處罰金額超過28億元（參閱表8-4）。另外，「營利事業所得稅」違章漏稅案件數平均每年約有8,000件，2011年9,762件為最多，處罰金額超過39億元（參閱表8-5）。此處值得一提的是，財政部所公布的數據難免有隱藏在官方資料背後的「黑數」問題，實際的案件數與漏稅金額應超過官方所登錄者。

　　富人及窮人可能比中產階級較會逃漏稅。把錢存在國外銀行、投資及鑽法律漏洞等，都是富人較常使用的藏錢方法。而就窮人而言，由於他們的收入經常是直接發給現金（而非直接匯入帳戶，較缺乏具體和明確的紀錄），無形中增加了逃漏稅的機會。相較之下，賺取固定薪資的中產階級逃漏稅的機會少一點，在政府向人民徵收的所得稅中，中產階級所繳納的稅款是很重要的一個部分。

表8-3　臺灣近十年財政及稽徵機關受理違章漏稅案件及處罰金額

年別	漏稅案件數	處罰金額（千元）
2011	253,890	12,675,063
2012	218,014	10,559,680
2013	208,760	8,357,613
2014	164,662	9,299,023
2015	189,993	10,699,458
2016	396,128	8,007,250
2017	388,509	8,200,478
2018	302,915	6,552,369
2019	282,860	7,158,568
2020	243,008	5,132,783

資料來源：財政部（2021），財政統計年報。

表8-4　臺灣近十年財政及稽徵機關受理「綜合所得稅」違章
漏稅案件及處罰金額

年別	漏稅案件數	處罰金額（千元）
2011	53,310	2,729,409
2012	44,513	1,902,174
2013	48,529	2,104,308
2014	51,670	1,447,247
2015	52,575	2,851,275
2016	60,536	1,860,868
2017	60,211	1,553,695
2018	59,937	1,358,894
2019	61,396	1,137,737
2020	52,763	1,111,341

資料來源：財政部，2011～2020年財政統計年報。

表8-5　臺灣近十年財政及稽徵機關受理「營利事業所得稅」違章
漏稅案件及處罰金額

年別	漏稅案件數	處罰金額（千元）
2011	9,762	3,943,570
2012	7,958	2,719,528
2013	7,884	1,949,203
2014	7,639	2,367,970
2015	7,992	2,050,810
2016	7,439	1,449,920
2017	7,540	1,245,924
2018	8,149	1,040,431
2019	8,469	880,131
2020	8,466	1,192,023

資料來源：財政部，2011～2020年財政統計年報。

　　儘管中產階級逃漏稅的機會較少，但仍有中產階級者涉及逃漏稅的活動。雖然納稅義務與職業類別或貴賤沒有關係，但是逃漏稅的機會卻往往與職業性質有關。例如，不受僱於別人的自聘業者（self-employed），通常就較有逃漏稅的機會。美國稅務機關曾估計，在汽車商、餐廳及服裝店經營者的收入中，大約有40%的收入沒有申報出來，旅行社業者約有30%，醫師、律師、理髮師及會計師約有20%，農人約有18%，不動產經營業者及保險業者約有16%（Smith, 1991）。

　　所得稅預扣制度（income tax withholding system）在許多國家都有採行，被認為是一種有效的徵稅方法。此制度的原理之一，即按期預扣所得稅（例如每個月預扣）可以減少納稅人在未來申報時的心理痛苦。根據美國聯邦稅務機關公布的調查資料顯示，在所需繳納稅款是相同的情況下，未被預扣所得稅而涉及逃漏稅的人數，是已預扣者的3倍。另外有研究指出，在報稅前一年收入大幅增加者會比經濟情況轉惡者較可能從事逃漏稅的活動（Goleman, 1991）。換言之，是否誠實納稅，似乎與當事人的心理有關。

　　在過去有關逃漏稅的研究中，有一共同發現，即稅務機關所實施的調查行動通常會讓當事人感到恐懼，因而對逃漏稅行為可以產生威嚇效應，但逃漏稅者遭受刑事追訴的比例卻非常低（Klepper & Nagin, 1989）。根據S. Duke（1983）的研究，美國稅務機關在處理逃漏稅案件中，大約每7萬5,000份稅款申報書中僅有一份遭受刑事追訴。遭受刑事追訴的納稅人數甚低，評論人士認為與稅務機關的調查預算刪減有關，美國稅務機關調查經費在1980年代被刪減26%，1988年被起訴的納稅人只有2,769人（Smith, 1991）。根據Long與Swingen（1991）的研究發現，在實際被定罪的稅務犯罪案件中，判處監禁刑的犯罪者不到50%，刑期也比其他詐欺犯的刑期短，20%的犯罪者既沒有被判監禁，也沒有被判罰金。他們進一步指出，在所有申報書中約有49%的比例少報收入總額，每年遭受稽查的納稅人僅占全體納稅人的1%。Long與Swingen指出，在被稽查的106萬納稅人中，約有70%的比例被發現需補繳稅或接受處罰，稅務機關因而徵收的稅款就超過10億美元。

　　Long（1981）認為，稅務機關缺乏進行刑事追訴的足夠資源，稅法本身過於複雜，導致稅務機關將執法焦點置於較不嚴重的逃漏稅案件（輕微案件的執法行動通常比嚴重案件容易），稅務機關對輕微案件的處理較有充分的主控權，較能減少其他部門（如司法部）的牽制。在逃稅詐欺案件的處理實務上，欲證明行為人的犯意並非容易之事。此外，稅務機關還會考量，對過失或普通逃漏稅者施予強勢追訴，可能會激發大多數納稅人的反彈，反而造成更多人不納稅或不誠實納稅。納稅人遵守稅法、誠實納稅，除了是因為害怕被查稅外，尚有其他因素。預扣制度，移除了許多納稅人逃漏稅的機會；其他因素還包括認知納稅的重要性、愛國主義（有時不僅會鼓勵誠實納稅，還會讓某些人多繳稅）、體察身為公民的基本責任以及廉潔價值觀等。

　　對於逃漏稅的行為，可從不同的層面來解釋。缺乏誠實，當然是其中因素，但不是唯一因素。涉及逃漏稅的納稅人通常都有很多理由來為自己的行為辯護，包括稅法不公平、政府浪費納稅人所繳納的稅金、很多人都

逃漏稅等。調查顯示，許多受訪者並不認為逃漏稅是一項嚴重的犯罪，而
且認為逃漏稅的嚴重程度，要低於詐欺雇主以及偷竊腳踏車的嚴重程度
（Friedrichs, 2004）。Smith與Kinsey（1987）的研究更發現，人們之所以
會遵守稅法、誠實納稅，其間涉及頗複雜的因素，包括機會、方便性及
法律的陳述方式與解釋等。此外，逃漏稅的行為通常牽涉一連串的決定
過程，不是靠單一決定就會導致稅務詐欺行為的發生。稅法本身的繁雜
性、專橫性、混淆性及欠缺完整邏輯性，也會促使逃漏稅的發生。Smith
與Kinsey提出了一個值得注意的問題，他們表示，由於被稅務機關稽查的
機率很低，而且處罰又很輕，所以「為什麼還是有這麼多的人誠實納稅」
可能才是有趣的議題。通常，企業誠實納稅的比率要比誠實納稅的個人來
得低。

　　Friedrichs（2004）指出，稅務機關對於逃漏稅的主要回應措施之一，
就是挑選重要且顯眼的違法者作為刑事追訴的目標，因為稅務機關認為，
這些違法者的違法活動及追訴結果，未來極可能被公開，這將對社會大眾
產生威嚇作用。因此，許多備受尊崇的顯赫人士，譬如前哈佛大學法學院
院長、紐約全國城市銀行（National City Bank of New York）總裁、羅德島
州首府Providence警察局長以及美國副總統（S. Agnew）等人，都曾經是
逃漏稅的刑事追訴對象。

　　除了上述這些人士外，美國還有兩個被廣為報導的逃漏稅案，一個
案子是有關Helmsley旅館業的L. Helmsley，另一則是棒球明星P. Rose所涉
及的逃漏稅案。Helmsley的先生是一位擁有數十億美元財產的不動產業大
亨，她因涉及將裝潢私人房子的帳單交給Helmsley企業來支付（該企業可
以抵稅）而被控訴逃漏稅，並被定罪，最後被判處了四年監禁以及710萬
美元的罰金。Rose則是承認填寫不實的所得稅申報書，後來他被監禁在
聯邦矯正機構五個月及社區處遇中心三個月，另外還有5萬美元的罰金、
一千小時的社區服務。在上面兩個案例中，除了當事人所擁有的不尋常逃
漏稅機會外，還有一些個人問題使得他們逃漏稅。Helmsley與Rose均自大
認為，適用普通民眾的稅務規範不應運用在他們身上，Helmsley的過分貪

婪及Rose沉迷於賭博，都是促使他們從事逃漏稅活動的因素（Friedrichs, 2004）。雖然他們的職業足以提供豐厚收入，但逃漏稅卻是與私人生活有關，與職業較無關。

　　從上述可知，逃漏所得稅可以說是一種業餘型的白領犯罪。從事此種犯罪的行爲者，不少是中、上階層的商人、專業人士或企業家。從事任何職業的人們，或是無職業但有某種收入的人，均可能涉及逃漏所得稅。而逃漏所得稅的機會，往往與當事人的職業有關，有些職業的機會較多。儘管稅務機關竭盡所能，但對逃稅者定罪所產生的烙印效應，往往比不上其他白領犯罪者被定罪所產生的烙印效應。稅法的不公平、複雜、矛盾與爭議等，均可能成爲逃漏稅的機會以及合理化的藉口。誠實納稅與逃漏稅之間關係的議題，有待進一步研究。

二、保險詐欺

　　保險詐欺，已成爲當代社會一個愈來愈嚴重的問題。Bennett（1987）在其針對保險詐欺的研究中發現，在保險理賠的申請案中，大概有20%的案件是虛假騙人的，這些案件大多與僞造的車禍、汽車失竊、誇大的竊盜損失有關。美國商會（U.S. Chamber of Commerce）曾經做過一項分析與估計，10%的汽車及火災保險索賠案是騙人的，這些案件每年所造成的損失約高達150億美元。Kerr（1993）也指出，在車輛意外事故有關的醫療帳單中（每年金額約爲130億美元），約有10%（約13億美元）是虛假的。甚至在大眾運輸工具的事故中，都還會發生一些詐欺的保險理賠申請，出現當時根本不在現場的「幽靈搭乘者」申請索賠。

　　對於上述這些索賠申請者進行逮捕是非常少有的事，因爲涉及此種行爲的人，大部分是普通的民眾，譬如像學校老師、家庭主婦等。在紐約市曾有一個案件，有96位普通老百姓因參加保險詐欺集團協助詐領保險金而被逮捕，他們所參加的團體專門處理汽車失竊謊報者（爲了詐領保險金）所欲丟棄的車輛（Bennett, 1987）。雖然涉及詐領保險金的人多數是一般民眾，但諸如醫師、律師、保險業的賠償鑑定人員，甚至警察人員，也可

能幫助或教唆假受傷、假損害及假失竊的索賠申請。有些保險詐欺事件是由組織犯罪集團或常業犯所為，有些案件是由合法企業所為（例如經營不善的公司故意自我縱火以領取保險金），不過可能有更多的保險詐欺案件是由受人尊敬、社會中上層人士所犯下的業餘犯罪。

近年來，由於保險業競爭激烈，保險業所推出的保險商品種類繁多，使得保險市場膨脹的速度非常快速，同時保險標的（如汽車、房屋等）的價值也愈來愈高，這些情況與保險詐欺的發生有關。社會瀰漫的物質主義風氣及道德感低落，當然也與保險詐欺有關。此外，保險業經常被認為是一個裝滿錢的「大口袋」，給人一種擁有大量資產及不易受詐欺影響的印象。詐欺者姑且一試的心理及受同儕鼓勵或支持，也是此種詐欺的因素，在眾多虛假不實的理賠申請案件中，申請者對於自己把實際損失誇大陳述，也常認為不是什麼大不了的事。針對業餘性的保險詐欺以及傳統白領犯罪（公司犯罪及職業上的犯罪）之間關聯性的議題，尚需進一步的探究。

三、借貸、信用卡詐欺及其他業餘型白領犯罪

貸款購屋，是現代人最常使用的購屋方式，隨著消費習慣日益西化，購屋以外的貸款性消費（如購車貸款）已逐漸普遍，貸款行為已成為現代社會的常態。另一方面，信用卡也成為廣受歡迎的消費工具。但信用卡詐欺也成為成長最快速之侵害企業的犯罪，信用卡詐欺的增加率甚至比信用卡使用的增加率還要高。此外，消費者的債務金額也有增加，處理信用卡業務的銀行，每年所沖銷的債務金額有明顯增加。

當然，欠債不還或破產並不見得是犯罪，許多無法還債的人可能並沒有詐欺犯意，因為個人財務問題而身陷無力還債困境的人，甚至包括社會知名人士。不過，某些債款卻是在債務人故意隱藏自己的償債能力，或明知自己沒有償還能力而借貸，或是自始至終就沒有償還意圖的情況下借得的。近來債務有關的案件日益增多，其實與金融機構的運作脫離不了關係，因為這些機構使用許多引誘消費者貸款的方法，甚至是主動發給消費

320

者信用卡，這些作爲與債務案件的增加有密切關係。

　　雖然信用卡詐欺案件快速增加，但執法機關並未因此將其置於優先偵辦的順序上，截至目前爲止，信用卡詐欺並沒有受到適當且有效的回應。許多信用卡詐欺案件發生在信用卡遺失後、犯罪者（通常是常業犯）盜取帳號後，或是商家未經持卡人同意刷卡收費等。此外，有部分信用卡詐欺或濫用行爲是由持卡人自己所做的，例如對自己的消費紀錄不認帳或根本就沒有能力支付消費款項等。由於行爲人的意圖不易證明，所以此種犯罪觸及刑事追訴的機會並不高。

　　逃漏關稅（customs evasion），也是一種常見的業餘型白領犯罪。赴國外旅遊者通關時，常與海關人員鬥智，希望自己在國外購買的物品不要被課稅。關稅逃漏者經常是一些社會上層人士或商人，這些人較可能出國購買需付高額稅金的昂貴物品（如珠寶）。當然，關稅逃漏者也包括一般民眾，他們可能不知道需要申報繳稅、或單純的只是爲省錢而逃漏稅。

　　許多科技犯罪（第七章所討論者）其實是屬於業餘型白領犯罪，包括服務的竊取（如電話服務、通行費等）、在未經同意或授權下複製有著作權的物品（如錄音帶、錄影帶、電腦軟體及印刷品等）。Friedrichs（2004）指出，美國每年使用優待券（coupon）的消費金額約達30億美元，其中約有10%～15%涉及詐欺（如僞造優待券、故意使用過期優待券等），行爲者常是一些經濟狀況不良的婦女。另外，根據職業贓物犯的陳述，在他們的顧客中，有富人，甚至還有司法官（Steffensmeier, 1986）。另外，有一些詐欺屬於單純的人際間詐欺行爲，例如親戚之間有關不動產產權的詐欺，以及親友間在投資事業上的詐欺等。上述這些行爲往往涉及信用的違反，而且發生在職業脈絡之外。

四、業餘型白領犯罪──小結

　　此處，我們將業餘型白領犯罪視爲白領犯罪範圍中較爲邊緣的一種類型，它發生在職業脈絡之外（當然有些行爲，如逃漏稅、保險詐欺及服務竊取等是發生在職業脈絡中）。許多從事業餘型白領犯罪的人具有正當職

業以及受人尊敬的社會地位，有些業餘型白領犯罪與違法者的職業有關，但這並不代表業餘型白領犯罪的發生完全是職業因素。在擴大經濟利益或減少經濟損失的意圖上，業餘型白領犯罪與公司犯罪、職業上的犯罪都是相同的。

　　與其他類型的白領犯罪相較，業餘型白領犯罪通常給人較輕微、較不會產生犯罪烙印的感覺，這可能是因為被害者通常是政府部門或大型企業，而且所造成的損失也比一般竊盜及詐欺較不具體。此外，刑事司法機關沒有將此種犯罪置於優先處理的順序，媒體不重視此種犯罪，學界也沒有對業餘型白領犯罪進行系統性的研究。有關業餘型白領犯罪與傳統白領犯罪之間關係的議題（例如，涉及傳統白領犯罪的當事人是否也具有從事業餘型白領犯罪的傾向？涉及業餘型白領犯罪的當事人是否也具有從事傳統白領犯罪的傾向？兩者之間的關係為何？等），仍有待進一步的探究。

本章參考文獻

公平交易委員會（1997）。多層次傳銷案例彙集。公平交易法論叢。

Abadinsky, H. (2003). *Organized Crime*. Belmont, CA: Wadsworth/Thomson Learning.

Albanese, J. S. (1982). "What Lockheed and La Cosa Nostra Have in Common: The Effect of Ideology on Criminal Justice Policy." *Crime & Delinquency* 28: 211-232.

Albanese, J. S. (1991). "Organized Crime: The Mafia Myth." pp. 201-218 in J. F. Sheley (ed.), *Criminology: A Contemporary Handbook*. Belmont, CA: Wadsworth.

Albanese, J. S. (1996). *Organized Crime in America*. Cincinnati, OH: Anderson.

Beirne, P. & Messerschmidt, J. (1991). *Criminology*. San Diego, CA: Harcourt Brace Jovanovich.

Bell, D. (1962). "Crime as An American Way of Life: A Queer Ladder of Social Mobility." pp. 127-150 in *The End of Ideology*. New York: Free Press.

Bennett, G. (1987). *Crimewarps — The Future of Crime in America*. Garden City, NY. Anchor Press.

Bequai, A. (1978). *White Collar Crime: A 20th Century Crisis*. Lexington, MA: Heath.

Berger, R. J., Free, M. D. Jr. & Searles, P. (2001). *Crime, Justice and Society: Criminology and the Sociological Imagination*. Boston, MA: McGraw Hill.

Brady, J. (1983). "Arson, Urban Economy, and Organized Crime: The Case of Boston." *Social Problems* 31: 1-27.

Calavita, K. & Pontell, H. N. (1993). "Savings and Loan Fraud as Organized Crime: Towards a Conceptual Typology of Corporate Illegality." *Criminology* 31: 519-548.

Calavita, K., Pontell, H. N. & Tillman, R. H. (1999). *Big Money Crime: Fraud and Politics in the Savings and Loan Crisis*. Berkeley, CA: University of California Press.

Chambliss, W. J. (1988). *Exploring Criminology*. New York: Macmillan.

Clinard, M. B. & Quinney, R. (1973). *Criminal Behavior Systems: A Typology*. New York: Holt, Rinehart & Winston.

Coleman, J. W. (2002). *The Criminal Elite: Understanding White-Collar Crime*. New York: St. Martin's Press.

Consumer's Research. (1990). "The Top Ten Scams." *Consumer's Research* (May): 29-31.

Duke, S. (1983). "Economic Crime: Tax Offenses." pp. 683-688 in S. Kadish (ed.), *Encyclopedia of Crime and Justice*. New York: Macmillan and Free Press.

Francis, D. (1988). *Contrepreneurs*. Toronto: Macmillan of Canada.

Geis, G. (1974). "Avocational Crime." pp. 272-298 in D. Glaser (ed.), *Handbook of Criminology*. New York: Rand McNally.

Gibbons, D. C. (1983). "Mundane Crime." *Crime & Delinquency* 29: 213-228.

Goleman, D. (1991). "Tax Tip: If It's Lump Sum, Cheating is More Likely." *New York Times* (April 13): 6.

Green, G. S. (1997). *Occupational Crime*. Chicago, IL: Nelson-Hall Publishers.

Hagan, F. (2002). *Introduction to Criminology*. Belmont, CA: Wadsworth/Thomson Learning.

Haller, M. H. (1990). "Illegal Enterprise: A Theoretical and Historical Interpretation." *Criminology* 28: 207-231.

Hills, S. L. (1980). *Demystifying Social Deviance*. New York: McGraw-Hill.

Inciardi, J. A. (1975). *Careers in Crime*. Chicago: Rand McNally.

Kerr, P. (1993). "'Ghost Riders' are Target of an Insurance Sting." *New York Times* (August 18): Al.

King, H. & Chambliss, W. J. (1984). *Harry King—A Professional Thief's Journey*. New York: Wiley.

Klepper, S. & Nagin, D. (1989). "Tax Compliance & Perception of Risk of Detection and Criminal Prosecution." *Law & Society Review* 23: 209-240.

Laub, J. H. (1983). *Criminology in the Making: An Oral History*. Boston: Northeastern University Press.

Long, S. B. (1981). "Social Control in the Civil Law: The Case of Income Tax Enforcement." pp. 181-214 in H. L. Ross (ed.), *Law and Deviance*. Beverly Hills, CA: Sage.

Long, S. B. & Swingen, J. A (1991). "Taxpayer Compliance: Setting New Agendas for Research." *Law & Society Review* 25: 637-689.

Lundberg, F. (1968). *The Rich and the Super-Rich: A Study in the Power of Money Today*. New York: Lyle Stuart.

Lupsha, L. P. (1986). "Organized Crime in the United States." pp. 32-57 in Kelley, R. J. (ed.), *Organized Crime-A Global Perspective*. Totowa, NJ: Rowman & Littlefield.

Lyons, R. D. (1982). "Time-Sharing Resorts Under Inquiry." *New York Times* (May 30): 37.

Nelli, H. S. (1986). "Overview." pp. 1-9 in R. J. Kelly (ed.), *Organized Crime—A Global Perspective*. Totowa, NJ: Rowman & Littlefield.

New York State Organized Crime Task Force (1988). *Corruption and Racketeering in the New York City Construction Industry*. Ithaca, NY. ILR Press.

Pace, D. F. (1991). *Concepts of Vice, Narcotics, and Organized Crime*. Englewood Cliffs, NJ: Prentice-Hall.

Pennsylvania Crime Commission. (1991). *Organized Crime—Report*. Harrisburg, PA: Commonwealth of Pennsylvania.

Rhodes, R. P. (1984). *Organized Crime—Crime Control vs. Civil Liberties*. New York: Random House.

Rosefsky, R. S. (1973). *Frauds, Swindles and Rackets*. Chicago, IL: Follett.

Rosoff, S. M., Pontell, H. N. & Tillman, R. (2004). *Profit Without Honor: White-Collar Crime and the Looting of America*. Englewood Cliffs NJ: Prentice-Hall.

Ross, H. L. (1961). "Traffic Law Violation: A Folk Crime." *Social Problems* 8: 231-241.

Rowan, R. (1986). "The 50 Biggest Mafia Bosses." *Fortune* (November 10): 24-38.

Simon, D. R. (2002). *Elite Deviance*. Boston, MA: Allyn and Bacon.

Simon, D. R. & Hagan, F. E. (1999). *White-Collar Deviance*. Boston, MA: Allyn and Bacon.

Smith, D. C., JR. (1978). "Organized Crime and Entrepreneurship." *International Journal of Criminology and Penology* 6: 161-177.

Smith, M. (1991). "Who Cheats on Their Income Taxes." *Money* (April): 101-108.

Smith, K. W. & Kinsey, K. A. (1987). "Understanding Taxpayers' Behavior: A Conceptual Framework with Implications for Research." *Law & Society Review* 21: 639-663.

Staats, G. R. (1977). "Changing Conceptualizations of Professional Criminals: Implications for Criminology Theory." *Criminology* 15: 49-65.

Steffensmeier, D. (1986). *The Fence*. Totowa, NJ: Rowman & Littlefield.

Stotland, E., Brintnall, M., I., Heureux, A. & Ashmore, E. (1980). "Do Convictions Deter Home Repair Fraud?" pp. 252- 265 in G. Geis & E. Stotland (eds.), *White Collar Crime-Theory and Research*. Beverly Hills, CA: Sage.

Sutherland, E. H. (1937). *The Professional Thief*. Chicago, IL: University of Chicago Press.

Szasz, A. (1986). "Corporations, Organized Crime, and the Disposal of Hazardous

Waste: An Examination of the Making of a Criminogenic Regulatory Structure." *Criminology* 24: 1-28.

Tyler, G. (1981). "The Crime Corporation." pp. 273-290 in Blumberg, A. S. (ed.), *Current Perspectives on Criminal Behavior*. New York: Knopf.

Vito, G. F., Maahs, J. R. & Holmes, R. M. (2006). *Criminology: Theory, Research and Policy*. Sudbury, MA: Jones & Bartlett Publishers.

第九章
白領犯罪的解釋論

　　白領犯罪現象應如何解釋？如此直接的問題在犯罪研究中已激起相當廣泛的回應，從較單純的人類動機到複雜的結構性解釋都包含在內。 只有人類會企圖對自己和其他動物的行為進行解釋，而人類對犯罪或偏差行為的解釋，可追溯至相當久遠之前。如今，理論已成為犯罪學界解釋犯罪現象的架構。理論可說是對於某種現象的解釋，但不必然是全面性的解釋。有時它只能解釋某一類事件，甚至只是對其中某一特定事件進行解釋。根據學界的傳統經驗，好的理論是可以被檢驗的，同時能夠符合研究資料與證據。

　　Goode（1994）指出，根據對某現象（如犯罪）的觀點（perspectives），繼而引導吾人關注一些變項，並得知吾人所能期待的內容，簡單來說，該觀點就是「理論」。Kuhn（1970）強調，建構理論，並非只是「將新理論植基在舊理論之上，或僅將舊理論予以擴充」的一種累加工夫。相對的，它涉及典範競合（competing paradigms），每一種典範均有其特殊假說及方法論的隱喻，在某特殊時期，某些典範成為主流。任何一個典範由於包含獨特的方法論及解釋體系，故典範是一個比理論更寬廣的概念。這種有關理論的思考脈絡，有助於吾人澄析不同理論的內涵。

　　前面幾章討論了白領犯罪的類型，當中曾提及一部分解釋這些行為的資料。在本章，我們將針對白領犯罪的解釋理論做系統性的討論。在此值得一提的是，當考量白領犯罪一名詞所包含的廣泛類型與複雜活動，很明顯的，欲建立一個可以完整解釋所有白領犯罪的單一理論，是非常困難的。在對白領犯罪原因論進行討論前，有必要先了解一些重要的基本假說及相關問題。

第一節　基本假說

　　只要企圖對社會現象做出任何的「解釋」，便會直接或間接觸及有關事實與存在的本質，還有吾人如何認識與了解某些形上學的（metaphysical）、存在論的（ontological）以及認識論的（epistemological）假說。譬如，事實是主觀的（觀察者所理解者）或是客觀的（獨立於觀察者之外的）？「因果關係」只是人類的一種構念（human construct），還是可以被明確且客觀建立？人類有自由意志（free will，即任意主義，voluntarism）選擇行為嗎？還是說人類的行為是受制於某些內外在力量的影響（決定主義，determinism）？還是自由意志與決定主義的綜合說最接近事實？人性是自利與貪慾的或是利他的？人類是理性的或非理性的？還是人性具多元性，沒有固定的傾向。社會是一個由高度共識所凝聚的整合體？還是一種由權勢者所操控且瀰漫利益衝突的體系？控制人類團體的規範是植基在絕對的、恆久的道德規範，還是只不過是某一特殊時間和地點的產物（或與其被建構時的環境脈絡有關）？上述這些問題只是社會哲學家長久以來所思考的許多問題中的一小部分，但值得注意的是，我們對白領犯罪所做的任何解釋，幾乎都是植基在對這些問題所持的假說上。

　　社會與行為科學大多抱持「人類許多活動是可以被解釋的」假說，並期望能夠建立嚴謹及可驗證的解釋內容。另一觀點是，描述人類行為，並不困難，但要解釋人類行為就很不容易，因為人類的活動既多變又矛盾。儘管欲對白領犯罪建立單一且完整的解釋理論是很困難的，但經多年研究後，犯罪學者已經確認某些與白領犯罪有關或促其發生的因素。

第二節　解釋標的

　　某金融業者從事內線交易行為，某醫師為謀求私人利益而對病人實施不必要的手術，某公司違法傾倒有毒廢棄物，某員工侵占雇主財物等，這

些都是我們所欲解釋的行爲。但是當我們對白領犯罪進行解釋時，到底要解釋什麼東西？

傳統的答案是：我們需要解釋「犯罪性」（criminality），也就是個人或組織從事白領犯罪的傾向是如何形成的？此答案的焦點在於個人或組織的犯罪動機，以及增進動機和引導個人或組織從事白領犯罪的力量。

第二個答案是：我們需要解釋「犯罪」（crime），或是事件的本身（event itself）。其中所欲澄清的一個問題就是，爲什麼白領犯罪的發生率在不同職業和行業間、或在不同的時間與空間會有所不同？促使白領犯罪發生的情境因素（situational factors），在這個面向的分析上是非常重要的。犯罪行爲被視爲一種個人（或組織）的傾向（propensity）以及一種事件，較爲完整的解釋會將犯罪行爲視爲這兩者的結合。學者Sheley（1983）認爲，解釋犯罪行爲的要件包括：動機（偏差的意願）、社會約束下的自由度（違法而不受懲罰的可能性）、技術以及機會（從事犯罪行爲的機會）等。而這些因素會以不同的形式彼此互動。

第三個答案是：我們應該要解釋「犯罪化」（criminalization），也就是某些特定活動、實體及個人被定義成犯罪的過程。其中的焦點在於有關白領犯罪法律的始源，以及白領犯罪的調查、起訴及審判等。白領犯罪者如何避免自己的損害活動被犯罪化，是頗受關注的一個焦點。由於這些問題會在後面幾章有更深入的探討，因此本章主要在於討論它們與因果解釋的互動關係。

欲對白領犯罪進行實質解釋，就必須詳細說明這些面向。理想上，應該呈現涉及白領犯罪之犯罪性、事件（或犯罪）以及犯罪化三者間的關係。此外，另一重要議題，也是Sutherland早先曾提及的，即是否可以運用單一理論（或稱共通理論，a general theory）解釋傳統犯罪（街頭犯罪）與白領犯罪？還是必須運用特殊理論始可解釋白領犯罪（即解釋白領犯罪的專屬理論）？

最後，解釋層級的適當性（appropriate explanatory level），對白領犯罪的解釋也是非常重要的。在鉅觀的解釋層級上（macrolevel），焦點乃

白領犯罪

在於促使白領犯罪發生之社會或組織的條件與狀況（及結構性的因素）。
在微觀的解釋層級上（microlevel），焦點則在於違法者的特質。而介於
鉅觀與微觀解釋的中間層級（mesolevel），焦點則是情境因素。各層級的
核心問題如：何種社會或政經模式最易造成白領犯罪的發生？何種情境因
素與白領犯罪最密切相關？何種個人特質與白領犯罪最密切相關？以下我
們將針對白領犯罪性、犯罪事件及犯罪化等問題進行探討。

第三節　解釋白領犯罪性

　　解釋犯罪性（criminality，即從事犯罪行為的傾向）的理論，基本主
張是認為犯罪人在某些方面與非犯罪人有所不同，這些理論就是要辨識
差異的本質為何。在社會學領域，認為犯罪性會隨人口變項的不同而不
同，也會隨組織的不同而有所不同。在解釋白領犯罪性（criminality）
這一部分，本章將討論犯罪性的魔鬼說（demonic）、生物遺傳解釋
論（biogenetic）、心理學解釋論（psychological）以及社會學解釋論
（sociogenic）等四種理論。

一、魔鬼說

　　魔鬼說或靈魂說，是解釋犯罪性最早的理論，但在實證上缺乏支
持證據。此種理論的核心，就是認為犯罪行為是受到外來世界影響力
（otherworldly influences）所導致的。在過去，此種信仰深深影響人們對
於犯罪的回應，驅邪、問神審判以及為驅邪而使用的肉刑等，均曾是回應
犯罪的方式。在文藝復興時期（十五至十七世紀），數以千計的歐洲人曾
被控以魔鬼纏身的罪名，財物也因此被沒收（Currie, 1968）。

　　今日，犯罪學家並不願意運用魔鬼說來解釋犯罪性，但是魔鬼說的
觀點依然很難消失。有些宗教的信奉者就常把宗教上的罪惡（sin）及
犯罪性，與外來世界的影響力劃上等號。著名批判犯罪學者R. Quinney
（1980）曾表示，分析當今社會的犯罪現象，尤其是白領犯罪的貪婪行

爲，可以發現魔鬼說是不正確的，在面對冷酷無情的世俗以及物質主義的影響力時，魔鬼說顯得缺乏意義。由於外來世界影響力的觀點無法完全被證實或推翻，因此該論點並沒有消失。

二、生物遺傳解釋論

雖然，生物解釋論的根源可以追溯到很早以前，但其影響時期始自十九世紀。生物遺傳論的核心觀念，乃是「犯罪人先天上就與非犯罪人不同」。此觀點早期最主要是受奧地利解剖學者F. J. Gall所主張的骨相學，以及義大利犯罪學家C. Lombroso所主張「生來犯罪人」是祖型重現（atavistic）等觀念的影響。換言之，犯罪人可以從他們「原始的外表」辨認出來（Vito et al., 2006）。

雖然，犯罪學研究證實生物遺傳解釋論有許多缺陷，但仍有人抱持該觀點來看待犯罪現象。例如，社會大眾中就有不少人持種族偏見的觀念來看待犯罪者。Friedrichs（2004）指出，由於白領犯罪者在外觀上不像一般犯罪人，所以執法者及社會大眾在獲得確切證據之前，比較不會認爲他們具有犯罪性。

到了二十世紀，針對犯罪性的生物遺傳解釋（從體型到腦的問題）受到質疑，或解釋力不及其他解釋論。不過受到社會生物學（sociobiology）的影響，生物遺傳解釋論在1970年代後期再度受到重視。科學研究發現，像精神分裂症及酗酒行爲等均具有重要的遺傳根源，這些發現受到廣泛認同。此種解釋形成了一種較保守的政治和文化氣氛，有關生物遺傳因子的討論，大部分是集中在特定階層之傳統犯罪者（如低下階層的街頭犯罪者）的解釋上。

生物遺傳解釋論較受質疑之處，乃是過於簡化犯罪行爲，以及過於簡化生物學與人類行爲之間的關係。白領犯罪的普遍性，正好是針對「犯罪性可以由生物遺傳來解釋」此命題提供一個強而有力的駁斥。儘管學者C. R. Jeffery（1990）曾建議未來研究應該多探究腦的重要性以及腦所扮演的角色，但目前尚未有系統研究是以生物解釋途徑來探究白領犯罪者。因此，至今尚未有任何有關生物遺傳因子影響白領犯罪性的證據存在。

三、心理學解釋論

犯罪性也被解釋為一種心理現象，在此種途徑中，焦點在於人格、心理過程、兒童早期所受創傷的潛在影響等。有關人類行為最著名的心理學解釋論，應屬S. Freud（佛洛伊德）所提倡的論點。

在Freud的觀念裡，犯罪（包括白領犯罪）可以視為個體慾望與文明化需求（needs of civilization）長期衝突下的一種反應。在其針對犯罪的論述中，Freud（1930）曾提及個體可能因為先前經歷所產生的罪惡感而犯罪，好讓自己受到懲罰來化解罪惡感。的確有些白領犯罪者所從事的自我毀滅性違法行為，隱約支持了此一論點。說的更具體一點，在Freud的觀念裡，白領犯罪可以和缺陷的超我（良心）、自我（明理的平衡作用）或本我（原始的生理驅力）連結。雖然Freud有關超我、自我與本我的理論模型已被證實具有缺陷與限制，但是三種不同我之間緊張及衝突的核心觀念，仍具有某種程度的解釋功能，也與白領犯罪性有關。

心理學有不少理論追隨Freud的觀念，而強調兒童早期經驗對成人時期態度與行為影響的重要性。白領犯罪性是否與兒童時期的經驗有關，至今尚缺乏系統性的研究來解答這個問題。不過有關兒童時期社會化所形成的道德意識（例如早期的違規行為曾受到獎勵），則具有某些關連性。

㈠人格

在所有與白領犯罪有關的心理學解釋論中，人格特徵是受到最廣泛檢視的一個部分。Sutherland（1949）反對以心理學的層級來解釋白領犯罪，他特別指出公司犯罪與公司成員的個人人格無關，他發現在具有某特定人格之白領犯罪者所經營的公司中，並非所有部門都從事違法行為。在人格觀點方面，白領犯罪研究者大致分為兩類，一類研究者認為人格是可以被忽略的因素（尤其是針對公司犯罪），另一類則是將人格視為重要的解釋因子。值得注意的是，其中可能有矛盾處，例如某公司可能會聘僱具有順從公司犯罪傾向的員工（即組織的順從者），在另一方面，非組織順從者則可能從事傷害雇主的白領犯罪行為。

　　那些探究人格與白領犯罪相關性的研究，並沒有明確證實白領犯罪者具有心理異常的現象，這些研究反而發現大多數白領犯罪者是正常人格者。有些研究發現白領犯罪者的人格呈現冒險性、不顧後果、企圖心、自我為中心及強烈的權力慾望等（Coleman, 2002），但這些人格特徵也與事業成就相關。

　　一位曾與白領犯罪者共事的心理學家表示，白領犯罪者非常聰明、容易受挫折、與人疏離以及在合理化自己違法行為方面具有很高的創造性（Criddle, 1987）。還有一個研究比較350位一般白領犯罪者以及相同數目的主管級白領犯罪者，結果發現非主管的白領犯罪者較缺乏責任感、缺乏與他人互賴及不重視規範（Collins & Schmidt, 1993）。此外，有學者推測白領犯罪者具有較強烈的「失敗恐懼症」，較傾向追求立即性的滿足以及缺乏自我控制（Gottfredson & Hirschi, 1990）。但多數研究白領犯罪的學者認為，那些以人格類型觀點來解釋白領犯罪的學者，恐怕無法順利運用他們的理論來解釋所有的白領犯罪現象。

　　對於人格解釋論的質疑，並非意謂人格在白領犯罪現象的理解上毫無關係。性格是一個與人格極為相關的概念，其與白領犯罪就有相當程度的關係。人格與個體行為的特徵密切相關，而性格則與個體的本性（nature）有關，特別是個體的道德與倫理本性。具有良好性格的人（例如廉潔、具道德感），會比缺乏良好性格的人較不會從事白領犯罪（Gunkel, 1990）。

　　希特勒（A. Hitler）所犯下的大屠殺罪行，以及尼克森（R. Nixon）所涉及的水門事件，這兩個案件或許都無法單獨以性格或人格的概念來解釋，不過這些面向對於白領犯罪的確是有解釋力的。Binstein等人曾針對美國一些惡名昭彰的白領犯罪者（如逃漏稅的L. Helmsley，詐欺犯C. Keating，從事證券操縱的M. Milken等人）的有關論述與研究文獻中，發現這些犯罪者具有一些人格或性格上的特徵，例如迷戀權力、自戀傾向、優越感、漠視傳統規範等，這些特徵均與其犯罪行為的發生有關（Binstein & Bowden, 1993; Pierson, 1989; Stewart, 1991）。

Vise（1987）曾針對涉及美國華爾街內線交易犯罪案件的一位百萬富翁與銀行投資家M. Siegel進行探究，他發現Siegel嚴重缺乏安全感（或許是與他年輕時父親破產事件有關）、強烈的強迫性格及喜於保持一種令人驚訝的成功形象，他並用這些面向來描素Siegel的犯罪原因。當兩個員工面對相同的違法行為機會（例如傷害雇主的違法行為）卻有不同的反應時（一個違法、另一個不違法），儘管可能有其他原因，但假設人格或性格為影響因素，應該也有其合理性。若不訴諸人格或性格，有些白領犯罪的確很不容易解釋。

　　㈡心理疾病、藥物成癮以及智商

　　有研究發現，犯罪性與個人的心理疾病、藥物濫用及低智商等病態有關（Wilson & Hermstein, 1985）。這些因素是否與白領犯罪有關呢？

　　一個人如果從外表上可以看出患有心理疾病的話，通常不太可能會進入或留在白領職業中，因此從事白領犯罪的可能，應該不會太高。當然有少數情況，精神病及情感性疾病（affective disorder）可會與白領犯罪的發生有關。當一位身居重要白領職位的人，違反其過去的專業行為習慣而犯罪，或非理性的從事犯罪行為，那麼心理疾病的因素就不應被忽略。此外，學者至今僅「猜測」藥物濫用可能與白領犯罪的發生有關，但尚未有明確證據證實。

　　由於智商測驗可能存有文化偏誤（cultural biases），復以犯罪者的智商不必然低於非犯罪者，因此犯罪者智商低於非犯罪者智商的觀點受到多方質疑。一般而言，進入白領階級需要的資格條件（如教育程度、專業技能等）以及白領犯罪的複雜性等因素，因此白領犯罪者的智商可能不會太低。而白領犯罪者的智商是否高於非犯罪的白領階級者？這個有趣問題，目前尚無科學性的答案。

四、社會學解釋論

　　有一些採用社會學途徑的理論性及實證性研究，也觸及犯罪性的問

題，尤其是針對不同社會階級或團體犯罪傾向的差異現象。Gottfredson與
Hirschi（1990）指出，自我控制的程度是人們選擇犯罪與否的基本因素，
而低社會控制（缺乏延緩滿足的能力，即追求立即滿足的傾向）較常發
生在低下階層的個體上。白領犯罪者同樣是具有較低自我控制的人，不過
Gottfredson與Hirschi強調，對白領階級而言，違法之外，還有許多其他更
具吸引力的選擇，因此白領犯罪的盛行率不會太高。

低下階層者的犯罪性要比中層或上層者來得明顯，如此論點並未受
到實證資料的廣泛支持，甚至有學者指出，中產階級的犯罪性在本質上
是非常平凡的。有些犯罪學家，如J. Hagan（1989）及A. Thio（2003）等
人，發展出犯罪的「結構」或「權力」理論（structural or power theories of
crime），這些理論主張權勢者的犯罪性比缺乏權勢者的犯罪性要高。在
他們的解釋中，權勢者較具強烈的偏差行為動機，擁有從事偏差行為較多
的機會，而且受制於較微弱的社會控制。其中較具強烈偏差行為動機的說
法，主要是因為權勢者較具追求物質成功的潛在特性，讓他們比那些缺乏
權勢者較易遭受相對剝奪感。

Hagan與Kay（1990）在其針對白領偏差行為（特別是針對音樂、影
片及電腦軟體違法拷貝的行為）的研究中，發現權力的出現、冒險性以及
監控消失（在該研究中是指父母的監控）均與這些偏差行為相關。該研究
更發現，出自企業老闆家庭的男生（指父或母親是企業主的男生）會比他
人（指出自員工階級家庭的女生）更可能從事非法拷貝行為。不過該研究
存在一些未控制的干擾因素，譬如研究樣本接近拷貝機器的方便性是否相
同，以及操作拷貝機器的技能是否相同等因素。

第四節　機構的犯罪性及機構的犯罪

有一些社會學理論的焦點是集中在解釋社會實體的行為，即團體、
組織的行為。許多白領犯罪是以團體或組織方式來實施的，例如公司犯
罪。組織是具特定目標的理性系統，也是與外在環境相互依賴的開放系

統，組織可以說是現代社會的特質之一。犯罪的組織理論（organizational theories of crime）由於不易蒐集足夠資料予以檢驗，多數屬暫定性的（provisional），因此需要系統性研究以檢驗理論的適當性（Vaughan, 1998）。

一、組織的責任

當把組織視爲行爲人（actors）時，不是僅僅論及組織的所有成員以及他們個別的行爲，而是包括整個機構的運作。Sutherland（1949）於《白領犯罪》一書中，把公司犯罪視爲一種有組織的犯罪（organized crime），並認爲公司的犯罪性（corporate criminality）並不一定與高層主管人員的犯罪性有關。繼Sutherland之後，一項大規模同時也是非常重要的研究，就是由Clinard與Yeager（1980）所從事的「公司犯罪」實證研究，在該研究中，他們認爲公司犯罪是一種組織性的犯罪。綜觀該研究，雖然Clinard與Yeager承認公司違法行爲與高層主管人員爲私利所從事之違法行爲間的界限並不十分明確，但他們認爲公司就是行爲者（corporation as actor）。

另一位在白領犯罪領域有相當研究貢獻的學者D. Cressey，則針對Sutherland、Clinard及Yeager視公司具有自然人能力，以及公司與自然人不分的論點提出批評。儘管Sutherland承認公司無法像自然人會遭受精神疾病的痛苦，以及公司的犯罪性與公司人員的決策或行動並無明顯關係，但Cressey（1989）堅持公司絕非自然人，公司無法學習，公司沒有動機，也不會形成犯意，只有人才會做這些事情。Cressey認爲，用來解釋個體犯罪性的因果論，是不能用來解釋公司犯罪性的，結構變項（如行業別、財務狀況及規模大小等）與公司犯罪性之間的統計相關性是無法形成因果命題的。

許多研究白領犯罪的學者認爲，公司機構應該要爲自己的犯罪行爲直接負責。在一個廣爲接受的論述中，E. Gross（1980）主張公司機構可以「承擔自己的生命」，公司機構會發展出一種創造秩序市場的需求，當面

臨利潤遭遇威脅的環境時，公司機構會社會化其上層主管人員以犯罪行為予以回應。在這種觀點下，公司犯罪是一種組織性的犯罪，因此也就必須以組織性的因素來解釋公司犯罪。

Fisse與Braithwaite（1991）曾對Cressey的批評予以回應，他們為「公司有能力犯罪，並且應為犯罪負責」的觀點辯護，他們提出以下主張。個體與公司這兩者是由可觀察及抽象之特徵交織定義而成，公司透過集體行為所完成的極其複雜工作，絕不是僅有涉及該工作的個人可以單獨來完成的。同樣的道理，集體決策絕不等於個體決策的總和。公司的政策和程序，就是等於公司的意向。雖然公司或許沒有感情和情緒，但公司的確擁有自主性（autonomy），所以應該為自己的決策負責。Fisse與Braithwaite更下了以下的結論，現代社會必須要讓公司機構為自己的行為負法律責任，如果公司機構能夠擬定政策，那麼公司機構就會因為懲罰而受到影響。如果吾人僅僅懲罰代罪的個人，那麼將無法嚇止公司犯罪的發生。Fisse與Braithwaite主張公司有能力從事犯罪行為的論點，不僅在立論的辯護上具有防禦性，該論點更彌補了白領犯罪個體研究途徑（即個體的犯罪行為）的不足。

在另一方面，若從嚴格的字義上來看，組織是無法行動的。政府部門及公司機構的所有活動，都是來自於特定人員的決策和行動。組織性的犯罪行為，乃是組織成員基於組織利益所從事的違法行為。個體是被整合在組織內的各個角色中，而由組織形塑活動的類型（Shover & Hochstetler, 2002）。換言之，個體的角色定位通常受制於組織的需求。在某種程度上，組織會訓練、教導以及說服成員去從事犯罪活動，所以這些犯罪行為應該被視為組織的犯罪行為，而不是個人的犯罪行為。Sharpe（1995）指出，公司中層主管常因受業績壓力的「恐嚇」而犯罪，這些主管不會因恐嚇而免罪，但可減輕責任。總之，究竟應把焦點置於組織或個體上，此爭議很難完全平息。

公司犯罪很少是由整個組織所涉及的，事實上，組織中的大多數人員並沒有直接參與犯罪行為，主要是組織及其資源促使一小部分的主管

或員工從事犯罪行為。組織可能透過下列方式形成犯罪機會：大量服務富裕且容易接近的潛在被害者、製造非人稱性的交易行為（impersonal transactions）、製造及分配資源、提供策略性的方法或機制以促發及掩飾違法行為，以及形成一種可以違反新規範的氣氛等。有些組織甚至會企圖影響它所處的法律環境、提升經濟環境的預測性及穩定性，以及設法排除加諸組織的民事及刑事責任等。此外，還有一些有助於公司犯罪發生的合理化藉口：法律及規範不易理解、太複雜、成本過高、不合理、干涉企業自由，競爭者違法但未受罰，違法在經濟上是必要的、甚至是有利的，儘管可能造成傷害，但也是極輕微的（Friedrichs, 2004）。這些理由無形中助長了公司的犯罪傾向。

二、機構犯罪性的有關變項

不同層級的組織分析，有助於吾人了解組織性的犯罪。以社會心理學的層級來分析，組織可以被視為一個能夠影響個人形成犯罪態度和從事犯罪行為的環境。以結構的層級來分析，組織也可能具有助長犯罪發生的結構特徵與社會過程（如垂直分化與水平分化）。以生態學的層級來分析，組織可以視為具犯罪傾向環境中的一部分或次級系統。

有些組織是具有犯罪強迫性的（crime-coercive），有些組織則會引發犯罪（crime-facilitative，提供促使犯罪發生的條件）。有些行業或是組織的網絡因為特殊的條件及行業的規範，使得它們在本質上就具有犯罪的傾向。譬如，Denzin（1977）就曾以酒品業為例加以說明，酒品業是一種由酒品製造商、批發商以及零售商等三個階層所組成的系統，製酒商通常會在批發商身上加諸銷售配額的壓力，接著批發商就可能連結起來鎖定價格或是哄抬價格，並提供佣金給零售商。而零售商又可能和製酒商進行非法交易，並向執法人員行賄，上述這些行為的目的是為了追求利潤。又如汽車業，製造商對銷售商施壓以求增加銷售量，在薄利多銷的策略運用下，銷售商往往透過不實的服務以及變造保證的內容以增加利潤。此外，向中古車商提供回扣（以收購消費者的舊車）及操縱註冊過的售價以逃漏稅，

都是汽車業常有的事。另外還有國際性的製藥業，他們唯恐投資高額成本所開發出來的藥品無法被批准上市，賄賂情形時有所聞（Braithwaite & Drahos, 2000）。在證券業，新管制以及革新壓力產生對資訊的新需求，同時也改變了現有網絡和關係的本質，以致從事違法行為的誘因無法受舊有管制的有效約束。還有許多其他行業（譬如石油業），也存有類似的犯罪條件。

　　組織性的犯罪可以由組織環境中的內在與外在因素來解釋。有關公司犯罪的理論，若不是企圖要解釋為何有些公司會犯罪？有些公司不會犯罪？要不然就是要說明為何公司犯罪在某些特定時段會明顯增加。一些有關的內在變項，諸如公司的大小、公司的財務狀況、公司對於利潤追求的強調程度、透過不同單位或部門所造成的責任擴散、倡導遵從公司利益的公司副文化等均是（Benson & Cullen, 1998）。就公司的大小而言，有研究發現大型公司如果愈複雜、愈強調公事公辦以及愈集權等，那麼愈有可能從事違法行為（Pearce & Tombs, 1998）。也有研究指出，大型公司因擁有較多的資源及專業技術，所以比小型公司較易於遵守法律的規定。有較多的證據似乎支持，財務狀況不良的公司較有可能從事違法行為（Shover & Bryant, 1995）。

　　根據一項針對療養院行業（nursing home industry）所作的研究顯示，營利性機構比非營利性機構較可能從事違法行為。當公司的獎懲結構較強調獎勵短期的成功而較不注重懲罰長期的失敗時，或是當中層管理者遭受高層人員為追求極大化利潤而加諸壓力時，或是當管理者對於自己訂定決策所造成的傷害可以規避責任時，違法行為往往較容易發生。高層管理者把自己心中的期望以「信號」（signal）或暗示的方式傳達，比較不會提出明確的指令叫部屬從事違法行為，而中層管理者通常會配合高層管理者所傳達的寓意。總之，中層管理者相信這些內在因素比引導他們工作行為的外在道德價值觀或期望要來得重要（Jenkins & Braithwaite, 1993）。

　　有許多外在因素與公司犯罪有關，這些外因素諸如經濟環境（如經濟不景氣）、政治環境（如管制法案的立法）、企業的集中性（競爭者的數

量）、產品配銷網路的型態與力量、產品的區隔性以及行業的規範傳統等。當公司處於底下這些情況時，公司有較高的可能從事犯罪行為，譬如當達成目標的合法機會被阻絕，而非法機會卻垂手可得時；當社會大眾對公司犯罪較寬容時；當管制的法律微弱或無效時，以及當政治與經濟的環境氣氛強調利潤追求時。雖然在邏輯上，當追求利潤的外在壓力愈大時，較可能促使公司從事犯罪行為，但有研究顯示，當公司面臨較大的此種壓力同時又摻雜其他因素的時候，公司才較可能犯罪（Simpson, 1993）。

組織所處的生態系統（ecosystem），也是一種非常重要的外在環境。從資源依賴的觀點分析，在面對外在壓力時，依賴性較高的公司較可能從事偏差行為，特別是當偏差行為以外的選擇受到限制，以及公司結構會助長偏差行為發生的時候最為明顯。另外，從整個架構中的位置來分析，當金融機構或公司位於社會控制無法觸及之處時，金融性的犯罪行為往往成為可能（Benson & Cullen, 1998）。此外，研究指出，證券業擁有較低的倫理價值觀（Tomasic & Pentony, 1989）。總之，組織聯盟的網絡以及網絡間所引發的犯罪機會，已被學界認為是公司犯罪發生的重要因素。

三、機構的犯罪——小結

組織不是人，只有真正的人才會擬定決策與採取行動，因此公司的政策、規範及目標是由人所制定的。但在另一方面，公司的政策、規範及目標會產生很大力量，在此力量影響下，有可能會形成某些與公司政策、規範及目標制定者原意無關的行為，其中包含犯罪行為。在上述討論中，本節觸及了組織性或公司犯罪解釋因素的複雜面。事實上，僅採用任一種極端觀點（僅認為公司和人一樣具有行為能力，或僅認為公司不是人、不具行為力），都可能扭曲了事實真相。因此，在有些情況下，應將組織視為行為者；在另外某些情況下，個人應該才是真正的行為者。但無論如何，應避免使用模糊不清或不當的參考資料而混淆了事實。

第五節　解釋白領犯罪

　　許多有關白領犯罪的解釋是聚焦在犯罪事件（crime）上，而不是犯罪性（criminality）。此類解釋多數屬社會學範疇，它們較強調環境或機會上的差異，而較少強調個體上的差異。在此觀點下，我們可在不同階層之間、不同職業之間及不同公司組織之間，解釋白領犯罪程度上的差異。

　　結構因素（structural factors），通常是社會學理論所強調者，結構因素的觀點有兩種，一是著重導致犯罪發生的社會條件（social conditions），另一是著重權力與資源分配及其如何影響犯罪定義和犯罪化過程。與結構有關的問題包括：定義白領犯罪的法律，是受何種力量影響制定的？能夠有效執行這些法律的司法體系，要靠何種力量始能建立？違法行為的機會，是何種力量形成的？從事違法行為的動機與合理化作為，又是何種力量導致的？

一、共通性犯罪理論與白領犯罪

　　運用一個理論可以同時解釋白領犯罪和傳統犯罪嗎？或是不同類型的犯罪需由不同理論來解釋？在此問題上，犯罪學家有兩派不同看法。Sutherland之所以會研究白領犯罪，有部分原因是他認為當時以貧窮及社會病態作為犯罪根本原因的主流犯罪學理論，是無法解釋上層人士及企業的違法行為。而Sutherland所提出的差別接觸理論，是一個他認為可以同時解釋傳統犯罪及白領犯罪的共通性理論。近代有關建立其他共通性犯罪理論的努力，本章稍後將討論。

　　共通性犯罪理論曾受到多方面的批評，過於簡單及概化是其中較常見的批評。雖然，自然科學的某些共通性理論可以成功解釋許多自然和物理現象，但由於人類行為具多變性，此種理論的解釋效能不禁令人質疑（Weatherburn, 1993）。Friedrichs（2004）指出，至今尚無任何共通性理論可以解釋傳統犯罪率與白領犯罪率之間的差異。與共通性理論對立的觀

點，就是認為白領犯罪需要以不同於解釋傳統犯罪的理論來解釋，甚至不同類型的白領犯罪可能需要不同理論解釋。或許在兩種觀點之間存有中介地帶，即傳統犯罪與白領犯罪兩者既有某些共通處，但又是不同原因所造成的。例如從事街頭搶劫的青少年與從事內線交易的銀行業者在動機上或許是相同的（追求利益），但這樣的解釋對於違法活動型態、引發違法行為的環境，以及白領犯罪者自我觀念及合理化過程等問題的解釋上，並沒有太大幫助。一個主張以相同動機為原因來解釋青少年竊盜及企業環境犯罪的理論，對任一犯罪發生的脈絡，都無法提供深入與完整的解釋。

二、古典犯罪學與理性選擇

針對人性、正義原則以及經濟活動深具影響性的觀點，多數出現於十八世紀末。義大利的貴族同時也是經濟學家，C. Beccaria，其在1764年所發表名為〈論罪與罰〉（On Crimes and Punishments）的論文中，強調人是理性的動物，並且倡導以理性和公平的原則來改革刑事司法體系。另外，在〈道德原理與立法之導論〉（An Introduction to the Principles of Morals and Legislation）一文中，英國哲學家J. Bentham提出所謂的「功利主義哲學」（utilitarian philosophy），認為人類會「計算」（calculus）如何去增加快樂和減少痛苦，Bentham的觀念部分是受到Beccaria的影響。

人能理性選擇及罪責相當的觀念，長久以來一直是刑事司法體系運作的核心思想。蘇格蘭道德哲學家及經濟學家亞當・史密斯（Adam Smith）曾於1759年撰寫〈道德感論〉（The Theory of Moral Sentiments），他認為人無法免除道德感的培養，人的行為以自我利益為本質，此論點長期受到主流經濟學家的支持。當然，今日有許多經濟學家並不贊同人是全然理性的觀念，他們反而強調文化、道德及心理等因素的影響力。社會科學中有一觀點愈來愈接近為共識，那就是人類行為所反映出來的是一種包含理性選擇、情緒及價值觀的綜合體（Friedrichs, 2004）。不過，人類是理性和自利行為者的觀念，仍是法律和大眾對白領犯罪者的主要觀感。

近來，古典學派的觀念再度受到學界重視與倡導，被稱為現代新古

典犯罪學派，他們主張理性選擇（rational choice）、日常活動（routine activities）及社會控制（social control）的觀點（Peck, 2001）。這些犯罪學家將犯罪人視為會評量行為成本與利益的理性人，如果行為者認為犯罪行為被懲罰的可能性很低，而且又有個人受益的高期待時，通常行為者便有可能從事犯罪行為。主張此觀點的犯罪學者並不反對其他因素——如體質（如遺傳）、發展（如家庭影響力）、社會環境（如勞工市場）——會限制理性，並影響犯罪行為的發生，不過他們更相信，理性選擇可以解釋大多數的犯罪行為。H. Simon（1976）就曾提出「有限理性」（bounded rationality）的觀念，說明人或組織通常是在資訊不完備的情況下做抉擇，也就是根據所獲得的有限資訊做理性抉擇。

許多學者認為，理性選擇假說可以運用在白領犯罪的解釋上。如果我們假設人類有能力做理性選擇，那麼那些受到較好教育以及身居較高職位的人，就可能擁有較多考量和行為的選擇。但理性選擇觀點的運用，大多在傳統犯罪的解釋上，而不是白領犯罪，這種矛盾或許與這些學者的保守意識型態有關，他們似乎把傳統犯罪視為主要的犯罪問題。

三、犯罪與選擇的其他面向

運用理性選擇理論來解釋白領犯罪及公司犯罪，尚有其他途徑。Paternoster與Simpson（1993）認為，公司犯罪是管理者為規避風險，經評估各種成本與利潤後，所作的一種工具性與策略性選擇。雖然選擇涉及廣泛的考量，但是「管理者認為法律及規範不合理」的這種觀點，是他們選擇違法的主要因素。不論管理人員的意向或偏好為何，他們的行動必須以公司利益為導向，這讓他們深受壓力。此種面對職業壓力所作風險與利潤的理性評估，當然也可以運用到其他類型白領犯罪的解釋上。

雖然，以理性選擇觀點來解釋犯罪較屬保守派或右派的思想，但如果認為左翼思想一定是決定主義，那可能就錯了。儘管是馬克思（K. Marx）也都認為人類有能力做選擇，特別是選擇對資本主義壓迫的反抗。近來，新馬克思主義式的、激進和批判式的犯罪研究途徑，日益強調

資本主義社會的結構狀況促使犯罪發生以及不公平現象的形成。但是此種途徑並不必然與理性選擇的觀點相牴觸，有些左翼的學者就認為，在某種程度上，犯罪（包含白領及傳統犯罪）可以說是對於資本主義社會的一種理性反應。他們認為，主要的挑戰就是要改變政經的型態，如此才能使選擇傷害他人的壓力降至最低或予以祛除，以及始能提供社會所有成員較為正面的選擇（Young & Matthews, 1992）。

四、社會控制

社會控制理論所主張的人性觀，不同於多數社會病理理論所主張者。社會控制理論認為「人為何會犯罪？」這個問題無須回答，而「人為何不犯罪？」這個問題才有回答的必要。這個問題的回答是，如果人與傳統機構（諸如家庭、學校、教會等）之間建立了強而有力的連結（附著、參與、奉獻、信仰），那麼就比較不會從事犯罪行為（Hirschi, 1969）。基本上，社會控制理論所主張的人性觀與理性選擇理論所主張者頗為接近，而與主張人類是由環境所塑造之社會動物的社會學理論不同。

在一個以白領犯罪資料來驗證社會控制理論的研究中，Lasley（1988）發現，愈附著於公司以及愈參與公司事務的汽車公司主管，愈少從事侵害他們雇主的白領犯罪。由此推論，如果社會控制理論是正確的，當公司主管與公司之間若建有強烈的連結時，那麼公司主管就愈有可能因為公司利益而從事犯罪。

五、社會過程與學習

在差別接觸理論（Differential Association Theory）中，Sutherland（1947）認為犯罪行為是經由與具犯罪傾向之人的接觸過程中學習來的。換言之，假使一個人接觸了有利於犯罪的定義多於不利於犯罪的定義，則他便可能成為犯罪人。Sutherland認為此等定義是透過與他人溝通過程中所學習到的。他更強調，差別接觸理論可以運用在低階層犯罪以及白領犯罪的解釋上。有關犯罪行為學習的過程與內容，Sutherland提出了九項相

互關連的命題來說明，並認為白領犯罪可能比低階層犯罪更容易透過差別接觸來解釋。一則是因為白領犯罪者擁有較為廣泛的學習選擇，另一是白領犯罪的複雜性較高，其技巧必須透過學習始可獲得。根據Sutherland的觀點，組織在白領犯罪的實施中扮演的是一種工具性的角色（instrumental role）。Sutherland聲稱，當某人進入一個組織時，他經由與組織成員接觸的途徑中學習到違法行為的技巧以及合理化的技巧。如果沒有組織，就沒有接觸，也就沒有從事白領犯罪與合理化技巧的學習，當然也不會有白領犯罪。

有關差別接觸理論，Sutherland的九項命題分別是：

㈠犯罪行為是學習來的。

㈡犯罪行為是在與他人溝通的互動過程中，學習而來的。

㈢犯罪行為的學習，主要發生在個人的親近團體中。

㈣當犯罪行為受到學習時，學習的內容包括：

　　1.從事犯罪行為的技巧，此種技巧有時很複雜，有時很簡單。

　　2.特定的動機、驅力、合理化方法及態度。

㈤犯罪的動機或驅力乃個人學習到對法律有利或不利之定義的多寡而得。

㈥某人之所以成為犯罪者，乃是因為他接觸了有利於犯罪的定義多於不利於犯罪的定義。

㈦差別聯繫因頻率、持久性、先後次序和強度而有所不同。

㈧犯罪行為的學習機轉與其他行為的學習機轉相同。

㈨犯罪行為雖可解釋一般的需要和價值，但卻不為這些需要和價值所解釋，因為非犯罪行為亦解釋了這些需要和價值。

Sutherland的弟子D. R. Cressey亦是差別接觸理論的提倡者。Cressey（1953）曾針對被監禁的違反金融信用犯罪者進行研究，發現他們之所以會違反信用，主要是經由下列幾個步驟：

㈠知覺自己已有無法告知他人的財務問題（non-shareable financial

problem），而且此問題無法透過合法方式來處理。

㈡認同可藉其有利的信用地位，以解決所面臨的問題，並以合理化的理由說服其行為。例如這根本不是犯罪，可以證明這是正當的，因某些無法完全解釋的原因，只能算是一般不負責任的行為等。

㈢從事違反法律的行為。

Cressey在建構此理論時尤其強調，違反信用規則者所使用的理由或藉口，是從事犯罪的必要條件與精髓。他們不僅為自己違法的動機進行辯護，而且尋求個人為什麼從事犯罪的適切理由。當無法告知他人的財務問題以及自己的信用地位與關係被確知後，根據自我合理化方式，將可使違反信用行為獲得自我脫罪的有力辯解，繼而導致信用違反的發生。每一位白領犯罪者，並沒有為其罪行發明一種新的理由，而其應用的理由，乃是源於其所屬之次級文化的接觸，而該文化的意識型態，決定白領犯罪的存續與否。

Cressey的研究說明了犯罪者如何從民俗（folkway）中吸取資訊，來掩蔽其真正動機的互動狀態，亦即說明犯罪行為、心理過程和偏差文化三者間的互動情形。

但是，上述此種偏差副文化的途徑具有底下若干限制或盲點。第一，Sutherland的理論並不能解釋為何工作在同一組織的人（即處於相同副文化的人），有人犯罪，有人卻守法。之後，Cressey曾解釋這是人格特性上的差異，需要更進一步的研究。果真如此，Cressey本人似乎已修正差別接觸理論，而承認不同個體對有利於犯罪定義的接受能力存有差異。

第二，Sutherland在探討犯罪技巧之學習時，並未說明這些犯罪技巧的來源，亦為另一盲點。第一個「犯罪導師」又是如何學習到這些犯罪定義與技巧？同時，差別接觸理論似將犯罪行為之學習描述成一有系統、有步驟的行為。但許多犯罪行為卻是在一種自然或突然的狀況下發生，且單獨從事犯罪的初犯亦不少，事前並無任何學習。差別接觸理論並無法解釋

這些實證上的事實。

第三、Sutherland將涉及違法行為的過程（process）與違法行為的原因（cause）混淆在一起。

第四，差別接觸理論隱喻那些在實證上與犯罪成負相關的因子（諸如年齡、智商等）應與犯罪成正相關，這一點也是與實證資料不符的。

六、中立化、合理化及解釋

在探究白領犯罪的過程中，中立化（neutralization）、合理化（rationalization）及辯解（accounts）這三者的相關概念是非常重要的。大多數的白領犯罪者並非是全然藐視法律和傳統行為規範的「惡徒」，他們還是傾向接受大部分的法律及傳統規範，他們對於街頭犯罪者的行為也經常表示反對。既然如此，他們怎麼會成為違法者呢？

回答此問題的答案之一就是：他們經常運用「具動機的言語」（vocabulary of motives），如藉口（excuses）、正當化（justifications）及否認（denials）等型式的言語。Scott與Lyman（1968）曾對藉口與正當化兩種型式的言語研究其差異，發現藉口型式的言語較具防衛性（defensive，如訴諸意外事故），而正當化則是對行為予以正向的說明（如訴諸較高度的忠誠）。Nichols也曾區分中立化與辯解的不同，他認為中立化是有關未來或正在進行的行為，而辯解則是針對已發生的行為。姑且不論這些區別，上述名詞經常被交替使用。

Cressey（1953）在其有關侵占行為的重要研究「別人的錢」（Other People's Money）中，指出合理化在解釋白領犯罪者的行為上是極為重要的。Cressey發現侵占行為發生的過程往往是，身居受信託職務的個人，面臨不可為他人所知的財務問題，繼而運用合理化的方法（例如只是「借用」而非盜用）侵占他人財物。除Cressey外，S. Box（1983）也發現，五種由Sykes與Matza所建立的「中立化技術」（techniques of neutralization，中立化技術是Sykes與Matza用來解釋少年犯罪者如何在傳統與非行規範之間「漂流」（drift），以及如何合理化他們的違法行為）也被公司職員所

採用，以合理化及辯解他們的違法行為，Box指出：

(一)公司職員藉由聲稱有關法規模糊不清、違法事件純屬意外或該事
件是由他人做關鍵性決定等藉口，來否認違法行為的所有責任
（此種合理化藉口經常出現在公司污染案件）。

(二)將自己的違法行為合理化為具有經濟效益，以否認該行為所造成
的損害（此種合理化藉口經常出現在內線交易案件）。

(三)藉由聲稱沒有人因其行為受到真正損害，以否認有被害者的存在
（此種合理化藉口經常出現在企業賄賂外國官員的案件）。

(四)藉由聲稱某些法律對企業自由是一種不當干涉，以譴責那些譴
責他們的人（此種合理化藉口經常出現在不安全工作職場的案
件）。

(五)藉由聲稱公司以及股東的需求優先於只圖守法（應積極為公司及
股東創造利潤），以顯示自己具高度忠誠性（此種合理化藉口經
常出現在違法壟斷的案件）。

Benson（1985）的研究也支持這些合理化過程的意義與重要性，他發
現判決有罪的違法壟斷者常表示，他們只是依照行業中的運作習慣辦事，
或聲稱該行業的現況迫使其違法，他們別無選擇。

除違法的公司主管外，尚有其他白領犯罪者使用合理化手法。所使用
的合理化方式，會因為違法行為的不同而有差異。例如逃漏稅者，就常說
「每一個人都會逃漏稅，又不是只有我一人」；詐欺犯則常聲稱「某某人
才應該被譴責」。Nichols（1990）在其研究支票詐欺案件中也發現，涉案
機構中不同層級的管理人員所採用的合理化方式不盡相同。

合理化在政治性白領犯罪案件中也是非常重要的，例如美國水門事件
及伊朗軍售案，違法者就常以「因國家安全及考量國家長期利益的需求」
的藉口來說明自己違法的理由（Cavender et al., 1993）。不過，由於合理
化、中立化以及辯解三者現象經常是在犯罪發生後才出現，所以很難確定
它們是促使違法行為發生的原因，或許它們只是在犯罪後被製造出來以掩

飾自己錯誤的藉口而已。但無論如何，合理化在白領犯罪的發生上仍扮演相當重要的角色。

七、互動理論及標籤理論

有關犯罪的互動理論，主要源自強調「意義」是來自人類互動結果的符號互動論（symbolic interactionism）。互動論的觀點在1960及1970年代極具影響性，其最主要的關切焦點在於社會對犯罪的反應過程（或某些特定人被認定為犯罪人的過程），而不在於一般標準式的原因論問題：「是什麼因素使他們犯罪？」因此，諸如「邪惡的戲劇化」（dramatization of evil）、「二級偏差」（secondary deviance）以及「主要身分」（master status）等概念，在犯罪行為（當然也包含白領犯罪）的了解與探究上，顯得格外重要。

第一個要點是，強權者比弱權者較能避免被標籤為偏差行為者或犯罪者，強權者較能成功談判、周旋以避免自己遭受不良標籤的烙印。而自我合理化以及持續從事損害行為，可說是不讓自己所為的損害行為遭受標籤烙印的一種過程。另一方面，Lemert（1951）主張「二級偏差行為」的概念，即當個人被標籤為偏差行為者或犯罪者之後，當事人會逐漸適應（adaptations）他人所標籤的身分，逐漸接受偏差行為的自我形象（deviant self-image），進而導致更多的偏差與犯罪行為發生。據此觀點，對某人加諸犯罪標籤，即當事人犯罪的重要原因。

不過，標籤過程本身會促發更多犯罪行為的這種主張受到多方質疑，而且不易獲得實證支持。學者Friedrichs（2004）指出，經由刑事司法體系處理的（即經標籤化的）白領犯罪者，多數並沒有反映出明顯的烙印效果，這可能與「白領犯罪者比傳統犯罪者具較多的合法選擇」有關（即不一定要選擇違法行為）。在一項針對烙印效應的研究中，Schwartz與Skolnick（1964）發現，因不當醫療行為而遭控訴的醫師比因傷害而遭控訴的非技術性工人較不會產生烙印效應。即醫師並不會因控訴而損害其職業身分，使其感到痛苦，繼而為降低痛苦而接受違法者的身分，繼續從事

違法行為。此外，Benson（1984）在針對判決有罪之白領犯罪者的研究中也發現，某些白領犯罪者（律師及其他享有崇高信用地位的專業人士）會因爲烙印後果而感到痛苦，其他白領犯罪者（企業主管人員）卻較不會產生烙印後的痛苦。Benson還發現，許多判決有罪的白領犯罪者對於社會企圖追訴與處罰他們（即企圖烙印他們）的作爲感到憤怒，Benson認爲此種憤怒可能會轉化爲對法律的輕蔑態度。總之，對白領犯罪者加諸標籤會導致更多白領犯罪發生的論點，並沒有獲得實證上的一致支持。

八、結構性緊張與機會結構

在涂爾幹（E. Durkheim）有關「亂迷」（anomie）的原始概念中，指的是因社會快速變遷所造成的一種無規範狀態（傳統行爲規範被瓦解，新行爲規範尚未建立）。Lilly等人（1989）研究發現，美國在1980年代所發生的一連串內線交易事件，就是與當時造成毫無忌憚追逐金錢利益風氣的亂迷情境有關。

之後，R. Merton（1957）對亂迷的觀念予以修正，提出所謂「社會結構與亂迷」（Social Structure and Anomie）的觀念，他指出，社會長期以來存在一種以追求物質生活爲成功目標的風氣（當時美國社會就是如此），但是獲得成功的合法途徑並沒有被平均的分配。Merton對那些缺乏追求成功目標之合法途徑（譬如良好的教育與職業）而又未放棄追求成功物質生活的人，賦予「革新者」（innovative）一名詞，而在他們的「革新作爲」（innovation）中，有一些便是犯罪行爲。雖然，此種對於犯罪行爲的解釋幾乎與經濟弱勢者有關，但Merton並不否認白領犯罪的存在，只是他認爲多數白領犯罪是不易見或不易知的，同時他也承認十九世紀美國一些缺乏道德良知的大企業家及其追隨者，運用非法或非倫理的「革新作爲」來實現他們的經濟目標。在早之前，Merton（1968）也曾經表示，當過於強調科學原創性而讓科學家面臨巨大壓力時，科學家也可能會採取「革新」（非倫理的或非法的）的行動來面對，例如剽竊或假造數據等。

如果「成功」在社會上層人士中受到過度強調，同時追求的是一種

無可限量的成功，那麼Merton有關亂迷的理論不僅可以解釋傳統犯罪，更可解釋白領犯罪。事實上，已有學者運用Merton的理論來解釋公司犯罪現象，他們發現確實有公司採取「革新」（非法或非倫理的）作為以實現合法途徑所無法實現的目標。研究指出，社會上層者從事犯罪行為且逃避法律追訴，不僅促使社會亂迷氣氛的形成，更造成下層階級者對法律制度的困惑與不滿（Keane, 1993; Passas, 1990）。

另外，有些學者將Merton的亂迷理論（或稱結構性緊張）做了一些修飾，例如A. Cohen（1955）就建立所謂的「身分剝奪理論」（status deprivation theory），R. Cloward與L. Ohlin（1960）建立了所謂的「差別機會理論」（differential opportunity theory）。這兩個理論原先是解釋下層階級青少年的犯罪與偏差行為，但仍與白領犯罪有關。

身分剝奪理論主要的解釋標的，乃是下層階級青少年之犯罪與偏差行為中有關非功利、邪惡及負面等特性，該理論認為犯罪與偏差行為是下層階級青少年追求身分地位的一種替代性方式。雖然，白領犯罪較傾向功利的、工具性以及正面目標導向等特性，但仍有某些白領犯罪（例如不滿員工對公司所從事的怠工或破壞行為）是針對合法身分或地位遭受剝奪的一種回應。

差別機會理論主張，某些犯罪行為（如竊盜、販毒、幫派衝突等）的原因主要是受到機會結構的影響。Braithwaite（1992）認為Cloward與Ohlin忽略了違法者可能會積極創造違法機會的事實，修正後的觀點可運用在強權者與高威望者犯罪的解釋上。有些白領犯罪可以被解釋為，當事人在面對違法機會（不論是先前已經存在的或當事者創造的）價值吸引力高於合法機會價值吸引力之情境的一種反應。

緊張理論所導引出的政策隱涵，當緊張出現時，犯罪（或其他不良適應行為）就有可能發生，當除去緊張，犯罪就會消失。那些強調改善低階層者生活條件以及去除對低階層者不公平制度的方案，都可說是植基緊張理論的公共政策。然而，緊張理論仍招致批評，第一，Gottfredson與Hirschi（1990）發現犯罪發生率在青少年晚期達到高峰，然後隨著年齡的

成長逐漸下降。他們曾引用多種資料進行分析，發現犯罪與年齡的分布類似一種自然法則，具有相當高的穩定性。而緊張理論無法解釋犯罪與年齡的分布現象，由於那些遭受挫折青少年的命運不易改變，那麼是什麼原因使他們不再犯罪的？第二，高抱負可能形成守法而非偏差行為，更重要的是，違法青少年不必然都有被剝奪之感。總之，緊張理論與社會事實之間的符合性有待驗證。

第六節　衝突理論與犯罪傾向的社會

衝突理論（conflict theory）主要所關切的乃是犯罪化的過程。衝突理論反對共識理論（consensus theory）所主張社會是一個有機（或整合的）系統的觀念。由於社會中愈具權力的團體愈可能影響法律的內容與特性，因此衝突理論的關切焦點，乃在於辨識不同團體的價值與利益是如何相互衝突的。在此觀念下，弱勢者的行為較可能被定義為犯罪。衝突論看起來似乎無法對白領犯罪及白領犯罪性提供足夠的解釋，除非我們承認白領世界是非常多樣且異質的（heterogeneous），以及權力大小是相對的。在立法過程中，不同白領階層的利益與價值當然也有對立的情形。總之，衝突理論中的新馬克思主義或激進觀點（neo-Marxist or radical version）對犯罪行為的根源提供了與主流理論不同的解釋，底下將對該理論進行討論。

一、當代資本主義社會的結構與白領犯罪

對於白領犯罪最基本的結構性解釋（structural explanation），就是以社會本質為焦點。有些白領犯罪研究學者將資本主義社會視為引發白領犯罪的根源，馬克思主義或新馬克思主義便是主要論點。

K. Marx及F. Engels並沒有將任何型式的犯罪當作人類社會中必須存在或不可避免的特徵。相反的，他們認為犯罪是階級社會的一種產物，而在資本主義社會中尤其明顯。他們認為，資本主義促使人類傾向從事犯罪行為。他們甚至表示，資本主義制度使人失去人性，將人類環境中的許多事

物轉化爲商品，並倡導「錯誤不實的需求」（false needs），因此導致許多財產犯罪的發生。

在馬克思主義的觀點裡，資本主義就是一種最糟糕的犯罪——有系統地剝削勞動階級。Engels（1958）在其《英格蘭勞動階級的狀況》（*The Condition of the Working Class in England*）著作中，就明白指出資產階級者事實上等於犯了殺人罪，因爲他們清楚知道工廠及礦坑中的工人會因爲不安全的工作條件而使生命受到損害。私人擁有資本導致許多社會性的損害行爲發生，Michalowski（1985）稱其爲「資本性的犯罪」（crimes of capital）。

但是除了資本主義本身的犯罪行爲外，Marx與Engels（及其追隨者）也指出，犯罪（不論是貧窮者或富有者所從事的犯罪）是對於造成貪慾、自我或個人主義傾向、競爭及品性低俗之經濟體系的一種合理或無法避免的回應。一旦資本主義體系遭遇經濟危機，從事犯罪行爲的壓力便會增加。當代資本主義社會所蘊含的疏離感與不可信任感（相對於傳統的血緣社會），便是促使某些名流菁英與政府權勢者合作從事犯罪行爲的重要原因。企業機構尤其明顯，因爲企業機構大多處於市場力量分配不均或充滿利潤和成長壓力的環境下，只要違法活動產生的潛在利益高於潛在成本時，違法活動便成爲可能。政府對於企業活動的管制措施，往往因爲企業界在立法與執法上擁有強大的影響力，以及政府本身也希望累積與擴大產業資本，因而遭到負面影響甚至抵制。

(一)馬克思主義的限制

以馬克思主義的觀點來解釋白領犯罪，至少有兩項明顯的限制。第一，它無法妥善解釋出現於非資本主義國家（如社會主義國家）的白領犯罪，同時它也無法妥善解釋白領犯罪在不同資本主義國家中的差異性；第二，它無法妥善解釋爲何在資本主義社會中有些人或機構從事白領犯罪，有些人或機構卻不會從事白領犯罪。

有關上述第一點，Braithwaite（1988）指出，社會主義國家也有許多

貪瀆以及公司犯罪和職業上犯罪。在極權國家，企業因為處於達成產量目標的績效壓力下，經常賄賂政府官員。事實上，這種壓力和資本主義制度下的競爭壓力是非常類似的，而且過度強調競爭壓力，可能會忽視某些白領犯罪並非是因為競爭壓力所致而是出自合作的事實（譬如某些公司間的價格鎖定行為）。此外，值得注意的是，若欲以資本主義效應來解釋白領犯罪，必須要注意今日的資本主義社會已經和古典資本主義模式有很大不同；同樣的，當代的社會主義社會也與其原始模式亦有很大差異。事實上，在資本主義國家，很早就有許多市場及公共利益的相關管制措施，而社會主義國家也已逐漸施行自由市場的有關措施。

(二)資本主義與白領犯罪——小結

從前面的討論中可以得知，資本主義的政經結構，並非是促使白領犯罪發生的唯一鉅觀結構性因素。但我們也不能忽視證據所顯示的，社會所存在的某些資本主義要素（例如利益或物質獲得後可享特權、無情的競爭、財富與權力的分配不均等）是許多白領犯罪背後的一股強大催化力。

1980年代的美國，即所謂雷根－布希時代（Reagan-Bush era），被認為是最代表資本主義的一個時代。以官方說法來表示，政府所支持和鼓勵的是自立、企業精神以及主動積極等美德，但另一方面，該時代招致許多批評，C. Derber（1992）就認為那是個「經濟狂暴」（economic wilding）的時代，他指出當時個人及企業在缺乏道德約束下，經常是在犧牲他人的情況下謀取自己利益。當時白領犯罪極其猖獗，一連串的金融機構違法事件以及內線交易事件，都是造成嚴重損害的白領犯罪案件。Derber更進一步表示，這種高漲的個人主義也對社會秩序造成巨大負面衝擊，尤其是都市的暴力事件以及年輕人的詐欺活動最為明顯。Rothstein（1992）也有類似回應，他表示，近世紀的「真正掠奪者」（real looters）並非是那些都市中的青年暴力犯，而是那些造成員工、消費者及納稅人蒙受經濟損害的企業高層主管。

Barron（1981）曾以美國社會為例提出呼籲，他表示美國社會因為現

代化、都市化及官僚化等特性而助長了非人稱性（impersonality）與工具主義的充斥，美國社會過於強調競爭，再加上拓荒精神文化價值觀所強調的強硬及抵抗權威等特性，使得美國社會本身帶有某些犯罪傾向。從上述中可知，欲深刻了解白領犯罪現象，社會結構特性是不應被忽視的。

二、激進和批判觀點與白領犯罪

雖然，當代激進派的思想被認為是以馬克思理論為基礎，但並非全然如此。Reiman（1982）指出，主張馬克思主義的是唯物論者（materialist），他們傾向將諸如白領犯罪的現象解釋為物質製造機構（organization of material production）所造成的；而主張激進主義的是理想主義論者（idealist），他們傾向將諸如白領犯罪的現象解釋為白領階級或上層者之意圖（intentions of elites）所造成的。Sutherland就被認為其觀念中帶有激進式的緊張成分（radical strain）。儘管1970年代所發展的激進犯罪學（radical criminology）受馬克思主義影響很大，但其所欲解釋的標的，仍是政府及企業人士濫用權力的犯罪行為。大多數的激進犯罪學研究，幾乎均在探究犯罪化的過程，而非犯罪原因。

從1980年初開始，發展中的激進（或批判）犯罪學中出現了一些新觀點。這些觀點包括左派現實主義（left realism）和解犯罪學（peacemaking criminology）、女權主義犯罪學（feminist criminology）及後現代主義犯罪學（postmodernist criminology）等。傳統犯罪及白領犯罪兩者的原因都不是這些觀點的主要關切對象，它們所關切的是：犯罪是如何被理解的（how crime is conceived）？犯罪是如何被建構的？以及對犯罪的適當回應等。

「左派現實主義」的焦點乃在於，針對激進犯罪學過去就傳統犯罪提供不同於主流及保守意識型態的解釋進行補強。「和解犯罪學」則主要是倡導採行和解途徑（reconciliatory approach）解決犯罪問題，不同於「向犯罪宣戰」的主流觀念。

出現不久的「後現代主義犯罪學」，主要在於挑戰「欲在犯罪行為與

357

事件上加諸意義的傳統犯罪學觀點」。由於世界變化快速，若僅以現代狀態作為建立理論觀點的依據恐怕是不恰當的。「構造犯罪學」是一個植基於後現代思想的新觀念，其強調人類世界中意義的多變性（instability of meaning），事實總是不斷的被解構然後再被建構。在此觀點下，就不能將犯罪視為被某因素引發的事件，而應該看做是有關個人或團體互動過程的結果。

最後，「女性主義犯罪學」也是一種對白領犯罪提供不同途徑解釋的批判犯罪學觀點。在傳統上，白領世界是一個由男性所主導的世界，白領犯罪者也是以男性為主。這種男性主控家庭以外之職業——尤其是權力職位——的情形，即Braithwaite（1993）所稱之「機會的性別結構」（the gendered structure of opportunity），可說是解釋白領犯罪者性別上差異的一個重要因素。但是長期以來女性幾乎在所有犯罪類型中都不及於男性的數量，因此造成犯罪數量在性別上的差異應尚有其他因素（如不同性別所接受的社會化過程）。美國官方統計顯示，自1980年代以後，女性詐欺與侵占犯罪人數增加，但是不是都屬於白領犯罪，尚需研究解答。

白領犯罪並不是女性主義犯罪學最主要的關切點，其關切焦點乃在於揭露犯罪與法律體系範圍內的所有父權制及男性主義現象。而男性對於女性的直接施暴型式（如強制性交、婚姻暴力等），是女性主義犯罪學的首要關心對象。根據Daly（1989）觀察，女性白領犯罪者的數量不僅少於男性，女性白領犯罪者的動機（例如因家庭財務需求）也常與男性不同。Messerschmidt（1993）也表示，公司犯罪所反映出的就是一種主張將女性逐出決策角色以及積極追求物質成功之男性氣概的父權模式。然而，將公司職位上的男性換為女性，公司犯罪是否會減少，目前並不清楚。性別對於白領犯罪的發生，到底扮演何種影響角色？此問題或許要到有足夠數量的女性居決策階層後才有答案。

性別與白領犯罪有關的另一議題是：女性在某方面較易成為白領犯罪（尤其是公司犯罪）的被害者。主要是因為女性大多位居公司下層階級，使得她們遭受傷害的機率較大。另外，她們在家中接觸有害藥、食品及危

險家用品的機率也較男性高，即較易成爲不安全商品的被害者。因此，在多數婦女無法進入決策階層的資本主義、父權制社會中，婦女健康及安全需要更多的保護與重視。

第七節　犯罪化的解釋與白領犯罪

　　長久以來，犯罪行爲的解釋始終是犯罪學的關注焦點。然而到了1960及1970年代，隨著以犯罪化爲核心的理論逐漸發展，使得犯罪學的焦點產生了變化。

　　一些不同分析層次的問題，隨著針對犯罪化的探索而被提出。第一，爲什麼有些損害行爲會被定義爲犯罪，而其他相同損害程度的行爲卻沒有被定義爲犯罪？刑法不應該被認爲是一個既定的法律，其所具備的特殊形式與內容，有必要加以解釋；第二，爲什麼有些從事損害行爲的個人或組織會被標籤爲犯罪者，而有些從事相同行爲的個人或組織卻沒有被標籤爲犯罪者？第三，被標籤爲犯罪者的後果是什麼？

　　法律意義顯示，除非某活動被正式認定爲犯罪，否則沒有任何一件犯罪是存在的（包含白領犯罪）。在此意義下，所需解釋的是，爲什麼某些行爲會被定義爲白領犯罪。另外還需解釋的是，爲什麼其他相同損害程度、甚至損害程度更嚴重的行爲卻沒有被定義爲白領犯罪。後者將在第十章討論。

　　犯罪化的過程與白領犯罪的型態有直接關係。在早期資本主義理論家亞當・史密斯的觀點中，就有一種解釋認爲白領犯罪是干涉自由市場經濟之立法的產物。在此觀點下，該法律有利於那些握有雄厚資源並能有效應付及逃避管制措施的富強企業。因此，當市場受到限制與缺乏自由競爭、當勞工受到管制、當管制法規湧現且難以預測時，可以推測背後有更多白領犯罪發生。換言之，法律本身促使白領犯罪發生。惟有在自由市場或消費者的控制下，以追求利潤爲目標的企業才可能提供優質商品與服務。

　　資本主義的批判者K. Marx，不認爲犯罪化是對企業所爲剝削和損害

行為的一種回應。Marx強調，法律對社會中的權勢者而言是有利的，法律反而使經濟剝削及損害行為被合法化和保護（Cain & Hunt, 1979）。也就是說，法律有助於白領犯罪的發生。在Marx的觀點裡，欲使白領犯罪消失，必須廢除私人財產制，並將社會轉型，使人與人之間的生活關係，成為一種平等與合作的關係。在這種社會中，刑法或許是不需要的。

　　事實上，法律並未將所有具損害的白領活動犯罪化（如避稅或逃漏稅），損害性白領活動未被犯罪化的現象，可能刺激這些白領活動的發生。從另一角度來看，法律反而促使白領犯罪不斷以一種非法定犯罪的型式出現。但若去除法律的控制，犯罪的機會則可能因此擴大。美國過去曾因放鬆金融管制，結果導致金融機構發生嚴重的詐欺案件（Calavita et al., 1999）。總之，法律容忍了某些具損害的白領活動存在，同時又為其他白領犯罪製造了機會。

第八節　白領犯罪的整合理論

　　一些研究白領犯罪的學者嘗試吸納不同理論的觀點，進而建構整合模式的理論（integrated theories），目的乃是期望對白領犯罪現象做更完整的解釋。以下我們將討論J. W. Coleman、J Braithwaite以及Calavita與Pontell等人所提出的白領犯罪整合解釋論。

一、J. W. Coleman的整合解釋論

　　Coleman（1987）聚焦於犯罪動機與機會，建構其解釋白領犯罪發生的整合理論。他認為，當文化具有下列特性，如強調「占有性的個人主義」（possessive individualism）、競爭及物質主義、具有許多認為正當的合理化途徑（justifying rationalization）、缺乏一致性的約束力量等，違法動機便容易產生。另一方面，既有的機會結構讓白領犯罪較易逃避法律的控制與制裁（例如菁英者所擁有的強大力量，影響立法與執法），並使不尊重法律或違法成為一種具吸引力的選擇。在私人機構中，當獲利降低

時，違法機會的吸引力可能因此增高，組織原本抵制違法活動的態度因而與促使白領犯罪發生的情況（責任不明確、否認及缺乏權威性的反對力量）產生衝突。某些職業因為機會結構、財務制度及職業副文化等因素，而較易於涉及犯罪活動。因此，白領犯罪最容易發生在瀰漫競爭文化的社會、具有財務壓力的組織以及具有促成違法機會及副文化價值觀的職業中。

二、J. Braithwaite的整合解釋論

　　J. Braithwaite所建立的整合理論，主要基於兩項傳統理論：結構馬克思理論（認為犯罪與資本主義社會所強調的自我主義有關）以及差別接觸理論（認為犯罪是從不同機會中學習來的）。因此，財富與權力分配愈不平均的社會，犯罪率就可能愈高（包括白領犯罪），因為財富與權力分配愈不均，就愈會製造比合法機會更具價值及吸引力的非法機會。機構犯罪，基本上就是在面對極具吸引力之非法機會與支持善用此非法機會之副文化價值體系時，所產生的一種反應。對Braithwaite來說，該理論的挑戰，在於需建構一個能夠預測違法價值何時會高於守法價值的解釋。他認為決定行為傾向的關鍵因素是「差別羞恥」（differential shaming）──行為會傾向於能夠避免羞恥（責難、反對）的一方，不論羞恥是來自其組織或國家。因此，從事白領犯罪與否，可以視為是否容易遭受羞恥的一個函數。組織若保護其違法成員避免受羞恥，且在成員身上加諸績效壓力，那麼白領犯罪（尤其是公司犯罪）就極有可能出現於此等組織中。組織若主動採取措施讓違法者接受羞恥，那麼白領犯罪就比較不會出現在這種組織中。換言之，Braithwaite等於是將差別羞恥當作是整合副文化理論及控制理論兩者之間的一座平臺。

　　Braithwaite並提出以下13項命題（propositions）作為建構理論的基礎：

　　㈠當某機構或組織達成目標的合法機會遭受阻礙時，那麼機構犯罪便較可能發生。

㈡對機構的行動人員而言，如果達成機構目標的非法機會垂手可得時，那麼機構犯罪便較可能發生。

㈢達成機構目標或部門目標的合法機會受阻，將可能會促使該機構形成副文化。

㈣當反抗法律的副文化（subcultures of resistance to law）愈強時，機構犯罪愈可能發生。此種副文化將會中立化法律的道德鍵，並傳遞如何創造與利用非法機會，以及掩飾犯罪行為的知識。

㈤當機構及其上層管理者被烙印為不值得信賴者，將會促進反抗法律副文化的發展。當機構被視為一個無可救藥的騙子時，那麼該機構就會愈可能成為一個無可救藥的騙子。

㈥只要能夠規避這些缺乏正面效能的烙印作為，並藉由社會大眾、同業者或政府主管官員，對違法個人或機構施予有效的羞恥（明恥）時，那麼犯罪副文化形成的可能性就會降低。明恥機構犯罪者，比嚴厲禁制其發生以及強力禁制犯罪副文化形成要來得有效。明恥性的措施，將會促使公司建立合理行為的新基準，並喚醒上層管理者的良知。

㈦社會大眾對機構犯罪所加諸的羞恥，會因為強烈的民主開放制度而增強其效能。此處所謂強烈的民主開放制度，諸如：社會上出現致力於保護環境、消費者、勞工及其他權利的積極團體，以發現事實真相為導向的新聞業（極具新聞自由以及職業道德的新聞業），資訊自由法案的建立，社會能夠對檢舉者提供妥善保護，以及由公開的司法或立法調查委員會對公司違法行為進行審慎調查與監督等制度。

㈧同業者對於機構犯罪者所加諸的明恥作為，會因為同業者彼此作出強而有力的承諾以及行業本身的自我規範而增強其效能。譬如設立自我管制論壇（self-regulatory forums），針對被判決有罪的個人或機構予以強烈抨擊等。

㈨管制機關官員對於機構犯罪者所加諸的明恥作為及非正式控制，

會因為以堅定執法為基礎之合作式管制（cooperative regulation backed by firm enforcement，即違法機構若不與政府主管機關合作，就會遭受主管機關的嚴厲執法）的配合而增強其效能。

㈩如果管制機關是站在受管制業界以及對立於該業界的團體（如民間環保組織、消費者保護團體等）之間時，這種結合堅定執法與強制合作的管制模式就愈可能發揮其效能。

㈠在命題八中所提及的同業規範，其效能如果是在管制機關採取堅定執法且強制合作的模式時將較佳。堅定執法且強制合作的模式將會促使機構及其所屬業界對守法作出承諾，進而自動建立起自我管制的運作模式。

㈡在瀰漫反抗法律副文化的機構裡，當機構行動人員的責任因機密性而不得公開，僅靠道德約制，或是當組織溝通中無法傳遞成員違法的訊息，對違法行為形成一種「協定好的或策略性的忽視」（concerted or strategic ignorance）時，犯罪就愈可能發生。當組織文化中具有「守法是每個成員責任」的觀念，當組織內充滿「觸角」（antennas），或是當組織的責任中心能夠讓每個成員知曉誰或何部門因犯罪而負責時，犯罪發生的可能性便會降低。當組織成員的犯罪行為會受到其他成員羞恥時，在某個程度上，犯罪會減少。

㈢當機構中的專業管制部門（如品管、環境評估、安全維護及內部稽核等部門）愈具影響力（如獲機構高層主管的支持），而且當直線主管（line managers）在策略上必須依賴於這些部門時，犯罪發生的可能性將降低。

綜合上述13項命題，Braithwaite建構出圖9-1的白領犯罪整合理論模型，該模型頗具政策引導性。從鉅觀的角度來觀察，該理論認為若能夠在機構內、外在環境創造出一種復歸性羞恥（reintegrative shaming）文化，便可以降低機構性犯罪的可能。而在微觀方面，Braithwaite提出了具體的途徑，他認為透過強烈的民主開放制度、深具恥感的社會大眾、同業界的

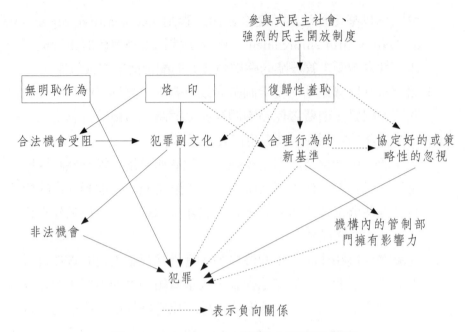

參與式民主社會、
強烈的民主開放制度

無明恥作為　　　　　烙　印　　　　　復歸性羞恥

合法機會受阻 ──→ 犯罪副文化　　　　　合理行為的　　　協定好的或策
　　　　　　　　　　　　　　　　　　　新基準　　　　略性的忽視

非法機會　　　　　　　　　　　　　　　　　　機構內的管制部
　　　　　　　　　　　　　　　　　　　　　　門擁有影響力

犯罪

┈┈┈┈→ 表示負向關係

圖9-1　J. Braithwaite的整合解釋論模型

自我約束，以及以堅定執法為基礎的合作式管制政策，將有助於在機構外部環境中建立復歸性羞恥的文化。而在機構內部環境方面，他則主張透過公開的組織氣氛、成員責任明確、具有實質功能的專業管制部門，以及具有守法觀念的企業文化等途徑，來形成機構內部的復歸性羞恥文化。此外，該理論主張恥感文化具有抑制犯罪發生的功能，也與東方文化的內涵頗為接近。

三、K. Calavita和H. N. Pontell的整合與多層面解釋途徑

美國在1980年代所發生的一連串儲貸銀行違法事件，被學者認為是近代規模最大的白領犯罪案件之一。雖然該事件所造成的損失難以準確計算（指純粹出自犯罪活動所造成的損失，而非包括判斷錯誤、時運不佳以及外在的經濟條件等因素所造成的損失），但各方估計都在數十億美元以上。對於該事件的解釋，從經濟決定論到故意行為等，可說是眾說紛紜。

其中Calavita與Pontell（1990）的觀點，多被學界及實務界所接受，對於該事件他們先從結構層面（structural level）來解釋。

儲貸銀行是資本主義制度下的產物，它們就是典型的資本主義機構。簡言之，它們運用資本去製造更多的資本。它們運用客戶存款從事投資的方式需受政府管制，有關貸款業務，它們僅能從事抵押性貸款業務，在存款方面，僅受聯邦政府的有限保障。

在1970年代及1980年初期，由於美國出現一些新型且受管制較鬆的金融機構，使儲貸銀行備感競爭壓力，時常發生虧損現象。在當時雷根政府親資本主義的風氣下，新法案放寬儲貸銀行經營權及投資規範的限制。這種放寬管制的環境，爲當時狂妄之徒創造許多奪取儲貸銀行經營權的機會。當這些狂妄之徒取得經營權或管控權後，利用各種手段吸引大筆存款進入其所擁有或經營的儲貸銀行，接著便進行大規模竊取與詐欺儲貸銀行資產的非法活動。在他們進行違法活動的同時，經常藉由政治捐獻途徑與政治人物掛鉤，換取政治人物對管制機關的遊說，好讓他們的違法作爲不受干預。

其次從組織層面來解釋（organizational level）。儲貸銀行內部的層級結構導致違法行爲的責任歸屬模糊不清，經常造成推諉責任的情形。此外，組織內部強調追求利潤的壓力以及強調效忠組織與派系的副文化，使得追求組織短期利益的重要性高於廉潔與道德的考量。

再從當時的情境來分析（situational level），儲貸銀行經常表現出一種令人尊敬及值得信賴的形象，讓投資者、管制機關及媒體受到引誘與矇騙。儲貸銀行運用「印象管理」（impression management）的手段，獲取不少外界對其的信賴。

最後從個人層面來看（individulistic level），在那些從事最惡質違法活動的儲貸銀行中，涉案核心人物多爲心懷妄想、缺乏道德感、自我爲中心的冒險者，他們只想追求物質成功，其他考量均爲其次。

Calavita與Pontell的整合與多層面解釋途徑，對於我國金融機構過去所發生違法事件（如超貸逾放）的原因探究上，頗具參考價值。

第九節 結 語

白領犯罪是一種複雜現象，沒有任何單一理論可對所有類型的白領犯罪提供完整解釋。我們必須清楚了解所欲解釋的標的，是犯罪性、犯罪（事件）還是犯罪化。本章所論述的理論中，有學者（Sutherland、Hirschi與Gottfredson、Braithwaite等）企圖用他們所主張的人類行為原則與命題解釋所有犯罪（包括白領犯罪）。考量白領犯罪的多樣性與複雜性，運用單一理論解釋所有白領犯罪的可能性尚待研究證實。

本章也呈現了欲克服方法論的障礙以驗證白領犯罪對立解釋論的困難，甚至有些個案，實證證據還顯現矛盾現象。本章還論及有關定義的、觀念性的、形而上的、分類上的問題，這些問題都可能對理論的建立過程增添困難。

雖然，有些理論需要特別的詮釋，但也有些理論是較根本的、較具解釋力的。不同層級（level）的理論，是有必要加以區別的，某些白領犯罪可能較適合某一層級的理論來解釋，某些白領犯罪則可能適合另一層級的理論來解釋。例如，職業上的犯罪以及個人性的白領犯罪，較適合以傳統理論來解釋。至於機構與公司犯罪類型，較不易解釋，主要困難在於─必須澄析巨觀層與微觀層之間是如何連結及互動而產生白領犯罪的。從機構外在壓力到機構內部文化等因素，都可能影響個人從事機構性白領犯罪的決定。解釋某機構犯罪的變項，不一定能對其他機構犯罪提供良好解釋。

經過本章的討論，白領犯罪是否可以僅用貪念動機來解釋呢？如此簡單的解釋，並無法幫助我們深入且完整了解引發白領犯罪的真正機制，動機不過是導致白領犯罪複雜因素中的一個因素。某變項可能對某案件的解釋是重要的，但在其他案件中卻是次要的，甚至毫不相關。總之，欲深入洞察白領犯罪，必須了解犯罪性、犯罪以及犯罪化三者間的關係。

本章參考文獻

孟維德（2004）。公司犯罪—問題與對策。臺北：五南圖書出版公司。

Barron, M. (1981). "The Criminogenic Society: Social Values and Deviance." pp. 136-152 in A. S. Blumberg (ed.), *Current Perspectives on Criminal Behavior*. New York: Knopf.

Benson, M. L. (1985). "Denying the Guilty Mind: Accounting for Involvement in White-Collar Crime." *Criminology* 23: 583-608.

Benson, M. L. (1984). "The Fall from Grace: Loss of Occupational Status as a Consequence of Conviction for a White Collar Crime." *Criminology* 22: 573-595.

Benson, M. L. & Cullen, F. T. (1998). *Combating Corporate Crime: Local Prosecutors at Work*. Boston, MA: Northeastern University Press.

Benson, M. L. & Moore, E. (1992). "Are White-Collar and Common Offenders the Same? An Empirical and Theoretical Critique of a Recently Proposed General Theory of Crime." *Journal of Research in Crime & Delinquency* 29: 251-272.

Binstein, M. & Bowden, C. (1993). *Trust Me: Charles Keating and the Missing Billions*. New York: Random House.

Box, S. (1983). *Power, Crime and Mystification*. London: Tavistock.

Braithwaite, J. (1988). "White-Collar Crime, Competition, and Capitalism: Comment on Coleman." *American Journal of Sociology* 94: 627-632.

Braithwaite, J. (1989). "Criminological Theory and Organizational Crime." *Justice Quarterly* 6: 333-358.

白領犯罪

Braithwaite, J. (1992). "Poverty, Power and White-Collar Crime: Sutherland and the Paradoxes of Criminological Theory." pp. 78-107 in K. Schlegel & D. Weisburd (eds.), *White-Collar Crime Reconsidered*. Boston, MA: Northeastern University Press.

Braithwaite, J. (1993). "Shame and Modernity." *The British Journal of Criminology* 33: 1-18.

Braithwaite, J. & Drahos, P. (2000). *Global Business Regulation*. Cambridge, UK: Cambridge University Press.

Cain, M. & Hunt, A. (1979). *Marx and Engels on Law*. London: Academic Press.

Calavita, K., Pontell, H. N. & Tillman, R. H. (1999). *Big Money Crime: Fraud and Politics in the Savings and Loan Crisis*. Berkeley, CA: University of California Press.

Cavender, G., Jurik, N. C. & Cohen, A. K. (1993). "The Baffling Case of the Smoking Gun: The Social Ecology of Political Accounts in the Iran-Contra Affair." *Social Problems* 40: 152-166.

Clinard, M. B. & Yeager, P. C. (1980). *Corporate Crime*. New York: Free Press.

Cloward, R. A. & Ohlin, L. E. (1960). *Delinquency and Opportunity: A Theory of Delinquent Gangs*. Glencoe, IL: Free Press.

Cohen, A. K. (1955). *Delinquent Boys: The Culture of the Gang*. New York: Free Press.

Coleman, J. W. (1987). "Toward an Integrated Theory of White-Collar Crime." *American Journal of Sociology* 93: 406-439.

Coleman, J. W. (2002). *The Criminal Elite: Understanding White-Collar Crime*. New York: St. Martin's Press.

Collins, J. M. & Schmidt, F. L. (1993). "Personality, Integrity and White Collar Crime: A Construct Validity Study." *Personnel Psychology* 46: 295-311.

Cressey, D. R. (1953). *Other People's Money*. Glencoe, IL: Free Press.

Cressey, D. R. (1989). "The Poverty of Theory in Corporate Crime Research." pp.

31-55 in W. S. Laufer & F. Adler (eds.), *Advances in Criminological Theory*, Volume 1. New Brunswick, NJ: Transaction.

Criddle, W. (1987). "They Can't See There's Victim." *New York Times* (February 22): E3.

Currie, E. P. (1968). "Crimes Without Criminals: Witchcraft and Its Control in Renaissance Europe." *Law & Society Review* 3: 7-32.

Daly, K. (1989). "Gender and Varieties of White-Collar Crime." *Criminology* 27: 769-793.

Denzin, N. K. (1977). "Notes on the Criminogenic Hypothesis: A Case Study of the American Liquor Industry." *American Sociological Review* 42: 905-920.

Derber, C. (1992). *Money, Murder, and the American Dream*. Boston, MA: Faber & Faber.

Engels, F. (1958). *The Condition of the Working Class in England*. Translated by W. O. Henderson & W. H. Chaldner. Stanford, CA: Stanford University Press.

Fisse, B. & Braithwaite, J. (1991). *Corporations, Crime and Accountability*. Cambridge University Press.

Friedrichs, D. O. (2004). *Trusted Criminal: White Collar Crime in Contemporary Society*. New York: Wadsworth Publishing Company.

Freud, S. (1930). *Civilization and Its Discontents*. London: Hogarth Press.

Geis, G. (2000). "On the Absence of Self-control as the Basis for a General Theory of Crime: A Critique." *Theoretical Criminology* 4: 35-53.

Goode, E. (1994). *Deviant Behavior*. Englewood Cliffs, NJ: Prentice-Hall.

Gottfredson, M. R. & Hirschi, T. (1990). *A General Theory of Crime*. Stanford, CA: Stanford University Press.

Gross, E. (1980). "Organization Structure and Organizational Crime." pp. 52-76 in G. Geis & E. Stotland (eds.), *White-Collar Crime: Theory and Research*. Beverly Hills, CA: Sage.

Gunkel, S. E. (1990). "Rethinking the Guilty Mind: Identity Salience and White

Collar Crime." A Paper Presented at the Annual Meeting of the American Society of Criminology, Baltimore, November.

Hirschi, T. (1969). *Causes of Delinquency*. Berkeley, CA: University of California Press.

Jeffery, C. R. (1990). *Criminology: An Interdisciplinary Approach*. Englewood Cliffs, NJ: Prentice-Hall.

Jenkins, A. & Braithwaite, J. (1993). "Profits, Pressure, and Corporate Law-Breaking." *Crime, Law & Social Change* 20: 221-232.

Keane, C. (1993). "The Impact of Financial Performance on Frequency of Corporate Crime: A Latent Variable Test of Strain Theory." *Canadian Journal of Criminology* (July): 293-308.

Hagan, J. (1989). *Structural Criminology*. New Brunswick, NJ: Rutgers University Press.

Hagan, J. & Kay, F. (1990). "Gender and Delinquency in White-Collar Families: A Power-Control Perspective." *Crime & Delinquency* 36: 391-407.

Kuhn, T. (1970). *The Structure of Scientific Revolutions*. Chicago, IL: University of Chicago Press.

Lasley, J. R. (1988). "Toward a Control Theory of White-Collar Offending." *Journal of Quantitative Criminology* 4: 347-362.

Lemert, E. (1951). *Social Pathology*. New York: McGraw-Hill.

Lilly, J. R., Cullen, F. T. & Ball, R. A. (1989). *Criminological Theory: Context and Consequences*. Newbury Park, CA: Sage.

Merton, R. K. (1968). *Social Theory and Social Structure*. New York: Free Press.

Merton, R. K. (1957). "Social Theory and Anomie." *American Sociological Review* 3: 672-682.

Messerschmidt, J. (1993). *Masculinities and Crime: Reconceptualization of Theory*. Lanham, MD: Rowman & Littlefield.

Michalowski, R. J. (1985). *Order, Law and Crime*. New York: Random House, p.

314.

Nichols, L. T. (1990). "Reconceptualizing Social Accounts: An Agenda for Theory Building and Empirical Research." *Current Perspectives in Social Theory* 10: 113-144.

Passas, N. (1990). "Anomie and Corporate Deviance." *Contemporary Crises* 4: 157-178.

Paternoster, R. & Simpson, S. (1993). "A Rational Choice Theory of Corporate Crime." pp. 37-58 in R. V. Clarke & M. Felson (eds.), *Routine Activity and Rational Choice*. New Brunswick, NJ: Transaction.

Pearce, F. & Tombs, S. (1998). *Toxic Capitalism: Corporate Crime and the Chemical Industry*. Brookfield, VT: Ashgate Publishing Company.

Peck, D. (2001). "Classical School of Criminology." pp. 43-45, in Bryant, C. D. (ed.), *Encyclopedia of Criminology and Deviant Behavior*, Vol. I. Philadelphia: Brunner-Routledge.

Pierson, R. (1989). *The Queen of Mean: The Unauthorized Biography of Leona Helmsley*. New York: Bantam Books.

Quinney, R. (1980). *Providence: The Reconstruction of Social and Moral Order*. New York: Longman.

Reiman, J. H. (1982). "Marxist Explanations and Radical, Misinterpretations: A Reply to Greenberg and Humphries." *Crime & Delinquency* 28: 610-617.

Rothstein, R. (1992). "Who Are the Real Looters?" *Dissent* (Fall): 429-430.

Schwartz, R. D. & Skolnick, J. H. (1964). "Two Studies of Legal Stigma." pp. 103-118 in H. S. Becker (ed.), *The Other Side*. New York: Free Press.

Scott, M. B. & Lyman, S. (1968). "Accounts." *American Sociological Review* 22: 664-670.

Sheley, J. F. (1983). "Critical Elements of Criminal Behavior Explanation." *The Sociological Quarterly* 24: 161-186.

Shover, N. & Bryant, K. M. (1995). "Theoretical Explanations of Corporate Crime."

pp. 141-176 in Blankenship, M. B. (ed.), *Understanding Corporate Criminality*. New York: Garland Publishing Co.

Shover, N. & Hochstetler, A. (2002). "Cultural Explanation and Organizational Crime." *Crime, Law and Social Change* 37: 1-18.

Simon, H. (1976). *Administrative Behavior*. New York: Free Press.

Simpson, S. S. (1993). "Strategy, Structure and Corporate Crime: The Historical Context of Anti-competitive Behavior." pp. 71-94 in Adler, F. & Laufer, W. S. (eds.), *New Directions in Criminological Theory*, Volume 4. New Brunswick, NJ: Transaction.

Stewart, J. B. (1991). *Den of Thieves*. New York: Simon & Schuster.

Sutherland, E. H. (1947). *Criminology*. Philadelphia, PA: Lippincott.

Sutherland, E. H. (1949). *White Collar Crime*. New York: Holt, Rinehart & Winston.

Thio, A. (2003), *Deviant Behavior*. New York: Harper & Row.

Vaughan, D. (1998). "Rational Choice, Situated Action, and the Social Control of Organizations." *Law & Society Review* 32: 23-61.

Vise, D. A. (1987). "One of the Markets Best and Brightest is Caught."*The Washington Post* (March 2): 6-7.

Vito, G. F., Maahs, J. R. & Holmes, R. M. (2006). *Criminology: Theory, Research and Policy*. Sudbury, MA: Jones & Bartlett Publishers.

Vold, G. B. & Bernard, T. J. (1986). *Theoretical Criminology*. New York: Oxford University Press.

Wilson, J. Q. & Herrnstein, R. J. (1985). *Crime and Human Nature*. New York: Simon & Schuster.

Young, J. & Matthews, R. (1992). "Questioning Left Realism." pp. 1-18 in R. Matthews & J. Young (eds.), *Issues in Realist Criminology*. London: Sage.

第十章

白領犯罪與社會控制

到底是既有的白領犯罪活動促使相關法律的出現，還是既有的法律將某些特定的經濟活動定義爲犯罪？

傳統觀點認爲，法律（正式的社會控制）的形成，是基於對偏差或損害行爲的一種回應。而當代某些理論的觀點（如衝突理論及標籤理論等）則正好相反，認爲偏差及犯罪行爲是由社會控制機構所定義的，該等觀點已獲研究證據的支持。

介於法律與白領階層損害活動間的關係是相當複雜的，本章目的即針對此複雜關係進行探討。

第一節　犯罪與社會控制

早在人類歷史初期，人類就使用某些社會控制機制來維持秩序。「社會控制」一詞，在廣義上泛指影響人類行爲的所有企圖；而在狹義的方面，則是指對偏差行爲的強制性回應（Liska, 1992）。衝突觀企圖證明社會控制是權力分配不均下的產物，而不是社會共識下的產物；而保守主義論者則認爲社會控制是造成社會和諧的主因，當中並未包含權力影響。主流理論者較傾向認爲社會控制所具有的共識性及普遍性特徵，而批判論者則較強調社會中某些人將其意願強加於他人身上的現象。

儘管針對殺人、傷害及強盜等傳統犯罪的處罰，早在人類歷史初期就已存在，然而對白領犯罪的正式回應不僅較晚出現，同時標的範圍也較受限。原因包括底下幾項：第一，傳統時代的經濟及專業生活比現代單純，詐欺、侵占等造成他人損害之經濟活動的機會並不如當代社會多，自給自足式的農業經濟社會較無法提供太多的白領犯罪機會；第二，在小型且同

質性較高的社會中，經濟貿易者大多具有長久的人際關係網絡，在此種網絡中，隱含非正式社會控制的功能，不選擇詐欺的動機較易自然形成；第三，在歷史上，損害最嚴重的白領犯罪多由非民主社會中的政經菁英所犯下的（例如在民主不健全國家所發生的政府犯罪），他們缺乏意願在自己所爲的掠奪行爲上加諸正式控制。不過，若將白領犯罪有關的法律回應視爲現代現象，那也是不正確且過於簡化的想法。

D. O. Friedrichs（2004）指出，白領犯罪既是社會控制失敗的結果，也是社會控制成功的結果。前者是指正式與非正式社會控制機構無法有效預防或禁止企業機構與個人從事社會損害行爲，簡言之，就是指缺乏外在控制或外在控制效能不彰。後者則與公司犯罪及機構性白領犯罪有關，即機構對成員所加諸的社會控制極具效能，員工之所以犯罪是因爲遵從組織規範的結果。

嚴加控制犯罪，是極平常的口號和呼籲，但需對何種行爲加以控制，至今尚無完整共識。事實上，任何有關犯罪控制的措施，均涉及對某行爲回應以及對某行爲不回應的選擇過程，而且這些措施有時甚至造成意料外的或損害性的結果。傳統犯罪學倡導許多控制公眾生活的措施，而批判犯罪學及和解犯罪學則呼籲減少此種措施。白領犯罪，尤其是公司犯罪的機構性白領犯罪，都給強化社會控制倡導者與減緩社會控制倡導者帶來極大挑戰及困惑。本章首先對白領犯罪最正式的社會控制——法律——進行討論。

第二節　法律與白領犯罪

此處，再一次觸及白領犯罪定義的爭議。狹義上，白領犯罪是指違反刑法的行爲，早期有些詮釋者堅持這才是白領犯罪的妥當定義。然而，Sutherland卻堅持應予白領犯罪廣義化，不僅包含刑法禁止的行爲，更應包括其他法律（民法或行政法）禁止的行爲（有關爭議，本書第一章第四節曾討論）。

　　E. H. Sutherland（1949）認為，企業機構及社會上層人士擁有足以影響犯罪化過程的強大政經力量，狹義的白領犯罪無法包含強勢者的犯罪，Sutherland的論點普遍獲得其後研究白領犯罪學者的認同。此處一項重要的前提，就是企業及政治菁英有能力透過各種不同方式使他們最具損害性的活動避免遭受任何正式性的或法律的回應。此外，即使當企圖控制某些企業活動的法律已獲立法通過及賦予執行，企業界人士還是有辦法去影響該等法律的意涵。1980年代，美國企業界對於「因法律管制與限制商業作為而導致經濟生產率下降」的強烈關切，使得政府不得不修定以及放寬管制措施，其後，連續出現了多件重大白領犯罪案件。換言之，法律，可以說是一個充滿競爭與對立的領域。

　　有不少學者投入研究「法律」的定義問題，在西方歷史過程中，法律一詞具有許多不同的意義。法律曾被定義為制度化的社會控制（institutionalized social control），它可能是一項社會制度，一個特定的體系，或是一項特定的規範（Friedrichs, 2004）。學者一般認為，並沒有所謂好的或完美的定義，僅有在某種脈絡中較為有用或適當的定義。

　　作為控制白領犯罪之手段的法律，較為適當（或有用）的定義應包含下列要素：法律是正式的，它具有強制性，它具有制裁性，它是政治性的（政府性的），它是由政府官員所執行，它具有持續性，同時它也應是相當具體的。從過去的歷史發展趨勢來分析，當社會日趨龐大且愈加複雜時，社會就愈依賴最正式的社會控制——法律。從法律發展的脈絡來分析，法律運用在白領犯罪的回應上呈現了大幅擴張的趨勢，不過此種擴張趨勢的適當性引發了某些爭議。

　　由於白領犯罪與傳統犯罪不同，大多數的白領犯罪是發生在合法的背景中或是生產活動的過程中，以至於白領犯罪行為的違法性在外觀上顯得十分模糊。過去的證據顯示，將刑法運用在商業或專業領域的損害行為上，比運用在傳統形式的損害行為（如殺人、強盜、竊盜等）上要來得困難許多。

　　資本主義論的重要哲學家亞當・史密斯就曾主張，自由市場而非法律

體系才是預防與降低商業性損害行為的最佳以及最有效途徑。儘管反托辣斯法（antitrust law，如我國的公平交易法）是與亞當‧史密斯的思想邏輯較為相符的一種白領犯罪法律（反托辣斯法主要是用來對抗那些破壞公平競爭之自由市場的獨占行為），但P. Jesilow（1982）卻明白指出，亞當‧史密斯雖不認為商人會樂意去傷害消費者，不過他堅信針對商人所建立的法律，會被那些握有權勢的商人操縱進而逃避其約束，使得有法律所造成的損害比沒有法律還要嚴重。研究白領犯罪的著名學者C. Stone（1975）也曾表示，針對犯罪所建立的正式法律回應其本身就存有某些限制，這些限制在白領犯罪方面尤為明顯，因此法律之外的社會控制途徑便顯得格外重要。

另一個有關社會控制的議題，就是對於白領犯罪回應的適當層級應該為何？適當回應的層級應該是地方、中央，還是國際性的層級？白領犯罪本身的型式，將會影響這個問題的答案。例如，一般性的詐欺案件，可能較需要地方層級的回應；而涉及國家層次的犯罪，則可能較需要國際性的回應。一般而言，公司犯罪較可能需要國家層級的回應。因為企業「全球化」（globalization）的腳步發展快速，造成國與國之間的界限愈來愈不明顯，相對的，也使得國際性的社會控制愈來愈重要。此處值得注意的是，社會控制的層級愈高，想要擬定可以被適當執行的法律就愈困難，欲獲得廣泛的支持也較不容易。

另一個類似議題就是，社會控制的對象應是個人、團體、組織，抑或三者都是？傳統上，社會控制的焦點乃集中在個人的行為上，雖然有關社會控制的主要標的應該為何，至今仍有爭議，但公司犯罪的猖獗已突顯組織成為社會控制對象的高度必要性。

第三節　白領犯罪相關法律的發展

涉及商業事務的法律，早在人類歷史初期就已經出現。根據I. Drapkin（1989）的考證，目前所知最早的法律文件，大約是在西元前2400年出現

於古美索不達米亞（Mesopotamia）有關土地買賣及其他交易的契約。此外，科學家在他們所發現的古代石板（約為西元前2050年）上，也找到當時統治者對不當商業行為所做的規範，這些規範主要是有關度量衡統一制度的一些原則，以及禁止某些經濟剝削行為。從當時起，在一些規範中就有針對不當執行職業活動而造成損害之專業人士（如醫師）及建築業者加以處罰的明文規定。聖經中的舊約（The Old Teatament），也有禁止詐欺性以及不公平市場活動的記載。古希臘立法大家Solon（西元前七世紀），曾立法禁止侵占國家財物的行為；羅馬政治家Cicero（西元前第一世紀）曾針對穀物交易「內線人士」（insiders）的責任與義務進行討論（Friedrichs, 2004）。上述種種的規定或告示均顯示出，白領犯罪早在古代社會中就已經被認為與傷害、強盜等傳統犯罪是不同的。

在封建時期的英國（1100～1400年），王室與貴族為了維護自身的利益，就曾對市場施予嚴格的管制。對於商人而言，封建時期並不是一個有利的時代，因為當時將利潤認為是不名譽的以及罪惡的。英國早先對於商人活動的管制大多數是非正式的，但到了中世紀後期，保護消費者的具體法律出現，這些法律禁止為謀利而將市場上貨物全數買下再以高價販售，以及為謀利而將未上市的貨物全數買下再以高價賣出等行為。在這一段期間，同業公會也被授權建立公平價格的制度。發生在十四世紀的黑死病由於造成勞工來源受到大幅度的縮減，政府因而制定了新法律以明文禁止提供或接受過量的工資、不得在接受合理工資的情況下拒絕工作，以及禁止罷工等（Geis, 1988）。

隨著商業活動的重要性日漸增高，對於新法律的需求也逐漸增加。早在1473年所發生的著名運輸業案件，為現代有關竊盜行為的法律提供了一個極為重要的基礎。涉案的運輸業者不但沒有將客戶所托運的羊毛貨物送到指定的地點，反而打開貨物並任意取用。當時英國並沒有禁止因私人目的而使用合法持有物的法律，因而法院建立了一個區別持有（possession）與所有（ownership）的法律概念，並做出不利於該運輸業者的判決。該法律概念的形成，最主要是受到商人階級出現及其不當行為

的影響所致，而該案件也成爲日後禁止員工偷竊、侵占及相關行爲之法律立法上一個非常重要的判例。

　　由於員工此類的行爲愈來愈受到雇主的關切，英國在十七、十八世紀通過了一系列的法律將這些行爲予以犯罪化。最初這些法律，大多侷限在一些較狹隘的焦點上，但日後它們都成爲禁止一般職業上不當行爲之法律的重要基礎。譬如1520年的「僕人竊盜法」（Servant Theft Statute），當時該法將僕人偷竊主人財物的行爲認定爲重罪（felony），後來被廣泛地運用在禁止員工一般的不當行爲上。另外一個類似的例子，英國在1742年所通過的侵占禁止法，當時僅適用於「英格蘭銀行」（the Bank of England）的員工，之後成爲十八世紀末所通過之一般侵占法的重要基礎（Geis, 1988）。總之，早期有關損害性商業行爲的法律可說是相當稀少，在執法上更是不多見，同時也較趨向於保護資產階級的利益。當時所建構的法律，並無法針對公司機構所造成的損害行爲提供有效的回應。

　　有兩種相互牴觸的力量隨著社會快速轉變爲工業化及都市化的型態而出現於十九世紀，這兩種力量均與白領犯罪的法律有著密切關係。一方面，日益膨脹的資本主義意識型態傾向賦予企業及資本家較自由的空間，以利創造更多的財富與更蓬勃的經濟；另一方面，在面對日趨複雜與龐大的社會，員工、消費者及投資人等就愈顯得容易遭受公司、商人及專業人士的剝削、詐欺或傷害。到了十九世紀末期，歐美國家制定了管制及犯罪化許多商業活動的法案。起先對於某些作爲所抱持的憤怒，譬如有害的工作環境、危險商品、不實販售、環境破壞等，最後促使了一系列白領犯罪法律的出現。基本上，這些法律改革運動主要是受到社會輿論、新聞媒體對於企業不當行爲的揭露，以及一些眾所矚目的「災難」事件等因素的影響所致。然而，對於處理企業損害作爲的管制法（regulatory law），司法機關並沒有呈現出一致性的態度。例如，美國最高法院在十九世紀後期是支持州管制法律的立法，但到了該世紀即將結束前，美國最高法院的態度轉爲保守，反倒支持企業界的權利。到了二十世紀，美國最高法院對於管制法的執行態度，依然是有時嚴有時鬆。有關一些特定白領犯罪特定法律

的發展，如反托辣斯法、環境法等，本章後將論述。不過，此處值得注意的是，強調經濟發展的法律，以及主張管制與犯罪化企業損害活動的法律，兩者之間的對立至今依然明顯存在著。

第四節　白領犯罪與立法

「立法」（lawmaking）的原因，有多種不同的解釋。功能論者的觀點，將立法視爲建立維繫社會秩序之共識規範的具體作爲，立法也象徵其他社會控制手段的失敗。另一模式觀點認爲，立法是一個企圖保護社會成員免於客觀損害的理性與實際過程。第三個觀點，認爲立法是一個調解利益與價值衝突的過程，而權力分配不均，乃是此過程結果的主要決定因素。

顯然的，並沒有單一的立法觀念可以完整解釋白領犯罪相關法律的出現。基本上，立法是一個複雜的過程，當中摻雜許多不同的影響力。儘管白領犯罪相關法律的出現皆有其特殊的歷史背景，而且也可能同時受到共識觀、理性觀及權力觀所主張之因素的影響，不過當代有關立法的理論較傾向認爲權力才是立法過程的核心，尤其是利益團體所擁有的權力。在一個有關白領犯罪相關法律立法的研究中，學者J. Savelsberg（1994）發現此等立法過程所反映的，大多數爲利益團體的遊說活動，而非社會客觀的需求。

一、立法的辯證論

學者W. J. Chambliss（1993）曾提出「立法的辯證論」（Dialectical Theory of Lawmaking），他認爲在每一個社會、國家、經濟體系及歷史時段中，均含有導致社會變遷的矛盾對立要素（contradictory elements），而立法是解決社會在某一時代脈絡中所面臨之爭議、衝突及困境的一種過程。Chambliss認爲，每一個時代都必定有立法者必須加以回應的矛盾、衝突以及兩難，而某一時空所出現最重要的兩難和衝突，往往是存在經

濟、政治及意識型態結構中之矛盾所造成的兩難和衝突。Chambliss舉資本主義經濟體系為例來說明該理論，他表示在資本主義經濟體系中，資本家與勞工之間存在著一種基本的矛盾，勞工與資本家均希望盡可能從所生產的商品及服務中獲得利潤，因為勞工及資本家均企圖追求各自的利益，使得資本主義本身存在「矛盾」。當兩者中某一方獲得大部分的利益時（通常是資本家），勞資之間的關係便逐漸演變成「衝突」，如果沒有任何外力介入來調解雙方利益間的衝突，那麼整個體系便無法發揮功能，甚至因衝突而使體系瓦解。矛盾形成衝突，也給政府造成一種「兩難」的情況。如果政府僅支持資本家的利益，衝突將更加劇烈，並導致勞工與政府對立，事實上，在資本主義的歷史中，這種情形經常發生。如果政府站在勞工的這一方來抵制資本家，那麼資本主義的體系便將瓦解，同時還必須建立一個新的社會秩序。在面對這樣子的兩難，政府官員通常會藉由立法來解決衝突，一方面顧及資本家的利益，另一方面也顧及勞工的利益。Chambliss以圖10-1表示矛盾、衝突、兩難以及解決衝突之間的關係。

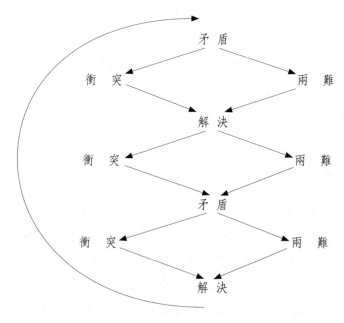

圖10-1　「矛盾—衝突—兩難及解決衝突」概念圖

　　該理論對於美國二十世紀初管制肉品加工業（不安全商品）的法律，以及較靠近當代的勞工安全衛生法和反污染法等相關的立法，提供了極爲有力的解釋。在該觀點中，介於大眾對不衛生肉品（或危害健康的污染）之憤怒與肉品加工公司（或造成污染的公司）短期經濟利益之間的衝突，是可以藉由法律來解決的，立法可以確保社會大眾的福祉，也可使公司長期的經濟利益獲得保障。

　　此處值得強調的是，各個公司企業的利益並非是完全一致的。事實上，大型肉品加工公司支持管制法律的立法，因爲這些法律將有助於強化社會大眾對其產品的信心，並淘汰掉許多小型的競爭者（因其無法滿足法律要求的標準）。美國第一批防制水污染的法律，就受到那些專門利用及依賴河面運輸其產品之製造業的大力支持，該法案可以減少河面的污染與障礙，有利於航行（Yeager, 1991）。此外，證券業對於有關內線交易（導致投資人及潛在投資人喪失投資信心）的法律也深表支持。一般而言，企業對於那些有助於穩定企業環境的法律，較感興趣並較予支持。

　　然而，一旦管制法律的負面效應高於利潤（正面效應）時，企業便傾向反對這些法律，而且管制法律可能會引起新的爭端或矛盾。在立法辯證模式中的另一個例證，學者K. Calavita（1990）發現，當雇主以廉價聘僱外籍勞工以致本國勞工權益受損，而遭受法律的制裁時，該法律將會被重新修正以通融那些擁有政經影響力的雇主，使他們輕而易舉地符合文書作業上的膚淺標準，繼續從僱用廉價外勞中獲取暴利。雖然辯證論模式可能較適合於解釋白領犯罪相關法律的出現，但對於其他法律立法過程中的影響因素，該論點也提供了令人印象深刻的解釋。

二、企業對立法的影響

　　白領犯罪相關法律的發展與演變是相當複雜的，控制白領犯罪的法律往往是各方利益擁護者（譬如在某種政治環境下所運作的正式社會控制機構，以及握有強大政經影響力的利益團體等）相互競爭下的產物。毫無疑問的，企業界的確擁有足以影響立法過程的的力量。當某項控制白領犯罪

的法律出現較多的侷限時（相較於傳統犯罪），主要原因往往是企業界在該法的立法與執法過程中投入了較大的影響力。相對的，傳統犯罪者或與傳統犯罪者類似階級的人，就極少介入傳統刑法的立法過程。事實上，與立法有關的政治人物，基於選舉或其他政治活動、人際關係及離開政治舞臺後的生活等考量，往往會接受甚至依賴企業領導人或企業的財力援助。有為數不少的立法委員在公餘時擔任遊說者，遊說的目的往往是為了企業的利益。當政治人物所擁有的權力，其中有部分是來自企業的協助或是親企業的，那麼企業要從政治人物處獲得一些有利的回應，便不會太困難。

　　對於企業影響立法過程的關切，並非是最近才有的事。就是倡導資本主義經濟制度的亞當・史密斯，都曾提出以下的警語：

> 「由商人所提出的新商業法律或管制措施，絕不可立即採
> 行，除非經由最謹慎以及最懷疑的態度對其進行長期檢視，認
> 為適當後始可採行。因為該法律或管制是由商人所提出的，商
> 人的利益與社會大眾的利益是永遠不會一樣的。由於詐欺甚至
> 壓榨社會大眾可使商人獲利，所以在許多情況下，商人從事欺
> 騙和壓榨社會大眾的勾當就不足為奇了（Smith, 1937: 250）。」

　　不過，立法過程也並不是全然都被企業所操控的。此外，企業所擁有的政治影響力，在程度上也呈現波動的狀態或週期性的變化。D. Vogel（1989）曾針對美國政府對於企業的管制政策進行研究，他發現美國企業在二十世紀經歷了三個政府擴張管制企業的時期：「改革進步年代」（the Progressive Era，1900年代），市政改革團體（municipal reform groups）是圖謀變革的主要策動者；「新政時期」（the New Deal Era，1930年代），貿易公會運動在當時扮演非常重要的角色；以及「大社會時期」（the Great Society Era，1970年代），許多公益團體在當時積極進行遊說以創制新的法律。Vogel也發現，在經濟情況較佳的時期（如美國的1960年代），由於企業的表現受到社會較高的期望，同時企業也較無理由

聲稱缺乏能力或資源來修正企業的損害作爲，因此企業在此時較易受到管制。相反的，在經濟不景氣的時候，社會大眾大多把工作擺在優先考量，比較不會把降低企業損害行爲列爲首要考量。

此外，民意往往也會影響立法者的態度，有些民眾可能之前曾遭受企業的傷害，或基於某些因素而對企業抱持敵對的態度，這些民意有時也會對立法者的立法趨向產生影響。尤其是近年來，一些組織良好的團體（譬如環境保護團體和消費者保護團體等）成功的透過遊說途徑，將他們所認爲的企業損害行爲經由立法過程予以犯罪化或施予懲罰。這些團體有如「道德企業家」（moral entrepreneurs）般，站在公眾利益的立場，來推動白領犯罪相關法律的立法。雖然，在歷史上有許多新法律的出現是受到社會運動影響所致，但是透過法律改革以促使社會變遷的這種趨勢，已漸顯強烈。例如成功挑戰種族隔離之合法地位的美國民權運動（civil rights movement），帶動代表弱勢族群與團體之社會運動的興起。這些社會運動主要造成的法律改革，其原始焦點並不是落在白領犯罪的範圍，不過某些潛在的企業損害行爲因爲該運動的影響，而被加諸了管制或較強烈的限制。這些社會運動（諸如環境保護及消費者保護運動等）不僅對立法過程造成了影響，也對法院（審判）產生顯著影響。

有些政府機關也可能會積極遊說白領犯罪相關法律的立法，政府機關的努力可能是爲了要擴權或增加自己的利益，也可能是因爲感覺到新法律有存在的實際需要。美國聯邦貿易委員會（Federal Trade Commission, FTC）過去曾因成功地動員多方資源而使一項關鍵性的反托辣斯立法——Celler-Kefauver法案——獲得通過，並於1950年擴充其管制權，便是一例[1]。

---

[1] Celler-Kefauver法案，是美國於1950年所通過的一項聯邦法，主要的內容在於限制企業的結合以及擴充Clayton法案的範圍。而Clayton法案，則是美國於1914年所通過的另一項聯邦法，被視爲是Sherman Antitrust Act（修爾曼反托辣斯法）的增訂條文。Clayton法案所主要禁止的行爲，包括價格歧視、聯合壟斷、結合、聯鎖經營等實質造成限制競爭的行爲。參閱Black, H. C. & Publisher's Editorial Staff (1990). *Black's Law Dictionary*. St. Paul. MN: West Group, pp. 223, 250.

立法者有可能因爲政府機關的某些需求以及政府機關的遊說，而對該需求作出回應。

　　然而，企業界的影響力仍舊是影響立法的一股強大力量，從我國政商關係之密切，以及立法委員多有來自財團支持等事實來看，實不難得知企業對於立法的影響。事實上，企業界嚴重影響立法過程的現象，並非僅有我國，例如在利益財團的壓力下，1995年3月美國國會通過了一系列帶有若干企圖的法案，如將更多侵權行爲的案件轉移到聯邦的管轄範圍，加諸原告於敗訴時需負責被告訴訟費用，以及若被認定草率提起訴訟時需受懲罰等，以不鼓勵有關商品責任的訴訟。另在侵權行爲的案件中，對懲罰性的損害賠償設限。還有在投資人欲控告經紀人詐欺的要件上增設限制等。這些法案無形中均對企業財團的利益提供了保護。

第五節　白領犯罪相關立法的評述

　　前面幾節討論了有關白領犯罪立法方面的議題，本節將針對三個重要的白領犯罪法律探究其發展與演變，分別是反托辣斯法、職業健康與安全法以及有關環境保護的法律。此外，本節也將對美國專門對抗組織犯罪的「敲詐勒索與腐化組織法」（Racketeer-Influenced and Corrupt Organizations, RICO）運用於白領犯罪案件的爭議進行討論。

一、反托辣斯法

　　在其名著《國富論》（*The Wealth of Nations*）一書中，亞當・史密斯明白指出，資本主義的前提就是自由市場經濟體系（free-market economy）。他認爲，當企業家彼此自由競爭，運用最低成本生產最高品質產品來吸引消費者購買其產品時，整個社會便會因此而受益。在十九世紀末的歐美國家，也就是在亞當・史密斯名著出版後的一百多年後，資本主義社會發展規模之大，恐怕是當時生活於農業社會的亞當・史密斯所料未及的。在資本主義社會演變的過程中，有一項發展可以說是扭曲了他當

初的觀點，那就是出現了極富有且極具影響力的大型公司，這些大型公司幾乎獨占了石油、鋼鐵、鐵路等市場。

以美國為例，在內戰結束後沒多久，令人困擾的托辣斯（trusts）出現。托辣斯往往透過操縱價格、控制生產等手段，達到獨占市場的目的。在這些托辣斯中，由洛克斐勒（J. D. Rockefeller）所經營的標準石油公司（Standard Oil Company）可說是最著名、同時也是最富有的一個。它透過遠低於競爭者的價格來販售商品，待將競爭者逐出市場之後，便開始任意調高商品售價、賺取暴利。

反抗大型托辣斯的情緒，也在同一時期逐漸發展起來，當時反抗的情緒尤其是在農民（必須支付高昂的費用來運輸他們的農產品）、小規模經營的商人，以及消費者身上最為明顯，因為他們大多身受龐大經濟力量聚集後所產生的巨大痛苦。美國在內戰後，曾經歷一段經濟蕭條期，其中導致經濟蕭條的部分原因，就被認為與托辣斯及某些經濟強勢者使用的策略有密切關係。隨著州與州之間的接觸日漸頻繁，獨占公司及托辣斯的規模愈來愈大，甚至到達全國性的規模。由於這些大型公司所造成的負面影響愈來愈嚴重，使得社會對於制定反托辣斯法的需求也愈來愈突顯（Coleman, 2002）。

主要規範經濟競爭的反托辣斯法，並非是在十九世紀才被發明的。證據顯示，在英國普通法的發展歷史中，早在十二世紀時，當時的君主就曾禁止市場上的獨占作為。從十五至十八世紀的數百年中，英國有許多判例就已經具體建立反托辣斯法中的一些基本原則。例如，國家准予獨占行為是不對的，卡特爾（cartels）對社會大眾是不利的，市場的自由進入是好的，對於市場作為的合理限制是需要的、同時也是允許的[2]。

---

[2] 所謂「卡特爾」（cartel），係指事業以契約、協議或其他方式之合意與有競爭關係之他事業為共同行為，以影響生產、商品交易或服務供需之市場關係，如統一價格、限制產量、交易對象或劃分營業範圍等，亦即一般所謂的「聯合壟斷」。其對於競爭所加之限制，將妨害市場及價格之功能，暨消費者之利益。參閱Fox, E. (1990). "The Sherman Antitrust Act and the World." *Antitrust Law Journal* 59: 109-118.

而在新國度的美國，各州均企圖對企業獨占行爲進行限制與干涉，有時甚至納入在州的憲法當中。但是到了十九世紀，經濟體系愈來愈趨於全國性的發展，這使得各州限制企業獨占行爲的法律，在效能能受到了侷限。當時總統G. Cleveland曾向國會提出警訊，托辣斯、企業聯合及獨占企業將會成爲民眾的主人（Van Cise, 1990）。兩年之後，也就是在1890年，國會通過了「修爾曼法案」（the Sherman Act，以當時提出該法案議員之姓來命名）。該法案的中心思想是根據普通法中禁止「妨礙完全與自由競爭」的原則，該法案同時也禁止導致消費者增加支出的企業聯合，以及導致獨占的「限制交易」（restraint in trade）行爲，並賦予違法案件發生地之州政府對違法者進行刑事追訴以及使用禁止令的權力。

　　從一開始，修爾曼法案背後動機的本質就引發了相當多的爭議。該法案的動機是眞的爲了消費者，以及普羅大眾的利益而期望創造一個全然自由市場的經濟體系嗎？還是只是對社會普遍存在的憤怒與敵視（針對托辣斯）提供一個象徵性的回應，實際上並不想改變對大型公司有利的資本主義基本結構？反托辣斯法對於資本主義本身並不反對，但反對濫用資本主義的作爲；反托辣斯法反對獨占，但對寡占（oligopolies，由少數幾家大公司占據市場）卻表示容忍。此外，修爾曼法案本身極不明確的文字，使法案的目的呈現多種不同的詮釋（譬如從提升經濟效率到排除獨占企業企圖將消費者財富轉移至自己手中等說法均是）。Friedrichs（2004）更明白指出，修爾曼法案所反應的，是一個由利益與目標所組成的複雜混合體。

　　在修爾曼法案之後，有許多新的法案諸如Clayton Act（1914）、Robinson-Patman Act（1936）及Celler-Kefauver Act（1950）等，它們都是基於當初修爾曼法案不足處而加以立法通過的法案。早期針對違反修爾曼法案的公司進行刑事追訴的案件極少，成功追訴案件的比例更低。擁有權勢及財富的公司，大多能藉合理化其不法作爲而能逃避修爾曼法案及其他反托辣斯法的追訴。從這些法案的歷史分析中，可以發現它們在執行上並非呈現出很高的一致性，執行這些法案的取向最主要還是與國家主政者的政治哲學及當時經濟條件有著密切關係。在某些時期，追訴的主要目的爲

了保護消費者；在某些時期，追訴的主要目的可能是爲了保護企業免於遭受專橫或不公平經濟力量的影響。如今，有愈來愈多的反托辣斯訴訟案件，是透過民事途徑來解決的。

二、職業安全與健康的相關法律

證據顯示，每年有相當多的勞工因職業災害或疾病而死亡，因職業相關因素而受到嚴重傷害或罹患疾病的勞工人數則更多。在這些與職業有關的死亡、傷害及疾病事件當中，至少有相當重要的比例是因爲雇主的過失甚至故意行爲所導致的，但這些雇主卻很少因爲他們的損害行爲而擔負法律責任。

儘管早在十九世紀初，有關工作條件的保護立法（即有關兒童工作日的長短）就已出現在英國。英國爲勞工立法最早的國家，1802年所頒布的「學徒健康道德法」（Health and Moral of Apprentices Act）已有工作場所安全衛生的規定。但針對勞工安全的保障，在1970年以前尚未有完整的特定法案。我國相關法律稱爲「勞工安全衛生法」，於1975年公布實施。學者Szasz（1984）認爲，這種現象是因爲工業界本身阻礙立法的進行，工業界不僅嚴格控制立法所需要的相關資料，使其不易取得，更成功地將勞工罹患疾病或受傷歸因於勞工自己工作不愼或個人因素所造成，並非是工作環境的影響。在1970年以前，企業界透過網路性組織的建立來處理職業傷害與疾病的相關問題，藉由此途徑，他們成功地阻礙了職業安全與健康法案的提早通過。

此種現象到了1960年代後期開始有了轉變。由於當時歐美國家的經濟狀況相當良好，使得勞工逐漸注意到經濟以外的一些問題，上升的職業傷害率開始受到勞工的注意，當時一些新的研究也指出工作條件與疾病之間的關聯性（如暴露於石綿中）。P. G. Donnelly（1982）認爲，基層勞工對於雇主及勞工領袖忽視他們健康與安全的憤怒，是導致美國「職業安全與健康法案」（the Occupational Safety and Health Act, OSHA）通過的決定因素。在當時，勞工的支持對於政黨而言是相當重要的，因此該法案也就容

易地獲得了政治上的支持。

　　不過有學者認為，該法案事實上只是一種對當時勞工憤怒情緒的象徵性回應罷了，並非認真地想要對勞工提供實質的保護。在另一方面，從該法案開始公布實施時，就有許多企業企圖阻擾該法案的執行，並採取抵制策略不讓OSHA的主管機關接觸他們的企業，之後並針對OSHA及相關機關發動強烈的反管制運動（Szasz, 1984）。

　　到了1980年代，一些先進歐美國家的政治與經濟環境發生了重大變化，許多國家興起了一股放寬管制的熱潮。雖然相關的法律並未遭廢止，但在執行上卻受到了許多的限制。在這段有關公司犯罪法律的簡短歷史中，可以看出該法律的執行是隨政經環境的變化而變化的。

三、環境保護的相關法律

　　有關環境犯罪相關法案的出現、及後來在這些法案上所加諸種種限制的演變過程，可以說是和職業安全與健康相關法律的情況極為類似。以美國為例，第一個與環境有關的法案是1899年所通過的「廢棄物法案」（the Refuse Act of 1899），該法案最主要是禁止在航行水域中傾倒廢棄物，其真正目的不外乎是保護企業利益，確保商人為運貨所使用的水域不受阻礙。根據Friedrichs（2004）的分析，在1960年代以前，大多數的環境保護法案主要還是屬於經濟利益考量下的產物，它們之所以會被立法，並不是因為這些污染行為造成公眾的損害而被犯罪化。

　　到了1960年代後期，歐美先進國家有利於犯罪化污染行為的條件逐漸形成：一群在政治活動中表現出積極態度的中產階級，愈來愈對環境破壞的問題表示關切；一連串駭人聽聞的環境災難，如原油外洩等，成為眾所矚目的媒體焦點；偵測工業污染的新式科學儀器也被研發出來。更重要的是，環境保護運動的出現，代表了從工業化時期到後工業化時期一種價值觀的轉變，其意謂生活品質及環境保護的重要性已逐漸高於物質財富的累積以及自然資源的開發利用。

　　臺灣半個世紀來的經濟成長，曾經是亞洲新興市場中的模範，然而卻

伴隨著環境破壞的副作用（公害）。為了防制公害的立法，自1950年代後期開始。在1960年當時省主席曾經建議立法院制定公害防制基本法，但卻因為利益團體的壓力，以及當時全面經濟發展導向的政策，以致功敗垂成（鄭昆山，1998）。我國早期與環境保護有關的立法是於1972年所制定的飲用水管理條例以及國家公園法，而兩年後所制定的廢棄物清理法，整整比美國晚了約七十年。

　　以環保政策較為先進的美國為例，其環境保護署（Environmental Protection Agency, EPA）成立於1970年，之後一系列的環境保護法案在1970年代陸續通過立法。1970年代後期（卡特總統主政），對於環保法之違法者開始採用刑事追訴的途徑。在1981年，EPA及美國司法部相繼成立了環境犯罪的刑事執法單位；在80年代，國會將某些類型的環境犯罪從輕微的違法行為歸為重罪。如今，幾乎所有的環境法案都含有刑事處罰的條文。在1980年代，儘管當時保守取向的雷根政府並不願意干涉私人企業的行為，但對於環境違法者使用刑事追訴的比率仍舊呈現快速的上升。起初，雷根政府曾企圖打壓環境犯罪法案的執行，但這項努力卻因為EPA爆發貪瀆醜聞（許多高層官員被迫辭職或入獄）而遭到反對。之後雷根與布希政府支持對環境犯罪予以較嚴厲的回應，可以解讀為是對EPA爆發醜聞後的一種妥協，以及體察到民眾對環境破壞的關切情緒。例如，在1990年的一項調查中顯示，超過70%的美國民眾支持對故意違反污染法的行為者處以監禁刑。然而，在實務上，環保機關的執法對象大多數是集中在小型的、或較不具影響勢力的公司；在所有起訴的案件中，大約有7成的比例是集中在此類公司的上層主管人員（Cohen, 1992）。

　　儘管動用刑事追訴的比率增加，在90年代初期，評論人士聲稱企業遵守環境法律的情形依然是很差，他們強調應該需要更嚴格的執法。美國雖然在1980年代末期所開始實施的判刑參考準則（sentencing guidelines）加重了環境犯罪的處罰，包括了延長監禁期等，但是任意傾倒大量有毒廢棄物的環境犯罪者，其所面對的處罰，通常還是低於竊盜犯或強盜犯所面對的處罰。

事實上，環保法案在執行上受到了許多限制，以致無法完全落實；這些限制包括：預算不足、法院對於證據的質疑、機關之間管轄上的衝突、行政上的成本效益評估，以及行政程序受到企業團體的影響等。管制機關在這些限制下，落實執行環境法的能力便顯不足；此外，管制機關本身也可能缺乏落實執行環境法的意願；在另一方面，雖然法律允許，但法官似乎也不太願意對環境犯罪者處以刑事性的處罰。而現實上，此類違法者大部分都擁有相當的資源，足以挑戰對他們不利的判決；另外在觀念上，公司實體因為非故意行為（非故意對被害者造成損害），同時又是屬於間接（替代）責任（indirect or vicarious liability），再加上環境犯罪的損害並不如傳統犯罪的損害那麼容易被辨認及測量，使得對其施予刑事制裁，招致了許多關切與批評（Adler & Lord, 1991）。

環境法在執行上遭遇許多難題的情況，同樣也發生在英國、法國、加拿大及澳洲等許多國家（Reasons, 1991）。近年來，對於制定國際環境法的呼聲雖然愈來愈強烈，但各國政治上的意願與共識，卻是一項不易克服的難題。總之，在「提供一個安全與乾淨的環境」以及「考量執行環境法的經濟成本（包括工作機會、產品價格等）」兩者之間，存在一個難以化解的對立。

四、美國RICO法

美國國會於1970年通過了針對「敲詐勒索與腐化組織」（Racketeer-Influenced and Corrupt Organizations, RICO）的特殊條文，該條文是「組織犯罪控制法案」（Organized Crime Control Act）中的一部分，它提供了檢察官一項打擊組織犯罪甚為有效的工具。RICO法主要禁止的行為是，透過敲詐勒索（屬於普通法中的犯罪，包括各州所禁止者，受一年或一年以上監禁刑處罰者）的活動模式（在十年中必須有二次或以上的紀錄）從個人、團體、或企業獲取任何所得的行為（Abadinsky, 2003）。

RICO法毫無疑問是一項強而有力的追訴工具，因為它擴大了聯邦的刑事管轄範圍，將違反州法的行為包含在內。此外，它不受追訴權時效法

（statute of limitations）的限制；它允許檢察官採用廣泛的證據來證明「犯罪的關聯性」（criminal association），即使所採用證據通常是排除在適當考量之外的；同時它更可以沒收犯罪者的財物及凍結其資產，其中甚至包含聘請律師的費用。特別的是，當經由RICO法判決有罪的犯罪者，可能要面對二十年的監禁、高達2萬5,000美元的罰金、沒收該組織所有的任何利益、負擔民事損害賠償及解散該組織等（Abadinsky, 2003）。

在1970及1980年代，RICO法受到實質上的運用，同時也相當成功地打擊組織犯罪者。但不幸的是，那些經由RICO法判決有罪的組織犯罪者大多數是年紀較大的領導者，他們的入獄反而導致繼承者之間的暴力競爭。Abadinsky（2003）從其研究中發現，RICO法的處罰由於極為嚴厲，因而促使組織犯罪者逐漸滲透進入合法的行業，以尋求較安全的庇護。他更預言，未來組織犯罪對於社會大眾所可能造成的危害，將比現在更巨大與複雜。

此外，許多與RICO法相關的議題，與白領犯罪有著密切關係。事實上，RICO法的執行（不論是刑事或民事的條款）對象並不僅是傳統觀念上的組織犯罪者，還包括了像激進的工會組織、反墮胎示威者大麻種植者等個人或團體。最常以RICO法起訴及進行訴訟的單一性目標，就是涉及金融詐欺或糾紛、逃漏稅、侵占及賄賂等行為的白領犯罪者。此外，只要是該法的文字敘述沒有禁止，聯邦法院（包括聯邦最高法院）在態度上通常都支持RICO法在運用上的廣泛性。換言之，只有當國會認為該法的運用範疇不當時，才有可能經由國會對其修正。這也就難怪聯邦最高法院首席法官W. Rehnquist曾經強烈抱怨數量龐大的RICO案件所帶來的處理負擔，他並認為RICO法可能是最糟糕的一項立法（Poulin, 1990）。

而企業界與商業人士對於自己可能成為RICO法的目標，也表示強烈不滿。紐約一位零售汽油的商人，因為少繳了州的營業稅而被判定違犯RICO法，被沒收將近500萬美元，所受到的聯邦罰金約千萬美元，並被處以兩年的監禁。Princeton/Newport合夥投資企業被控告長期偽造資本利益，該企業偽造虧損進而漏繳1,300萬的稅，最後該企業除了要面對嚴厲

RICO法的處罰外，還必須繳納先前所漏繳的稅。另有一位名為M. Milken（請參閱本書第六章）的證券投資人，因涉及內線交易而遭RICO法的控訴，在他同意接受法院的要求前，他所遭受的金錢制裁（包含被沒收的財物）就已經高達200萬美元之多（Brickey, 1990）。

有關RICO法的批評（尤其是該法運用於白領犯罪者），主要強調的是：其廣泛與概略性的文字，賦予追訴機關過大的裁量權；企業人士被控告為「敲詐勒索者」（racketeers）並非是該法所欲達成的真正目的；沒收條款過於殘酷及過於懲罰性，懲罰與犯罪行為不成比例；RICO法中的民事性處罰等於是準刑事制裁（quasi-criminal sanctions），無法對「需負賠償責任的行為」以及「需宣告有罪的行為」做適當的區分；被告律師被置於相當不利的處境，因為他們非常容易因為政府文件的影響而受到壓制或阻礙，以至於無法有效的將案情演變告知其委託人；遭控訴的企業人士在審判前可能會被恐嚇與被害者協商賠償金額或被迫結束其事業等（Lynch, 1990）。

在90年代初期，企業界及有關批評人士對國會施加壓力，希望能夠修改RICO法以限制其運用在白領犯罪的案件上。該修正提案一旦通過，將會對美國80年代後期造成嚴重損害之金融風暴（信用合作社的詐欺案件）的主要涉案人員（包含許多律師、會計師、銀行家等）提供保護，但最後該案並沒有獲得通過。根據RICO法草擬人之一的G. R. Blakey表示，上述修正提案之所以會遭反對，主要是因為「人們大多不喜歡為自己的作為負責」之故（Friedrichs, 2004）。有關RICO法的持續爭議，促使了白領犯罪與組織犯罪之間的關係，以及企業人士與組織犯罪者之間的差異逐漸受到了重視。

第六節　民法、刑法與白領犯罪

民法（civil law）在白領「犯罪」回應上所扮演的角色，分量要比在傳統犯罪回應上所扮演的角色來得重。原則上，民法關切的是私人的、個

人性的損害，而刑法的焦點則在於公共的、社會性的損害以及道德上應受懲罰的行為（Coffee, 1992）。但是，私人與公共之間的界限並不是非常明確的，尤其當所考量的損害是由企業或專業人士所造成時，界限更為模糊。

根據美國哥倫比亞大學（Columbia University）法學教授Jr. J. Coffee（1992）的研究，民法與刑法間有下列差異：

一、「意圖」（intent），在刑法中的角色較重。

二、在程度上，刑法較強調「危險的形成」（the creation of risk）而非「實際的損害」（actual harm）。

三、刑法較強調證據的確定性（evidentiary certainty），較不允許程序上的簡略（procedural informality）。

四、刑法較依賴公共性的執法（public enforcement）。

五、刑法較傾向對違法者加諸處罰及擴大烙印和責難。

刑事制裁，企圖針對倫理上應受非難者予以懲罰以及威嚇他人從事類似行為，以對損害行為表達社會的憤怒。而民事訴訟的焦點，則在於賠償被害者所遭受某些可測量的損害。在另一方面，刑法與民法間的類似處，或犯罪行為與侵權行為（torts）間的類似處，也受到相當的重視。Blum-West與Carter（1983）認為，刑法與民法在責任規則（rules of liability）、道德判斷以及所涉及的行為類型等方面，均有很大的重疊處。

因此，有學者認為刑事與民事不法行為之間的區別，主要是回應程序上的不同，而非行為的差異。甚且在實務上，一般還是由屬於政府性質的檢察官或行政機關向白領犯罪者發動民事訴訟的。嚴格來說，刑事追訴是政府專屬的特權，但在某些情況下，私人也可以追訴刑事不法行為，並對其請求刑罰（Mann, 1992）。不刻意區分與強調刑法與民法之間差異的學者認為，「意圖」（intent）在二法中都是需要的，同時二法對於可責性的建立也有類似規則（儘管普通過失就可成立侵權行為，刑事責任需較多構成要件）。雖然犯罪行為的道德譴責性較侵權行為高，但不必然皆是如

此。事實上，對於侵權行為的制裁（tort sanction），經常也是具懲罰性的（punitive）。公共與私人利益的區別其實是人為的，因為在刑事及民事侵權的案件中也都涉及有這兩種利益。Blum-West與Carter（1983）因此主張，吾人不應將「損害行為的研究」與「損害行為分類過程的研究」混淆在一起。

在白領犯罪的法律回應方面，民法與刑法之間的界線至今儘管已逐漸被認為並不是太重要，但是有關民法侵入刑法範圍，以及刑法侵入民法及行政法領域的問題，仍為持續爭議的問題。那些以道德角度來審視白領犯罪本質的人，較強調白領犯罪的惡質面（wrongfullness），認為白領犯罪與傳統犯罪並無不同，主張對白領犯罪採用刑事回應方式。與其對立的觀點較屬實用主義，強調如何限制及降低損害結果，主張採用民事回應途徑。傳統上，雖然刑法被認為是一項社會控制的工具，民法只是賠償受害者的一種方法，然而實務上，民法已愈來愈像刑法般具社會控制的功能，尤其是對白領犯罪的回應。

近年來，企業某些特定行為被犯罪化的議題受到多方關切，從表面看來，白領犯罪的法律回應好像從以往較強調民事責任轉變為較強調刑事責任。然而，並非全然如此。根據學者N. Frank（1983）的研究指出，早在十九世紀後半葉，就已有專為處理工業化後有關健康與安全問題的刑事法案，到了二十世紀，刑事處罰卻被民事損害賠償所取代。Frank認為此發展可以不同方式解釋，從衝突論的觀點來分析，該發展可能是企業界為規避責任而運用其影響力所造成的結果。另一解釋認為，當後果責任是有效執行健康與安全相關法律的要件時，那麼民法會比刑法更易於處理後果責任的問題，所以該發展是相當合理的。不過，Frank也承認，轉變強調民事責任，事實上並不保證健康與安全相關法律會被更有效的執行。

第七節　公司（法人）的刑事責任

刑事責任的歸屬，是刑法體系中一個極為重要的議題。刑事責任的

394

觀念，最早是與「自然人」（natural persons）有關。「人，始有能力形成犯意（*mens rea*）」，這是犯罪在法律概念中的關鍵性要件。倫理責任，被歸於形成犯意之人。傳統思想認為，「自然人」具有受意志所控制之選擇能力，故需為其選擇負責，除非出現特定「寬恕條件」（excusing condition），如未達須負刑事責任之法定年齡、心神喪失等。在過去一百多年來，大量科學研究證實人類行為是受許多因素的影響，這些因素包括遺傳基因、生命早期經驗及情境因素等，有學者甚至主張，人類行為是被決定的。

雖然，白領犯罪者可能較傳統犯罪者更易援引寬恕條件，但白領犯罪者多被認為具自由意志決定是否從事違法行為。社會上的弱勢者，他們的機會較有限，他們所受的傷害壓力也較大，他們與那些具廣泛選擇權的權勢者相比，反而較易成為刑事責任的歸屬者（較易成為犯罪人），這是一個矛盾現象。而在白領犯罪者可責性的評論上，有些法官將白領犯罪者的可責門檻訂得高於傳統犯罪者，有些法官則認為那將會鼓勵白領犯罪的發生。儘管在最終分析中，仍舊無法證實犯罪者到底具有何種程度的自由意志選擇犯罪，但如果無法把基本責任歸諸犯罪者，那麼法律體系將無法有效發揮功能。

公司（或稱法人，而非公司成員）是否應為違法行為負責，是長久以來極具爭議的一個問題。雖然，公司的法律定義早已存在，但此爭議仍然持續進行。其他有關公司的議題還包括：公司是否是一個有別於股東及其他成員而存在的實體，或只是多數自然人的一個集合體？公司是一個由國家法律製造出來的人造品，還是一種私人自發性的自然產物？公司的活動是否具社會與政治的特殊性，以致需要特別的公司法律加以規範，還是只涉及股東與經營者之間的私人關係，屬一般法律的範圍？這些議題的不同觀點，自然影響公司違法行為的課責性質以及政府對公司違法行為的回應方式。以下將針對歐、美、日以及我國有關公司刑事責任的法觀念進行探討，並歸納公司刑事責任的法觀念潮流。

一、英美法

公司的刑事責任（corporate criminal liability），主要是二十世紀所出現的一個現象。在傳統的普通法（common law）觀念中，公司並不會面對刑事控訴。在十五世紀時，法律僅承認「自然人」。「法人」（juristic persons）概念，約在十一世紀封建社會階級結構瓦解時才逐漸出現。教會漸漸被承認是獨立於其建造者——地主——之外的實體，城邦（towns）也逐漸開始承受特殊的權利與責任，君權（the Crown）的觀念也逐漸和君主的個人身分有了區分。爲探尋及建立新殖民地，新公司不斷被創立。美國自建國時起，很多州就積極設法吸引州內公司的成立以增加稅收，有些州的法律更是在配合公司章程的情況下而被制定的，這些因素均促使公司數量的快速增加（Coleman, 1982）。

資料顯示，早在公司演變發展初期的時候，公司就曾對其所造成的損害擔負民事責任，而公司刑事責任的觀念則相對發展得很慢。主人對其僕人的不法行爲負有法律責任，此一古老的普通法原則，可以說是公司民事與刑事責任發展上的重要根源。儘管政府機關對其未履行法定任務（如道路養護）之行爲需負刑事責任的觀念在早期就已獲得支持，但是該觀念在當時並沒有運用到私人公司上（First, 1990）。

至少在十八世紀中葉以前，英國的法律權威人士仍認爲私人公司無法形成犯罪意圖，不能成爲起訴對象，同時也不能對犯罪負直接責任，儘管私人公司的成員卻可以。越權原則（*the doctrine of ultra vires*）所揭示的是，公司權力乃限於公司章程所訂的範圍，因此公司對於章程規定之外的行爲無需負責（Millon, 1990）。也就因爲這個緣故，公司往往藉由否認損壞行爲是其章程所授權，而規避法律責任。但在另一方面，有些公司經營者認爲，公司（而非經營者自己）若能對所有損害行爲負責，那麼對經營者是有利的。到了十九世紀時，隨著公司大量湧現，公司的損害行爲日益增多，法律也愈來愈需要將損害責任的歸屬明確化。

在英美法逐漸發展出公司刑事責任的觀念時，大陸法系國家並沒有發

展出有關公司刑事責任的原則。在大陸法系國家中，公司被視為一種自然人的集合體，普通法國家所具有「將刑事責任推展至公司」的觀念，當時並不存在大陸法系國家。學者Braithwaite與Fisse（1985）就曾指出一矛盾現象，既使在高度重視團體文化的日本，日本法律對於機構犯罪所強調的卻是個人責任（individual responsibility），講究個人主義的美國，反而出現公司刑事責任的法律。不過，到了二十世紀後半期，公司刑事責任的觀念逐漸出現於大陸法系國家，本節後文會討論。

　　在英美，十九世紀就曾有鐵路公司因損害行為而負刑事責任的案例，但是有關公司犯罪意圖的概念，一直到1909年New York Central and Hudson River Railroad Co. v. U.S.一案中才由美國聯邦最高法院確認。在該案，涉案鐵路公司違反Elkins法案（Elkins Act）所禁止在州際商業行為中提供回扣的規定。Elkins法案修正了之前禁止鐵路公司提供回扣的有關規定，該法案的通過受到大多數鐵路公司的支持，因為該法案使那些托運大量貨物的客戶無法再像以前一樣向鐵路公司殺價，鐵路公司因而受惠。Elkins法案中有條文規定鐵路公司的主管人員免受監禁處罰，因為一旦接受監禁刑，將無法使他們做出不利於彼此的證詞。前述有關New York Central的判例，可說是為「針對自然人的法律運用到公司」開闢了一條通路。其後，美國聯邦最高法院於1917年終於在State v. Lehigh Valley Railroad Co.案中，接受長期以來遭受反對——公司對殺人之刑事控訴可以負直接責任——的觀念（First, 1990）。

　　公司因員工或「代理人」（agents）行為而需負刑事責任，主要基於兩個理論。一是「歸責理論」（Imputation Theory），該理論認為公司對員工的意圖及行為負有責任。另一為「同一理論」（Identification Theory），該理論主張公司員工的行為若是基於公司利益或立場，公司應為員工行為負直接責任（Walt & Laufer, 1991）。基於同樣的理論，母公司對其子公司的行為也負有刑事責任。例如，Exxon公司就曾因其子公司（Exxon Shipping Company）的違法行為而被控訴有罪。

　　歸責理論，是一個古老的、同時也是被廣泛採用的聯邦刑法觀點，它

的另一名稱就是「准委託人答辯規則」（*respondeat superior rule*，指由於僱傭關係，雇主應對雇員服務時所犯錯誤行為負責。因此對雇員的訴訟，雇主有答辯的必要）。該規則（源自民法）規定，公司代理人具下列情況，公司就應負刑事責任：㈠從事犯罪行為；㈡是在該代理人職權範圍內所從事的；㈢意圖使公司受益。在有罪認定的過程中，檢察官並不需要證明從事違法行為的是哪些特定人，同時也不需要舉證公司從這些行為中所獲得什麼利益，儘管在欠缺犯罪嫌疑人以及有形公司利益的情況下是比較困難證明有罪（Coffee, 1983）。一項有關陪審員意向的研究（有關企業侵權的案件）發現，陪審員對於違法者為自然人的案件較感興趣（對違法者為法人的案件較不感興趣），不過陪審員也相信法人應該比自然人擔負更高的責任。該研究還發現，陪審員的歸責意向受複雜因素的影響，其中包括案件內容，如違法者是自然人抑或法人（Hans & Lofquist, 1992）。

准委託人答辯規則，可說是替代（間接）責任觀念的一種擴充，但此擴充引發某些爭議，它並非是制定法的產物，而是源自案例法。在U.S. v. Hilton Hotel Corporation（1972）案中，美國上訴法院（U.S. Court of Appeal）建立了即使當員工行為違反公司指令，公司還是有可能需對員工行為負責的原則。該原則的邏輯，就是為了要防止公司透過對違法行為的表面禁止（實質未禁止）而達逃避法律責任的目的（First, 1990）。

「同一理論」則是源自「模範刑法典」（Model Penal Code），至今已有許多州的立法機構及法院採用該理論[3]。當要公司為其成員或子公

---

[3] 美國「模範刑法典」（Model Penal Code）是由「美國法律協會」（American Law Institute, ALI）所完成，ALI是由一群傑出的律師、法官及教授所組成的一個私人性質的協會，於1923年成立，主要的工作是法律意義的闡明以及法律改革。ALI於1950年在Rockefeller基金會的贊助下，致力於美國刑法改革的帶動工作。當時，ALI創了一個規模龐大的諮詢委員會，會員皆為具刑事司法（criminal justice）有關學術背景的專業人士，負責研擬一個具有模範性質的刑法典。在之後的十年中，這些專家經過無數次的會商、研擬及修訂，終於在1961年完成了一部法學造詣極高及深具影響力的文件——「模範刑法典及其註解」（Model Penal Code and Commentaries）。誠如其標題所指，「模範刑法典」為指導實際立法的

司之不法行為負法律責任時，同一理論要求必須證明該不法行為是來自公司高層者的指示或授權，尤其是當所涉及的不法行為屬普通法之犯罪（common-law crimes）的情況。在該理論下，檢察官所面臨的真正挑戰，就是要確認發動或實施不法行為的人是公司高階層，以顯示該不法行為是基於公司利益。如果在違法行為發生之前，高層人員曾採取具體措施防止違法行為的發生，那麼公司就不需負法律責任（Walt & Laufer, 1991）。此處需注意的是，不同州採用不同標準規範何種犯罪及何種高層人員始可符合該理論的解釋。有些評論者採用第三種理論來解釋公司的刑事責任，他們主張如果公司的組織文化與氣氛助長或不禁止違法行為的發生，那麼就顯示公司有犯罪意圖（Fisse, 1991）。不過此觀點至今尚未被立法部門及法院採納。

　　儘管許多公司所擁有的力量遠超過自然人，英美法除賦予公司刑事責任外，也將自然人享有的大部分憲法權利賦予公司。「公司」概念包含兩個實體，一是擁有權力與資源的實體，另一是個人或個人所組成團體的實體。有些評論者主張應將公司脫去「自然人」享有的權利，他們認為公司是一種目標導向的實體（goal-directed entities）。Barrile（1993）的觀點更露骨，他表示當公司尋求如何規避像「自然人」般接受刑事制裁的同時，另一方面又極為偽善地尋求「自然人」的正式身分以獲取憲法保護。公司雖被賦予刑事責任，但公司實際上更獲得了許多利益。

　　在英美法中，有關公司處遇的法律典範（legal paradigms），大致上可分為整體觀（holistic view）及原子觀（atomistic view）。整體觀將公司視為「古典經濟人」（classic economic man），即追求極大化利益的理性行為者。但此觀點受到某些質疑與爭議，並有學者認為它是錯誤的，因為該觀點並未涵蓋公司的複雜本質。原子觀援引組織理論（organizational

---

一個典範，各管轄區可根據自己的需求，修飾其中的條文。當ALI分別在1980及1985年發行更新修訂的版本時，計有34個州根據更新版本大幅度修訂刑法並予以法典化（codification）。此外，超過1,500個法院引用其條文或參考其註解。模範刑法典可謂實現了理性刑法典的輪廓標準。

theory），對於公司制定決策的動態機制，呈現了接近眞實的圖像。諾貝爾經濟學獎得主H. Simon便認爲，理性行爲人的模式（rational-actor model）並無法深刻描述人類在複雜情境中的決策過程。事實上，公司集體性的決策可能比員工個人的抉擇更不理性且更具風險。而公司決策的組織過程模式（organizational process model），強調組織中的工作分殊化、責任模糊以及公司基於有限理性選擇政策（尋求「夠好的」的問題解決方案，而不是理想的解決方案）等現象。在此觀點下（原子觀），個人決策會相互結合，透過磋商談判的過程形成公司決策。這些有關公司決策之非簡化論者（nonreductionist，即反對忽視公司的複雜面，而僅將公司簡化視爲理性行爲者）的觀點，支持了「公司本身會制度化某些業務運作，因此須爲犯罪負責；公司的犯罪行爲不等於員工的個人行爲，也不等於員工個人行爲的總合」的主張（Metzger & Schwenk, 1990）

　　Foerschler（1990）提出了下列標準以判斷公司的意圖：㈠公司有無運作或政策違反法律規定？㈡可否合理預測該運作或政策導致公司代理人或員工違反法律？㈢公司是否接受代理人或員工的違法行爲？姑且不論是否以此模式作爲公司刑事責任的認定標準，但法律應有符合公司決策事實的必要。

二、荷蘭法

　　在公司刑事責任的議題上，現今荷蘭法已與英美法的觀點愈來愈接近。在1976年以前，荷蘭境內的公司可能因公司內部員工在其工作過程中所犯下的犯罪行爲而需負法律責任，雖然公司可能會被認定擔負刑事責任，不過當時仍侷限在損害公益的違反管制規定行爲（即行政法）範圍內，並不涉及強烈的倫理非難或烙印（Field & Jorg, 1991）。

　　然而，自1976年荷蘭刑法第51條修訂後，荷蘭刑法明定從事不法行爲者，可爲自然人與法人，並可對法人直接進行追訴及加諸刑罰。如果員工的不法行爲是在法人「權力」（power）範圍的控制下，而且法人「接受」（accept）該不法行爲或該不法行爲所生之利益，法人需負刑事責任

（Weinstein & Ball, 1994）。

上述「權力」與「接受」的觀念，與現代集體企業運作的本質有密切關係，該法要求荷蘭法院必須對被控法人的運作制度以及決策權的層級進行分析。1987年，基於此種司法檢驗，荷蘭一家醫院被檢察官以過失殺人罪起訴，最後並被法院定罪。根據調查證據顯示，該醫院草率使用失效的麻醉設備，以致病人在手術過程中遭受傷害。法院發現，該醫院缺乏適當管控機制以監督專責設備的技術部門，也沒有完整的資料記錄系統，無法顯示檢修需求，技術人員根本不知道該麻醉設備已經失效。「不知情」（ignorance）並不是有效的抗辯，法院反而認為醫院正因為不知情而需負刑事責任（Weinstein & Ball, 1994）。基於安全考量，法人會因本身內部監控機制不良或未採行監控機制，而需對損害行為負刑事責任。

荷蘭法院所持「權力」與「接受」兩項標準，更被運用在法人組織層級（corporate hierarchy）的運作中，法院強調集體過程（collective process）對個人的影響以及高層者所表現肯定態度或行為的重要性。換言之，法人內部單位之間的關係以及決策是如何在不同層級間傳達，是荷蘭法院的檢視標的。法人不一定要有具體的「接受」政策，法院會根據「什麼是法人平時所容忍的」？「什麼是法人平時明確反對的」？以判斷不法行為是否是法人內部政策或指令所導致的。此外，由於法人有可能製造一種不鼓勵遵守外部規範的組織氣氛，所以雖無決策或未將措施正式化，均可被認定是法人的政策或明確行為，而具可責性。總之，在荷蘭刑法的法理中，構成法人刑事責任的前提乃是管理者與員工所造成的「集體失靈」，所以不需要證明負責不法行為的是哪些特定個人。

三、德國法

在歐洲諸國中，德國被認為是經濟實力最強大的國家，但德國至今並未有法人刑法（corporate criminal law）。不過，德國卻設置了「白領檢察署」（white collar prosecutor's offices）及「白領法院」（white collar court）來處理複雜的法人不法案件（Weinstein & Ball, 1994）。有關法人

責任能力的議題，德國目前仍舊是一個抱持「全面否定觀點」的國家，即認為法人不能從事犯罪行為，只有自然人才能加諸刑事制裁。例如德國刑法學者Jescheck便曾表示，法人以及其他人之集合體，不具有自然意義之行為能力，亦無受刑罰能力。又刑罰基礎之社會倫理非難，對於法人並無任何意義。蓋責任之非難，僅得對於個人為之。如欲達到剝奪法人因犯罪行為所得利益之刑事政策目的，可以刑罰以外之方式達成，而且也勢必如此（蔡碧玉，1986）。

在德國，有關法人處罰的論爭，自古以來即已存在，中世紀時，因接受寺院法學者肯定對團體人制裁之理論，對於城邦及地方自治團體均普遍採取制裁措施，制裁方式包括罰金、沒收財產、停止活動及解散等，當時主要是基於政策上的必要性及實務上的要求使然。但同時，此種對團體制裁的正當性，也被反覆提出質疑。在絕對主義時代，由於國家權力之強化，團體之力量逐漸消失，此種制裁法人之法政策的必要性亦漸減弱，法人制裁在刑法體系論上之困難再度受到重視。因此，在自由主義時代的十九世紀，對法人制裁之問題均自刑法體系論上予以否定，而不考慮政策必要性的問題；所以十九世紀的德國刑法典，明白否定法人的處罰，即使是現行的德國刑法典亦未設有法人處罰的規定（蔡碧玉，1986）。德國自十九世紀以來，因純個人刑法觀的盛行，而否定法人刑事制裁的觀點，迄今仍居支配地位。

事實上，德國對於金融詐欺活動提供了相當肥沃的土壤。在統一之前，德國實施銀行保密條例（bank secrecy regulation），禁止銀行將客戶與交易的資料外洩，這種制度無形中便阻止了像美國證券交易委員會對於在美國境內從事內線交易的美國人逃離美國而將違法所得存放於德國銀行所進行的調查（Noack, 1987）。在德國，內線交易行為並沒有太強烈的刑事制裁風險。甚且，德國法律明確鼓勵商業銀行積極參與證券市場的交易，這促使受管制金融機構與企業間建立了極為緊密的關係，日本也有非常類似的情形（Hopt, 1986）。在狹隘的法人責任範疇觀點下，德國的法律並不承認前述英美法及荷蘭法等有關「集體有罪論」（collective guilt theory）的觀點。

　　法人通常只有因行政不法行為（administrative offenses）才會加諸法律責任（Khanna, 1996）。德國的行政罰藉由對法人代表人或法人加諸實質性的金錢罰，以對不法行為產生強大的威嚇力量。難怪有些英美法學者認為，德國的法律體系似乎模糊化了行政責任（低度社會倫理非難）與法人罪行之間的區別。

四、日本法

　　日本有關法人犯罪能力的觀點，主流學說偏向於否定法人犯罪能力的主張。然而在另一方面，日本法也承認組織乃現代社會之特徵，組織性的犯罪往往造成重大危害，如環境犯罪與職業災害便是典型事例。而且此等以產業行動為掩飾的損害行為，其所得之利益往往歸屬於法人，若排除此種組織性的特徵而來討論法人不法行為問題，必將失去重要意義。因此，日本的傳統刑法雖然否定法人具有犯罪能力，不過在行政刑法上卻採肯定說；當法人為行政法上的行政義務主體時，法人如違反其行政上義務，亦得受刑事上的制裁。換言之，犯罪得區分為刑事犯與行政犯。行政犯係違反為行政上目的所為之命令、禁止，法律命其履行某種義務，因其違反此項義務而加以處罰。法人有納稅、警察或經濟等行政上之義務。此項處罰係對於違反此項義務而設，法人既為行政法上之義務主體，自不得謂法人之性質，對於行政犯亦無犯罪能力。因此，法人對於行政犯有犯罪能力，得為犯罪主體，而應負刑事責任（鄭昆山，1998）。日本的大氣污染防止法第36條、物價統制法令第40條等，均有明定科處法人罰金刑的規定。

　　日本現行的法人制裁制度係以兩罰規定之立法型式出現，所謂兩罰規定，即法人之代表人、代理人、僱用人或其他從業人員，關於法人之業務所為違反法令之行為，除處罰其行為人外，並處罰法人。也就是說，法人即對他人之犯罪行為與行為人各負刑事責任。根據日本法的兩罰規定，判例與通說認為事業主之處罰係以從業者之違反行為為前提，對於事業主的處罰根據，日本最高裁判所係採過失推定說，法人所負之責任為監督責

任。在實務上，係以從業者之違反行爲作爲類似於客觀之處罰條件處理之（蔡碧玉，1986）。

五、我國法

我國刑法典向無處罰法人之規定，歷來之判例及解釋亦否認法人得爲犯罪主體，且在程序法上，亦不認法人具有刑事訴訟當事人能力，即不得以之爲刑事被告而提起刑事訴訟。但因受日本立法之影響，在許多行政法規中設有兩罰規定，而對法人科以罰金刑，實質上無異承認法人之犯罪能力。例如我國公平交易法第37條第2項規定：「法人之代表人、代理人、受僱人或其他從業人員，因執行業務違反第二十四條規定者，除依前項規定處罰其行爲人外，對該法人亦科處前項之罰金。」即爲一例。類似的條文也出現在其他行政法，如勞工安全衛生法（第41條）、水污染防治法（第39條）、空氣污染防制法（第57條）等，皆有對法人科以刑罰的規定。學者間雖多反對法人有傳統刑法上之犯罪能力，然對於所謂「行政刑法」領域中，則大多承認法人得爲犯罪之主體，其無非均以違犯行政刑法者爲行政犯，倫理色彩淡薄，只要有違反行政規定之違法狀態發生，即應受非難，而將此種非難歸屬於法人，就法理上而言並無不當。抑有進者，有認爲往昔法人無犯罪能力，不得爲犯罪主體之觀念，已因時代之進步而改變，基於維護社會公共安全秩序與福祉之目的，有必要承認法人之犯罪能力，並依法令負刑責（蔡碧玉，1986）。可見我國實務與學界亦已漸趨向法人犯罪能力肯定說，其理由與日本學者及實務家之主張如出一轍，可以說是基於社會需要性與政策面的考量。

六、公司刑事責任的爭議

公司應否科以刑事責任，是長期以來一個充滿爭議的問題。反對公司承擔刑事責任的論點，基本上是強調只有自然人而非公司實體才具有意識、才能形成犯意、才能犯罪。在此觀點下，將「替代的」（vicarious）刑事責任歸於公司是不適當的，理由如下（Coffee, 1983）：

㈠刑法目的（包括權利剝奪、威嚇及矯正等）所針對的是自然人，而非法人。

㈡替代刑事責任錯誤地將犯罪工具轉變為犯罪行為者。

㈢替代刑事責任將使無辜者受到傷害，如股東。

㈣替代刑事責任不公平地使公司對員工在公司業務範圍以外的行為負責。

㈤替代性的公司刑事責任為替代個人責任（vicarious individual liability）的不良觀念建立一個危險的先例。

㈥公司刑事責任是無效的，因為只有自然人而非組織才能受威嚇的影響。

㈦愈具彈性的民事損害賠償，愈易於運用在公司違法行為的處理上。

此議題的另一方面，有許多論點是支持違法公司應具有刑事責任的。支持論的主要觀點如下（Braithewaite & Fisse, 1985）：

㈠組織很可能掩護員工的違法行為。

㈡犯罪嫌疑人眾多，責任歸屬不易確定。

㈢公司利益的動機（公司極可能從犯罪中獲利）。

㈣人事消耗（違法者可能已被解聘或更換）。

㈤員工可能在當地法院管轄範圍外從事違法行為（僅公司能夠負責）。

㈥違法行為的定義與公司有關。

㈦公司應對公司本身的過失（而非個人的過失）負責。

㈧公司故意為之（違法行為是公司政策的結果）。

㈨代理人責任（surrogate liability）（當公司員工處於必須創造利潤的壓力環境下，或處於必須順從公司違法活動的壓力環境下時，員工可能基於公司利益的考量而從事犯罪行為）。

支持論者更指出，公司在面對外界的刑事控訴時，經常是想將責任轉

嫁到某些公司成員的個人身上，這些代罪者可能是掛名而無實權的主管（待命頂罪者）、被指定的失察監督者、或是直接從事損害行爲的人。因此，唯有讓公司本身擔負起責任時，公司才有可能會動用足夠的力量及具備強烈的動機去建立有效降低主管及員工從事違法行爲的預防和獎懲政策。如果公司無需承擔刑事責任，公司的上層主管將會被鼓勵去從事對公司有利的違法行爲或不遵守法律。不論反對論或支持論孰爲正確，兩觀點間的爭論將會繼續存在。

七、小　結

綜合前述幾個國家有關公司（法人）刑事責任的主張，大致上可分爲底下三種學說，即肯定說（英、美、荷蘭等國）、否定說（德國）及折衷說（日本與我國）。肯定說主張法人爲社會的有機體，具有團體的意念，代理人（成員）的不法行爲若是因法人內部運作或政策所影響並爲法人所接受時，法人就需承擔刑事責任。否定說主張法人無自由意志，只有自然人才有，刑法係以對自然人基於自由意志所爲違法行爲追究其道義責任爲本旨，法人無法具有行爲及故意過失，無行爲即無犯罪，因此法人無犯罪能力。折衷說則是站在不違背普通刑法理論體系（僅以具倫理道德之自然人爲犯罪主體）並顧及時勢需求（公司犯罪造成社會重大損害），雖不在普通刑法上規定接受法人的犯罪能力，但在行政刑法上對法人科以刑事責任。從上述國家法律政策的分析中，不難發現對違法公司科以刑事責任的政策已成爲國際趨勢。

第八節　白領犯罪的執法與管制

接受正式調查和執法行動的白領犯罪數量，不論是經何種方式的測量，都低於接受正式調查和執法行動的傳統犯罪數量。以最簡單及最直接的方式來表示，發生在街頭上的犯罪要比發生在大門深鎖後「套房內」（in the suite）的犯罪較容易被發現，也較易被調查。白領犯罪有兩方面

不同於傳統犯罪，一是白領犯罪的執法涉及許多機關（從傳統執法的警察機關到管制機關，如環保機關、公平交易委員會、衛生署等）。二是在這些機關中，刑事司法體系以外的部門扮演了非常重要的角色（相對於傳統犯罪的執法機關）。白領犯罪案件的處理，大部分是由政府管制機關（public regulatory agencies）以及民間機構（private policing agencies or entities）來執行的。儘管官方性的執法與管制機關具有自主權，但白領犯罪者（不論是潛在的或是實際的白領犯罪者）難以規避地介入執法過程，進而影響執法結果。

一、刑事司法體系的執法

長久以來，白領犯罪並不是傳統執法機關（警察機關）的主要關切對象，原因是有許多類型的白領犯罪不在警察的管轄範圍，警察也可能缺乏偵辦此類案件的專業技能或資源。雖然屬白領犯罪類型之一的詐欺案件，早已是警察負責偵辦的案件，而且警察參與偵辦此類案件的數量愈來愈多，但對於各類型白領犯罪的偵辦工作，警察介入仍是相當有限的，在參與上也並非全面性的，主要還是集中在某些類型。白領犯罪偵辦管轄權的範圍各國也不盡相同，例如以色列警察就對許多類型的白領犯罪具有偵查權力（Friedrichs, 2004）。基本上，警察僅對某些白領犯罪（詐欺）的偵辦扮演重要角色。

儘管警察的參與有其重要性，但存有一些影響因素限制傳統警力介入白領犯罪的偵辦。首先，警察人員的主要訓練是以傳統犯罪為導向的，具戲劇性的街頭犯罪比白領犯罪吸引警察的注意[4]。此外，處理白領犯罪

---

[4] 在國內培養警察的中央警察大學與臺灣警察專科學校兩所學校中，僅中央警察大學常態性的開設白領犯罪課程，但課程不多，通常僅一門課程（經濟犯罪），臺灣警察專科學校則甚少開設此種課程。詳細分析警察大學的白領犯罪課程後，可以發現該課程幾乎都是選修課，而且並非各學系都開設。值得注意的是，臺灣各縣、市警察局的刑事警察單位中，超過六成刑警皆畢業自臺灣警察專科學校。如此課程設計，很難期待警察能夠有效偵查白領犯罪。

案件所耗費的時間也經常多於傳統犯罪的處理時間，而且破案可能性也常低於傳統犯罪。有關犯罪偵查的研究發現，「破案因素」（solvability factors）是刑案成功偵破的關鍵，這些因素包括：有證人、知曉嫌犯姓名、獲得有關嫌犯的描述、知曉嫌犯的處所、辨認出嫌犯的交通工具、掌握贓物的線索、有物證以及有特殊的作案手法（孟維德，2007）。一旦案件偵查過程中缺乏這些因素，破案可能性就將降低。白領犯罪，經常是屬於缺乏這些因素的犯罪。

又因偵辦此類案件往往需要一些警察人員不常具備的特殊技能與專業知識，如會計、財務等知識，使得失敗機會以及警察人員的無力感相對較高。另一方面，針對白領犯罪的破案及逮捕嫌犯，社會大眾及政治高層人士對警察的催促壓力，通常不會高於傳統暴力犯罪。與傳統犯罪相較，白領犯罪的偵辦反而較常受到政治的阻礙。警察在國家官制中，階層並不高，所以在政治干擾下，警察往往無法有效偵辦白領犯罪。此外，媒體對殺人、強制性交、擄人勒贖等傳統犯罪的報導比對白領犯罪的報導，較易引發社會大眾強烈與立即的憤怒及恐懼。

針對白領犯罪的執法，在許多方面不同於傳統犯罪。就執法前線——地方警察機關而言，其所扮演的角色就非常有限。在我國，法務部調查局的角色就明顯重要許多。根據Rosoff、Pontell與Tillman（2004）等人的觀察，白領犯罪的執法型態較傳統犯罪執法型態趨於主動先發（proactive），欲成功偵破白領犯罪，需要相關執法機關間的緊密聯繫與合作。白領犯罪的偵查工作也較緩慢、麻煩，而且成功率比傳統犯罪低。與傳統犯罪的被害者相較，白領犯罪的被害者經常搞不清楚向什麼單位報案或請求協助，甚至還有許多白領犯罪的被害者根本不知道自己已被害。許多白領犯罪的機構性被害者為了顧及機構名譽，經常放棄向官方執法機構報案或請求援助，情願採取私人性的處理方式。

由於在白領犯罪犯案件的偵查過程中較缺乏直接與可見的法律行動，使得白領犯罪的偵查行動愈加困難。當公共性的執法行動能夠明確傳達「法律是被公正執行」的印象時，那麼就可以對身居合法行業的潛在犯罪

者（包含公司及個人）發揮較高的威嚇作用。但事實上，就大多數的白領
犯罪案件來說，警察等執法機關所扮演的角色是非常有限的。

二、管制體系的回應

　　Sutherland及其他早期研究白領犯罪的學者在當時就已察覺一項事
實，即針對企業犯罪行為的法律回應（legal response）主要是屬於管制性
的（regulatory），而不是刑罰性的（penal）。在所有可適用管制性法律
的案件中，實務上只有一小部分的案件會被管制機關以管制性法律處理
（即執法率很低）。在另一方面，管制性的執法也不像傳統刑事執法產生
明顯的倫理非難或烙印。儘管介於刑事、民事及管制司法體系間的界線有
時並非十分明確，不過管制司法給人一種層級較低感，涉及衝突的兩造，
在對立程度上，似乎也低於刑事司法體系所處理的案件。

　　管制（regulation），在廣義上被定義為「政府對民眾、企業或下級
政府之行為所做的任何控制」。管制，典型上涉及在某些生產或製造活
動上加諸官方標準及規範，包含執法機制以及某些型式的約制。比率設
定（rate-setting）、證照制度及財務公開等途徑，均是一般常見的管制方
法。

　　管制種類，一般分為經濟管制（economic regulation）及社會或保護管
制（social or protective regulation）。前者所關切的是市場關係（譬如證券
交易、反托辣斯等），目的在於維護該範圍內的穩定狀態；而後者所關切
的通常是生產活動所造成的損害後果（譬如對於員工、消費者及社會大眾
所造成的損害）。雖然管制可以做如上的區分，但這兩種管制並非是互相
獨立的，而是存有互動的關係。由於社會管制並不像經濟管制可能對企業
較有助益，同時社會管制更涉及管制者與被管制者在本質上的對立，因此
社會管制遭受企業的阻力較大。社會管制的出現，通常是跟隨在某種企業
狀態或措施所造成的危機、悲劇或恐慌之後（Ogus, 2002）。面對社會大
眾回應的壓力，政府經常不得不建立管制機關及管制規範，受約束的企業
常會對其抵制，或進行遊說以降低管制範圍。

政府在實施經濟管制時，著眼點通常在於實現競爭的政策。由於完全競爭可使資源配置達到最具效率的程度，而在不完全競爭的情況下，尤其是獨占，企業因掌握完全的市場力（market power），以致任意提高價格，減少產量，造成社會損失。鑑於此，政府必須實施經濟管制，以減少社會損失，增進經濟效率。競爭的政策，通常稱爲反托辣斯政策或反獨占政策。在十九世紀末與二十世紀初期的美國，企業間的購併蔚然成風，以「標準石油公司」（Standard Oil Company）爲例，在該期間約併購百家公司，並占有全美石油煉製能力的90%。另一類似公司，經由併購中小型鋼鐵廠，於1901年改組的「美國鋼鐵公司」（United States Steel Corporation）曾占有全美鋼鐵市場的65%。這些大公司都可稱爲托辣斯（trusts）。爲維護社會大眾利益，防止大公司妨礙競爭的行爲，美國於1890年通過了修爾曼反托辣斯法案，將獨占犯罪化。1911年，美國最高法院判決標準石油公司非法獨占石油煉製產業，並要求該公司分組成幾個分離的公司。於是紐約的標準石油成了莫比耳（Mobil），加州的標準石油則成了雪夫隆（Chevron），印地安那的標準石油則變成亞莫科（Amoco），紐澤西的標準石油成爲今日的艾克森（Exxon）。雖然分組成不同公司，但這些公司間並沒有很強的競爭力，最主要的原因是勒克斐勒（Rockefeller）仍然控有這些公司的股權，等到其繼承者繼承了股權，並轉售之後，這些石油公司才開始競爭（Taylor, 1995；高安邦，1997）。在我國，具有反托辣私法功能的公平交易法係於1991年制定公布，行政院也隨之成立公平交易委員會作爲中央主管機關。在美國，聯邦貿易委員會及司法部反托辣斯處承擔了有關競爭政策的主要責任[5]。

---

[5] 美國聯邦貿易委員會（Federal Trade Commission, FTC）成立於1915年，創設目的是作爲聯邦政府打擊托辣斯（trusts）的主要機關，後來又被授權處理侵害消費者權益之企業不公平及詐騙等行爲。FTC擁有制定貿易管制規範的權利，這些規範具有法律效力，同時FTC尚有要求企業提出多種資訊的廣泛權力。此外，FTC也對企業提供諮詢意見（advisory opinions）的服務，告知企業有關它們計畫作爲的一些潛在責任。不過，因爲FTC擔負預防及處理不公平競爭與反競爭

　　對於管制，有學者視其為一種保護公益的工具。也有學者採用經濟學的途徑來洞察管制，而較強調效率導向的成本、利益分析。另外，也有學者採取政治導向的途徑，他們從利益競爭以及權力擴展的角度來觀察管制。政治導向途徑中的新馬克思主義觀點（Neo-Marxist），便將管制視為維繫菁英權力與特權的一種機制，在此觀點下，某些企業之所以會被管制，主要是受到另外一些強勢企業操控影響所致。由於管制與公司犯罪關係密切，許多問題待研究。

三、白領犯罪的私人性執法

　　近年來，維護安全的機構呈現多樣化發展趨勢，民營化是其中之一。事實上，私人警衛（private police）的出現已有一段很長歷史（孟維德，2007）。在現代警察的工作職能中，有許多項目，以前是由權勢者所僱用者或僕人來執行的。如今，私人警衛被犯罪企業當作工具的情形，可能要多於私人警衛被用來追查白領犯罪的情形，尤其是針對企業高層人士的犯罪。

　　歐美國家的私人保全業發展較早，第二次世界大戰結束以後，私人警衛相關行業逐漸成長。在我國，與私人警衛關係密切的保全公司出現於

合併等多項責任，以致該委員會在執行任務時引發許多爭議與訴訟。雖然FTC通常是透過協商方式擬定同意令（consent order），要求違規或違法企業停止其不當作為，但FTC也可以採用裁定程序（adjudicative proceedings）、要求民事賠償或禁止令等方式處理企業的違法行為。FTC經常遭受消費者團體的批評，他們批評FTC沒有對消費者提供強而有力及有效的保護。此外，FTC也經常受企業界批評，企業界認為自己的作為是合法的卻遭FTC干涉。不令人感到意外的，雷根總統主政時曾大幅刪減FTC的預算，把FTC的角色置於監督者地位，其中有關公司合併的查核工作尤其明顯。近來，該委員會致力於恢復原有角色地位。此處值得一提，針對反托辣斯案件的處理，除FTC外，尚包括司法部的反托辣斯處（Antitrust Division of the Justice Department），兩者的區別在於FTC主要負責民事及行政不法的案件，反托辣斯處主要負責刑事案件。參閱Friedrichs, D. O. (2004). *Trusted Criminal: White Collar Crime in Contemporary Society*. New York: Wadsworth Publishing Company.

1970年代。第一家保全公司「中興保全」成立於1978年，兩年後「新光保全」成立。迄今，我國保全業發展約三十年，截至2005年底，經政府許可經營的保全業家數已多達490家（曹瑜芳，2006）。在實務上，公共警察與私人警衛之間經常建立聯絡管道，有時也會共同合作來進行犯罪偵查工作，美國聯邦調查局的偵查員就曾與IBM公司的安全人員合作偵辦電腦機密檔案的竊取案件。當公共警察偵辦某些案件缺乏足夠時間，有時也會委由私人警衛來協助犯罪偵查的工作，美國過去曾發生一件大規模的手提包仿冒案件，即是由公共警察委託私人警衛協助偵辦。私人機構有時還會提供補助金給公共警察執行偵查工作（美國過去曾有一些侵害著作權案件的偵辦即是如此），甚至還有一些偵查單位是公共與私人混合性的，美國的「執法情報單位」（Law Enforcement Intelligence Unit），即是一個屬於公共警察的私人組織。此外，許多私人保全公司經常約聘退休公共警察擔任公司內的重要職務（Marx, 1987）。在白領犯罪的範圍中，上述這些互動關係尤其顯著。

私人警衛，是一項規模龐大的行業。美國私人保全業的保全人員數為公共警察的2倍之多，我國保全人員亦超過4萬人。在這麼大量的私人警衛工作中，許多是有關企業資產的安全維護工作（如防火、防盜及其他侵害等），看似與白領犯罪無關。但其中有部分的私人警衛工作，焦點在於防制企業員工及外界人士所為侵害企業的詐欺及盜用公款等行為。此外，還有些私人警衛被僱用以防範企業高層人員的違法或不當行為。然而，當企業安全部門發現其老闆刻意掩飾產品的危險事實或從事違法行為時，難免陷於一種「舉發或遵從」的兩難情況，企業安全部門通常不會揭發企業高層人員的違法或不當行為。

當企業內發生人員從事違法行為的情事，上層管理人員首先考量的通常是「造成的損失有多少？」而不是犯罪。他們會盡可能避免損失，並且避免資源浪費。若可能，他們會避免使用犯罪有關的說詞，因為牽連到犯罪往往會增加許多額外成本（如主管名譽、企業名譽等），並使狀況複雜化。一位服務於大型企業安全部門的資深主管就曾表示，在其公司，每10

件詐欺案件中約只有一件送至安全部門處理（Cunningham et al., 1991）。許多企業中層管理者擔憂，若把自己單位人員的詐欺事件或違法行為報告出來，對自己將造成不利後果，因此經常是私下處理這些事情。

　　縱貫性的犯罪統計資料顯示，國內犯罪率呈現上升趨勢，民眾被害恐懼感增高，私人保全業的市場需求亦隨之提升。雖然私人保全業的工作標的，大多數是為客戶提供防制傳統犯罪的服務，但因白領犯罪日漸增多，且損害嚴重，防制白領犯罪逐漸成為私人保全業的服務要項。美國過去曾發生連續性的金融犯罪案件，造成業界及消費者嚴重損害，促使保全需求大幅增加，專門防範白領犯罪的保全公司逐漸湧現。位於紐約的Kroll Associates就是一家著名的私人保全公司，該公司因找出伊拉克前總統S. Hussein在外國銀行的資產及企業投資款項而聲名大噪。許多律師事務所及保險公司聘僱Kroll Associates職員對可疑的白領犯罪案件進行調查，該公司也幫助許多企業完成徵信調查工作。Intertect，是另一類似公司，該公司甚至與聯邦政府、銀行及企業訂下長期的服務契約。Jay Rowe也是一家類似公司，專門針對詐騙政府的國防契約承包商進行調查（Friedrichs, 2004）。

　　除保全業外，尚有其他專業私人機構，這些機構主要是提供防制白領犯罪的專業訓練課程，受訓人員大多數是來自企業內部的安全人員。美國「詐欺調查人員檢定協會」（Association of Certified Fraud Examiners）便是其中頗具代表性的機構，該協會聲稱他們訓練出來的反詐欺專家已超過萬人。該協會成立的目的，主要在於訓練私人調查人員，也有多所大學向該協會邀聘師資，到大學開設詐欺稽查方面的課程。反詐欺調查通常需對大量財務報表等資料進行檢查，相當耗時，該協會訓練的調查人員不循傳統方式檢查文件，改採電腦及資料庫來作為搜尋可疑線索的工具（Wells, 1993）。在實務上，客戶（多數是企業）通常會要求調查人員顧及他們的名譽，盡可能不要走上法律訴訟途徑，只希望能夠蒐集到要求對方提供金錢賠償的證據即可，不希望循訴訟程序解決問題。此外，許多保險公司也設置專責調查詐欺事件的部門，這些單位也算是對保險詐欺的回應組織之一。由於這些特殊的調查單位所採用的調查程序比較特別且非正式化，蒐

集的證據往往並無法爲法院所接受，案件較少進入司法程序。

從前面討論中可得知，對於白領犯罪的回應，私人保全人員的處理模式不像公共警察較強調「犯罪與司法正義」，他們比較注重配合客戶的需求。從另一角度觀察，企業爲什麼會求助私人保全，或許是企業根本就不想找公共警察來處理他們的案件。一位處理白領犯罪案件經驗豐富的保全員表示，客戶的主要目的僅是希望找回被竊財物及恢復原狀（Grant & Wolf, 1988）。雖然，只求恢復原狀而不求報應或執行正義，可能也是某些傳統犯罪被害者所期望的，但這在白領犯罪案件中卻是特別明顯。此外，由於考量企業名譽、企業股票價格及個人前途等問題，企業對於內部人員（尤其是高層者）的違法行爲通常並不願意張揚或動用訴訟方式。換言之，在企業內部，私人警衛通常被引至掩飾而非揭發白領犯罪。

第九節　結　語

針對白領犯罪的相關法律，本章討論了一些重要議題。第一，由於白領犯罪過於複雜，故法律無法將其完全涵蓋。法律，是眾多力量交錯影響下的產物，法律形成的基礎，並無單一、簡單而又令人滿意的解釋。立法部門雖具自主權，不是利益團體的工具，但不可否認的，立法部門對利益團體所關切的事物做出了相當程度的妥協與回應。白領犯罪有關的法律，事實上，兼具規範性與工具性的目的。此外，在短期需求（如企業的繁榮興盛）與長期需求（如制度與體系的正當性）之間，通常存在著對立關係。從白領犯罪有關的法律中，可以看出政府與企業界的目標可能是衝突的，而衝突往往來自企業與專業人士團體。雖然具有強大影響力的企業界無法指示立法部門如何立法，但他們必定會對與其利益有關的立法進行干預甚至操縱。

對白領犯罪者執法及進行管制，要比對傳統犯罪者困難。白領犯罪的執法機關不僅複雜，還包括特殊的自我管制。如何提升現今這種支離破碎、缺乏系統的執法效能，是二十一世紀司法體系所要面臨的重要挑戰。

本章參考文獻

孟維德（2007）。犯罪分析與安全治理。臺北：五南圖書出版公司。

高安邦（1997）。政治經濟學。臺北：五南圖書出版公司。

曹瑜芳（2006）。公共警察與私人保全互動關係之研究。中央警察大學行政管理研究所碩士論文。

鄭昆山（1998）。環境刑法之基礎理論。臺北：五南圖書出版公司。

蔡碧玉（1986）。論企業犯罪之責任主體，刑事法雜誌，第三十卷第一期，頁21-47。

Abadinsky, H. (2003). *Organized Crime*. Belmont, CA: Wadsworth/Thomson Learning.

Adler, R. W. & Lord, C. (1991). "Environmental Crimes: Raising the Stakes." *The George Washington Law Review* 59: 781-861.

Barrile, L. (1993). "A Soul to Damn and a Body to Kick: Imprisoning Corporate Criminals." *Humanity & Society* 17: 176-196.

Blum-West, S. & Carter, T. J. (1983). "Bringing White-Collar Crime back in: An Examination of Crimes and Torts." *Social Problems* 30: 545-554.

Braithwaite, J. & Fisse, B. (1985). "Varieties of Responsibility and Organizational Crime." *Law & Policy* 7: 315-343.

Brickey, K. F. (1990). "RICO Forfeitures as Excessive Fines or Cruel and Unusual Punishments." *Villanova Law Review* 35: 905-928.

Calavita, K. (1990). "Employer Sactions Violations: Toward a Dialectical Model of

White-Collar Crime." *Law & Society Review* 24: 1041-1069.

Chambliss, W. J. (1993). "On Lawmaking." pp. 9-11 in W. J. Chambliss & M. S. Zatz (eds.), *Making Law: The State, the Law, and Structural Contradictions*. Bloomington, IN: Indiana University Press.

Coffee, J. C., JR. (1983). "Corporate Criminal Responsibility." pp. 253-264 in S. Kadish (ed.), *Encyclopedia of Crime and Justice*. New York: Free Press .

Coffee, J. C., JR. (1992). "Paradigms Lost: The Blurring of the Criminal and Civil Law Models and What Can Be Done about It." *Yale Law Review* 101: 1875-1892.

Cohen, M. A. (1992). "Environmental Crime and Punishment: Legal/Economic Theory and Empirical Evidence on Enforcement of Federal Environmental Statutes." *The Journal of Criminal Law and Criminology* 82: 1054-1108.

Coleman, J. S. (1982). "Power and the Structure of Society." pp. 36-52 in M. D. Ermann & R. J. Lundman (eds.), *Corporate and Governmental Deviance: Problems of Organizational Behavior in Contemporary Society*. Oxford: Oxford University Press.

Coleman, J. W. (2002). *The Criminal Elite*. New York: St. Martin's Press.

Cunningham, W. C., Straucher, J. J. & Van Meter, C. W. (1991). *Private Security Trends: 1970 to 2000*. Boston, MA: Butterworth-Heineman.

Donnelly, P. G. (1982). "The Origins of the Occupational Safety and Health Act of 1970." *Social Problems* 30: 13-25.

Drapkin, I. (1989). *Crime and Punishment in the Ancient World*. Lexington, MA: Lexington.

Field, S. & Jorg, N. (1991). "Corporate Liability and Manslaughter: Should We Be Going to Dutch?" *Criminal Law Review* (March): 156.

First, H. (1990). *Business Crime—Cases and Materials*. Westbury, NY: Foundation Press.

Fisse, B. (1991). "Corporate Criminal Responsibility." *Criminal Law Journal* 15: 166-174.

Foerschler, A. (1990). "Corporate Criminal Intent: Toward a Better Understanding of Corporate Misconduct." *California Law Review* 78: 1287-1311.

Frank, N. (1983). "From Criminal to Civil Penalties in the History of Health and Safety Laws." *Social Problems* 30: 532-544.

Friedrichs, D. O. (2004). *Trusted Criminal: White Collar Crime in Contemporary Society*. New York: Wadsworth Publishing Company.

Geis, G. (1988). "From Deuteronomy to Deniability: A Historical Perlustration on White-Collar Crime." *Justice Quarterly* 5: 7-32.

Grant, A. & Wolf, M. J. (1988). *Platinum Crime*. New York: Pocket Books.

Hans, V. P. & Lofquist, W. S. (1992). "Jurors Judgments of Business Liability in Tort Cases: Implications for the Litigation Explosion." *Law & Society Review* 26: 85-116.

Hopt, K. J., (1986). "The German Inside Trading Guideline—Spring Gun or Scarecrow?" *Journal of Company Business & Capital Market Law* 8: 381-394.

Jesilow, P. (1982). "Adam Smith and White-Collar Crime." *Criminology* 20: 319-328.

Khanna, V. S. (1996). "Corporate Criminal Liability: What Purpose Does It Serve?" *Harvard Law Review* 109: 1477-1534.

Liska, A. (1992). "Social Control." pp. 1819-1823 in E. Borgatta (ed.), *Encyclopedia of Sociology*, Volume 4. New York: Macmillan.

Lynch, G. (1990). "How Useful is Civil RICO in the Enforcement of Criminal Law?" *Villanova Law Review* 35: 929-948.

Mann, K. (1992). "Punitive Civil Sanctions: The Middle Ground between Criminal and Civil Law." *Yale Law Review* 101: 1795-1874.

Marx, G. (1987). "The Interweaving of Public and Private Police in Undercover Work." pp. 172-193 in C. D. Shearing & P. C. Stenning (eds.), *Private Policing*. Newbury Park, CA: Sage.

Metzger, M. B. & Schwenk, C. R. (1990). "Decision-Making Models, Devil's

417

Advocacy, and the Control of Corporate Crime." *American Business Law Journal* 28: 323-377.

Millon, D. (1990). "Theories of the Corporation." *Duke Law Journal* 20: 201-262.

Noack, P.Q. (1987). "West German Bank Secrecy: A Barrier to SEC Insider Trading Investigation." *University of California, Davis Law Review* 20: 609-612.

Ogus, A. I. (2002). *Regulation: Legal Form and Economic Theory*. Oxford, UK: Oxford University Press.

Poulin, A. B. (1990). "RICO: Something for Everyone." *Villanova Law Review* 35: 853-864.

Reasons, C. E. (1991). "Crimes against the Environment: Some Theoretical and Practical Concerns." *The Criminal Law Quarterly* 34: 86-105.

Rosoff, S. M., Pontell, H. N. & Tillman, R. (2004). *Profit Without Honor: White-Collar Crime and the Looting of America*. Englewood Cliffs NJ: Prentice-Hall.

Savelsberg, J. (1994). *Constructing White-Collar Crime: Rationalities, Communication, Power*. Philadelphia: University of Pennsylvania Press.

Smith, A. (1937). *An Inquiry into the Nature and Causes of the Wealth of Nations*. (E. Canaan, ed.) New York: Modern Library.

Stone, C. (1975). *Where the Law Ends*. New York: Harper.

Sutherland, E. H. (1949). *White Collar Crime*. New York: Holt, Rinehart & Winston.

Szasz, A. (1984). "Industrial Resistance to Occupational Safety and Health Legislation, 1971-1981." *Social Problems* 32: 103-116.

Taylor, J. B. (1995). *Economics*. Boston: Houghton Mifflin Company.

Van Cise, J. G. (1990). "Antitrust Past-Present-Future." *The Antitrust Bulletin* 35: 985-1008.

Vogel, D. (1989). *Fluctuating Fortunes*. New York: Basic Books.

Walt, S. & Laufer, W. S. (1991). "Why Personhood Doesn't Matter: Corporate Criminal Liability and Sanctions." *American Journal of Criminal Law* 18: 263-287.

Weinstein, M. J. & Ball, P. B. (1994). "Criminal Law's Greatest Mystery Thriller: Corporate Guilt through Collective Knowledge." *New England Law Review* 29: 86.

Wells, J. T. (1993). "Accountancy and White-Collar Crime." *Annals* 525: 83-94.

Yeager, P. (1991). *The Limits of Law: The Public Regulation of Private Pollution*. Cambridge: Cambridge University Press.

第十一章
管制的探討

前一章曾提及管制的意涵，管制（regulation），其廣義為「政府對民眾、企業或下級政府之行為所做的控制」。狹義的管制，則指在某些生產或製造活動上加諸官方標準及規範，白領犯罪與狹義的管制有密切關係，這是本章所欲探討的主要範疇。我們很難在不探討管制機關（regulatory agency）的情況下，而能透徹了解白領犯罪。管制機關，是根據立法部門所通過的法案而設立的，並被賦予執行相關法律的權力。管制機關、企業及利益團體，是影響管制品質的要素。

當管制機關發現違法行為時，管制人員可能採取正式的司法程序，也可能選擇以合作或調解為導向的非正式、輔導性處理程序。如果管制機關採取正式途徑，管制機關可以讓違法者擔負民事損害賠償責任。例如我國公平交易法第30條規定，事業違反本法之規定，致侵害他人權益者，應負損害賠償責任（如限制競爭、不公平競爭）。

管制機關也可能對違法者科以行政罰，例如我國職業安全衛生法針對未提供安全職場的雇主處以行政罰的規定。在某些情況，管制機關還可能對違法者發動刑事訴訟，例如我國水污染防治法第36條第1項規定，事業排放於土壤或地面水體之廢（污）水所含之有害健康物質超過本法所定各該管制標準者，處三年以下有期徒刑、拘役或科或併科新臺幣20萬元以上500萬元以下罰金（環境犯罪）。

近年來，由於企業違法行為的數量與嚴重性明顯上升，透過政府管制措施以對企業行為進行控制的期望也愈來愈強烈。Frank與Lombness（1988）指出，意識型態的「重手」（heavy hand）對於管制機關的兩項基本功能——社會控制與服務——造成極大的影響。這兩項功能，何者較重要？以及為何較重要？乃本章焦點。底下先討論當代管制的爭議，這有

助於我們了解政府與企業之間的複雜關係。

第一節　管制的爭議

當社會發展愈為龐大與愈為複雜時，管制的範疇亦隨之擴大。當今有關管制的爭議焦點包括：管制的正確性、期望以及權宜性如何？目前的管制是否過多或過少？管制法規、機關、政策及行動是否適當等？反對政府積極實施管制的人士所持觀點為：管制是對個人自由及經濟權利的一種侵犯；某些受管制的活動（如內線交易），根本就沒有被害者；管制是缺乏經濟效率的；對於企業損害行為的處理方法，除了管制途徑之外，還有其他更有效的方法，而且更符合正當程序原則（Kagan, 1989）。具體而言，管制被反對人士指責是壓抑革新、加速通貨膨脹、增加失業率以及降低國際競爭力的惡徒。

當管制範圍擴大，管制牽連的直接成本便會增加，事業機構經常抱怨為配合管制規定而需承擔龐大的成本與文書作業。社會性或保護性管制尤其被批評缺乏合理性、矛盾、阻礙生產，以及是為了官僚體系本身的利益。美國知名聯邦大法官S. Breyer（1993），曾針對管制機關常狹隘地運用管制規範在某一問題處理上而引發其他更嚴重問題的現象，撰寫專書，他主張建立一個能夠妥善分配政府管制資源的超管制部門（superregulatory agency）。

欲準確評量管制的成本與效益，並不容易。由於當事人或組織往往循自利途徑而誇大成本或隱藏效益，以致管制成本與效益的評量變為不太可能。管制的長期效益，評量尤其困難，特別是在健康、安全及環境保護等方面。

管制的目標，也缺乏共識。激進派論者認為，在資本主義社會，管制機關的主要目標就是為「幫助企業累積利益的體系」維繫合法地位。他們認為，該目標只要藉由某些刻意管制即可達成，例如當經費不足、管制機關有親企業人士任職並制定有利企業的法規時，管制機關的效能就會受到

限制，繼而達成前述目標（Henry, 1991）。

在另一方面，主張實施管制的人士則強調，在現今複雜且多元的社會裡，由於個人或團體欠缺保護自己免於企業損害行為侵害的重要資訊或方法，因此除非政府介入，否則造成不良經濟後果的反競爭勢力（anticompetitive forces）將難以排除。此外，在社會上，風險有關資訊的評估能力以及自我保護選擇的評估能力都不是平均分配的，企業界往往掌握了較為強大的風險認知能力。管制的辯護者更指出，經濟成長消褪的原因很多，從經營不善到市場消褪都可能是主因，但絕不是政府管制擴張所導致的。

在此觀點下，其實企業也因政府實施管制而受益，因為政府若沒有實施管制，企業將會面臨更多來自勞工、消費者以及社會大眾的抗爭。政府的管制對市場或許無法產生立即的效益，但在其他利益方面，譬如勞工健康與安全的保護以及環境的保護等方面，仍有相當的貢獻。根據許多民意調查的結果顯示，一般社會大眾是支持管制保護的，尤其是在健康、安全、以及環境的事務上（Haines, 1997）。總之，支持管制的人士認為，管制活動可以預防或嚇阻諸如白領犯罪等行為的發生；若沒有管制活動，將會有更多的損害發生。

第二節　管制機關的特性

成立於1602年的荷蘭東印度公司（Dutch East India Company），被認為是世上第一個現代公司。當這個新成立組織所造成的損害愈來愈明顯時，政治當局開始在現有的法律體系中導入了「替代責任」（vicarious liability）的觀念[1]。當時對於企業行為的直接控制是極為有限的，因為

---

[1] 所謂「替代責任」（vicarious liability），乃指甲與乙兩人基於彼此之間的關係，甲因為乙可予起訴的行為而被加諸的責任，稱為替代責任。換言之，也就是因為他人行為而擔負的間接法律責任或被加諸的法律責任。例如，雇主因雇員行為而承擔的責任、委託人因代理人的侵權行為及契約而承擔的責任等。參閱Black,

警察機關一方面缺乏處理企業違法事件的專業能力和興趣，另一方面也沒有實施檢查企業部門的權力。就在這個時候，具準警察機關（quasi-police agencies）性質的管制機關被建立，塡補了法律與執法之間的空隙（Snider, 1995）。

在經過學者多年來的研究探索後，許多有關管制機關的現象及問題現已獲得相當程度的了解。如同其他組織一般，管制機關的功能深深受到外在環境、本身組織結構以及其法定目標與工作等因素的影響。Kagan（1978）根據管制機關對於相關法令的回應，將管制機關區分爲兩類：專家模式（expert model）及法律模式（legal model）。在「專家模式」下，管制機關官員對於違法企業所可採取的行動方案，具有相當大的決策空間。在此種模式下，雖然法律會規定管制機關所能採取策略的範圍，但對違法行爲的處理方式，則較少使用預先訂定好的法規來作爲先驗的引導準則。在另一方面，那些遵循「法律模式」的管制機關，則強調嚴格遵守所有相關的法律和政策。管制機關的官員被要求盡可能注意法律的要件，以期在執法時完全符合法律的要求。而法律模式的主要效應，就是將裁量權從檢查人員的身上移走，把該裁量權交予直接影響管制過程的集權制官員。

此外，學者Braithwaite等人（1987）認爲，管制機關的執法方式，可以說是落在一個從非執法者（促使被管制者配合以建立自我管制）到依規定執法（強調駕馭及控制）的連續構面（continuum）上。Frank（1984）則認爲管制機關具有四種執法型態，分別是：服務型（service）、看守者型（watchman）、守法主義型（legalistic）及自由官員型（free agent）。前兩種型態較屬於「說服式」，其中服務型一般又比看守者型更爲主動先發，以及較具專業能力；而後兩者較屬於「取締式」，其中守法主義型較爲機械化以及正式化，自由官員型則較具自主性與非正式化。

外在環境對於管制機關的影響，也是非常重要的。管制機關爲了繼續

H. C. & Publisher's Editorial Staff (1990). *Black's Law Dictionary*. St. Paul. MN: West Group, p. 1566.

存在，它們必須要滿足一些存在的要件，譬如機關必須要獲得資源、爭取足夠預算（最好是持續增加的）、化解反對力量及整合政治上的支持力量等。基於這些條件的考量，就有許多學者試圖找出「有效機關」的特性，他們將「有效」定義為成功執行法令。然而，這些學者的努力似乎並不是太成功，許多研究顯示，長期的有效性可能並不存在，相反的，許多管制機關呈現一種寄生性的成長（parasitic growth），從縱貫性的過程來觀察，管制機關呈現出一種不規則的循環擴張，而且此擴張有時甚至還會超越被管制行業的成長（Hutter, 1997）。研究證據顯示，當管制標準不明確、具體目的只在於改善企業表現，以及當管制者可以自由以新增管制去矯正非預期性的漏洞而不必接受其他政府機構監督時，此種擴張最常發生（Snider, 1995）。此外，當管制機關愈加擴張時，其決策制定過程往往也隨之僵化，因為原先具靈活性、創造性及抱負的官員，不是被取代，要不就是轉變成只徒安逸於其職位的保守官僚。

　　不過研究證據也顯示，政府在建立管制機關之初，通常並沒有給予管制機關足夠的資源（諸如經費及人員等），因此管制機關的擴張意義未必全都是負面的[2]。事實上，就算是管制機關成立一段時間之後，也未必具有足夠的資源。根據行政院環境保護署所公布的資料（參閱表11-1），2020年負責稽查全國環境污染源的人員只有2,144人（環保局人力1,844人，委外協辦人力300人），平均每一稽查人員的稽查次數超過850次（因COVID-19疫情影響，該年稽查次數較少），最近三年的平均次數超過1,100次。換言之，每名稽查人員每天至少要進行四次稽查。稽查人員人力不足，不僅讓現職人員承受龐大的工作負擔，更重要的是，稽查品質無可避免的將遭受嚴重負面影響，環境保護的管制工作也因此而難以落

---

[2] 學者Clinard與Yeager認為，管制機關人員與經費短缺的原因，一方面是因為社會大眾對於它們的期待與所加諸的壓力，通常比負責處理傳統犯罪的刑事司法機構要來得小，另一方面，企業利益團體又經常進行遊說以限制管制機關的權力及預算。參閱Clinard, M. B. & Yeager, P. C. (1980). *Corporate Crime*. New York: Free Press.

白領犯罪

表11-1　臺灣各環保局環保稽查人力及平均稽查次數分析

年別	稽查人力（人）	平均每人稽查次數
2011	1,921	1,122
2012	2,014	890
2013	1,921	1,008
2014	1,962	1,052
2015	1,951	1,272
2016	2,005	1,194
2017	2,038	1,356
2018	2,069	1,362
2019	2,195	1,156
2020	2,144	853

資料來源：行政院環境保護署（2021），環境保護統計月報，第三百九十期。

實。然而，從那些管制無用論者的眼光看來（部分學者及企業人士所持觀念），管制機關的擴張代表了政府的效率低落與管理不當（私人企業的成長才是正面象徵，代表卓越管理）。

　　相關的研究還指出，管制機關具有一種從建立到僵化與癱瘓（而非死亡）的生命過程。當經過起初的政策研創階段之後，管制機關便進入以權力整合及政策執行爲主的中程階段，最後進入一種強調行政程序而不重實質效能的老化及淪陷（captured）階段（Snider, 1995）。所謂「機關淪陷」（agency capture）的觀念，尚無唯一定義，通常指管制機關接受被管制企業的利益和觀點。機關淪陷的觀念常常被用來描述底下的情況：管制範圍縮小，且爲企業接受；管制法的執行很寬鬆；被管制企業的利益並沒有因爲政府管制而受到嚴重影響等（Frank & Lombness, 1988）。如果公共團體能夠積極介入與監督管制機關的表現，機關僵化及淪陷的現象通常可以避免，或至少可以延緩發生。這些團體透過對管制機關施壓，要求管制機關實現法定任務，因而可以預先阻止企業讓管制機關淪陷。

　　管制執行的型態，受到許多互動因素（interacting factors）的影響。Kagan（1989）的研究指出，這些因素包括：執行管制上所面臨的專業技

術、經濟及法律等問題，「作業環境」（task environment）的特性（即違法行為被偵測可能性如何），以及管制機關所處的政治環境等。管制法令不僅眾多，而且相互間更存有許多差異，例如在嚴屬性、明確性以及各個法令的目標上常有很大的不同。在執行管制的作業環境中，通常下列的因素會被加以考量：違規或違法事件的可見性、被管制企業的規模與複雜性、採用順從策略的成本，以及損害危險的嚴重性等。有些管制機關會根據他們對企業經營好壞的認知和判斷，而發展出不同的策略來處理不同企業的違規或違法事件。根據Kagan與Scholz（1983）的研究指出，管制人員一般將公司犯罪者區分為底下三類：缺乏道德感的計算者（amoral caculators），為追求極大化的利益而違法；政治性的市民（political citizen），他們反對管制規範及法令的原理原則；以及企業能力不佳者，因經營不善或能力不足而導致違規或違法。另外，事故（如工業災變）、企業壓力及文化價值觀也會影響管制機關執行管制規範的取向（Reichman, 1992）。因此，很顯然的，管制機關的執法哲學與政策選擇受到相當複雜因素的影響。管制執行的強弱，儘管隨時空的不同而有很大的差異，不過，根據過去的研究，我們還是可以建立一些原則。

一、管制機關較喜採用非正式途徑或不執行管制

首先，以非正式的途徑來執行管制，可能是管制機關最突顯而且是最常被發現的一項特徵。Cranston（1982）綜合他對美國、英國、以及澳洲等國家相關文獻的檢閱與分析之後，下了如此的結論：「明確證據顯示，管制機關並沒有依照法律所規定和預期的方式去執行職務」。在傳統上，管制機關的人員較不認為自己是警察人員，反而較常把自己當作是如何讓被管制者自動遵守管制規定的政府官員。在面對正式或非正式管制行動的抉擇時，大多數的管制官員選擇了非正式的做法。Cranston所發現的現象似乎也存在我國，當我們觀察勞動部職業安全衛生署公布的資料，發現每年所進行的安全衛生檢查次數雖漸增，但與事業單位數量的增加相比，檢查次數仍偏低。另外，事業單位違法案件受處分率甚低，約為

白領犯罪

7%。以2020年爲例，違法事件的處分以罰鍰占最多（76%），局部停工占21.5%，全部停工占0.5%，移送司法機關占2%。換言之，超過四分之三的違法事件是以罰鍰方式處理的（參閱表11-2與表11-3）。

表11-2　勞工安全衛生檢查次數分析

年別	事業單位數	勞工人數（千人）	安全衛生檢查次數
2011	687,088	8,042	101,689
2012	644,013	8,186	105,603
2013	671,795	8,297	102,286
2014	671,813	8,429	90,942
2015	671,822	8,531	104,862
2016	671,822	8,552	114,306
2017	867,337	8,633	114,912
2018	887,126	8,715	121,613
2019	906,436	8,778	125,798
2020	932,101	8,803	146,827

資料來源：勞動部職業安全衛生署，2011～2020年勞動檢查年報。

表11-3　事業單位經勞動檢查違反勞工安全衛生法處分情形

年別	總受檢廠數	違反件數					處分率（%）
		總計	罰鍰處分	局部停工	全部停工	移送參辦	
2011	101,689	10,473	3,299	6,908	41	225	10.30
2012	105,603	7,933	3,299	4,361	15	258	7.51
2013	102,286	6,498	2,740	3,695	2	58	6.35
2014	90,942	5,520	2,894	2,599	3	64	6.07
2015	104,862	6,892	4,645	2,095	1	151	6.57
2016	114,306	8,930	5,994	2,770	2	164	7.81
2017	114,912	8,807	6,702	1,911	4	190	7.66
2018	121,613	9,624	7,503	1,926	3	192	7.91
2019	125,798	8,619	6,591	1,832	2	194	6.85
2020	146,827	9,073	6,916	1,955	4	198	6.18

說明：處分率＝（違反件數÷總受檢廠數）×100%。
資料來源：勞動部職業安全衛生署，2011～2020年勞動檢查年報。

428

　　管制機關沒有經常性的採取正式管制途徑，並不令人感到驚訝，因為管制機關屬於政府，政府有很好的理由對白領犯罪（尤其是公司犯罪）採取寬大的做法。來自企業界的金錢、力量、支持及信任等，往往都是政治人物能否在政治活動中獲勝（如選舉中獲選）及掌握權力的重要條件。就經政治任命的政務官而言（如管制機關的首長），同樣也需要政治庇蔭以及企業界的支持。此外，政治人物與管制官員也經常抱持相似觀點，即企業界為生存必須節省開支，終極目標就是要追求極大化的利潤，所以對企業進行執法可能會構成「政府干預」。事實上，在不少管制人員及政治人士的觀念裡，認為市場機制的神奇力量可以矯正許多弊病。不過，對於此種哲學的信仰強度，呈現出很大的變異範圍。在資本主義濃厚的國家，普遍存在此種哲學，而且該哲學長久以來很少受到社會責任（social responsibility）與集體權利優先於個人權利等觀念的挑戰。資本主義思想強化了：「善與企業界為伍，莫對企業採取正式執法行動，乃是管制機關所可遵循的最簡單以及最安全道路」的信仰（Snider, 1995）。一些特別強調經濟發展的國家（如開發中國家），執行管制往往被認為會阻礙經濟的發展，而且在觀念上多主張待經濟發展到某一水準之後，再考量管制亦不遲。

　　因此，管制人員對他們所管制的企業，傾向採取間接的以及輔導性的態度，管制機關就如同是一種特殊的行業，而不像是真正執行管制的機關。研究指出，管制機關的首長普遍認為，政府行政部門如果能對企業所面臨的問題表示更多的同情與關切的話，那麼公司犯罪的問題就可能較易於解決。此外，還有管制機關的首長認為，只有一些例外的商人才會故意去從事違法行為，這些商人就如同桶中的爛蘋果一般。由於爛蘋果經常在桶底被發現，因此，執行管制活動的第二個特徵為：執行管制的對象經常是企業界中居於下層的機構（Gunningham,1987）。

二、執行管制的對象多為小型或弱勢企業

　　管制機關較強烈的檢查行動大多數是指向一些小型的企業，同時嚴厲

的制裁措施也大多數是集中在小型企業上（Hutter, 1997）。那些規模龐大及強而有力的公司（如一些跨國性的公司），通常與管制官員間建立有良好的關係。絕非湊巧的，這些大公司也最常從法律層面來質疑任何加諸在他們身上的調查或制裁。管制機關經常把弱勢及邊緣企業當作執法對象的這種歧視性行動，並非僅發生在某些特定的違法行為上，而是包括廣泛的違法行為，諸如違法合併、違反食品及藥物管理法、不實廣告、逃漏稅、違反職業安全及其他許多違反管制規定的行為。

只要檢視一下小型企業對管制人員所顯現出的優點，便可了解此種差別執法的脈絡。從政治的角度來分析，小型企業是執行管制很理想的目標，因為它們通常並沒有足夠的力量去妨礙檢查工作的進行或擁有足夠資源去隱瞞案情，而且它們所為的違法行為複雜性通常也較低。對它們進行調查及訴訟所需的時間也較短，它們也較無力激發針對管制機關的政治反彈。若是在追訴大型公司的案件中，上述這些負面的情況便會明顯出現。大型公司所擁有的資源有時還超越管制機關，它們一旦成為管制機關的訴訟對象，訴訟可能會持續很長一段時間，同時將耗費鉅額金錢，而且管制機關更可能會在缺乏政治認同的情況下放棄訴訟。

前面這些分析在Yeager（1987）的研究中得到了驗證，Yeager在其針對環保署的研究中發現，環保署在執行管制過程中有偏袒於規模較大以及較具力量的公司機構。該偏袒現象的產生，主要是因為大型公司機構較有足夠的資源（如財力以及專業人員）與管制機關的專家相對抗或談判，而且只有規模較大的公司才較有可能吸收為配合管制要求所需花費的大筆費用（如添購污水處理設備）。Yeager在其研究中呈現出一項重要的隱喻，管制體系反映了、複製了、甚至增強了社會有關財富及權力的不公平性，管制機關對於大型企業的結構性偏袒（structural bias），使得官方有關大型企業的違規或違法紀錄受到了低估。

大型公司所擁有的力量並非是捏造的。美國聯邦貿易委員會（FTC）過去每年要動用12%～14%的預算以及更高比例的人力資源，對石油業非法合併及操縱價格的行為進行調查，FTC曾懷疑石油危機（油品嚴重短

缺，導致汽油價格上漲了1～2倍）是大型石油公司限制石油供應所造成的結果。在經過多年調查之後，FTC終於放棄該案，理由並不是因為當初懷疑是錯誤的而放棄，而是因為石油公司的資源實在是太充沛了。FTC恐怕是世界上組織最堅強、經費最充裕的管制機關之一，但仍舊不是石油公司的對手，石油公司所擁有的政治資源與財務資金遠超過FTC所擁有者。在雷根獲選美國總統後，同樣命運又降臨在美國的管制機關上。當時，約有數十件針對大型公司違法行為的調查案件正如火如荼進行著，但因為受到新政權的干預（基於朋友及公司聯盟的利益），最後遭到撤銷（Snider, 1995）。事實上，如此結果，對於管制人員的士氣，也是一項沉重打擊，管制人員會很快頓悟一件事實——如果想要保住自己的職位，那麼就不必要太認真去執行管制。

　　從上面的討論中，不難理解管制人員為何僅將注意焦點集中在小型企業上。可是從今日白領犯罪的範圍與嚴重性來看，犯罪者絕不可能僅是小型、暫時性的組織，或只是非倫理及不適應環境的個人而已。如果只有一個商人或公司從事犯罪行為，那麼其原因應該是屬於個別性的，可能是個人或公司的特殊病理原因或環境所造成的。但是當許多大型及頗富聲望的公司變成習慣犯時，注意焦點若還只是集中在違法的小型公司上，那麼對白領犯罪的發生率及嚴重性根本不會造成任何有意義的影響。事實上，當大型企業所握有的優勢愈來愈大，如果藉由違法途徑可以獲得高利潤，那麼從邏輯上來推論，愈大且愈成功的企業將愈可能從事違法行為。當然，我們並不否認小型公司也會違法，但是大型公司違法行為所造成的損害通常要比小型公司來得複雜和嚴重。因此，管制機關的執法對象，「理論上」應是大型公司才對。

　　此外，在市場中如果僅有少數幾家成功的大型企業，那麼這些企業極有可能會涉及一些特定的違法行為。例如，控制95%市場的四家大型公司，絕對要比市場中其他250家小型公司居優勢去從事價格鎖定或價格領導的行為。因此，某些情境本身就具有促發犯罪的特性。換言之，欲遏止價格鎖定行為，瓦解四家大型企業寡占市場應比處理其他小型公司的價格

鎖定行為要來得有效。

　　到目前為止，我們已經檢視了執行管制上的兩項特徵，分別是：傾向不執行管制或較喜歡採用非正式的措施（不喜歡採用正式制裁），另一就是執行管制的焦點大部分集中在小型、弱勢的企業上。

三、管制往往缺乏威嚇性

　　有關執行管制的第三項特徵，就是管制措施對違法公司所加諸的金錢罰與違法公司的財務資產比較起來微不足道，往往無法產生足夠的威嚇作用。Ermann與Lundman（1978）曾針對違法大型公司所受到的金錢罰進行過分析，他們發現處罰的平均金額低於這些違法公司一個小時的營運獲利。換言之，處罰金額不僅與違法公司的財務資產不成比例，甚至還遠不及於違法行為所獲得的利益。

　　根據勞動部職業安全衛生署所公布的資料顯示，主管機關每年對於事業單位進行勞動檢查的場次約為33,000～67,000場次，違反勞動基準法的件數約為6,300～10,300件。主管機關對於違法案件幾乎都是採取罰鍰方式處理，移送司法機關的件數甚少，如表11-4。若以罰鍰金額來分析，當然各案件的罰鍰金額會有差異，但以平均值作為觀察對象時，平均每件罰鍰金額約為新臺幣3.5萬至5.8萬元，如此額度的罰鍰恐怕不易對違法事業單位產生足夠的威嚇作用。

　　以下舉美國Beech-Nut公司在其所生產的蘋果汁中摻雜不純物質的案例，以說明前述特徵。Beech-Nut曾是美國一家生產兒童食品的大型公司，「不加糖的100%純果汁」是其主要商品之一，但實際上卻是添加香料的液體而已。當「美國食品暨藥品管理署[3]」（U.S. Food

---

[3] 美國「食品暨藥品管理署」（FDA）是根據1906年的食品暨藥品法（Food and Drug Act of 1906）所設置的，該法的立法宗旨在於保護社會大眾免於危險食品、藥品、化妝品以及醫療器材的侵害。美國在1937年曾發生極嚴重的藥品傷害事件，上百人因服用當時所謂的萬能藥——磺胺特效藥（elixir of sulfanilamide）——而喪生，該事件發生後，FDA被授予更廣泛的權力。另外，在1960年代也曾

表11-4 勞動檢查事業單位違反勞動基準法處分情形

年別	總受檢場次	違反件數				
		總計（件）	罰鍰（件）	移送參辦（件）	罰鍰金額（萬元）	平均每件罰鍰金額（萬元）
2015	49,764	8,937	8,937	0	31,167.6	3.5
2016	67,194	10,281	10,275	6	40,274	3.9
2017	40,282	8,324	8,317	7	33,249.1	4.0
2018	67,005	8,864	8,855	9	51,671.7	5.8
2019	40,466	7,323	7,315	8	42,629.9	5.8
2020	33,092	6,341	6,339	2	32,289.9	5.1

說明：2014年以前勞動檢查年報未公布罰鍰金額，2015年開始公布，故分析
2015～2020年報資料。
資料來源：勞動部職業安全衛生署，2015～2020年勞動檢查年報。

and Drug Agency, FDA）無意間發現該公司產品摻有雜質的訊息時，
基於善意立即通知Beech-Nut公司，FDA起先以為可能是某些不肖供
應商的行為，Beech-Nut應是無辜的被害者。但是當Beech-Nut在回應

發生一件非常嚴重的事件，許多孕婦因服用一種叫作Thalidomide鎮靜劑後生出
畸形兒（請參閱本書第四章第三節），在該事件後，FDA因新立法而又強化了
其權力。如今，FDA負責許多食品、藥品、化妝品及醫療器材的管制、檢查、
監督、化驗以及建立規範等工作。但實際上，經常是委由製造商自己來做化驗
的，FDA對於此類化驗過程並無法掌握直接的控制。現場檢查員根據機關的管
轄範圍（廠商產品必須在此範圍）執行職務，對於違規或違法事件的處理回應一
般包括：管制（警告）信函、要求回收命令、禁止製造與配銷禁止令、要求提出
妥當資料（如限期改善的結果）否則將可能接受刑事追訴的告發單、直接扣押禁
止商品、要求民事賠償、或刑事追訴等。由於FDA執行管制的對象經常是挑選
一些小企業，不敢或不願意對大企業或強而有力的企業執行管制，以及FDA的
官員時有被檢舉收取企業賄賂的情事，使得FDA的效能多年來一直受到質疑。
近來，FDA又因為一方面核准醫療人員在AIDS處方中使用實驗藥物，但在另一
方面並未要求對新藥品及醫療器材做適當檢驗，而備受批評。甚至還有國會議
員提議解散FDA，建議將藥品核准的程序交由民間機構執行。參閱Friedrichs, D.
O. (2004). *Trusted Criminal: White Collar Crime in Contemporary Society*. New York:
Wadsworth Publishing Company.

上顯露出敵意及不合作的態度時，FDA逐漸產生了懷疑。在面對FDA的調查時，該公司管理階層不僅言詞閃躲，更在公司內部策動掩飾的行動，命令各個工廠的高層管理者銷毀違法行為的證據。然後，在不想造成任何損失的動機下，該公司將庫存的蘋果汁轉賣到第三世界國家。Beech-Nut從違法行為中獲利超過6,000萬美元，最後被法院判定違法，並接受200萬美元的處罰（Friedrichs, 2004）。雖然200萬美元的金錢制裁看似龐大，但與該公司的獲利比較起來，仍是相當寬容的。

事實上，管制機關及管制執行過程兩方面所顯現出的種種特徵，並不是一種偶然，而是制度設計上的問題。管制機關與企業之間的關係，往往是建立在政治脈絡中，以下將對此脈絡進行探討。

第三節　政治與管制過程

觀察我國自由化與民主化發展的脈絡，不難發現企業界對於政府決策的影響力。舉凡降低關稅、開放特許壟斷行業，甚至管制企業專法的立法與執法過程（如公平交易法）等，均可見企業的涉入。業界除積極強化公會體系的功能，更紛紛成立其他正式與非正式的組織。如工商協進會、全國工業總會、全國商業總會等社團，均為規模龐大的工商團體，過去其所反映的企業意見，頗受政府財經首長重視。此外，如「扶輪社」、「獅子會」、「青年創業協會」及「國際青商會」等團體，亦接踵成立或擴大其功能。這些發展顯示，企業透過團體，更積極的影響政府決策。

在過去半個多世紀來，我國政府對於企業的獎勵與保護，相當程度地造就了今日企業集團的成長與茁壯。而經濟發展對於社會多元化的影響，加上經濟自由化與政治民主化的配合，終使國內企業與政府之間的關係，由國家機關主宰企業趨向雙方日趨平等的互動關係（周育仁，1995）。隨著經濟現代化，由於企業所擁有的資源遠超過其他社會團體，其對政府政策的影響力自然較大。

　　本章第二節曾提及「機關淪陷」，近年來已逐漸成爲一種負面現象。對許多研究者及決策者而言，該名詞隱含一種價值判斷：即欲在政府與企業之間建立一種力量均衡的狀態。政治立場爲右翼論者，主張管制機關應與企業建立密切關係，他們喜歡用「合作」來代表該名詞。學者Johnson（1982）認爲，國家需要市場，私人企業則需要國家。當雙方均有此體認時，合作便是可能的[4]。的確，放寬管制可以說是合作模式的一種縮影。放寬管制政策的倡導者，通常所抱持的觀點是：自由市場本身就是一種自我管制（self-regulating）。然而，政治立場偏左翼論者，則將機關淪陷視爲一種串通、勾結以及管制機關爲避免走上滅亡之路所採取的一種策略。Wilson（1980）指出，當管制措施成爲管制標的企業所關切的重要問題，而且當特殊利益團體（如民間環保團體、工會等）不存在、力量不足或未表現出反對態度時，機關淪陷的現象最易發生。

　　Hopkins（1980）對澳洲管制機關的出現及生命週期所做的研究發現，政經體系是機關淪陷現象的一個重要影響因素。Stigler（1975）與Peltzman（1976）則採取不同論點，他們認爲機關淪陷是結構上無法避免的現象，管制的設計與運作其實均是爲了被管制企業的利益，根本不是爲了公共利益。企業界需要借助政府的力量來獲得政府的補助、控制競爭者進入市場、規範市場以及提升社會大眾對企業及其產品的信心。另一方面，透過管制機關，國家也可以從企業處獲得資源（諸如選票、選舉捐款、善意、以及企業對政府存在之正當性的認同等）。管制的型態，就是受到這種共生關係之交互作用所決定的。

　　從前述中可得知，對於政府管制措施之目的的價值判斷，其實就是大多數有關管制爭議的癥結所在。因此，除非立法的眞正目的能被清楚的列舉出來，否則管制的效應或某一管制機關的效能是不太可能被客觀評估

---

[4] 國家機關不僅扮演與其他國家競爭的角色，而且也扮演協助國內企業對抗國外私人企業的守護者，與協助國內企業拓展國外市場的積極角色。參閱Johnson, C. (1982). *MITI and the Janpanese Miracle*. Stanford, CA: Stanford University Press.

的。在支持與反對管制機關法定任務的有關利益團體中，其所抱持的目的通常是相當複雜的。

如果管制立法的原始目的，只是象徵性的對社會大眾表示關切，或是爲了防止選票流失而刻意顯示對某問題「已盡力」的一種表面動作的話，那麼管制機關只要維持本身的存在便可以實現該目的。在這種情況下，管制機關根本沒有必要做任何「有效」的事。如果管制機關淪陷，那將更好，只要民眾不知道。由於管制活動不易被監督，所以管制機關效能不彰（不是從企業的角度來看）的事實通常並不會被大眾所發現。

近來，法律經濟學的研究蓬勃興盛，其中有些論點堅信市場本身具有矯正力量以及管制無用論，直接促使管制有關的爭議趨於尖銳化。有些倡導者主張，願意選擇高風險工作的員工可以獲取高收入，員工可憑自己理性的判斷來決定是否選擇高風險的工作，因此政府對於工作場所有關健康與安全問題的管制作爲，不僅是浪費金錢，同時在結構上也是多餘的。有些倡導者則透過複雜的經濟學計算方法來顯示，現今法律爲保護工作者的健康與安全，使得管制措施執行上所花費的金錢遠超過工作者在勞力市場上的價值。因此，這些法律及管制機關根本就是無效的，同時也是一種浪費，應該要加以修正或廢除（Leigh, 1989）。

但在另一方面，研究也指出管制是重要的，管制機關應該要被適當的設置，管制機關有義務維護環境、保護社會大眾以及拯救工作者及消費者的生命。一項針對美國聯邦職業健康與安全法律的研究，發現處罰與違法之間具有統計上的顯著負相關，即處罰可以嚇阻違法的發生，但違法與傷害之間並無顯著關係存在（意謂違法並不一定造成傷害，傷害並不一定是違法所造成的）。該發現顯示，管制機關對違法企業使用處罰可以減少企業的違法行爲，而傷害紀錄事件的增加並不代表違法事件也是增加的（Bartel & Thomas, 1985）。其他有關研究也顯示出，英美等國企業界過去因遵守廢水排放標準的管制，使環境獲得顯著的改善。在實施鉛排放標準管制後，鉛中毒的案件就減少了40%。另外在清淨水質法通過並嚴格執行之後，魚蝦等生物又逐漸回到了河川中（Pearce, 1990）。Tabb（1980）

也指出，美國在工作安全及環境污染兩個領域實施管制所獲得的利益，比成本高出5倍之多。美國、英國、澳洲、法國及日本等國家的煤礦災害死亡率，不及一百年前死亡率的10%（Pearce, 1990）。Paulus（1974）更指出，當英國食品與藥品管制機關增設檢查員以及化學分析人員後，有關食品與藥品摻雜不純物質的事件已大幅減少。

　　儘管證據顯示管制能夠對社會產生正面的利益，不過也可以很容易地發現管制機關熱中與被管制企業或親企業之政治人士建立關係的例子。管制機關長久以來處於人力與經費不足的狀態，有學者認為，如果把對傳統街頭犯罪的執法標準運用在白領犯罪上，那麼管制機關檢查員的數量至少需增加100倍，經費至少需增加3倍，管制機關本身其實才是政府採行放寬管制政策下的第一個被害者（Snider, 1995）。底下我們將以美國近年來有關管制政策的變化為例，說明政治與管制之間的關係。

　　美國在1980年代實施了大規模的管制放寬政策，環保署在1980～1983年間被刪減了25%的人力資源[5]，職業安全暨健康管理署（OSHA）在1978

---

[5] 美國「環保署」（EPA）是於1970年成立，它是一個獨立的行政機關，首長由總統任命。美國加州的Santa Barbara海域於1969年曾遭受原油外洩的嚴重污染，該事件引發了美國社會大眾對環境保護的強烈關切，EPA可以說是美國政府對此等現象所做的一項回應。EPA的主要任務就是負責對空氣品質、水質以及危險廢棄物的處理設定標準並進行監控。EPA是一個相當龐大、可見性很高以及備受爭議的機關，環保人士批評EPA在環保政策的執行上不夠積極，而企業團體則批評EPA對他們加諸許多不合理又需花費大量開支的管制規範。基本上，EPA所採取的是一種「鼓勵自願配合（voluntary compliance）環保標準」的途徑，同時也鼓勵州及地方政府與民間主動推展環保活動。如果污染者不聽從EPA命令停止其破壞環境的活動，EPA通常會採用協商方式來處理，一旦協商不成，EPA接著就會採取民事訴訟的程序來處理。EPA也設有刑事調查單位，可對故意的環境犯罪者發動刑事追訴。民事性處罰（civil penalties）包括撤銷執照或許可證以及損害賠償等。在某些刑事案件中，除民事賠償外，還可能使用監禁刑。雖然EPA的規模在1970年代有非常顯著的擴張，但在雷根總統主政的前幾年期間，EPA爆發嚴重醜聞事件（涉及企業賄賂，EPA執行管制刻意偏袒），R. Lavelle是當時經政治任命擔任「超級基金」（Superfund）環境整治方案的行政首長，因犯偽證罪而被判處六個月監禁。證據顯示，Lavelle及其EPA的部分同僚對於一些支持EPA的企

白領犯罪

年時所擁有的2,800名檢查員（負責400萬個工作者的職場安全暨健康檢查事務），到了1980～1981年間被刪減18%的人力，所開出的告發單隨之減少37%，金錢罰的金額減少65%[6]。在1977～1981年間，聯邦貿易委員會平

業特別通融，並與這些企業建立過於親密的曖昧關係，使得EPA在管制執行上出現明顯偏袒。為對社會關切以及來自國會的壓力有所回應，EPA在往後幾年的任務執行上，管制態度積極了一些。參閱Friedrichs, D. O. (2004). *Trusted Criminal: White Collar Crime in Contemporary Society*. New York: Wadsworth Publishing Company.

[6] 美國「職業安全暨健康管理署」（OSHA）於1970年成立，隸屬勞工部（Labor Department），長久以來是一個備受爭議的管制機關。基本上，OSHA是美國社會對危險及不安全工作條件日益關切下的一個產物，其主要任務是建立與執行職場健康與安全的標準和程序，並為一些補償方案（如勞工賠償方案Workman's Compensation）不足之處提供額外的補償救濟，OSHA有權對違法者提起民事或刑事訴訟。OSHA當初成立所根據的「職業安全及健康法案」（Occupational Safety and Health Act）准予各州建立自己的執行方案（或遵照聯邦方案，各州可自行選擇），在2003年時，有25個州建立自己的執行方案（經聯邦核准）。其中某些州（如加州）的管制機關在案件處理上，要比聯邦管制機關更積極與嚴格。而那些在職業健康與安全標準方面未建立屬於自己執行方案的州，該項事務的管制則是由聯邦管制機關執行。
評論人士認為，OSHA的設置主要是對勞工勢力的一種象徵式讓步，而不是政府對職場條件認真進行改善。雖然小型企業在1976年的時候已經被排除在OSHA有關資料登錄及保存的規定範圍外，但絕大多數的雇主都還是在OSHA的管轄範圍內。除發展和建立保護標準並監督雇主所登錄的資料外，OSHA有權實施職場檢查（workplace inspections）（通常是事前未通知雇主的檢查），並對違規情形開出告發單。此外，OSHA還可以建議（向職業健康與安全審議委員會Occupational Health and Safety Review Commission建議）要求違規者提供民事賠償，甚至科以監禁刑。多年來，OSHA受到企業團體的強力抨擊，他們認為OSHA制定並執行了許多不必要且讓企業耗費大量花費的管制規範。OSHA是否真的增加了企業負擔，或是真的改善職場安全，至今仍無明確結論。
在1980年代，OSHA被批評沒有對危險的職場條件採取適當回應措施，若從改革論者的觀點來看，OSHA因未執行管制，事實上是觸犯過失罪。在該期間，OSHA僅靠檢查方式，而非強力執行管制規範，而且較注重工人安全性的問題，對於影響工人健康的職場危險因子則較疏忽。針對造成肉體傷害之直接與可見的安全影響因子進行管制，實際上要比分析健康影響因子（通常在這些因子影響一

均每年會發動八次反托辣斯行動以及進行25件同意令（consent order）的協商活動，但在雷根主政（主張放寬管制）後，每年大概只有三次反托辣斯行動以及11件同意令的協商活動，從1981～1983年間，管制行動減少50%以上。當時，聯邦貿易委員會還被迫停止偵辦所有與大型公司有關的案件。受到工會強力支持的職業安全暨健康管理處，其所遭遇的命運也是非常類似。在1972年，OSHA曾負責推動工作場所禁止使用石綿的管制活動，估計每年減少了630～2,300人的死亡。在1974年，OSHA又限制乙烯氯化物（vinyl chloride）的使用，每年大約拯救了2,000人的性命。然而，由於這些成就被企業界認為是微不足道（與他們所投入的成本做比較），同時管制措施對於企業管理階層更造成了直接挑戰（管理者喪失了部分對員工的主控權），使得OSHA受到許多企業高層的鄙視與憤恨（Snider, 1995）。

　　工作安全的改善措施讓企業擔負了很大的成本，包括金錢以及企業的聲譽。從企業界的角度來看，OSHA最過分的錯誤就是採用正式的方法來鼓勵工作者在工作場所中組織健康暨安全事務的團體。而OSHA的政策，是要幫助工作者知曉工作場所的危險，同時並將媒體的關注焦點引導在工作者的健康及安全問題上。後來，出現了一些抵制大型跨國公司經營政策的抗議活動，並廣受媒體的報導。學者Calavita（1983）指出，OSHA所採取的此類行動，主要是為了傳達一項重要的象徵性訊息給工作者，即告知他們有權知道自己所面臨的危險是什麼，同時有權拒絕危險的工作。

　　在雷根政府放寬管制的第一批行動中，任命了新的勞工部長以及新的OSHA處長，並撤銷或放寬數項即將要實施或已經實施的管制措施。被撤銷的管制標準其實並不是什麼重大的變革，原本是要求企業：所有危險的

段長時間後，才會發覺健康受到嚴重損害）進而對其改善，來得容易許多。基於雷根時代所遭受的指責，之後的首長對於違規企業採用較嚴厲的管制措施。Clinton總統有關勞工事務的重要幕僚R. Reich，就曾公開表示要大力強化OSHA的管制職能。參閱Friedrichs, D. O. (2004). *Trusted Criminal: White Collar Crime in Contemporary Society*. New York: Wadsworth Publishing Company.

化學物質必須要標示，具有致癌可能性的物質需受管制，每年要公布致癌物質調查表並提供員工，建立最高的合法鉛暴露量等。

此外，針對減少勞工罹患肺部疾病的棉塵（cotton dust）管制新標準被撤銷（每年至少有21,000人因綿塵致病而死），工作場所噪音的管制新標準也被撤銷。在另一方面，OSHA至少撤銷了九個宣導影片以及銷毀了數十萬本宣導手冊，原因是這些宣傳品「缺乏中立性」。原先對任何申訴或檢舉均予回應的政策也告中止，當初在實施該政策（主動申訴或檢舉之政策）時，每年大約有73%的製造業公司因具有較低的員工傷害紀錄而得以免除管制檢查。面對這些政策的改變，OSHA已預見可能的結果。1981年時，檢查人員所實施的檢查次數已大幅減少，重大告發案件減少了37%，金錢制裁的金額減少了65%，追蹤檢查減少了73%，OSHA的預算在1982年又被刪除了40%（Calavita, 1983）。

在新管制政策下，「帝國食品公司」（Imperial Food Products）是企圖躲避管制檢查的公司之一。1991年，該公司位於北卡羅來納州Hamlet處的工廠發生火災，當搶救人員趕赴現場時發現該工廠大部分的逃生門都被鎖住，使得許多員工無法即時逃離火場。在公司疏失以及管制機關根本沒有檢查的情況下，結果導致25人喪生及55人受傷的慘劇。該公司的老闆最後被法院依殺人罪判處二十年的有期徒刑（Snider, 1995）。該事件反映出──公司自行編撰的紀錄就可以代表「實際的」意外事故率，以及相信公司會「自然的」讓員工在安全工作場所工作一事實上都是愚蠢的想法。

對於管制的反動，最主要是與企業獲利減少、國際競爭壓力高漲以及政治意識型態的擺錘擺至右派觀念等因素的影響有關。除美國之外，英國及加拿大等國也均對企業採取了「開放」的政策。以加拿大為例，政府將企業領導人帶進立法過程中，使其共同參與立法事務，管制機關的預算及人事很自然的遭到了刪減。

除了企業積極介入的影響外，意識型態在管制過程中也扮演相當重要的角色，下節將對這個主題進行探討。

第四節　意識型態與管制過程

有關管制機關「適當」角色的定位問題，學者間存有爭議。對於管制機關較少使用刑事制裁來控制白領犯罪的情形，有些批評者認為管制機關應該增加使用刑事制裁的頻率。但如之前我們所討論過的，管制機關並不願意如此做，它們較喜採用勸導及輔導的途徑，而不喜採用刑事或民事追訴的途徑。在另一方面，它們在執行任務時，也經常被期待對管制的益處與負面效應做審慎評估，以期達到「公共利益」的提升。譬如，使用制裁途徑是否會造成當地民眾喪失工作、或使某候選人或政黨喪失選票或選舉捐獻等負面後果。

在證實管制機關不願意對白領犯罪者採取較嚴厲的制裁途徑之後，引發不少人士強烈主張管制機關應使用監禁刑及高額金錢罰等方式來處理白領犯罪的問題。這些人士認為，犯罪的烙印標籤是一個社會所可使用最重的倫理非難，而且也是最為企業界所關注的一種制裁。在另一方面，犯罪化（criminalization），也具有政治上的益處。譬如，專門對付白領犯罪問題的立法工作，並不是一件容易的工作，通常只有在環境發生危機或大型災難出現並且惹起民怨之後才較可能順利立法。當政府官員承受必須立即採取補救行動的壓力時，犯罪化往往是一種很理想的回應方式。犯罪化，不僅可見度高，較能顯示出嚴厲性，同時更象徵一種道德性的譴責。

主張犯罪化途徑的人士認為，刑事法令的擴張及嚴厲性的增加卻無法有效控制白領犯罪，那是因為法律執行不當所造成的。為了發揮有效的威嚇力量，刑事制裁在使用上必須保持一致性，而且必須讓潛在犯罪者感受到犯罪可逃避制裁的可能性極低。金錢罰的額度必須要與公司規模的大小以及犯罪所獲得的利益成比例，管制機關與司法機關主動積極使用監禁刑的形象也要不斷湧現在企業界面前。

然而，近年來隨著針對管制機關的有關研究日益出現與精進，犯罪化模式反而遭受愈來愈多的質疑。第一項挑戰，同時也是最嚴重的挑戰，就

是刑法並非是主要針對白領犯罪行為（尤其是白領犯罪中較嚴重的類型：公司犯罪）的法律，管制法（regulatory law）與傳統刑法不同，管制法的目的並不是為了要處罰某人或某機構，而是在於確保受管制者（如企業）守法（to secure compliance），以及輔導和說服不配合守法的受管制者。違法者可能是因為缺乏守法所需要的技能，可能是因為不了解法律而違法，也可能是因為非故意的組織性（或制度）失策而導致違法。此外，對企業及其高層主管使用刑事制裁可能會形成一種敵對的氣氛，這將會損害企業與政府之間的善意關係（Snider, 1995）。事實上，某種程度的善意關係是所有法律體系中所必須具備的一個前提要件，尤其在管制法的領域中更是格外的重要，因為許多企業違法行為（及不當行為）並非是管制機關所能發現的，同時也並非是管制法都能涵蓋的。

　　第二項挑戰是，犯罪化實質增加了白領犯罪所造成的損害。刑事追訴程序所要求的嚴格舉證責任，經常使管制機關在發現白領犯罪事實時，選擇不採取立即性的介入行動，而讓犯罪行為繼續發展下去，直到管制機關蒐集到足夠的證據。此外，使用刑事司法程序（criminal justice procedures）需花費高額成本，也是另一個備受批評的焦點。由於白領犯罪的數量並不見得少於傳統犯罪，而且白領犯罪所造成的損害（不論是肉體傷害，或財物損失）也高於傳統犯罪，因此依賴刑事司法體系來控制白領犯罪，在經費的可行性上將是不可能的（Thomas, 1989）。換言之，犯罪化的程度愈高，不僅無法創造出一個較安全與健康的環境，反而將社會中的貧窮者更推往危險的工作場所、市場以及環境當中。

　　Jamieson（1985）在其對英國工廠管制措施的研究中，發現四項讓管制檢查人員不願使用懲罰性措施的理由：

一、企業界具有強大力量，足夠抵制它們所認為過分嚴格的管制。

二、威脅企業發展的管制法案，早在立法初時就被刪除。

三、社會大眾只希望企業的損害活動受到限制，不見得希望懲罰企業。

四、當取締行動被認為過當時，社會大眾會同意節制管制職能。

此外，Shapiro（1984）在對美國證券交易委員會[7]（Securities and Exchange Commission, SEC）的研究中發現，採用刑事追訴其實是與管制機關的管制作為失敗有關，刑事追訴往往是對那些未能被即時發現以及未能被即時制止之白領犯罪的一種回應。Shapiro指出，只有當SEC未能在白領犯罪剛發生時就發現該犯罪、當損害已演變為非常嚴重、或是當原本應該在犯罪發生初就應使用的行政或民事制裁已經不再適合使用時，才會動用刑事制裁。制裁也可能加諸在個人身上，通常的情況是因為這些人與違法公司無關或管制機關無法找到其他更有效的處罰方法。Shapiro進一步指出，SEC使用行政及民事性行動的成功率要高於刑事性行動的成功率，而且所加諸的罰金（刑事性的金錢罰）額度也低於行政與民事性金錢罰（相當罰鍰及損害賠償等）的額度。

---

[7] 美國「證券交易委員會」（SEC）成立於1934年，1929年股市大崩盤與嚴重的股票違法操縱及詐欺有密切關係，因此SEC的成立可以說是美國政府對於股票違法操縱及詐欺的一種回應。該委員會在最初三任主席：J. P. Kennedy（甘迺迪總統的父親）、J. M. Landis（之前曾任哈佛大學法學院院長）以及W. O. Douglas（曾任美國最高法院陪審法官長達三十七年之久）的帶領下，建立了一個非常強勢的出發點。SEC總部設在華盛頓特區（Washington, D.C.），在全美15個城市設有分部辦公室。SEC是一個由五位委員所組成的（當然還包括許多中下層人員）獨立管制機關，SEC的主要任務就是負責證券市場的管制，包括收納及檢查股票上市公司的註冊文件、提供投資者證券資訊、提供破產改組的諮詢服務，以及當聯邦證券法遭違反時執行調查及啟動訴訟行動等。SEC在權力執行上是受到某些限制的，例如對於大陪審團在聽審證券案件所建立的證據，法律並未授權SEC可以調閱該證據。它也必須至法院請求法官發布禁止令或強制命令，本身無權發布。有人批評SEC根本不必要設置，有人則認為SEC警覺性不足，不夠積極。自SEC成立以來的數十年中，SEC的確經歷一些軟弱和缺乏效能的歲月。當考量SEC負責數兆美元交易證券市場的秩序維護時，其經費與人手明顯不足。SEC對於企業併購及公司監控等方面的回應措施也經常遭受批評，雷根總統主政時期的前幾年中，SEC的角色幾乎快變為投資人的保護者。在1980年代後期，由於公司轉讓及企業併購事件頻傳，SEC的態度轉為較積極，並對一些內線交易案件嚴厲執法。1990年代以後，雖然有國會議員提議刪減SEC預算，但SEC對金融犯罪的預防與管制保持較積極的態度。參閱Friedrichs, D. O. (2004). *Trusted Criminal: White Collar Crime in Contemporary Society*. New York: Wadsworth Publishing Company.

Rankin與Brown（1988）在比較加拿大B.C.省（province of British Columbia）兩個管制機關所使用的制裁方式後（一個機關採用行政制裁，另一個機關採用刑事制裁），也下了類似結論。「廢棄物管理分局」（Waste Management Branch）為使用刑事制裁的機關，研究期間該機關平均每年發動44件控訴，每年平均有16家公司被定罪，平均每件金錢制裁金額為565元加幣，以單獨1986年來分析，其中九件案件的處罰金額平均只有500元加幣。相對的，另一機關「勞工補償局」（Workman's Compensation Board）於該年的前半年就發動了300件的行政處罰案，平均處罰金額為5,000元加幣。

近來，有關管制機關本質的研究愈來愈精進，而且研究發現愈來愈不贊成犯罪化政策。Snider（1995）指出，當吾人愈明白管制過程的真相，吾人就愈了解管制機關運用犯罪化策略的能力實在是非常有限的。甚至，連管制官員自己都表示，犯罪化與管制的有效性根本是不相容的。如果管制機關希望以最有效率的方式來維護社會大眾的利益（也就是使用最少的資源且最快速的達成法定任務），那麼它們就絕不能依賴刑事法。因為依賴刑事法，整個管制過程將變得非常緩慢、非常昂貴，而且有權有勢的白領階級會請到非常多的法律護衛來幫助他們逃避處罰。

一、合作是犯罪化的替代選擇嗎？

由於研究證據並不支持犯罪化的政策，使學者開始思索合作型管制模式（cooperative regulation model）的可行性。基本上，此種模式拋棄了犯罪化的途徑，或僅有在最後不得已階段才採取犯罪化途徑。的確，在一般通俗的及企業界的出版品中，合作模式（尤其是完全排除犯罪化的合作模式）被描述為「政府干預企業」這項棘手問題的解決之道。若從學術角度出發，合作模式通常包含底下兩項典型命題：第一，在組織營運可能出現問題的領域裡，譬如污染控制及勞工安全與衛生等，組織必須要執行

它們自己所擬定的自我管制方案[8]（self-regulation），此類方案具有嚴格的最低標準，而且該標準是經由正式立法途徑所訂定的；第二，每一個企業機構所提出的管制方案，必須要符合各行業的特定標準，同時必須經管制機關核准後始可執行，執行後必須定期接受管制機關的監測（Haines, 1997）。

學者J. Braithwaite（1990）認為此種制度比依賴刑法的模式更具優點，可以作為有效控制企業行為的社會控制機制。在這種制度模式下，執行各個企業管制方案的主要負責人，是企業自己的員工，而不是外在管制機關的官員。由於是企業員工，因此他們會比外來管制者較能夠獲知執行管制時所需要的企業內部資訊。此外，他們也較具有該行業特殊的技能知識，這些知識在執行管制上常常是不可或缺的，因為他們與企業的其他員工及管理人員朝夕相處，所以他們也比較不會被同事當作「敵人」看待。由於企業自行擬定它們自己的管制方案，所以也比較能夠讓管制措施與他們自己的組織結構相結合，這是一般刑事法以及管制機關管制規範所無法做到的。Ayres與Braithwaite（1992）強調，與一般人所想像的不同，其實企業界並不反對在自我管制方案上花費資源，因為㈠他們並非對道德責任完全漠視；㈡維繫良好的公共聲譽，對他們自己極為有利；以及㈢他們想在政府管制政策的範圍中，先占取一種對自己較為有利的選擇。換言之，只要在符合管制機關所要求的標準下，各個企業可以根據本身技術及生產方法的改善程度，自行調整管制的標準與程序。此外，由於是被管制企業支付管制方案的大部分費用，因此政府可以節省許多成本。

Braithwaite並沒有不了解此種制度的潛在危險，他承認企業本身的檢

---

[8] 自我管制（self-regulation）的觀念，可以作為白領犯罪與傳統犯罪之間的區別。也就是說，傳統犯罪者通常並不會對於自己的違法行為進行執法與管制。雖然組織犯罪集團（如幫派）也會處罰違反幫規的成員，好像進行一種自我管制行動；雖然與傳統犯罪有關的告密者（informers，俗稱線民），好像也是對其犯罪同儕進行舉發行動（儘管是為自我利益）。但僅有在公司及合法職業的領域中，才會發現機構內部管制規範的正式執行者。

查人員會比外在機關檢查人員更容易「淪陷」（captured），而且要企業擬定犧牲利益的方案也是非常不容易的。然而，他認為這些問題可以藉由在核准企業所提自我管制方案之前，先對企業予以嚴格監測，以及透過法律規定企業管理階層拒絕檢查人員建議時，應將拒絕理由提出公開報告等方式來加以克服。基於這些理念，Braithwaite發展出一種新模式，其中心思想乃在於擴大「那些不是來自法院及行政機關的非正式約束力」。針對白領犯罪的非正式社會控制，最主要是以烙印以及反對輿論（反對民意）作為阻止反社會行為發生的力量。他認為，輿論的批評對於潛在的白領犯罪行為（尤其是公司犯罪）而言，是一種非常有效的嚇阻力量，因此建立一種能夠讓社會大眾易於了解及發覺白領犯罪的機制，顯得非常的重要（Braithwaite & Fisse, 1987）。

為了證明公眾譴責具有使企業守法的潛力，Braithwaite與Fisse引用James Hardie公司改變政策的例子來說明。James Hardie公司之前是澳洲一家生產石綿的大型公司，在強烈的輿論壓力下，該公司從原先主張石綿是良性的，只要適當使用，絕不會有任何致病危險的態度，轉變為接受社會大眾所陳述石綿會危害人體健康的觀念，並且逐漸停產。雖然James Hardie公司之所以會改變政策，可能還基於其他因素的考量，譬如石綿替代品出現導致市場上的需求銳減等因素，不過Braithwaite與Fisse強調，或許真正原因應該是結構性的事實（structural realities）讓非正式社會控制發揮了功效。

Braithwaite等人所提出的觀念與策略，顯示合作模式均能對管制機關及被管制企業提供最大的利益。這種策略對雙方都有助於節省開支，其中，對企業更具有降低懲罰可能性的益處。由於合作型策略可以節省管制機關執行管制以及企業遵守管制規範上的成本，因此均對雙方提供了最大的利益。在此模式下，企業採取合作態度來面對管制機關，顯然要比採取欺騙手段來得有利。而且此模式運用刑法的方式，讓刑法表現出明顯且強烈的威嚇力量，並使「勿觸法」成為企業界的理性策略。

Braithwaite的模式，正好揭示了法律經濟學的魅力所在。合作模式可

以說是根據自由市場理性原則所訂出的指令，而不是植基在諸如顧客需求或企業倫理責任等「軟弱的」觀念上，這些軟弱觀念不僅過於政治化及缺乏理性，而且往往造成緊張或敵對的氣氛，使企業備感困擾。而合作模式，藉由倡導有利於管制者與被管制者的經濟理性方案，遠離了犯罪化的陷阱。對許多決策者來說，合作模式是管制哲學與意識型態轉變的具體代表，它更促使許多國家管制立法及管制實務的轉型。

二、合作模式的限制

合作模式的倡導者強調，自我管制是非常重要的，因為政府並無法擁有足夠的資源以及專業技能對所有企業、專業人士及其他身居合法職業之白領人士的活動進行管制或執法。然而，事實上，許多公司犯罪卻是在公司高層人士的教唆或鼓舞下而發生的，顯然這些高層人員並不會鼓勵任何針對該公司犯罪的調查行動。公司上層人士甚至會對某些應受懲罰的行為，刻意醞釀一種「協定好的」或「策略性的」不理睬氣氛，以保護他們自己及整個公司避免受到法律的追訴。在公司犯罪案件的處理中，公司的委任律師經常會建議公司上層人士不要太直接涉入內部的調查，以降低日後他們受到任何有關訴訟牽連的可能性。因此，公司的上層人士經常不是不鼓勵自我執法（self-policing），要不就是讓自己與自我執法的調查工作保持安全距離。在另一方面，由於內部管制人員並不是直接為公司創造利潤的人員，因此在公司結構中的地位並不會太高。而且，內部管制人員畢竟還是公司的員工，因此幫公司排除麻煩，通常還是會優先於保護消費者及客戶的考量。

Snider（1995）指出，犯罪化及合作模式均未掌握管制矛盾的本質，因為兩模式並未妥善考量資本主義制度的社經實體（socioeconomic realities），尤其是企業界的力量。犯罪化模式的倡導者要求較嚴格的執法、較高的金錢制裁及較長的監禁刑等，但由於管制機關、法院及法官均選擇不執行他們早已擁有之具衝突性的制裁（即很少動用現有的刑法），因此就算是再增添以懲罰為導向的法律，其結果可能也只是被擱置在一旁

而已，對情況的改善並不會有太大的影響。對於犯罪化的抵制，絕不是僅靠學術界就可以辦到的（實務界的抵制，可能更具實質性）。

合作模式的倡導者同樣也不願意面對階級力量所隱含的意義。雖然他們承認企業界會盡最大的努力來阻礙國家或管制機關對企業有效的使用刑法，但他們卻忽視了企業界同樣也有可能阻礙國家或管制機關對企業有效的實施合作型管制模式，阻礙的力量甚至可能比前者還要強烈。

企業界對於快速、高額且穩定獲取利益的需求，以及社會對於安全工作環境以及人性導向制度的需求，介於這兩種需求之間的衝突，也受到了忽視。其實並不是管制機關或管制措施本身具有一些奇妙的缺陷，而主要是企業界的力量讓管制機關及管制措施效能受限的。畢竟，類似的措施（處理傳統犯罪的刑事司法策略）在相同複雜的社會控制環境中，發揮了還算不差的效能。有效管制措施的最大阻力，其實就是企業界。事實上，對於一切會增加企業成本或促使外界干預企業事務的措施，往往都免不了受到企業的阻礙，即使是具有高度溫和性的合作模式，也都有可能變為無效。合作途徑甚至可能會比犯罪化途徑的效果更差，因為合作途徑極有可能將前述缺點隱瞞起來。在合作模式的制度下，由於企業界較易將管制機關的管制措施導向於有利自己的方向，因此合作模式反而給企業界提供了相當大的優勢。

事實上，這項缺點就是為什麼合作模式能夠很快的受到企業界及政治界的正面迴響。合作模式之所以會和法律經濟學論點融合，可從意識型態的角度來探究其原因。隨自由主義（liberalism）式微以及新右派思想（the New Right）興起，使得沉靜於繁榮的1960及1970年代之保守企業力量逐漸復甦，在當代民主社會中，資產階級結合政府共同倡導有利於資本主義、金錢主義及節約成本觀念的行動方案。此行動方案中的關鍵要素之一，就是要建立若干信仰體系，以使勞工及下層階級所分配到的不公平財富及福利，顯現出合法性及無可避免性。此外，基於國際競爭與國家生存的考量，企業必須要具備強大的競爭能力（Snider, 1995）。換言之，為了要在國際市場的競賽中獲得勝利，企業就必須解脫勞工對企業所加諸的負

擔、解脫工會所加諸的負擔、降低稅率、排除政府管制等；因為這些問題若不解決，必將增加企業成本及降低效率。

　　因此，對於企業活動的管制應予放寬，政府對企業所加諸的所有限制都應該加以解除或放鬆。而且以往政府為激勵企業發展所實施的低利貸款、免稅措施及其他獎勵措施等，都應該恢復實施。新右派思想倡導者藉由宣傳學術上對犯罪化途徑的批評，來強化他們自己的立場。他們以法律經濟學團體所提出的主張，來證明自己是現代社會為追求民主而犧牲的代罪羔羊。管制過於昂貴以及企業對於經濟發展的重要性等因素，得以正當化企業在追求合法利潤時所犯下的小錯誤。總之，學術上對於犯罪化途徑的批評以及企業需具國際競爭能力等論點，使得合作模式受到高度歡迎，並且讓其他客觀證據（針對合作以及犯罪化途徑兩者效能的評估證據）受到了忽視。

　　其實，在管制措施中強調合作的重要性，並不是什麼新觀念。許多管制機關在最初時都企圖與其所管制的企業合作，當管制標的是大型且具影響力的企業時，合作措施更經常是無法避免的。如本章之前所提及的，當代管制法規的擬定，都不免要經過管制機關與管制標的團體協商的過程，以獲取管制標的團體最起碼的認同。而影響此種協商範圍（即協商的起點與終點）的因素，通常包括立法的用語與先前的判例、管制標的團體與管制機關的力量，以及有關的結構性變項（譬如執法以外途徑所具有的正面意義以及國家的其他相關政策等）等。無可否認的，企業界（尤其是跨國企業）遠比傳統街頭犯罪者擁有更多的談判機會與籌碼。以合作式管制來替代刑事制裁已逐漸成為一種常態，而不是在例外情況下才採取合作式管制的。因此，如果有證據顯示犯罪化途徑缺乏有效性，那麼應該也會有證據顯示合作途徑並不一定是全然有效的。

　　因此，管制無法發揮效能，主要是受到管制機關的結構限制以及這些限制所引發之意識型態、政治及經濟等後果的影響。有關意識型態方面的例子，例如認為企業人士（社會的上層人士）不會刻意去犯罪的觀念，便經常影響管制政策的擬定與執行。有關政治與經濟方面的例子，例如管制

機關所擁有的資源遠不及企業界所擁有者，資源不平等往往使管制機關無法做出令企業感到強烈困擾的管制作爲。此外，弱勢者無可避免須依靠強勢者的善意，因爲若無強勢者的善意，弱勢者的作爲便缺乏發揮效能的著力點。所以，管制機關爲了自身績效，就必須謹愼進行協商。此外，管制機關也需要一些自己扮演具社會意義角色的證據，以維繫本身繼續存在的正當性。然而，管制機關的有效性只能維持在某一程度，否則必然遭到企業界的干預或阻礙。

　　從管制機關的立場來看，合作模式具有相當明顯的好處，因爲合作模式並不需要管制機關太多的介入，也不強迫管制人員經常評量自己的執行成效（由於管制機關的資源有限，管制的理想目標經常是遙不可及的）。然而，若站在社會利益的立場，管制機關向遙不可及的目標繼續奮鬥邁進，其實是有必要的。由於在政治及結構因素的影響下，管制機關通常只能達成某一程度（或某一比例）的目標（可能是兩成或三成），而無法完全達成整個理想目標。爲了要將這些工作結果賦予意義，與企業進行協商與談判，便成爲不可或缺的一條途徑。管制機關達成目標的比例以及協商的範圍，通常是受到支持管制與反對管制兩股抗衡力量的影響，而反對管制的力量經常大於支持管制的力量。

　　合作模式的主要風險，在於管制機關將管制目標定的很低。合作模式斷然的把現況（即管制機關與企業目前所維持的權力平衡狀態），當作是決定政府管制白領犯罪之能力的基本社會事實（basic social fact）與始點，但如果眞正想發揮管制效能、達到管制目標，應把現況視爲一種可移動的標的（Friedrichs, 2004）。換言之，欲對白領犯罪（尤其是公司犯罪）進行有效的控制，就必須透過意識型態、政治及經濟等多方面的努力，迫使企業及管制機關往這個目標的方向移動。以「企業主控」（即企業居優勢）作爲擬定管制措施的起點，而不是當作一個必須加以挑戰與克服的障礙，無形中便降低了管制的目標。

第五節　專業協會的自我管制

自我管制，在專業領域裡扮演非常重要的角色。事實上，自我管制可說是專業主義的品質證明。傳統上，只有專業人士才具有判斷同儕專業行為所需的專門知識，現今許多國家都採取此種同儕評斷（peer judgement）的模式。雖然，對於犯罪者的追訴，屬國家權力，但諸如醫師、律師等專業人士依其專業能力所從事的犯罪，可能只有其同儕才能辨識。

以我國為例，如醫師公會、律師公會等專業協會，對其會員除僅能開除會籍外，並無約束性的懲戒權。這些專業協會大多有訂定倫理規範，設置委員會或評議會來審查不當專業行為的控告。但是，傳統上，專業協會對於提升其專業利益（如經濟利益），始終比管制專業人士行為還要來得重視。例如國內另一醫師協會組織——中華民國開業醫師協會，過去便曾經在該協會所發行的刊物上，未經病患同意，主動公告數名病患姓名及出生年月日，通告全國開業醫師小心防範榜上有名的病人（會找麻煩的病人）。

「不當專業行為」，並不是一個明確且具體的名詞，從不當的專業處置、不實收費，到不當的性接觸等都可能包括在內。儘管近來有關醫療犯罪（medical crime）及不當醫療行為（兩者有時並不易區分）等問題愈來愈受到重視，但證據顯示，同儕評斷模式的控制機制，事實上是非常脆弱的。

以美國為例，聯邦及州的法律，通常是禁止對醫師不當專業行為進行攻擊性的（aggressive）法律訴訟。各州一般是將證照事務權及紀律權授與州的特定審議委員會，但該委員會往往受醫學團體的影響。雖然，針對醫師的不當或違法行為，多數的州設有法律要求醫學團體向委員會提出不當專業行為的懲戒報告，但都很少提出。此外，針對醫師進行的訴訟通常是複雜、昂貴且耗時的，州內有關醫事的審議委員會及主管機關往往缺乏足夠的經費與人力資源。此外，審議委員會的委員（大多是醫師）並不願

451

意甚至擔憂涉入法律訴訟，因此很少對不當專業行為的同儕進行訴訟或採取其他不利行動。在大多數的州，每年甚至沒有醫師因不當專業行為而被吊銷執照。只有少數州，僅屈指可數的醫師因不當專業行為而被吊銷執照（Friedrichs, 2004）。

　　另外在法律專業領域，也屬非正式的同儕評斷。以美國為例，雖然美國律師協會（American Bar Association, ABA）在二十世紀初就已公布律師倫理規範，且進行多次增修，但ABA對於該規範的落實執行卻顯得意興闌珊。此外，對於受託律師不當行為所造成的損害，委託人往往缺乏保護自身權益的知識。Schneyer（1991）研究發現，對於律師的控訴案件，大多與律師不實廣告、浮濫收費、疏忽、侵占及缺乏溝通有關，包括律師的犯罪行為、不當專業行為及專業能力不足等。

　　與醫師相似，僅極少數律師因不當行為而遭處分。Schneyer指出，在被處以吊銷執照處分的律師中，單獨執業的律師占較高比例，他們被控訴的行為，有些是足以讓律師業蒙羞的非倫理或非法行為。Schneyer推測，由於單獨執業律師較可能成為處罰對象，反映出為何有愈來愈多律師願意轉往規模較大的律師事務所服務。顯然的，自我管制在法律專業中，是有許多限制的。

　　自我管制，具有經濟以及管制所需要的專業技術等優點，專業人士也都知曉這些優點。但證據顯示，除非有足夠大的外在壓力使專業人士擔負起自我管制的責任，否則自我管制的效果會受很大的限制。

第六節　結　語

　　本章討論了管制機關的特性、管制機關在政治上的脆弱性，以及管制模式爭議等問題。截至目前，我們似乎較了解何種策略無法有效控制白領犯罪，而對於何種策略可以有效控制白領犯罪，仍缺乏足夠知識。另一方面，管制機關所面臨的困難及較常採用的困難克服方法，我們也有所了解。由於在管制執行過程中，往往有許多壓力及衝突出現，使得處理白領

犯罪的管制作爲（regulating）與處理街頭犯罪的警政工作（policing）有很大不同。

當執法對象是一般的街頭犯罪者，政治人物不會支持對這些違法者施予寬容處遇。但執法對象變爲白領犯罪者（尤其是公司犯罪者），政治人物卻往往反對嚴厲處罰這些違法者。企業界掌控了就業機會、聲望及影響力等資源，使得管制政策的制定與執行，成爲一種高智慧及政治性的挑戰。如本章論述，對白領犯罪行爲所進行的控制，無可避免的將牽涉政府、企業及社會等多方需求之間的一種均衡，所有解決方法都可能是暫時的，除非某一方可以完全掌控他方。由於白領犯罪的損害甚爲嚴重（危害人身安全、經濟體系及道德價值觀等），追求更有效的管制，是有其必要的。

本章參考文獻

周育仁（1995）。政治與經濟之關係—臺灣經驗與其理論意涵。臺北：五南
圖書出版公司。

Ayres, I. & Braithwaite, J. (1992). *Responsive Regulation: Transcending the Deregulation Debate*. Oxford: Oxford University Press.

Bartel, A. P. & Thomas, L. G. (1985). "Direct and Indirect Effects of Regulation: A New Look at OSHA's Impact." *Journal of Law and Economics* 28: 1-25.

Braithwaite, J. (1990). "Convergences in Models of Regulatory Strategy." *Current Issues in Criminal Justice* 2: 59-66.

Braithwaite, J. & Fisse, B. (1987). "Self-Regulation and the Control of Corporate Crime." pp. 221-246 in C. Shearing & P. C. Stenning (eds.), *Private Policing*. Newbury Park, CA: Sage.

Braithwaite, J., Walker, J. & Grabosky, P. (1987). "An Enforcement Taxonomy of Regulatory Agencies." *Law & Policy* 9 (July): 315-343.

Breyer, S. (1993). *Breaking the Vicious Circle*. Cambridge, MA: Harvard University Press.

Calavita, K. (1983). "The Demise of the Occupational Safety and Health Administration: A Case Study in Symbolic Interaction." *Social Problems* 30: 437-448.

Cranston, R. (1982). "Regulation and Deregulation: General Issues." *University of New South Wales Law Journal* 5: 1-29.

Ermann, D. M. & Lundman, R. J. (1978). "Deviants Acts by Complex Organizations: Deviance and Social Control at the Organizational Level of Analysis." *The Sociological Quarterly* 19: 55-67.

Frank, N. (1984). "Policing Corporate Crime: A Typology of Enforcement Styles." *Justice Quarterly* 1: 235-252.

Frank, N. & Lombness, M. (1988). *Controlling Corporate Illegality*. Cincinnati: Anderson.

Gunningham, N. (1987). "Negotiated Non-Compliance: A Case Study of Regulatory Failure." *Law and Policy* 9: 69-97.

Haines, F. (1997). *Corporate Regulation: Beyond 'Punish or Persuade'*. Oxford: Oxford University Press.

Henry, F. J. (1991). "Corporate Violence: Government Regulation and the Possibilities of Reform." *Free Inquiry in Creative Sociology* 19 (November): 145-153.

Hopkins, A. (1980). "Controlling Corporate Deviance." *Criminology* 18: 198-214.

Hutter, B. M. (1997). "Structure Model: Reforming Regulation." pp. 197-209 in W. S. Lofquist, M. A. Cohen & G. A. Rabe (eds.), *Debating Corporate Crime*. Cincinnati, OH: Anderson Publishing.

Jamieson, M. (1985). *Persuasion or Punishment—The Enforcement of Health and Safety at Work Legislation by the British Factory Inspectorate*. Oxford University, Master Thesis.

Kagan, R. (1978). *Regulatory Justice*. New York: Russell Sage.

Kagan, R. A. (1989), "Editor's Introduction: Understanding Regulatory Enforcement." *Law & Policy* 11: 89-119.

Kagan, R. A. & Scholz, J. T. (1983). "The Criminology of the Corporation and Regulatory Enforcement Strategies." pp. 67-95 in K. Hawkins & J. Thomas (eds.), *Enforcing Regulation*. Boston: Kluwer-Nijhoff Publishers.

Leigh, P. (1989). "Compensating Wages for Job-Related Death: The Opposing

Argument." *Journal of Economic Issues* 23: 823-842.

Paulus, I. (1974). *The Search for Pure Food: A Sociology of Legislation in Britain*. London: Martin Robertson.

Pearce, F. (1990). *Commercial and Conventional Crime in Islington*. Economic and Social Research Council, United Kingdom.

Peltzman, J. (1976). "Toward a More General Theory of Regulation." *Journal of Law and Economics* 19: 211-240.

Rankin, R. & Brown, R. (1988). *The Treatment of Repeat Offenders under B.C.'s Occupational Health and Safety and Pollution Control Legislation*. Paper presented at the meeting of the Canadian Law and Society Association, Windsor, Ontario.

Reichman, N. (1992). "Moving Backstage: Uncovering the Role of Compliance Practices in Shaping Regulatory Policy." pp. 244-268 in K. Schlegel & D. Weisburd (eds.), *White-Collar Crime Reconsidered*. Boston, MA: Northeastern University Press.

Schneyer, T. (1991). "Professional Discipline in Law Firms." *CornellLaw Review* 77: 1-46.

Shapiro, S. P. (1984), *Wayward Capitalists: Targets of the Securities and Exchange Commission*. New Haven, CT: Yale University Press.

Snider, L. (1995). "Regulating Corporate Behavior." pp. 177-210 in M. B. Blankenship (ed.), *Understanding Corporate Criminality*. NY: Garland Publishing.

Stigler, G. (1975). *The Citizen and the State: Essays on Regulation*. Chicago, IL: University of Chicago Press.

Tabb, N. (1980). "Government Regulations: Two Sides to the Story." *Challenge* 23: 40-48.

Thomas, J. (1989). *Making Regulatory Policy*. Pittsburgh: University of Pittsburgh Press.

Wilson, J. Q. (1980). *The Politics of Regulation*. New York: Basic Books.

Yeager, P. C. (1987). "Structural Bias in Regulatory Law Enforcement: The Case of the U.S. Environmental Protection Agency." *Social Problems* 34: 330-344.

第十二章

白領犯罪的防治

　　如何防治白領犯罪？是一項困難的挑戰，其中不僅充滿矛盾與迷惑，更重要的是，沒有簡單具體的答案。甚至欲對防治的基本原則建立共識，都比傳統犯罪的處理情形困難許多。此外，有關白領犯罪的資料蒐集以及白領犯罪回應資源的整合與運用等實務問題，也都非常不容易解決。本書已探究白領犯罪的類型與範圍，同時也討論了白領犯罪研究上所面臨的問題，此外更描述了白領犯罪所可能造成的經濟、肉體（心理）以及社會的損害。我們到底應該對白領犯罪問題做出怎麼樣的回應呢？

第一節　白領犯罪防治政策的選擇

　　本書第九章曾討論有關事實本質、人性以及社會秩序本質等問題，這些問題不僅影響我們如何來解釋白領犯罪現象，事實上，更左右我們在白領犯罪防治政策上的抉擇。

　　白領犯罪的回應可說相當廣泛，從憤怒的、實用主義的，一直到冷淡的回應都包含在內。社會大眾對此犯罪的冷淡回應，可能比對傳統犯罪的冷淡回應更為普遍，尤其是當人們認為自己不會遭受此犯罪影響或侵害時，冷淡回應最為明顯，認為人天生就具墮落本性的人們，更經常對此犯罪表現出嘲笑的宿命態度。主張政府不應對某些白領犯罪活動進行干預的人士，甚至還會起身為白領犯罪者辯護。有些人則將白領犯罪視為過度管制情況下的結果，認為白領犯罪是法律製造出來的犯罪。

　　基本上，白領犯罪與傳統犯罪不同，白領犯罪經常與生產性的、正面性的活動有關。不少評論者表示，對於此類犯罪（尤其是企業所從事的活動）過於嚴厲及懲罰性的回應，將使整個生產活動遭受抑制的可能，高於

應被禁止活動遭受抑制的可能。保守評論者聲稱，政府對此類問題的回應，如立法、加強管制等，將會造成比政府原先所欲降低之損害更嚴重的損害。換言之，在干預與非干預政策之間，事實上存在一種基本對立。鑑於此，Fisse與Braithwaite（1993）建議採用一種融合法律、管制、協商三者的實用性途徑。

白領犯罪防治政策，可分結構的、組織的、個人的三種層面，也就是將引發白領犯罪的基本條件，分別著重在社會結構、組織因素及個人因素三個層面。此外，白領犯罪防治政策也可以是著重在社會控制（如法律改革）、機會結構（如職業條件），或是認知狀態（如個人動機）。

白領犯罪防治政策，也可能是說服性的、功利性的或強制性的，也就是企圖讓違法者接受政府所訂定的標準以達說服目的（說服性的）、訴諸理性或提供實際誘因（功利性的）、或倚賴干預及處罰的威嚇（強制性的）。同樣的，白領犯罪防治政策也可能是事前預防的（對於未發生的潛在犯罪活動阻止其發生）、事中處理的（對於進行中的犯罪活動採取立即行動）、或事後報應性的（在犯罪活動發生後實施）。基本上，白領犯罪強制性回應政策的理論基礎包括報應、剝奪資格、威嚇及矯正等。

白領犯罪防治政策可以從非正式的到正式的，可以植基在輿論及讓違法者感到羞恥的方式（shaming）、自我管制、私下協商、民間團體的杯葛、民事訴訟、行政管制、刑事司法體系等。白領犯罪問題較有效的及長久解決之道，應該是結構性的、說服性的，以及事前預防性的政策模式。研究顯示，以偵查、執法、裁判、處罰為導向之強制性、報應性回應模式，效果是有限的。因為僅有少數的違法者會被取締、起訴及處罰，大多數違法者不是未被發現，要不就是經由其他管道處理其違法行為。通常只有在白領犯罪造成嚴重的、難以恢復的損害之後，政府機關才會採取正式性的回應途徑（尤其是報應性的回應途徑）。因此，筆者不認為，正式性的強制回應是處理白領犯罪問題的良好政策。

就結構性的、說服性的、預防性的政策，實施上應兼融下列方向：
第一，設法減少（如果不能完全去除的話）從事白領犯罪的動機。

第二，設法改變助長白領犯罪發生的不良道德風氣與規範文化。

第三，設法減少提供白領犯罪機會的條件。

第二節　喚起社會大眾的覺醒

　　對於白領犯罪有效回應的第一步，就是要提升對它的認知。幾乎在任何有關白領犯罪的研究文獻中，都可找到一個很具一致性的發現，即對於此類犯罪的回應比對於傳統犯罪的回應要較受到限制以及較輕微。本書前曾舉許多原因說明此現象，並引例證說明社會大眾對於白領犯罪的嚴重性已愈來愈關切。白領犯罪有效回應的難題之一，就在於如何提升社會大眾對於白領犯罪的真實認知。

　　雖然犯罪學者及刑事司法學者對於白領犯罪的研究興趣已有顯著增加（但與傳統犯罪的研究相較，白領犯罪的研究仍嫌不足），但在犯罪學或刑事司法的教育課程中，白領犯罪有關課程所占比例仍相當低（參閱第十章註4）。欲對白領犯罪問題做出有效回應，實不應忽略學術與教育管道。理想上，中小學老師應該接受一些與白領犯罪有關的課程，以助於他們在對學生講述犯罪問題時，提供更完整及更真實的知識給學生。

　　另一方面，犯罪學者及刑事司法學者也應適當的透過媒體管道，讓白領犯罪問題受到更廣泛的認識與了解，即學者Barak（1994）所稱的「新聞製造犯罪學」（newsmaking criminology）。過去民間環保運動雖然對企業污染的違法行為產生某些非難及約束效果，民間公益團體在對白領犯罪回應上所扮演的角色，仍需持續提升其重要性。總之，白領犯罪的嚴重後果若能被廣泛了解，白領犯罪的回應措施將愈有效。

第三節　不應把白領犯罪只當作道德問題來處理

　　道德憤怒，可說是對白領犯罪一種非常容易被了解的回應。規模、權

力龐大的企業故意玩弄法律，危害員工、消費者、社會大眾的生命，或詐
騙員工、消費者、社會大眾，實是令人憤慨之事。那些受良好教育或生活
富裕的專業人士、企業經營者竟會從事如此行爲，怎能不令人憤怒。有些
白領犯罪，僅是起因於單純的貪念（許多白領犯罪的發生，僅是因爲違法
者的單純貪念，但卻造成他人嚴重傷害），實在令人憤慨。

　　儘管對白領犯罪表達道德憤怒是合理的、有其必要，但由憤怒所形成
的社會政策是否有效？至今未有定見。就白領犯罪防治政策的適當性而
言，曾引發兩種不同觀點的爭論，一派觀點認爲「道德觀」應是適當防治
政策的出發點，另一派觀點認爲「實用觀」才是適當防治政策的基礎。
以道德憤怒爲基礎的社會政策，有可能對無辜者造成預期以外的傷害。顯
然，爲解決白領犯罪問題所擬定的防治政策，困難與矛盾參雜其中。因
此，必須以審慎態度面對政策方案的內容，避免流於主觀及虛僞神聖，或
過於懦弱及只重實用。

一、道德訴求

　　在一般社會大眾的想法裡，經常把白領犯罪當作一種不道德的行爲，
訴諸道德處理方式，便自然成爲一種回應。但道德性的回應，是一種提升
守法可能性的好方法？還是一種理想呢？

　　在一個針對「運用道德訴求方式（透過大眾媒體）以提升納稅人守
法」的研究中，Mason（1992）發現道德訴求方式具有下列其他方式所沒
有的優點：花費較低、可以對一些執法途徑無法嚇阻的潛在犯罪者產生
約束作用，由於此方式不會令公眾（選民）感到陌生與排拒，所以還可
引發政治人物的興趣。但此途徑具可測量的效應嗎？在先前的一個研究
中，Schwartz與Orleans（1967）發現，道德方式比脅迫方式有效。之後，
McGraw與Scholz（1991）複製同一研究，結果卻發現道德方式並不會影
響違法者的行爲。而Mason的研究發現，經由媒體的道德訴求方式具有正
面影響納稅人行爲的效應。總之，研究顯示出一些相互矛盾的現象，目前
尚無明確證據。

二、企業倫理

隨著企業與社會互動日益頻繁，以及社會大眾對企業社會責任的期望日益增高，企業倫理愈來愈受到重視。所謂倫理，乃是定義凡事之對與錯的準則，企業倫理即是定義企業所作所爲之對與錯的一套準則（余坤東，1995）。企業倫理，如今已演變爲一龐大事務，更有論者認爲企業倫理是一矛盾概念。長久以來，企業倫理責任的相關議題引發許多爭議，例如企業到底是應爲股東追求極大化利益，還是應提升社會福利及善盡社會責任？然而，不論企業的倫理責任眞正爲何，企業現今已逐漸認知，對倫理行爲表示關切態度是有其必要的，儘管有些倫理議題，如解僱程序、績效評估、女性工作年齡與婚姻狀況等，不一定直接與白領犯罪有關。

有些人士主張，應鼓勵企業設置確保決策符合倫理的內部監控機制，以提升決策符合倫理的可能性。建立倫理規範，可謂最常見的企業倫理方案。該方案能有效抑制企業非法或非倫理行爲的發生嗎？事實上，這些規範的焦點常與公司的法律責任有關，其眞正目的乃爲避免公司涉及員工非倫理行爲的法律責任。當然，抑制侵害公司之非倫理及非法行爲的發生，也是該規範及方案的目的。此類方案的實行，始終無法平息底下爭議—此類方案代表對企業倫理行爲的眞誠承諾、抑或僅是爲討好社會大眾的「櫥窗展示品」。筆者認爲，即便是對倫理行爲的承諾是非常眞誠的，但仍很難證明針對倫理行爲的考量會超越企業利益的考量之上。研究發現，建有倫理規範的公司比未採行倫理規範的公司，反而具有更大的追求利潤壓力（Metzger et al., 1993）。Findlay與Stewart（1992）的研究也顯示，倫理行爲規範或方案能否成功，端視該規範或方案的標的團體被徵詢程度，以及標的團體對該規範或方案擬定過程的涉入程度，而非僅將規範加諸他們身上而已。由此可知，有效倫理方案在施行上，可謂困難重重，除非有具體的誘因鼓勵倫理行爲，否則倫理規範很難產生正面效果。Wilkes（1989: 24）的陳述令人印象深刻：

「如果你們的企業具有此種文化：『你的部門下年度業務
必須成長7%，否則我們在這個領域將淪為第二，一旦如此，
你就準備找新工作』。那麼你們的企業就將會有人販售劣質商
品、做假帳、賄賂及蹂躪員工等。」

有人希望，未來能有更多公司採取「具優良道德觀的企業便是好企
業」的觀點。但筆者認為該觀點過於樂觀，雖然內部環境支持倫理觀的企
業，可因員工士氣與忠誠的提升而獲正面效益，但因此相信企業會自動接
受高道德層次的倫理規範，顯然是一種過於天真的想法。

三、企業倫理教育

在企業倫理議題愈來愈受重視的情況下，企業倫理教學的提倡與改
善，便成一個值得努力的方向。以美國為例，早在1950年代企業倫理就成
為大學的正式課程，當時可能尚未完全了解企業倫理的內涵。在1970年代
初至1980年代初的十年中，美國教育機構開設企業倫理課程的數量足足增
加5倍之多，80年代企業倫理課程的品質有顯著提升，90年代以後，九成
以上的商學院提供企業倫理相關課程（Friedrichs, 2004）。廣開企業倫理
課程，可說是感受到企業發生嚴重道德危機後的一種反應。關於「倫理是
可以被教授的嗎？」等議題，也引起廣泛討論和關切。在國內，倫理教學
活動包括：企業倫理影視教學材料的製作、倫理個案教學觀摩研討會的舉
辦，以及在大專管理學課程中排入企業倫理等。但這些活動的實質效能，
尚缺乏科學檢驗。理論上，企業倫理課程應該可以強化「廉潔、公共利益
與個人、企業利益並重」的價值觀。

不幸的是，將企業倫理納入教育課程，似乎不能保證一定可以提升企
業人士的倫理行為。有論者指出，在學生進入商學院之前，他們的倫理
價值觀早已定型。換言之，倫理價值觀是在生命早期就已建構，商學院的
教育為時已晚（Prentice, 2002）。另一較樂觀的資料顯示，在商學碩士班
（MBA）的學生中，雖然約有25%的學生對倫理觀念漠不關心，但仍約

有25%的學生具強烈倫理觀念，另外50%的學生則未定型，很可能受企業倫理課程的影響（Wilkes, 1989）。Weber（1990）研究發現，企業倫理課程對於學生倫理認知與理解力的改善，僅有短期效能。根據上述資料可推論，企業組織的影響力可能比倫理課程的影響力還要大。

前面的討論大多集中在企業，在企業以外，倫理議題還含括專業領域及其他職業。因為企業環境比其他環境更易於形成從事非倫理行為的壓力，更易於製造合理化非倫理行為的機會，而且企業非倫理行為損害的影響層面較廣泛，所以著墨分量較高。但倫理道德的問題，並非僅出現在企業界。

四、以羞恥（shaming）回應白領犯罪，有效嗎？

雖然，有關白領犯罪的道德性回應政策，在觀念上較屬預防性，但該政策也具有事後反應的性質（reaction）。J. Braithwaite（1993; 2000）將「羞恥」（shaming）的老觀念重新引入犯罪政策的有關對話中，他認為懲罰無法有效降低犯罪率的主要原因，就是因為懲罰脫離了其道德根源—羞恥。對個人及公司機構而言，不論是政府部門加諸的羞恥或從同業其他公司發出的羞恥，均為具潛在效能的社會控制。

Braithwaite指出，受個人尊嚴、企業尊嚴及經濟條件等因素的影響，白領階級及企業甚注意自己聲譽，復以公眾對於環境破壞等行為的課責觀念愈來愈具共識，以致現今對白領犯罪者較舊時易予羞恥。Braithwaite認為，有效的羞恥過程應該是復歸性的、修復式的（reintegrative，意指需將被羞恥的個人或機構復歸於或重新整合於社會），而不應是烙印的（stigmatizing，意指將犯罪者排除或推離社會之外，使犯罪者陷於犯罪與偏差副文化中）。而由同儕或同業所發動的羞恥，是較好的羞恥作為。復歸性羞恥（reintegrative shaming）的本質顯示，某些行為可能是邪惡的，但從事該行為的個人或機構並非是無法挽救的。

白領犯罪者會對自己非法或非倫理行為感到羞愧，乃此政策有效性的重要前提，惟該前提卻受到其他學者的質疑（Uggen, 1993）。本書第

九章討論白領犯罪的解釋論中，論及白領犯罪者經常會對自己的非法行為加以合理化，並且把針對他們所實施的羞恥作為解釋成一種不合理的迫害。換言之，目前尚無一致性的證據顯示，白領犯罪者會對自己的違法行為感到羞愧。

第四節　莫忽略獎勵方式的效能

促使企業及專業人士守法的最佳途徑為何？此問題可轉換成兩個子題——在何種條件下，干預手段能產生較佳效果？為提升企業及專業人士守法的可能性，需用多少程度的強制手段與非強制手段？

現今，有許多約束性手段被用作白領犯罪的回應方法，雖然「約束」經常與「懲罰」劃上等號，但廣義來看，約束可以是正向的（positive），也可以是負向的（negative）。正向約束，包括核頒獎金、補助金、獎品、減稅、貸款優待、行政優遇、誘因、賦予特權以及補償制度等。在刑法中，較少用正向約束，僅有少數情況會被用在刑事訴訟中，當作誘導違法者順從的工具，或作為鼓勵檢舉不法的方法。

美國國會曾修訂內戰時期通過的「不實聲明法案」（False Claims Act）[1]，藉由提高獎勵額度來鼓勵員工檢舉雇主的不法行為，結果非常有效。在該法修訂後，大量針對企業的訴訟案（大多是針對國防契約承包商）是受該法案影響而發動的。其中一件涉及國防契約承包商——the Singer Company——的案子，該公司員工因檢舉公司詐欺及超額索價數千萬美元，而獲770萬美元獎勵金。值得一提的是，該措施也引起一些關切，例如檢舉者的獎勵是否過高？以及檢舉者有無可能為獲得獎勵而說謊

---

[1] 「不實聲明法案」（False Claims Act）是美國一項聯邦法案，主要是針對向政府故意提出（或故意導致他人提出）不實聲明或票據，或少交付應交付之財物給政府，或製造、利用不實紀錄以減少對政府應盡義務等行為。該法案對於上述這些行為，可處以行為人民事或刑事處罰。參閱Black, H. C. & Publisher's Editorial Staff (1990). *Black's Law Dictionary*. St. Paul, MN: West Group.

等（Friedrichs, 2004）。

正向約束也可針對潛在違法者。在一項針對療養院（nursing home）管制措施的研究中，Makkai與Braithwaite（1993）發現，主管機關檢查員對於守法業者所採取的獎勵措施，有助於提升業者的守法意願。Smith與Stalans（1991）曾檢視稅務管制的研究文獻，他們發現，主管機關採取尊重業者的方式及鼓勵業者的方式（如公開表揚）比提供獎金之類的物質誘因，更能促使業者守法。這些發現頗符合當代心理學名言：「獎勵好行為，比懲罰壞行為有效」。

正向約束具有下列優點：可擴大選擇的自由度、具高正當性且不會被認為遙不可及、可帶動優良行為的學習風氣、可喚起非營利機構（如民間環保組織）的合作與協助、有助於組織中集體榮耀的形成。但是，正向約束也可能淪為被操縱的工具，或是變成一種出自政經關係脈絡中的家長式作風（好比是先給業者一些好處，然後要求他們表現出倫理行為），而且還可能使組織內部形成缺乏信任的風氣，甚至增加政府支出以及引發更多詐欺。因此，正向約束的運用必須審慎。使用正向約束較適當的時機應該是，正向約束的效果優於負向約束、符合成本效益，以及不會造成貪污腐化。

負向約束較常運用在違法問題的處理上，當然也包括白領犯罪。就違法個人而言，負向約束包括監禁、金錢罰、到喪失職業資格等都在內。就違法組織而言，包括從勒令歇業、金錢罰、到影響組織聲譽等。雖然負向約束與刑法有關，但也可以透過民法與行政法的途徑來運作，以及由政府體系以外的社會控制機構來運作。民事與行政性的負向約束，包括損害賠償、恢復原狀、補償、沒收、禁止令、警告及金錢罰等。下節將探討負向約束的效能。

第五節　洞察法律及懲罰性政策的限制

社會大眾常有一偏見，認為法律是控制與回應損害行為的最佳方法。

事實上，法律應該是最終的強制力，法律應是維護社會秩序與正義的最後一道防線。除預防與威嚇損害行爲外，法律還有表達社會憤怒及維護正義等重要目的。

以刑法作爲白領犯罪的回應途徑，比作爲傳統犯罪的回應途徑引發較多爭議。爭議者大致分爲兩派，一派人士主張，應將刑法廣泛運用在損害性的公司與職業活動上，並使用更多的起訴及更嚴厲的刑罰。另一派人士則主張，應先除罪化一些被認爲是白領犯罪的行爲，並盡量少用刑法作爲白領犯罪的回應。

綜觀我國近年來的立法趨勢，可發現立法者逐漸將刑罰運用在諸如勞工安全衛生法、勞動檢查法、勞動基準法、公平交易法及環境污染防治等法律上。美國知名刑法學者Coffee（1991）認爲，這種刑法擴張趨勢無可避免的將非故意造成損害的個人或企業陷於刑事司法的處理途徑中。Goldstein（1992）更強調，對於那些被公眾不認爲是犯罪者的個人或機構，過於頻繁使用犯罪標籤，將使該標籤喪失部分的威嚇力量。

在其深具影響力的著作《法律的終極處》（Where the Law Ends）一書中，C. Stone（1975）表示，回應公司犯罪的法律，先天上就有效能限制。因爲法律最早是爲處理個人（individuals，自然人）問題，而不是組織（organizations，法人）問題，雖然對於某些損害行爲，法律介入的時間很晚，但仍無法適當制止長久以來不斷發生的損害。而且當約束公司行爲的法律愈具威脅性，受約束公司與法律對立（如讓法律執行的成本增加）或從生產活動中找回補償的動機就愈強烈。實際上，企業有許多逃避法律約束的方法，故有必要尋求刑法以外的途徑。

一、民事訴訟與民事性的制裁

愈來愈多的刑事司法人員（如檢察官）發覺使用刑法成本甚高，因而實務上傾向運用民法處理白領犯罪案件，尤其是針對非故意的損害行爲（Mann, 1992）。當然，我們不否認影響檢察官決定採取刑事或民事訴訟的因素很多，如違法行爲的損害，違法者所得利益，在管制機關發出通知

後違法行為持續的程度，證據的品質與證據能力，以及違法者的合作與順從程度等。但此處所強調的是，刑事司法人員在處理白領犯罪案件時，成本效益的因素已成為另一重要考量。此趨勢有何優點？以民事來替代刑事途徑，較適當嗎？

採用民事程序，檢察官通常可以規避刑法較嚴格的舉證及有罪認定標準，而民事判決的嚴屬性可接近於甚至超越刑罰。此外，民事判決在執行上也比刑事判決（如監禁刑）經濟。學者Cohen（1992）指出，現今在民事訴訟、制裁以及刑事訴訟、制裁之間，存有實質性的重疊（substantial overlap）。Yellen與Mayer（1992）也表示，民事與刑事制裁具系統性的統合與協調，是有其重要意義的，尤其是對公司違法行為的處理程序上。當民事制裁具相當程度的懲罰效果時，刑事制裁就可相對減少使用，此概念已逐漸成為處理白領犯罪案件的通則。

以往對大公司打官司，是一件令普通百姓害怕的事。但在二十世紀中期，英美法中的「集體訴訟」制（class action lawsuit）已可在某些案件使用，成為某些白領犯罪回應上的重要方法。在此種訴訟中，一群原告（某些案件可能超過數百人）共同參與一件訴訟案，通常是由一位律師或一個律師事務所接辦該案，以收取臨時費為原則，訴訟結果若勝訴，委任律師或事務所可獲得一份經比例分配的訴訟利益，敗訴則無所得。著名的大規模民事集體訴訟案件有Dow Chemical公司遭控訴案件、控訴Manville Corporation的石綿案件，以及控訴A. H. Robins Corporation的Dalkon避孕器等案件。雖然上述案件中的原告獲得勝訴，但他們卻為不是太大的理賠（與遭受的傷害相較）等上好幾年，因此有評論人士指出，在這些案件中，委任律師才是真正的受益者。甚且，有些公司（如the Manville Corporation與A. H. Robins Corporation等）採取破產策略，逃避應負的財務責任。這些涉案公司，似乎將訴訟當作企業經營的一種「成本」，而不認為是法律對其犯罪行為的一種「制裁」。

Frank與Lynch（1992）的研究指出，企業常認為接受民事訴訟，比遵守法律規定或消除他們所製造的危險來得經濟。因此，有關民事訴訟對於

公司犯罪的威嚇效能評估，實際上並不容易獲得準確客觀的結果。民事途徑對於違法公司是否造成實質的懲罰作用，仍無法斷定。就白領犯罪案件的處理，在未獲確切科學證據前，民事途徑取代刑事途徑仍有爭議。

二、合作性與懲罰性政策的爭議

有關白領犯罪回應的另一爭議，就是懲罰性回應途徑是否比合作性管制回應更適當與有效。所謂的「順從途徑」（compliance approach）主張採取合作性政策，基本假設就是認為合作模式不僅具實務上的必要，同時也是減少企業損害活動的有效方法。支持者認為，惟有合作性途徑才能眞正反映出管制措施的本質。他們認為懲罰性途徑不僅耗費過高、有風險，更使管制機關人員偏離監控企業運作的任務，以及讓企業放棄減少損害作為的機會。合作途徑支持者認為，懲罰途徑的基本假設是錯誤的，尤其是「企業經營與運作乃經純然理性計算」的假設。他們指出，最常受懲罰途徑影響的人，是企業低階主管，即違法企業的代罪羔羊，懲罰途徑無法對企業高層主管產生實質約束。

合作途徑支持者引用多項證據，表示採取合作途徑的國家（如英國），企業的損害活動已逐漸減少。從實用角度分析，執法資源應分配在最有效的主軸上，並以減少企業損害活動為主要目標。懲罰途徑忽略實證研究的發現，以及忽略了管制措施的本質。合作途徑支持者強調，愈對企業採取嚴厲的懲罰回應，愈讓企業不滿甚至反彈管制措施，反而造成更大損失（Hawkins, 1990）。總之，他們認為說服比強制有效。

相反的，有些犯罪學者，尤其是改革派犯罪學者（progressive criminologists），主張早就應該將損害性的公司行為予以犯罪化，他們強調對違法公司科以嚴厲制裁，是有效嚇阻公司犯罪的唯一政策（Snider, 1993）。在改革派犯罪學者的觀念裡，資本主義的生產制度無可避免促使違法行為的發生，公司違反管制規範隨處可見，是該制度的結果。此外，公司轉讓、併購活動頻繁，給企業主管產生甚大壓力，迫使他們不得不將短期利益置於員工或公眾權益之上。懲罰途徑支持者認為，雖然管制措施

應包含多種策略，惟有儘早使用嚴厲刑罰，而且持續使用刑罰，才能有效控制公司犯罪。

　　學者Snider（1993）聲稱，法律體系一旦面對公司犯罪，突然就變得「令人無法置信的寬容」。Snider進一步表示，合作性途徑因需要較多的人力資源，所以比懲罰途徑更不經濟。總之，懲罰性途徑支持者認為，合作途徑使違法公司逃避或降低他們對損害行為應負的責任。Pearce與Tombs（1998）更露骨的指出：「如果公司希望做生意賺錢，它們就必須要接受經營活動的真實成本。」換言之，懲罰途徑支持者的立場，就是主張法律——尤其是刑法——必須持續作為公司犯罪的回應核心。以刑法為核心的懲罰途徑，才是唯一能對公司犯罪表達道德憤怒的社會控制機制。近來，環境犯罪（environmental crime）日益嚴重，刑罰已擴及至此種犯罪的回應，在懲罰途徑支持者的觀念裡，這不僅是合理的，而且是絕對必要的。

　　企業界普遍具有強烈的自我利益導向，多數企業會對加諸他們身上的管制措施進行抵制或反抗，因此，懲罰性途徑是不應被排除的。但管制機關受限於資源及結構因素等影響，使得合作模式亦有其必要性。採行兼具懲罰及合作的混合型途徑，應是建構公司犯罪防制政策的重要思維。問題是如何整合這兩種途徑？應以什麼比例混合懲罰性與合作性措施？底下將從兩種途徑的現實問題出發，討論整合的理性脈絡。

三、懲罰性政策的現實問題

　　懲罰性政策的主要目的，包括報應、資格或權利的剝奪、威嚇及矯正等，面對白領犯罪，這些目的是否可順利達成？

㈠「公平報應」與公司犯罪

　　刑事司法體系可以矯正犯罪人的觀念，在1970年代受到廣泛質疑。人們繼續追問，現存的刑罰體系是否可以有效赫阻犯罪的發生，包括個人及組織的犯罪行為。有些研究刑事政策的學者曾下如此結論：「一旦無法確

信刑事司法體系可以矯正或嚇阻犯罪者的犯罪傾向，就應該讓犯罪者接受應得的刑罰」。此種「公平報應」（Just Deserts）途徑與舊時的報應思想有關，更與十八世紀末、十九世紀初德國哲學家Immanuel Kant及G. W. F. Hegel等人的觀念有著密切關係（Friedrichs, 2004）。

報應，雖然是為追求純然的報復，尚有合法化公眾需求（要求對犯罪者制裁）及犯罪者義務（犯罪者須受制裁）的功能，以及合法化實現正義（經平和管道）需求的功能。「公平報應」思想重視恢復正義的平衡性，也強調「公共譴責」（public reprobation）的要件。學者Schlegel（1990）認為，過去忽略將此思想運用在公司犯罪的處理上，他認為運用此思想不僅合理且有效，對於公司犯罪的制裁必須夠嚴厲，如此才能適當傳達社會譴責的程度。在此觀點下，懲罰不僅在犯罪的嚇阻上扮演重要角色，更強力復興與支持一些價值觀。Schlegel認為公平報應的原則如果能被正確運用，正義必定能實現。

但是，將「公平報應」思想運用在公司犯罪上，可能會遭遇難題。第一，公平報應模式無可避免將導致不符合公平正義的情況：公司可能因為員工個人的行為、小團體的行為、或員工侵害公司利益的行為而遭受不公平的處罰，公司員工及股東也可能因為某些未經他們同意或侵害他們利益的公司行為而遭受處罰；第二，沒有一個政府擁有對公司執行公平報應措施所需要的龐大資源；第三，公平報應模式下所建構的懲罰，在實務運作時反而會讓街頭犯罪者遭受更嚴厲的懲罰。換言之，公平報應途徑缺乏實用性。事實上，面對公司犯罪，有罪認定及損害程度的認定經常是非常困難的，而且當懲罰對象是多數人時，懲罰的公平正義更難以斷定。由此看來，「公平報應」途徑，反而可能擴大而非縮小不公平正義。

(二)威嚇與白領犯罪

威嚇的意涵相當廣泛，此處所指為：「行為人經考慮後，因害怕遭受法律制裁，決定不從事違法行為。」雖然威嚇犯罪是刑事司法體系的核心目標之一，但有關法律制裁是否具有威嚇效應，以及威嚇效應的程

度爲何等問題，至今仍缺乏共識。的確，犯罪學家在這些議題上存有許多對立意見。支持威嚇效應的證據，亦有模糊不清的缺點。制裁的威嚇效能，與制裁的確定性、嚴屬性及一致性有密切關係，其中又以確定性最爲重要（Simpson & Koper, 1992）。威嚇，可以分爲實際的或客觀的威嚇（actual or objective）以及感知的或主觀的（perceptual or subjective）威嚇。前者指接受制裁的眞正可能性，後者則指所感受到的被處罰可能性，其中主觀的感受性較重要。研究顯示，正式制裁常會引發其後的非正式制裁，兩者間雖會產生交互作用，但正式制裁的威嚇效能往往不及於非正式制裁（Wright, 1994）。威嚇可分爲一般威嚇（general deterrence），指藉由執行制裁以嚇阻社會大眾從事違法行爲，以及特定威嚇（specific deterrence），指對於違法者施以法律制裁，以嚇阻其未來不再犯。

　　威嚇的本質頗爲複雜，針對違規或違法行爲，大多數人可能兼具逃避過處罰以及接受過處罰的經驗。如Stafford與Warr（1993）所言，大多數人可能都有一種直接經歷或間接經歷「遭受處罰及逃避處罰」的混合經驗。基於此現象，可將一般與特定威嚇重新概念化。一般威嚇指的是，間接經歷「遭受處罰與逃避處罰」的威嚇；特定威嚇指的是，直接經歷「遭受處罰與逃避處罰」的威嚇。

　　基本上，威嚇理論採納了古典犯罪學的觀點，認爲人類是具分析犯罪行爲成本利益之能力的理性動物。雖然，刑法在本質上採取此觀點，但許多社會科學及行爲科學的研究發現，已對此觀點的效度（validity）提出嚴重質疑，或證實存有許多限制或影響理性選擇的因素。儘管有些犯罪可以在一般威嚇或特定威嚇的層面上而受到抑制，顯然仍有許多犯罪無法因爲刑罰的威嚇而受到抑制。

　　學者W. J. Chambliss（1967）曾將犯罪區分爲工具性犯罪（instrumental crimes，如竊盜）及表達性犯罪（expressive crimes，如殺人）。由於工具性犯罪主要是針對財物的獲取，而表達性犯罪主要是爲了滿足某些誘惑或情感需求，所以Chambliss認爲工具性犯罪應比表達性犯罪容易受到威嚇或抑制。但是，Chambliss的觀點並沒有獲得研究威嚇效應學者的普遍支

持。與Chambliss不同的看法指出，在影響違法行爲受威嚇的因素當中，違法行爲與副文化支持或譴責的關聯程度，遠比違法行爲是否屬工具性或表達性來得重要。

　　大多數白領犯罪被認爲是典型的工具性（或理性的）犯罪，因此Chambliss觀點的支持者便推測白領犯罪者會比許多街頭犯罪者更屈服於制裁威嚇。根據Braithwaite與Geis（1982）的觀察，白領犯罪者在邏輯上應比傳統犯罪者更易受威嚇，因爲他們的違法活動較少成爲他們生活型態的一部分，他們在違法行爲被舉發後所遭受的損失較大，他們較會考慮到未來，以及他們較關心名譽等。此論點雖合邏輯，但要證明刑罰的威嚇力可以抑制白領犯罪，卻是令人懷疑的。顯然，只要看看白領犯罪的普遍性，就可知曉許多白領犯罪並未受威嚇。此外，白領犯罪者所感受的低舉發及低懲罰機率，更讓威嚇效應受到負面影響。

　　威嚇，通常是針對個人（individuals）而非組織（organizations），企業可以被威嚇而不從事犯罪行爲嗎？公司，是集體的、目標導向的組織，被認爲比個別犯罪者更理性，應該較容易受到威嚇。Braithwaite與Geis（1982）認爲，公司犯罪與傳統犯罪之間有許多不同點，其中有些不同點正好與公司能否被威嚇及矯正的議題有關。例如，公司犯罪較難被發現、公司犯罪者較難被定罪，但公司犯罪一旦被發現，違法者被逮捕、被威嚇、被剝奪資格或權利、被矯正的可能性較高。有證據顯示，使用較嚴厲的制裁可以預防違法公司再犯（Simpson & Koper, 1992）。邏輯上，對於任何縮小犯罪利益的方案（如法律制裁），公司應比自然人更敏感。

　　然而，有關公司機構可被威嚇的樂觀看法卻遭到多方質疑，因爲公司的決策受經濟壓力、特殊情境以及生存需求等複雜因素的影響，並非僅基於極大化利益的理性計算而已。此外，在實務上，法律體系對於公司機構的監控效果甚爲有限，公司高層主管只有在極少數案件中被起訴。Moore（1987）指出，許多企業所處的立場，非常有利於它們對管制或犯罪化其活動的立法過程進行遊說，也非常有利它們採取脫身行動，如宣布破產、改變經營運作模式以符合較低管制標準，以及將不符合標準的商品銷至外

國等。

Braithwaite也對自己先前有關威嚇公司的樂觀看法予以修正，在一項針對公司偏差行為的量化研究中，Braithwaite與Makkai（1991）發現，「公司是否遵守法律」僅與「公司違法行為是否會被偵測發現」有部分相關，研究資料並未發現與制裁確定性及嚴厲性有關的任何效應。根據該研究可推論：公司上層人士自利導向的程度可能高於其為公司利益而理性決策的程度、公司上層者不一定在任何事件上都會做出理性決策、公司上層者不一定會對真正執行違法活動的中層主管進行操控。甚至還可以推論，公司上層人士的決策可能較受情緒影響，如忌妒與自尊，不一定會冷靜理智地評估來自外界的制裁。

總之，我們對影響企業行為的複雜因素以及真正能對企業違法行為產生威嚇效應的政策，仍缺乏完整知識。公司違法行為的威嚇措施，仍有許多問題待釐清。

㈢矯正與緩刑

1.矯正

矯正（rehabilitation），是當代刑事司法體系對於犯罪一項非常重要的回應政策。矯正的主要目的，即欲將違法者轉變為具建設性的守法公民。有關此政策的基本問題，就是執行機構是否有矯正違法者的能力。近來研究顯示，如果矯正效應發生在矯正機構（correctional institutions）中，該效應多半不是矯正機構促成的，因為矯正機構內的許多運作及措施經常是與矯正目標相牴觸的。評論矯正功能的研究文獻顯示，並沒有充分的明確證據支持矯正方案的效能，這些文獻對刑罰政策產生深遠的影響（Martinson, 1974）。另一方面，矯正的目的也經常被刑罰的其他目的（如報應、權利或資格的剝奪、威嚇等）掩蔽。

矯正白領犯罪者，有某些矛盾問題。矯正方案中有一項要件，就是提供犯罪者未來在正常社會中謀生所需的教育或職業訓練，這對白領犯罪者（尤其是個人性的白領犯罪）可能是不需要的。事實上，教育文憑與工作

技能經常是他們過去從事白領犯罪的工具。某些案件，禁止白領犯罪者出獄後回原職業工作，但矯正機構又無法提供幫助他們轉業的技能。而那些「被矯正」的白領犯罪者，其實矯正效應的產生，往往是因為他們為自己犯罪行為贖罪的一種結果。換言之，是他們理解到行為的錯誤，並願意拒絕未來再犯，而不是矯正方案的效能。某些案件，諮商輔導與團體療法可能有所助益，但欲將白領犯罪者成功復歸於（reintegrate）主流社會，還需靠矯正過程以外的影響因素，如白領犯罪者的家人是否支持與接納、當事人是否具良好的職業價值觀等。針對犯罪機構的矯正工作，也是在矯正機關以外的地方進行（犯罪機構無法被監禁）。

　2.緩刑

　　對於個人性白領犯罪者科處緩刑的適當性，一般被認為要高於對傳統犯罪者科處緩刑的適當性。理由很簡單，因為白領犯罪者通常不會對社會大眾的人身安全產生直接威脅（這是監禁的重要理論基礎），反而是對社會具有貢獻及建設價值的公民。但以緩刑作為個人性白領犯罪的回應，可能遭疑縱容犯罪人或使犯罪人未來再犯。

　　對組織科處緩刑，是美國在1970年代出現的新觀念。U.S. v. Atlantic Richfield Co.（1971），是第一個對組織科處緩刑的案例。不過，之後欲對公司機構科處緩刑，在法院產生許多困難，因為違法公司往往選擇接受金錢罰或願意接受其他處罰條款。到了1990年代，美國判決委員會（U.S. Sentencing Commission）僅將機構性的緩刑確認為一種判決選擇，部分原因是判決委員會的某些委員堅持對違法機構應科處嚴厲處罰，以及對影響處罰的企業遊說及政治遊說表示不滿有關（Lofquist, 1993）。機構緩刑的原始目的，是為確保違法機構能夠遵從法律並依照判決內容支付金錢罰或履行恢復原狀（或損害賠償）的義務。現今，也可以因為預警上的需要或欲改變公司運作而使用機構緩刑。由於機構緩刑的觀念仍新，目前尚未廣泛運用，其對違法機構的矯正效能至今也未有系統性的評估。不過當檢察官發現運用機構緩刑有助於公司犯罪的追訴時，未來仍有可能被廣泛運用。

㈣金錢罰、恢復原狀及社區服務

白領犯罪被認爲是一種與經濟利益有關的犯罪類型，所以經濟制裁（economic sanctions）也就經常加諸判決有罪的白領犯罪者。經濟制裁可以不同形式執行，如沒收財物（或沒收違法利益）以及強制恢復原狀（mandatory restitution）等均是。而刑事性與行政性的金錢罰，是最典型的經濟制裁，尤其是在公司犯罪的案件，主要原因是公司無法被監禁。科處金錢罰而不監禁公司高層人員，頗受保守人士的支持，他們認爲經濟效率的考量是較重要的（Romano, 1991）。某人若採納「公司本質爲經濟機構（economic institution）」的前提，通常會導出「經濟制裁爲公司犯罪最適當回應」的結論。

1.金錢罰

如果司法體系能夠透過金錢制裁（monetary sanction）讓違法公司或個人賠償其損害或補償被害者，金錢制裁就具有懲罰、威嚇甚至矯正的意義。對司法體系而言，金錢制裁雖符合經濟原則，但仍有某些基本抉擇必須考量。例如，當犯罪行爲是由某一公司所爲，以金錢罰作爲制裁回應，那麼誰是處罰對象？是公司或主管人員、還是員工應負直接責任？或三者都須負責？理論上，威嚇及公平，是考量重點。金錢制裁尚有其他爭議，例如處罰額度適當性的問題、如何評量社會損失與違法者違法所得等問題。從實務層面分析，鉅額金錢罰可能高到難以籌措，可能使公司倒閉，也可能促發政治上的抵制。鉅額金錢罰也可能排除公司原本應受的嚴厲倫理非難，而將問題轉爲純然的經濟導向。另一方面，處罰額度一旦過低，那麼金錢罰可能被企業視爲一種經營成本，金錢罰的威嚇效應因而受影響。

本書第十章曾討論公司（法人）刑事責任的議題，發現英美法制已逐漸影響其他國家的司法政策，愈來愈多的國家接受法人應爲違法行爲負刑事責任的觀念。因此，擬以美國判決委員會建立的金錢罰指導原則，繼續討論金錢罰的相關問題。美國判決委員會所建立的金錢罰指導原則，基本上是根據底下因素擬定的，違法行爲的損害、違法行爲的複雜性以

及執法成本（Cohen, 1992）。金錢制裁的總額就是基於這些因素的綜合考量，有時會將總金額轉化為恢復原狀、沒收、一般金錢罰等[2]。針對違法機構的金錢罰額度，較針對違法個人的額度為高，自1980年代開始，金錢罰的額度呈現鉅幅上升。近來較常使用的懲罰性民事罰款（punitive civil fines），金額幾乎與刑事罰款（罰金）相當，甚至超過刑事罰款的金額。此現象引發了檢察官使用民事罰款是否適當的爭議，即檢察官實際上使用了「刑事罰款」，但卻不需符合刑事法庭嚴格的舉證標準。

　　金錢制裁真的有效且公平嗎？還是被當作企業經營的一種成本？Metzger與Schwenk（1990）認為，就做出違法決策的企業主管而言，金錢罰對他們並沒有太大的嚇阻效果，公司代理人因基於公司利益的違法行為而遭受司法體系的罰款，公司通常會補償代理人。而對公司所科處的罰款，大部分也會轉嫁到消費者或股東身上。諷刺的是，會獲知公司將遭受鉅額罰款的股東，通常不會經歷金錢罰所帶來的損失，因為他們往往在股價下跌前就先賣掉手中的股票。

　　在個人性的白領犯罪案件中，金錢罰可以在許多情況下單獨使用，無需附隨監禁刑。雖然使用金錢制裁不僅可以節省監禁開支，且用於非涉及直接暴力的白領犯罪（謀取經濟利益為主），可說是非常適當，對於預防再犯，也有不錯的效能。但仍有人認為，金錢罰懲罰性較不足及缺乏公平性，理由是傳統犯罪者較可能受監禁制裁，但其損害卻往往低於白領犯

---

[2] 除傳統型式的金錢罰外，還有一些特殊型態，如股票罰款（equity fines）、分期性金錢罰（installment fines）及追加責任（superadded liability）等。其中，股票罰款（或稱稀釋股份，stock dilution）被認為是最有趣的。所謂股票罰款，就是要求被判決有罪的公司發行股票（特殊股票），並將該股票置於政府所主導的被害者補償委員會之下，當這些股票的價值達到某高檔程度時，該委員會經討論決議將這些股票變換現金，作為被害人的補償。此種罰款可以避免公司現金資產不足所造成的限制，同時也具有較大的潛在威嚇力量（因為有關未來營利），而且將罰款所帶來的損失集中在公司所有人的身上，使消費者及其他無辜的第三者免受牽連。Friedrichs, D. O. (2004). *Trusted Criminal: White Collar Crime in Contemporary Society*. New York: Wadsworth Publishing Company.

罪者。而且，即使科處違法者金錢制裁，但並不保證違法者一定會繳付罰款。以美國在80年代後期所發生一連串嚴重的金融詐欺案件爲例，儘管聯邦法院做出巨額罰款的判決，但到1992年6月，仍然只有一小部分的罰款被繳付（不到總金額的5%），有些違法者被判決繳付數十萬美元的罰款或賠償，結果宣布破產，最後連一毛錢也沒繳付（Calavita et al., 1999）。

2.恢復原狀

白領犯罪者，尤其是企業組織或公司，常因損害性質及其擁有之資源，使其需對損害行爲擔負賠償或恢復原狀的法律責任。恢復原狀或損壞賠償由於具建設性、經濟效率（是違法者支付資源以修復違法行爲損失，而非納稅義務人），因此在運用上頗受歡迎。但另一方面，恢復原狀或損害賠償較缺乏刑事制裁的性質，過於強調白領犯罪的經濟層面及金錢功能。

3.社區服務

社區服務（community service），原屬機構性處遇（監禁）的替代方案。理論上，個人性與組織性的白領犯罪者都有實施社區服務的能力。此種回應措施受歡迎的地方，乃在於不必花費太多的開支而使社區獲得直接正面的利益。在實務運作上，可以要求違法的醫師或律師爲貧窮或弱勢民眾提供免費專業服務，也可以要求違法企業參與社區的環境清掃工作及贊助鄰里的公共建設，也可以要求違法企業擬具體行動方案，對貧困家庭或需要幫助的機構團體提供企業生產的商品或服務。要求違法機構從事社區服務，是國外新發展的觀念，其效能尚待科學驗證。值得注意的是，任何社區服務都必須要加以嚴密監督，以避免違法者（不論是個人或企業）將社區服務轉變爲營造公共關係的工具。

㈤監　禁

與傳統犯罪者相較，白領犯罪者被送進監獄的比例相對較低。儘管違法的公司高層主管可能被監禁，但公司是無法被監禁的。一個有關白領犯罪的笑話是這樣描述的，許多公司都有一位副總裁是專門負責上監獄的

（Friedrichs, 2004）。該笑話或許有些誇大，但是有專人在企業被發覺違法時受命承擔責任，應該也不是毫無根據的傳聞。

有關監禁白領犯罪者的議題，頗具爭議性。有些人支持對白領犯罪者使用監禁刑，他們論點包括：

1.因為白領犯罪涉及高度的故意、計算及理性判斷，而且經常是持續從事一段時間的違法行為，因此使用監禁刑是適當的。

2.監獄給人（當然也包括白領犯罪者）一種恐懼的感覺，可能比其他制裁（針對白領犯罪）的嚴厲性高，因此對判決有罪的白領犯罪者以及潛在白領犯罪者均會產生較高的威嚇效果。

3.根據白領犯罪者所造成損害的嚴重性來分析，以監禁刑作為回應制裁並不為過。

4.與白領犯罪者相較，有較高的比例傳統犯罪者被監禁，而造成相似損害甚至更嚴重損害的白領犯罪者，只有非常低的比例被送入監獄，這並不公平。

5.白領犯罪的被害者，尤其是那些遭受直接損失或傷害的被害者，往往希望或要求監禁犯罪者。

相反的，有些人反對監禁白領犯罪者，他們的論點包括：

1.矯正是監禁的理論基礎，但不適用白領犯罪者，因為白領犯罪者不需要矯正訓練（如職業訓練）。

2.判決有罪的白領犯罪者，遭受非難、身分貶抑及職位喪失的痛苦，經常超過傳統犯罪者所遭受的程度。因此監禁是多餘的，是額外的懲罰。

3.監禁耗費資源，是不經濟的，尤其是將那些對社會有建設功能的企業高層主管、專業人士及其他身賦技能且教育良好的人監禁起來，實在是非常浪費。

4.從直接和立即的暴力威脅來分析，白領犯罪者事實上並不「危險」，因此無需監禁。

5.要求白領犯罪者在監獄外合法賺錢，賠償其所造成的損害或恢復原狀，不僅可以節省納稅人在監禁上的開支，更對被害者有實質助益。

從上述分析來看，支持與反對論點似乎都頗有道理。如果公司高層主管（及大多數白領犯罪者）真的恐懼監禁刑，那麼監禁刑至少在某些案件應該是需要的。總之，只要對傳統犯罪者使用監禁刑，那麼司法正義的理論就會對白領犯罪者使用監禁刑。

㈥職業資格的剝奪

對違法者而言，撤銷執照或剝奪職業資格（occupational disqualitifica-tion）是一項相當嚴厲的處罰。有關撤銷執照或剝奪職業資格的法律規定，如我國銀行法第136條規定：「銀行或受罰人經依本章規定處以罰鍰後，於主管機關規定限期內仍不予改善者，主管機關得按次處罰；其情節重大者，並得解除負責人職務或廢止其許可。」類似的法律規定如信用合作社法第48條、證券交易法第66條、醫師法第25條之1及律師法第101條等。此種處罰既具懲罰性、威嚇性，同時又具有禁止執行原工作的效果（至少它排除了違法者從事與原有職業有關犯罪行為的機會）。

剝奪職業資格的制裁方式可避免其他制裁手段在實務上的一些限制，因此運用於白領犯罪案件頗為合理，尤其是針對公司犯罪案件中的高層主管。針對無力繳付罰款或事後會被老闆補償的高層主管，剝奪資格就等於是實質的金錢制裁。此外，剝奪職業資格具有一般及特定威嚇的效果，可防止公司其他主管從事違法活動。

有人認為，資格剝奪制裁若要發揮效能，那麼制裁必須來自公司外部，因為公司並不願意取消自己人員的職業資格。員工士氣及經營目標是企業關切的事務，企業還會擔憂解除資格的主管會不會公布企業機密內幕，除非不得以，否則企業不會主動解除主管的職業資格。另一方面，儘管公司主管的職業資格是由外界剝奪，公司仍有可能只是換人擔任主管，不會對違法主管的違法行為做過多陳述。很難預測的，遭解職主管會不會形成自暴自棄的心理或過於憤怒，因而從事其他犯罪行為。

雖然有所限制，剝奪職業資格（不論是永久剝奪或暫時剝奪）對於某些白領犯罪者而言，仍是具威嚇性的。值得注意的是，即使違法者被永久剝奪某項職業的資格[3]，但該處罰並不必然排除當事人參與其他職業的機會。對醫師及律師而言，撤銷執照當然是非常嚴重的處罰，然而此種處罰在這些專業中卻是極少發生的，因為處理這些專業人員不當行為的有關組織（懲戒委員會）不常或不願意使用這種處罰。

㈦組織變革及公司解散

有些造成嚴重損害的白領犯罪，是機構或經由機構所犯下的，大型公司的違法行為即是典型例子。針對機構（公司）犯罪，長期以來有一爭議，就是只處罰行為人，還是也應該處罰機構。在公司犯罪案件中，要確認「有罪者是誰」是不容易的，而確認到底是整個公司、或公司中某一部門、還是公司中某人從犯罪活動中獲利，是非常困難的。就算是基於公司利益的違法行為，也往往是在少數員工或股東的支持、參與下而發生的。

從我國的相關法律來分析，如水污染防治法、公平交易法、勞工安全衛生法等，違法機構及機構中涉及違法的行為人都可能是追訴對象。為抑制違法機構未來再犯，那麼機構本身實有必要受到威嚇。事實上，機構比違法的行為人及高層主管更有補償被害者的能力。當檢察官對違法機構及行為人具有追訴選擇權時，他們也可以因此而具備較多的追訴籌碼（以要求被告合作）。

有學者主張，如果大多數的嚴重白領犯罪是以機構或公司型態犯下的，那麼就應將預防焦點置於機構結構（organizational structure）。因而提出有關公司轉型或變革的方案，以提升公司的責任感及降低公司從事違法行為的可能，這些方案包括：加諸企業需對可能造成死亡、傷害或損害的活動提出報告之法律義務，要求企業制定遵守法規的方案，重新定義法人權利以避免法人運用自然人的權利來保護自己，限制企業經營或控制媒體

---

[3] 例如美國曾於1980年代發生多起嚴重的內線交易案件，有不少違法者就被判處終生不得從事證券業。

的權利，公開企業不當行為以提高公眾對企業的直接壓力，降低立法機關受企業操控或遊說的影響，強化檢舉企業不法的有關法律並妥善保護揭發自己公司違法行為的員工，將金錢罰中的部分金額作為檢舉獎金及贊助相關民間團體（如環保、消費者保護團體等），規定公司董事會須有政府人員或公司員工代表參與，要求企業運用其資源或技術參與社會公益方案，要求違法企業賠償被害者，宣導不鼓勵對有多次違法紀錄的企業進行投資，限制違法企業獲得政府補助、證照或契約承攬權，限制企業的規模，由中央機關執行營業執照有關的審查及頒發事務，讓中央擁有更多監控權以減少地方機關作業漏洞或舞弊。

　　上述這些改革方案雖廣泛，但絕非完整、無遺漏的。而且任何的公司變革方案，難免因意識型態而引發爭議，有些人就是無法接受某些方案，視某些方案為干預自由市場經濟的破壞手段。有些人甚至把某些變革方案視為一種妄想，因為這些方案的實施必定遭受企業勢力的影響，他們認為欲防治公司犯罪，就必須從結構上改造資本主義制度（Rosoff et al., 2004）。批評中央機關審查執照的保守人士，就擔憂該方案會引發「公司公共化」運動（a movement toward public ownership of corporations），繼而增加企業經營成本（Friedrichs, 2004）。因此，這些變革方案在實際運作上都可能遭遇阻礙，就算順利實施這些方案，是否能夠有效防治公司犯罪，恐怕還是很難客觀檢測的。減少機構從事違法行為的驅力與機會，或許是較獲認同的觀點，但如何達成？仍有許多不同意見。

　　解散公司，可能是對違法公司最嚴厲的懲罰，也就是對違法公司科以「亟刑」。對於長期從事嚴重損害活動的公司，此種制裁雖有相當高的合理性，但也可能對無辜者（如員工、股東、供應商等）造成嚴重傷害。此外，「處決」一個公司不同於「處決」一個自然人，至少公司不會直接感覺到痛苦，而且公司的關鍵人物可能在公司解散後另組新公司。其實，有些公司在違法活動被揭發後，由於內部腐化及詐騙，或因巨額罰款及名譽受損，最後自動走上解散之路。我國多年前的鴻源企業集團（地下金融活動），美國的Equity Funding Corporation（保險詐欺）、American

Continental Corporation（金融借貸與不動產詐欺）、Drexel Burnham（內線交易）等知名企業，都是類似例子。

四、合作性政策的現實問題

多年來，犯罪學者J. Braithwaite極力倡導公司自我管制。Braithwaite（2000）倡導自我管制的基本前提，就是政府無法對為數眾多的公司進行檢查與管制。的確，公司本身的檢查人員比政府檢查人員，不論是在訓練上或素質上都較佳。而且，公司有「多個我」（multiple selves），也就是公司至少會有數名主管經常關切公司的生產行為、道德行為及信譽。此原則，對於日益增多的跨國企業，亦可適用。

但自我管制的觀念過於理想化而招致質疑與批評，Braithwaite不得不對原來觀念進行修正，繼而提出「強制性自我管制」的新觀念。Braithwaite認為，雖然不是所有的公司都願意主動實施自我管制，但它們必然會對強制性的自我管制有所回應。在此管制下，公司必須對主管機關定期回報，若未回報，公司就可能需負刑事責任。強制性的自我管制具有下列優點：管制規範較能適合各公司的特殊情況、且較易調整（以適應新情況），管制規範較具創新性、持續性及全面性，公司參與程度較高、較會接受執行規範所需的成本，違法者較易被發現、制裁較有效、政府較易對其起訴等。總之，Braithwaite認為，與既花錢又浪費時間、且有損企業名譽的外界調查及起訴相較，企業實有許多誘因接受強制性的自我管制。

Braithwaite知道強制性自我管制模式引發批評與反對，特別是公司會以先發制人的行動來限制管制效能的批評，但他仍堅持「強制要件」會成功克服反對聲浪。Braithwaite引用實證證據來支持他的自我管制模式，他指出有些跨國製藥公司，遵守著比當地國家規定標準還要嚴格的自我管制規範。

在理論上，強制性自我管制強調預防的重要性。Metzger與Schwenk（1990）曾提出一個有趣概念，主張仿效天主教對列入聖徒之人的品德設置反證僧官（devil's advocate）的制度，以作為實施機構緩刑的參考。

其主要目的，就是在公司組織中形成一種內部批評機制（internal critique mechanism）。Metzger與Schwenk認為，此政策最適合累犯公司、造成嚴重損害的公司，以及大型、多角化經營的公司。他們強調此種政策侵略性較低，花費也較經濟。

在另一方面，法院也可以要求公司（或整個行業）提出違法理由、指出應對違法行為負責者，以及提出解決問題之具體措施的說明報告。但是，此途徑仍可能會對公司的違法行為產生縱容效應（因為此途徑已將焦點從公司的違法行為轉移至其他方面），並增加司法體系負擔。原先管制機關所訴求的是各行業自己所訂定的規範標準，因採行該途徑而被更換，轉而以公司回應的妥當性為管制機關的訴求標的。因此，自我管制外，懲罰性途徑仍是不可忽略的。

第六節　以結構性變革回應白領犯罪

從宿命論來看，人類的本性帶有腐化傾向，因此沒有任何干預可以排除這種有利於白領犯罪發生的驅力。從樂觀論來看，欲實質減少白領犯罪，就需改變社會的政治、經濟及文化結構。學者J. W. Coleman（2002）指出，如果要顯著減少白領犯罪，就必須杜絕「競爭文化」，並重新建構社會及經濟關係。

學者D. Simon（2002）也認為，將社會轉變為一種「經濟民主」（economic democracy）的社會，是對菁英偏差行為（elite deviance）以及現代資本主義社會問題的有效回應途徑。在經濟與政治變革下，某些事業必須收歸國有，稅務制度必須根本改革，所得必須重新分配，環境生態政策也必須再健全化。換言之，根據民主社會主義（democratic socialism）原理所建構的社會，較能形成真正的社區意識，減少自私與掠奪行為。在此制度下，大型私人企業從事剝削及損害行為的機會將大幅降低，機構及個人的能量，較能引導至合作及生產活動上。

無可諱言的，那些主張惟有進行結構變革始能實質控制白領犯罪的觀

點，是有某些正確性。但是，根據過去經驗，任何小幅度的改變，如新法律、不同的制裁及改革教育制度等，效應皆甚爲有限。結構變革政策的限制或缺點如下：第一，可能是一種烏托邦式的（utopian）幻想，實現可能性甚低；第二，推行結構變革方案，可能演變成腐化的極權主義社會，蘇聯（Soviet Union）的解體便是實例；第三，任何爲實現改革理想而推動的政治與經濟變革，必須有調整社會價值觀的文化變革伴隨，而那些強調民主社會主義的政策思維，忽略了文化變革的重要性。

當公眾愈來愈認爲白領犯罪是嚴重問題時，實有必要回頭檢視社會是否已出現信心危機與正當性危機。信心危機指的是，社會大眾對於領導階層（如政治、企業菁英）的信心滑落。而正當性危機，指的是社會大眾對於制度的信心喪失。投票率及領導階層的誹聞事件可作爲信心危機的指標，信心危機的出現，常與白領犯罪（尤其是重大案件，如重大的官商勾結案件）的揭發有關。對於制度的信心降低，可能使人們形成「制度是腐化與違法行爲的根源」觀念，而此種觀念極易形成有利於白領犯罪發生的「犬儒意識型態」（cynicism）。因此，對於白領犯罪的結構性回應政策，必須要能減緩社會大眾的信心危機，並且要能建立一個具正當性、受尊敬與服從的制度。

第七節　整合性的防治政策

從本書第一章至此，可以很清楚的發現，若把白領犯罪視爲一個容易解決的問題，那眞是既天眞又愚蠢的幻想。雖然，以道德及憤怒爲基礎的政策有其合理性或效能，但此種情緒性回應（emotional responses）需有可行性措施配合。懲罰性政策雖爲白領犯罪的回應要件，但能促使機構及個人主動守法的方案，也是白領犯罪回應政策所需要的。本章承接前幾章的討論脈絡，分析了白領犯罪回應方案的類型與內容，具體歸納，主要包括強制性的懲罰方案及放任主義論者所強調的順從方案。

在對機構性白領犯罪（公司犯罪）的回應中，全然說服性的政策或是

全然強制性的政策都不是促使企業守法的最佳政策。雖然，企業行為受許多矛盾力量的影響，但只要當企業透過理性判斷，認為守法是有利的，那麼企業還是會守法的。此外，在複雜、變化快速的行業裡，管制機關勢必愈來愈需要企業內部專業人員的配合。因此，「融合說服及懲罰途徑的政策」應是較可行及有效的政策。在執行上，從發動最不具強制性的措施開始，然後逐漸增加強制措施，直到所需要的程度。執行順序可參考Ayres與Braithwaite（1992）建議方法，分為勸導（說服）、警告、損害賠償／罰鍰、刑罰、吊扣執照（暫停營業）、撤銷執照（解散或停止營業）等，參閱圖12-1。與其對應的管制政策包括：自我管制、強制性的自我管制、附帶酌情處罰的命令管制（command regulation with discretionary punishment）、附帶非酌情處罰的命令管制（command regulation with nondiscretionary punishment）等，參閱圖12-2。

圖12-1　執法金字塔

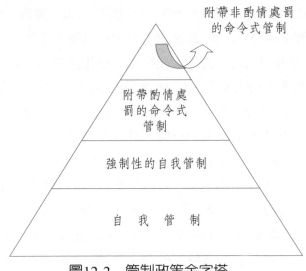

圖12-2　管制政策金字塔

　　整合政策的主要內容是，企業若未執行自我管制或執行失敗時，管制機關必須備有一套具體行動方案以處理違法狀況。當違法行為發生時，管制機關採取的第一步驟是勸導，即管制機關與違法企業接觸，設法說服企業決策人員守法。如果勸導失敗，管制機關下一步驟則向違法企業發出正式警告。若違法企業仍未改善，管制機關的第三個步驟，經調查證實企業確實違法之後，對違法者採取強制性的民事／行政措施（compulsory civil and administrative procedure，損害賠償、金錢罰等）。若上述行動失敗，此時管制機關就可對違法企業發動刑事控訴程序。如果違法公司確定有罪，那麼公司機構及其高層主管可能面臨從罰金、監禁，到撤銷執照（停止營業）等不同程度的制裁。為避免「淪陷官員」（captured officials）的干涉，只要管制機關對違法事件啟動這套行動方案，各步驟必須環環相扣，不可停止或變更，直到問題解決為止。此政策將可克服過度依賴任何一種管制措施（勸導與輔導措施、民事／行政措施、刑罰等）的缺陷。

　　除了管制機關採取整合說服及懲罰途徑的政策外，導入非政府組織（如公益團體）共同參與管制過程的「三方政策」（tripartism，包括政府

管制機關、接受管制的企業、民間公益團體等三方）將有助於管制目的的達成。此政策把原本屬於政府管制機關的部分權力轉移至非政府組織，所以也解決了「誰來監控監控者」的難題（有助於化解機關淪陷的問題），有利於建立一種促進彼此信任及提供守法誘因的文化。爲確保政策發揮效能，應對管制執行人員提供實質訓練、擬定合理的獎勵方案、提供適當經費與資源。爲使司法官能夠對白領犯罪者進行有效追訴與審判，應讓司法官具備較多元的選擇權與充分資源，並提升白領犯罪的案件處理順序。此外，不應忽略實證研究所發現的證據，即不可過度依賴刑事司法體系的強制措施。

在白領犯罪回應途徑的分歧觀念中，究竟應如何調和實用主義者與改革派人士之間、以及現實主義者與理想主義者之間的對立呢？這絕非是容易解決的難題。針對此問題，可採二元論，即對白領犯罪的回應採雙軌並行制。一方面，必須提升社會大眾對於白領犯罪損害的認知與警覺，因爲唯有對白領犯罪的損害建構廣泛認知與警覺後，才可能進行實質減少白領犯罪所需要的前提行動──「結構與文化變革」。另一方面，面對眼前的白領犯罪威脅，則以處罰與說服混合政策處理之。

由於企業的經營環境早已超越國界，白領犯罪不再是地區性的犯罪現象，企業愈來愈注意及利用某些國家的法律缺陷以及國際監控上的漏洞。因此，防治白領犯罪的國際性合作政策及相關國際組織，將愈顯重要。總之，有效防治白領犯罪的政策應是整合性的，包括政經結構的變革、企業文化的重塑以及專業倫理的重建等。

第八節　政府犯罪的控制

本書將政府犯罪視爲一種與白領犯罪同性質的犯罪，控制此種犯罪是非常困難的，尤其是政府高層從事此種犯罪時，控制尤爲困難。因爲違法的政府官員會竭盡所能，動用最大力量來掩飾他們的違法行爲，抵制檢調單位的執法行動。有一矛盾現象是必須面對的，儘管是仰賴政府機關來控

制白領犯罪,但國家機關及機關人員、政治人士,都可能是犯罪根源。當國家機關被人民認為是犯罪者或腐敗政府,覺醒團體所從事的暴動或政變或許是對國家機關犯罪的終極回應。在非民主社會,這可能是抵制國家機關犯罪的唯一選擇。

　　理想上,國際法庭應對犯罪國家具有管轄權及啓動回應措施的權利。雖然目前在違反人權的回應措施方面,已有一些國際性的合作方案,但在可預見的未來,欲形成強而有力的國際追訴權,仍是很困難的。

　　目前對於國家犯罪的回應,大部分還是依賴國際性的獨立媒體及國際組織對國家犯罪及腐化行為進行監控,並透過揭露及羞恥的方式向違法國家施壓。在過去,國家犯罪的有關人員(尤其是高層官員)僅在他們的軍事行動失敗及被俘虜後,才會直接向國際法庭說明其犯罪行為,例如第二次世界大戰結束後,納粹將領被帶至Nuremberg(位於德國南方的城市)接受審判。有評論人士建言,減少或根除國家犯罪的最佳途徑,就是瓦解國家、廢除政府。然而,無政府主義者所主張人類生活於世上卻不需要政府和國家的夢想,其實現可能性甚低。希望二十一世紀能夠出現一個對國家犯罪具有懲罰權及防治效能,但本身不會從事違法行為的國際性組織。

　　在民主社會,制衡機制及獨立媒體是揭發與回應政府犯罪的主要方式。分權,至少對某些政府犯罪而言,是減少犯罪機會的好方法。而政治性的籌款活動(如競選募款),普遍被認為助長了政府官員與企業及其他捐款團體(或人士)的腐化機會。此外,「旋轉門效應」也是導致政府腐化的根源。在政府各階層中,從最高層官員到最基層人員,每一位公務員所享有的相對權力以及所獲得的合法酬勞,經常是不對稱的。這些都是在進行結構變革時,不可忽略的焦點。

第九節　混合及殘餘型白領犯罪的回應

　　本書曾提及,將白領犯罪二分為個人職業上的白領犯罪以及機構性的公司犯罪,是過於簡化日益複雜的白領犯罪現象。前幾章也曾指出一些不

完全屬於二分法的混合型（hybrid）及邊緣型（marginal）白領犯罪，這些白領犯罪包括：政府性的公司犯罪、金融犯罪、科技犯罪、組織—白領結合型犯罪、常業—白領結合型犯罪、業餘型白領犯罪等。雖然對於這些犯罪的回應，應包含白領犯罪的一般回應要件，但仍有一些其他特殊成分。例如，欲控制政府性的公司犯罪，就必須有：非常獨立的（甚至是具攻擊性的）自由媒體、允許接觸及開放有關政府性公司犯罪資訊的法律、嚴格限制企業人士與政府機關人員之間的關係與聘任模式，以及具實質自主權的調查與追訴組織（包含民間團體）。此外，政經制度的變革，應是控制此種犯罪的終極政策。

金融犯罪，諸如銀行業的重大詐欺、證券市場的操縱等，所反映的正是資本主義、自由交易制度的缺陷。這些體制造就了有利於金融犯罪發生的價值觀（如永不滿足的物質慾），也為金融犯罪創造了許多機會（如管制監督不足）。在無法排除這些體制的情況下，金融犯罪的有效回應政策需要有：強烈的威嚇制裁、改變政治上籌措經費的活動性質、具自主權與預警能力的管制及檢查機構等。

科技犯罪，乃指藉由科技所從事的違法行為總稱。當科技的運用日益普遍時，科技犯罪隨之快速增多。在無法改變人類生活需依賴科技的情況下，如何讓科技安全措施超前於科技犯罪新機會的出現，已成為安全治理部門面臨的重大挑戰。此外，透過科技研發而創造出的高效率偵測與監控器材，導致侵犯隱私權及濫用科技等問題，亦成為政府使用科技監控設備時的潛藏危機。

組織—白領結合型犯罪的存在，使我們了解到不同犯罪類型之間的差異、以及合法企業與非法企業之間的差異，可說是愈來愈模糊。在回應此種犯罪的過程中，會計學知識及釐清複雜犯罪網絡的偵查能力都是不可或缺的。近年來，組織—白領結合型犯罪逐漸演變為全球性的犯罪活動，因此國際合作措施也必然是防治政策中的要件。

常業—白領結合型犯罪，是指那些具合法職業外表但從事詐欺之「白領騙徒」的犯行。針對此種犯罪的回應包括：提升消費者的警覺性、強化

消費者保護法以及調查機關的能力等。在不重視企業社會責任與廉潔、高度強調自由經濟及放寬管制的社會，此種犯罪較盛行。

業餘型白領犯罪，諸如逃漏稅及保險詐欺等與白領犯罪相似的違法活動，只不過這些活動是發生在職業及機構脈絡之外。道德廉潔與此種犯罪有密切關係，因此如何提升道德觀，應是防治重點。雖然，隨科技的進步，偵查方法可以更精進、更具預警性，但針對此種犯罪的偵查行動，往往會引發當事人較大的反抗與敵對。舊話重提，資本主義的價值觀重視個人主義及物質主義，忽視為他人和社會謀福利，這是問題的關鍵。

第十節　結　語

在人類社會進入二十一世紀的同時，白領犯罪已演變成一種非常複雜的社會現象。此現象不僅難以化解，更重要的是，它已經對我們的人身與財產安全構成嚴重威脅。白領犯罪，無法以單一面向、簡單、教條式的途徑來論述。所該強調的，反而是其多元性以及制定防治政策上的困難。

因此，本書盡可能詳細呈現白領犯罪的內容。從白領犯罪如何被揭露、形成一個概念及社會現象出發，接著討論白領犯罪研究上的困難、可行的研究方法、公眾對於白領犯罪的認知、白領犯罪的測量方法與損害評估、被害問題等。之後幾個章節，針對目前所知的白領犯罪類型進行討論，包括公司犯罪、職業上的犯罪、政府犯罪，混合及殘餘型的白領犯罪。討論完上述類型之後，進入白領犯罪原因解釋論的探討，該章呈現眾多解釋白領犯罪的理論。本書最後一部分論述了白領犯罪的社會控制途徑以及管制問題，並提出防治政策。

本書也探討一些難以解決的白領犯罪問題。可否將那些造成嚴重損害但非刑法禁止的行為認定為白領「犯罪」？仍會是一個持續爭議的問題。將中、上層人士（包含機構）基於經濟利益而於職業脈絡中所從事的損害行為，歸為白領犯罪，應是合理的。下層者的偷竊及貧窮者的輕微詐欺，應視為白領犯罪以外的犯罪行為。在資源日益減少、互賴逐漸增高的社會

裡，只顧追求利益而缺乏社會責任的企業，應不爲社會容忍。值得注意的是，與白領犯罪防治政策有關的政治環境，經常是改革派人士與保守派人士的較勁場域。從美國的例子，我們看到了行政部門積極強化管制機關功能的一面，我們也目睹了立法部門急於化簡企業、證券業以及專業人士的法律責任。外國經驗，實可作爲本土政策的參考。

　　在二十一世紀後現代化的社會，電腦與通訊科技快速發展，無可避免將爲白領犯罪製造更多以及更新的機會，並促使白領犯罪向世界各角落蔓延。可以預見，白領犯罪有效防治政策的制定，在未來勢必更具挑戰。

本章參考文獻

余坤東（1995）。企業倫理認知之研究。國立臺灣大學商學研究所博士論
文。

Ayres, I. & Braithwaite, J. (1992). *Responsive Regulation: Transcending the Deregulation Debate*. Oxford, UK: Oxford University Press.

Barak, G. (1994). *Media, Process and the Social Construction of Crime*. New York: Garland Publishing Co.

Braithwaite, J. (1993). "Shame and Modernity." *The British Journal of Criminology* 33: 1-18.

Braithwaite, J. (2000). *Regulation, Crime, Freedom*. Aldershot, UK: Ashgate..

Braithwaite, J. & Makkai, T. (1991). "Testing an Expected Utility Model of Corporate Deterrence." *Law & Society Review* 25: 7-39.

Braithwaite, J. & Geis, G. (1982). "On Theory and Action for Corporate Crime Control." *Crime & Delinquency* 28: 292-314.

Calavita, K., Pontell, H. N. & Tillman, R. H. (1999). *Big Money Crime: Fraud and Politics in the Savings and Loan Crisis*. Berkeley, CA: University of California Press.

Chambliss, W. J. (1967). "Types of Deviance and the Effectiveness of Legal Sanctions." *Wisconsin Law Review* (Summer): 703-714.

Coffee, J. C., JR. (1991). "Does 'Unlawful' Mean 'Criminal'?: Reflections on the Disappearing Tort/Crime Distinction in American Law." *Boston University Law*

Review 71: 193 -245.

Cohen, M. A. (1992). "Environmental Crime and Punishment: Legal/ Economic Theory and Empirical Evidence on Enforcement of Federal Environmental Statutes." *The Journal of Criminal Law and Criminology* 82: 1054-1108.

Coleman, J. W. (2002). *The Criminal Elite: Understanding White-Collar Crime*. New York: St. Martin's Press.

Findlay, M. & Stewart, A. (1992). "Implementing Corruption Prevention Strategies through Codes of Conduct." *Corruption and Reform* 7: 67-85.

Fisse, B. & Braithwaite, J. (1993). *Corporations, Crime and Accountability*. Cambridge: Cambridge University Press.

Frank, N. & Lynch, M. J. (1992). *Corporate Crime, Corporate Violence: A Primer*. New York: Harrow & Heston.

Friedrichs, D. O. (2004). *Trusted Criminal: White Collar Crime in Contemporary Society*. New York: Wadsworth Publishing Company.

Goldstein, A. S. (1992). "White-Collar Crime and Civil Sanctions." *Yale Law Journal* 101: 1795-1874.

Hawkins, K. (1990). "Compliance Strategy, Prosecution Policy and Aunt Sally." *British Journal of Criminology* 30: 444-466.

Lofquist, W. S. (1993). "Legislating Organizational Probation: State Capacity, Business Power, and Corporate Crime Control." *Law & Society Review* 27: 741-784。

Makkai, T. & Braithwaite, J. (1993). "Praise, Pride and Corporate Compliance." *International Journal of the Sociology of Law* 21: 73-91.

Mann, K. (1992). "Punitive Civil Sanctions: The Middle Ground between Criminal and Civil Law." *Yale Law Review* 101: 1795-1874.

Martinson, R. (1974). "What Works? Questions and Answers about Prison Reform." *The Public Interest* 35: 22-54.

Mason, L. & Mason, R. (1992). "A Moral Appeal for Taxpayer Compliance: The

Case of A Mass Media Campaign." *Law & Policy* 14: 381-399.

McGraw, K. M. & Scholz, J. T. (1991). "Appeals to Civic Virtue versus Attention to Self-Interest: Effects on Tax Compliance." *Law & Society Review* 25: 471-478.

Metzger, M. B. & Schwenk, C. R. (1990). "Decision-Making Models, Evil's Advocacy, and the Control of Corporate Crime." *American Business Law Journal* 28: 323-377.

Metzger, M. B., Dalton, D. R. & HILL, J. W. (1993). "The Organization of Ethics and the Ethics of Organizations: The Case for Expanded Organizational Ethics Audits." *Business Ethics Quarterly* 3: 27-43.

Moore, C. A. (1987). "Taming the Giant Corporation? Some Cautionary Remarks on the Deterrability of Corporate Crime." *Crime & Delinquency* 33: 379-402.

Pearce, F. & Tombs, S. (1998). *Toxic Capitalism: Corporate Crime and the Chemical Industry*. Brookfield, VT: Ashgate Publishing Company.

Prentice, R. (2002). "An Ethics Lesson for Business Scandals." *New York Times* (August 20): Op ed.

Romano, R. (1991). "Comment: Organization Theory and the Criminal Liability of Organizations." *Boston University Law Review* 71: 377-382.

Rosoff, S. M., Pontell, H. N. & Tillman, R. (2004). *Profit Without Honor: White-Collar Crime and the Looting of America*. Englewood Cliffs NJ: Prentice-Hall

Schlegel, K. (1990). *Just Deserts for Corporate Criminals*. Boston, MA: Northeastern University Press.

Schwartz, R. D. & Orleans, S. (1967). "On Legal Sanctions." *University of Chicago Law Review* 34: 274-290.

Simon, D. R. (2002). *Elite Deviance*. Boston, MA: Allyn and Bacon.

Simpson, S. S. & Koper, C. S. (1992). "Deterring Corporate Crime." *Criminology* 30: 347.

Smith, K. W. & Stalans, L. J. (1991). "Encouraging Tax Compliance with Positive Incentives: A Conceptual Framework and Research Directions." *Law & Policy*

13: 35-53.

Snider, L. (1993). *Bad Business—Corporate Crime in Canada*. Scarborough, Ontario: Nelson Canada.

Stafford, M. C. & Warr, M. (1993). "A Reconceptualization of General and Specific Deterrence." *Journal of Research in Crime and Delinquency* 30: 123-135.

Stone, C. (1975). *Where the Law Ends*. New York: Harper.

Uggen, C. (1993). "Reintegrating Braithwaite: Shame and Consensus in Criminological Theory." *Law & Social Inquiry* 18: 481-499.

Weber, J. (1990). "Measuring the Impact of Teaching Ethics to Future Managers: A Review, Assessment and Recommendation." *Journal of Business Ethics* 9: 1183-1190.

Wilkes, P. (1989). "The Tough Job of Teaching Ethics." *New York Times* (January 22): E1, 24.

Wright, R. A. (1994). *In Defense of Prisons*. Wesport, CT: Greenwood Press.

Yellen, D. & Mayer, C. J. (1992). "Coordinating Sanctions for Corporate Misconduct: Civil or Criminal Punishment?" *American Criminal Law Review* 29: 961-1024.

國家圖書館出版品預行編目資料

白領犯罪／孟維德著. -- 三版. -- 臺北市：
五南圖書出版股份有限公司, 2021.09
　　面；　公分
　ISBN 978-626-317-119-0（平裝）

　1.犯罪學 2.白領階級

548.5　　　　　　　　　　110013884

1V56

白領犯罪

作　　　者 ― 孟維德(77.2)

發 行 人 ― 楊榮川

總 經 理 ― 楊士清

總 編 輯 ― 楊秀麗

副總編輯 ― 劉靜芬

責任編輯 ― 黃郁婷

封面設計 ― 王麗娟

出 版 者 ― 五南圖書出版股份有限公司

地　　　址：106台北市大安區和平東路二段339號4樓

電　　　話：(02)2705-5066　　傳　　　真：(02)2706-6100

網　　　址：https://www.wunan.com.tw

電子郵件：wunan@wunan.com.tw

劃撥帳號：01068953

戶　　　名：五南圖書出版股份有限公司

法律顧問　林勝安律師事務所　林勝安律師

出版日期　2008年2月初版一刷
　　　　　2016年9月二版一刷
　　　　　2021年9月三版一刷

定　　　價　新臺幣580元

經典永恆・名著常在

五十週年的獻禮——經典名著文庫

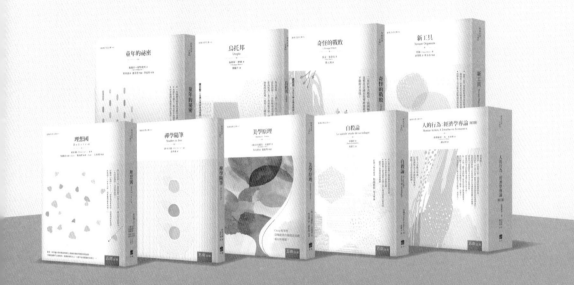

五南，五十年了，半個世紀，人生旅程的一大半，走過來了。

思索著，邁向百年的未來歷程，能為知識界、文化學術界作些什麼？

在速食文化的生態下，有什麼值得讓人雋永品味的？

歷代經典・當今名著，經過時間的洗禮，千錘百鍊，流傳至今，光芒耀人；

不僅使我們能領悟前人的智慧，同時也增深加廣我們思考的深度與視野。

我們決心投入巨資，有計畫的系統梳選，成立「經典名著文庫」，

希望收入古今中外思想性的、充滿睿智與獨見的經典、名著。

這是一項理想性的、永續性的巨大出版工程。

不在意讀者的眾寡，只考慮它的學術價值，力求完整展現先哲思想的軌跡；

為知識界開啟一片智慧之窗，營造一座百花綻放的世界文明公園，

任君遨遊、取菁吸蜜、嘉惠學子！